4장. 사안별 인생의 굴곡	121
1) 진학과 취업 그리고 선거	123
2) 발재와 파재 그리고 부동산	139
3) 결혼과 이혼 그리고 외도	155
4) 질병과 사고 그리고 사망	171
5) 친구와 동료 그리고 인맥	199

6장. 왕족 삼대 ~ 영조, 사도세자, 정조	401
1) 조선시대 태실	403
2) 영조	405
3) 사도세자	442
4) 정조	461

5장. 『실전자미두수』 명례 선천 대한 분석	211
1) 첩궁공명	214
2) 거울공명 (혹은 혜성공명)	217
3) 『실전자미두수』1권 명례	225
4) 『실전자미두수』2권 명례	332

부 록

- 못다한 얘기 : 외국에서 태어난 명반 그리고 마무리   485
- 찾아보기   493

자미심전 2

자미두수로 보는 인생의 굴곡

자미심전 2. 자미두수로 보는 인생의 굴곡

- 초판발행 2020년 11월 20일
- 저자 심곡 박상준   **편집** 이연실 윤치훈 윤여진
- 표지글씨 박남걸
- 발행인 윤상철   **발행처** 대유학당 since1993
- 출판등록 2012년 5월 23일
- 주소 서울 성동구 아차산로 17길 48 SK V1 센터 1동 814호
- 전화 (02)2249-5630~1
- 블로그 http://blog.naver.com/daeyoudang

- 여러분이 지불하신 책값은 좋은 책을 만드는데 쓰입니다.
- ISBN 89-88687-6369-124-4   03150
- 정가 30,000원
- 이 책의 내용에 대한 재사용은 저작권자와 대유학당의 동의를 받아야만 가능합니다.
- CIP2020046273

자미심전 2

자미두수로 보는 인생의 굴곡

추천사

이두 김선호

『자미심전 - 자미두수로 보는 인생의 굴곡』이 나왔다. 1권보다 더 내용은 깊어지고 이두문파의 비급이 거의 다 들어 있다 해도 과언이 아닐 정도로 문파의 비급을 다 털어서 썼다. 당분간은 이 이상의 책이 나올 수 있을까하는 의심이 들 정도의 내용이다.

짝성인 잡성들을 보는 법, 특수격에 대한 이야기, 각 대한별 유의해야할 사항, 사안에 따른 인생의 굴곡, 『실전자미두수』 명례의 선천과 대한 분석, 자운선생의 『두수논명인』의 蔡씨 3대, 전작의 삼성삼대에 비견되는 왕족삼대(영조, 사도세자, 정조)에 대한 탁월한 해석, 외국인 명반의 정확한 보정 등, 모든 챕터가 자미두수를 공부하는 학인이라면 알고 있어야 할 내용을 꼼꼼하게 실례를 통해서 분석해서 알려주고 있다. 그러니 중급에서 머물고 있는 학인들에게는 눈높이를 고급으로 이끌어주고 고급수준의 학습자에게는 대가의 반열로 올려주는 보석같은 책이라 할 수 있다.

이 책에서 처음 선보인 이두문파의 비급들, 복선궁의 현현, 피해궁, 거울공명 등은 임상에서 엄청난 진가를 발휘하는 이론들로 대한 분석의 핵심도구인데 이것들을 남김없이 공개했을 뿐만 아니라 이 이론들을 실례분석을 통해서 친절하게 적용해서 알려주고 있다. 이 부분은 내게 사전에 허락을 얻어서 쓴 것이니 억측은 하지 말았으면 한다.

또 전작에서 발표한 심곡선생이 만들어낸 여러 가지 격국들, 대폭발격, 정승발탁격 등을 자유자재로 응용할 뿐 아니라 기존 이두문파의 학생들에게도 생소한 봉무간염(逢武看廉 : 무곡을 보면 염정을 본다. 염정을 보면 무곡을 본다)과 같은 독특한 간법도 등장해서 학인들로 하여금 성계에 대한 이해를 확장시켜준다.

도미노격과 같은 이론의 자유로운 적용, 록존과 양타의 관계에 대한 해석, 노복궁에 대한 새로운 이해, 협궁에 대한 날카롭고 솔─적인 해석 등은 명반을 보는 지평을 확실히 넓혀주는 바가 있다.

아무쪼록 이 책이 대한민국 자미두수학계에 큰 획, 그것도 선명하고 지울 수 없는 획을 남길 책이라는 걸 믿어 의심치 않는다.

이 책을 읽지 않으면 이두문파의 최근의 발전된 이론을 알 수 없기에 자미두수를 공부하는 학인들에게 最愛의 필독서가 될 것이다.

경자년 갑신월
태풍의 끝자락 바람을 맞으며
구봉산아래 이두 김선호가 삼가 쓰다.

추천의 글

역학연구가 해동 고선만

은둔생활이 길어지며 심신이 지쳐갈 무렵, 도반(道伴)인 심곡 박상준이 반가운 출간소식을 알려왔다. 오랫동안 기다리기도 했거니와, 무기력한 일상을 깨울 지적 자극이 간절했던 터라 고마운 마음으로 읽어갔다.

심곡의 자미심전 시리즈의 두 번째 저작인 『인생의 굴곡』편에서 이두 김선호라는 거대한 와인장인이 빚은 와인을 천재적 평론가가 재해석해 우리에게 전해주고 있다는 전율을 느꼈다. 최고의 와인이 장인의 숨결로 빚어져, 지하 깊은 저장고에 잠자고 있다가, 천재적인 와인평론가에 의해 세상에 깨어난다. 장인은 인고(忍苦)의 노력으로, 때로는 묵상하며 생명수를 빚었을 따름인데, 그의 탁월한 감각과 언어로 재해석되면 술이 꽃이 되고 장미가 되며 누군가에게는 아름다운 사랑으로, 때로는 가슴 아픈 한편의 역사가 되기도 한다.

이 책을 써 내기 위해 심곡은 얼마나 오랜 사색(思索)을 했을까!

분명 이두문파의 비급을 담고 있는 자미두수 이론서이지만, 단순히 역술서적으로 분류되기 아깝다. 심곡의 자미두수는 인간의 길흉을 점하는 술수를 넘어, 삼 백년 전 과거로 날아가 절절했던 영조와 사도세자의 굴곡진 삶과 한(恨)을 헤아리며 '지식인의 삶을 장식하는 문화행위'가 되어 버렸다.

◆ ◆ ◆

자미심전 전편이 격국으로 명반의 고저를 일견에 파악하는 데 중점을 두었다면, 이 책은 다분히 이두문파의 록기법(祿忌法)을 활용해 대한을 추론해 내는데 중점을 두고 있다. 운(運)이 없으면 '인생의 굴곡'도 없으니, 결국 이 책을 읽다보면 이두문파의 가장 진보한 대한과 유년추론법을 엿볼 수 있게 된다.

복선궁, 피해궁, 첩궁공명 등 그간 강의를 통해서만 접할 수 있었던 이두문파의 비급들도 더 없이 중요하겠지만, 대한추론의 장에서 누구나 나이가 들며 맞게 되는 보편타당한 화두를 잡고 운추론을 접근하려는 점이 돋보인다.

록기법을 처음 접하고 운추론에 들면, 자칫 대한사화의 궤적만을 따라가기에 급급하여 체용의 선후를 놓치기 쉬운데, 대한 추론의 첫 단추가 '선천이 대한을 만난다'라는 명제에 있음을 밝힘으로써 이두문파가 지향하는 두수 운추론의 체계를 명확히 한다.

'태양은 록과 보필을, 염정은 창곡을, 천기는 괴월, 탐랑은 화령을 보는 대한에서 기회를 잡는다'는 내용은 언뜻 평범해 보이지만 자미두수의 운추론을 오래 해본 경험에서 나오는 가치 있는 조언이다. 이러한 단초들을 놓치지 않고 책에서 소개되는 화려한 명반해석들을 따라간다면 저자의 의중을 마침내 얻을 수 있다고 생각한다.

이어지는 '사안별 인생의 굴곡' 파트는 독자들로 하여금 습득한 록기법을 통해 운추론을 여물게 해 주는 더없이 좋은 연습의 장이다. 자미두수도 술법인 이상, 당면한 인생의 갈림길에서 조언이 가능한 수단이 되어야 한다. 시험, 재물, 질병 그리고 처세라는 현대인의 공통된 관심사에 이두식 자미두수가 어떻게 명료한 예측을 가능케 하는지 스스로가 검증해 볼 수 있다. 또한 각 항목마다 그간 저자가 애착을 가져온 고금명성도의 인물분석을 현대적 관점에서 음미해보는 것 역시 놓칠 수 없는 즐거움이다. 확인할 수는 없지만 과거인들의 희노애락이 현대인과 그다지 다르지 않았음을 저자는 보여주고 싶었을까.

『실전자미두수』의 명례해석부분은 이두문파를 이끄는 계승자로서 후학들을 배려하는 보너스와 같다. 이두선생의 『실전자미두수』는 한국에서 자미두수를 공부하는 이들에게는 하나의 숙제처럼 느껴지는 책이다. 초보자를 위한 친절한 배려를 잠시 내려놓고, 록기법의 이론이 거침없이 뻗어나갈 때 독자들은 갈래를 잡지 못하여 좌절하기 십상이다. 그러나 실전자미두수를 정복하지 못하면 이두식 추론법을 활용한다 할 수 없기에 초학자들에게는 그만큼 더 간절한 텍스트인데, 거의 대부분의 명반들에 더해진 심곡의 수준 높은 첨언은, 이두선생께 강의를 듣는 제자이든 책으로 독학하는 이든 상관없이 모두에게 단비 같은 내용임이 분명하다.

저자의 탁월한 관점이 돋보이는 부분이 또 하나 있으니 그 동안 이두문파에서 체계적으로 공개하지 않았던 특수격들을 일목요연하게 정리해 낸 점이다. 특히 특수격 설명에 앞서 이완용 명반의 생시를 검증하는 과정은 비록 그 분량은 적지만 이두식 록기법을 이용한 생시추론의 진수를 적확하게 보여주는 부분이므로 결코 놓쳐서는 안 된다.

◆ ◆ ◆

타고난 왕의 사주는 없다. 그러나 그들의 삶의 단면과 인생의 굴곡은 자미두수 명반에 고스란히 담겨져 있다.

이 책의 백미는 역시 왕족 3대의 분석에 있다.

영조의 명반을 저자가 처음 카페에서 다루었을 때, 신선한 충격을 받았다. 그간 명리학계에서 논개와 동일하다고 알려져 왔던 영조의 사주가 사갑술(四甲戌)이 아니었다는 점도 그렇지만, 자미두수를 통한 인문학적 사색의 폭이 이렇게 까지 확장될 수 있다는 점에 감탄하지 않을 수 없다.

자식에게마저 피해의식을 가질 수밖에 없었던 칠살지명, 살성에 취약한 천기·천량명이 버거운 운로를 지나면서 온 몸으로 맞이했을 날 서린 풍파, 험난한 정치적 당쟁 속에서 권모술수로 발현될 수밖에 없었던 탐랑·천요, 그리고 이 모두를 둘러 싼 정사적 환경과 개개인의 '삶의 굴곡'을 한 치의 오차 없이 자미두수로 풀어나가는 저자의 식견에, 종래에는 두수명반을 통해 한편의 대하드라마를 끝낸 것처럼 가슴이 먹먹해진다. 심곡의 자미두수가 아직도 귓가를 맴도는 사도세자의 한 서린 동곡과 삼백년 전 영조의 못 다한 말을 대변해 주는 코드가 되었다.

❖ ❖ ❖

이 책이 이두문파의 자미두수를 연구하는 학인들에게는 공개된 비급 중 가장 진보된 록기법과 운추론 스킬을 다지게 하는 이론서가 될 것이라는데 의심의 여지가 없다.

더 나아가 이두선생이 빚어낸 최고의 와인이 심곡의 자미두수로 재해석되어 영조의 '삶의 굴곡'을 그려내었듯 이 글을 읽는 독자 자신들의 자미두수로 각자의 삶의 단면을 사색해 보는 즐거움을 맛보시기를 기원한다.

사족이지만 출판사와 서점은 이 책을 역술코너에 분류해야 할 지 인문학 혹은 역사 서적 코너에 분류해야 할지를 고민해야 할 듯하다.

경자년
남반구 멜번에서 해동선만 두손모아

목차

추천사 (이두 김선호 선생님)   5
추천의 글 (명리연구가 해동 고선만)   7
들어가는 글   14

1장. 별들의 교호 관계, 의외로 중요한 잡성보는 법 ······ 17
　1) 삼태·팔좌　　　　　　　　　　　　　20
　2) 용지·봉각　　　　　　　　　　　　　23
　3) 은광·천귀　　　　　　　　　　　　　25
　4) 태보·봉고　　　　　　　　　　　　　28
　5) 고신·과수　　　　　　　　　　　　　32
　6) 천곡·천허　　　　　　　　　　　　　35
　7) 천수　　　　　　　　　　　　　　　　37

2장. 다섯가지 특수격 ·· 45
　1) 들어가는 말　　　　　　　　　　　　　47
　2) 육살특수격을 통해 보는 특수격, 이완용 명반　49
　3) 특수격의 종류　　　　　　　　　　　　57
　　　가. 삼살특수격 (정·계년생 - 록존 자오궁좌)　57
　　　나. 사살특수격 (갑·경년생 - 록존 인신궁좌)　57
　　　다. 오살특수격 (을·신년생 - 록존 묘유궁좌)　60
　　　라. 육살특수격 (병·무·임년생 - 록존 사해궁좌)　63
　　　마. 기년생 특수격 (기년생 - 록존 오궁좌)　66
　4) 특수격과 천형　　　　　　　　　　　　68

3장. 대한 추론 ································· 69
  1) 각 대한별 유의사항   71
    가. 첫 번째 대한 유의사항   72
    나. 두 번째 대한 유의사항   75
    다. 세 번째 대한 유의사항   78
    라. 네 번째 대한 유의사항   83
    마. 다섯 번째 대한 유의사항   85
    바. 6, 7, 8 번째 대한 유의사항   89
    사. 선천이 대한을 만나다   98
  2) 복선궁의 현현과 피해궁   104

4장. 사안별 인생의 굴곡 ························· 121
  1) 진학과 취업 그리고 선거   123
  2) 발재와 파재 그리고 부동산   139
  3) 결혼과 이혼 그리고 외도   155
  4) 질병과 사고 그리고 사망   171
  5) 친구와 동료 그리고 인맥   199

5장. 『실전자미두수』 명례 선천 대한 분석 ············ 211
  1) 첩궁공명   214
  2) 거울공명 (혹은 혜성공명)   217
  3) 『실전자미두수』 1권 명례   225
  4) 『실전자미두수』 2권 명례   332

6장. 왕족 삼대 - 영조, 사도세자, 정조 ············ 401
  1) 조선시대 태실   403
  2) 영조   405
  3) 사도세자   442
  4) 정조   461

못다한 얘기 : 외국에서 태어난 명반 그리고 마무리 ··· 485
찾아보기 ································· 493

들어가는 글

전작인 『자미심전 - 자미두수로 보는 사회적 지위』(이하, 사회적 지위)가 과분한 사랑을 받았다. 소설을 읽듯 재미있게 밤새워 빠졌다는 분들도 계시고, 실력 향상에 많은 도움이 되었다는 분들도 계신다. 그러한 많은 독자분들 덕에 『자미심전 - 자미두수로 보는 인생의 굴곡』편을 시작할 원동력을 얻게 되었다.

전작에서 명반의 전체 상황으로 사회적 지위의 고저를 가늠했다면, 이번엔 각 대한 별로 핵심을 읽는 데 도움이 되는 책으로 집필하고 싶었다. 선천을 제대로 보지 못하면 10년 대한 보는 것에 한계가 있고, 대한을 보지 못하면 유년추론은 요원하고, 그리되면 달 추론은 설내로 할 수 없다.

아무리 타고난 명이 좋아도 운에 따라 굴곡이 있기 마련이며, 혹은 아무리 타고난 명이 안 좋아도 운에 따라 기회를 얻을 수 있기 마련이다. 그 계기가 부모의 사망, 혼인, 동료의 문제일 수도 있고, 건강 문제일 수도 있으며, 직장에서의 문제, 아니면 돈 문제일 수도 있다. 언제쯤 결혼하는가, 언제쯤 돈을 버는가의 사안은 모두의 관심사이다. 인생의 굴곡을 미리 어느 정도 가늠할 수 있으면 그에 대한 대비를 할 수 있지 않겠는가? 운명을 완전히 피해갈 수는 없다 해도 길운은 극대화하고 흉운은 최소화 할 수 있지 않을까한다.

그밖에도, 전편에선 십사정성과 육길성 육살성 등의 얘기를 했으니 이번엔 못다한 잡성과 별들의 교호관계 이야기를 했고, 최근 특수격 연구에 큰 발전이 있었기에 그 이야기도 하고, 전작에서의 삼성 삼대에 이은 국왕 삼대 이야기도 펼쳤다.

대한을 좀 더 명확하게 보기 위해서는 최근에 이두 선생님께서 밝히신 피해궁과 복선궁 이야기를 반드시 해야 하기에, 허락을 구하고 그 이론도 펼쳤다. 지금까지와 다른 이론이 아니라 기존의 이론을 토대로 추가된 이론이다. 특히나 협에 강박관념이 있을 정도로 집착을 하는 필자 입장에서는 『자미심전 - 자미두수로 보는 인생의 굴곡』편을 내기 위해 필수적으로 써야하는 협에 관한 이론으로, 이두 선생님께 공개해도 좋다는 허락을 받지 못했다면 이 책은 세상에 나오지 못했을 것이다.

자미두수의 선천과 대한 명반을 보는 것은 어찌 보면 수학이 아니라 미술이다. 공식에 맞춰 대입하면 답이 나오는 게 아니라, 여러 암시를 발견하고 경중을 따져 읽어 내야 상이 잡힌다. 마치 어느 그림에서 하늘색 바탕에 흰색이 드문드문 있으면 하늘을 그린 것이라는 것을 알 수 있고, 태양도 있고 날아가는 새들도 보인다면 더더욱 그러하다는 걸 알 수 있듯이 말이다.

암에 걸려 30살에 죽는다면, 단명의 암시가 있어야 하고 암의 암시가 있어야 하고 해당 대한에서 그리고 해당 유년에서의 사망의 암시가 있어야 한다. 30살 유년에 아무리 사망을 주하는 상문·백호, 형노·재복선이 인동된다 한들, 선천 명반에서 단명의 암시가 없고 해당 대한에서 身궁이나 복덕궁이 깨지는 등의 암시가 없으면, 자신의 사망이 아니라 가족 웃어른 사망의 암시일 확률이 높다.

이 책은 선천의 암시가 대한에서 어떻게 발현되는지를 알려준다.

저수지의 물이 차기도 전에 이를 쓰려니 흙탕물만 건져지겠다 싶어 『사회적 지위』 전작이 나온 지 2년만에야 새 책이 나오게 되었다. 죽기 전까지 2~3년에 한권씩 『자미심전』 시리즈를 내어보고 싶다. 필자는 오궁 무곡·천부에 천수까지 있는, 전서에도 나오는 장수하는 명이라 10부작, 15부작도 가능하리라 '희망'해 본다.

1장. 별들의 교호 관계, 의외로 중요한 잡성보는 법

자미두수는 명반 상의 별들이 어떤 상호작용을 가지고 흉하게 혹은 길하게 나타나는지를 밝히는 학문이다.

도화성들끼리 혹은 공망성들끼리 뭉쳐있으면 그러한 궁을 유심히 봐야 한다. 이런 류의 관찰을 오랫동안 해보니 징험하게 맞아떨어지는 조합들이 보이기 시작했다. 특히나 잡성들의 경우, 동떨어져 있을 때와는 달리 이러한 의미가 중첩되는 조합 내에서는 정성이나 육길성 육살성 못지 않은 강한 힘을 갖게 된다.

각각의 조합에 격국을 만들어 이름을 붙이지는 않았지만 간명하는데 많이 도움이 될 만한 것들을 추려봤다. 잡성을 어떻게 봐야하는지 고민이었던 분들께 길잡이가 되었으면 한다.

1) 삼태·팔좌

삼태·팔좌는 지위를 한 단계 높여준다. 또한 '대중'을 암시한다. 이것이 각기 창곡 혹은 곡창과 동궁한 상태에서 삼방에서 비추거나 협을 해주면 해당 궁이 얻는 창곡이 암시하는 문서는 대중적이면서도 한층 지위가 높은 문서가 된다.

명례 1. 펀드매니저

天廟 年解 鳳閣 陀羅 右弼 陷平			天空 天貴 天姚 祿存 天機 旺廟 科			紅艶 蜚廉 擎羊 破軍 紫微 廟廟廟			金輿 流霞 孤辰 天巫 鈴星 旺		
力士 指背 太歲	45~54 【身財帛】	49乙 冠巳	博士 咸池 晦氣	35~44 【子女】	50丙 帶午	官府 月煞 喪門	25~34 【夫妻】	51丁 浴未	伏兵 亡神 貫索	15~24 【兄弟】	52戊 生申
寡宿 天使 台輔 恩光 陰煞 喜神 太陽 旺			명례 1. 펀드매니저 / 陰男 양력 1977년 ○월 ○일 술시 음력 정사년 ○월 ○일 술시 【命局】土五局 【命主】文曲 【身主】天機 【命式】戊 辛 丁 丁 　　　　戌 卯 未 巳						破碎 龍池 地劫 天鉞 左輔 天府 平廟陷陷		
青龍 天煞 病符	55~64 【疾厄】	48甲 旺辰							大耗 將星 官符	5~14 【命】	53己 養酉
截空 天月 七殺 武曲 陷陷									月德 天壽 大耗 紅鸞 太陰 旺 祿		
小耗 災煞 弔客	65~74 【遷移】	47癸 衰卯							病符 攀鞍 小耗	【父母】	54庚 胎戌
天官 天傷 天才 三台 天刑 文曲 天同 平廟閑 權			旬空 天哭 地空 火星 天相 陷旺廟			解神 封詰 八座 文昌 巨門 旺旺 忌			天福 天虛 天馬 天魁 貪狼 廉貞 平旺平陷		
將軍 劫煞 天德	75~84 【奴僕】	46壬 病寅	奏書 華蓋 白虎	85~94 【官祿】	45癸 死丑	飛廉 息神 龍德	95~ 【田宅】	44壬 基子	喜神 歲驛 歲破	【福德】	55辛 絶亥

위 명반에서 관록궁 협으로 각기 문곡·문창과 동궁한 삼태·팔좌가 들어온다. 마침 그러한 관록궁의 정성도 문서를 의미하는 천상이다. 서울대를 나왔고, 펀드 매니저를 하면서 여러 고객들의 (대중들의) 자산관리를 하고 있다.

창곡뿐 아니라 일월도 문서를 상징하니 일월과 동궁한 삼태·팔좌도 같은 맥락으로 해석할 수 있다.

명례 2. 광해군 (1575 을해년 4월 26일 묘시)

왕족의 탯줄을 보관한 태실 태지석에 생년월일시가 나온 광해군의 명반이다. 특수격 부분에서 뒷부분에 언급할 오살특수격이다. 삼방사정에서 일월이 편사식으로 비추는데 각기 삼태와 팔좌가 동궁하고 있다.

기축대한(15~24세) 중 18세부터 24세까지가 임진왜란 중이었고, 이 대한 중의 천이궁에 창곡, 보필, 은광·천귀가 있고, 이 별들은 일월과 삼태·팔좌의 협을 받고 있다. 임진왜란 당시 아버지인 선조는 여차하면 요동으로 도망갈 태세를 갖춘 것과는 달리, 세자 광해군은 일본군의 손에 넘어간 지역의 한복판에서 전투를 진두지휘했고, 일월과 삼태·팔좌의 협을 받는 대한 천이궁답게 대중의 지지도 받았다.

金天封天**天** 興虛詰馬**府** 　　　　平平 伏歲歲　95~　　91辛 兵驛破【田宅】冠巳	天八**太天** 廚座**陰同** 　　　陷陷 　　　忌 大息龍　85~94　92壬 耗神德【官祿】帶午	天天天恩文文右左**貪武** 壽哭貫光昌曲弼輔**狼曲** 　　截　　旺　廟廟廟廟 　　空 病華白　75~84　93癸 符蓋虎【奴僕】浴未	紅天三陰地天**巨太** 艷福台煞空鉞**門陽** 　　　　　　廟廟廟閑 喜劫天　65~74　94甲 神煞德【身遷移】生申
月天大紅天**擎** 德官耗鸞姚**羊** 　　　　　廟 官攀小　　　　90庚 府鞍耗【福德】　旺辰	명례 2. 광해군 / 陰男 양력 1575년 음력 을해년 4월 26일 묘시 【命局】土五局 【命主】祿存 【身主】天機 【命式】丁 甲 辛 乙 　　　　卯 午 巳 亥		旬破天台**天** 空碎使輔**相** 　　　　　陷 飛災吊　55~64　95乙 廉煞客【疾厄】義酉
龍祿**破廉** 池存**軍貞** 　　旺旺閑 博將官　　　　89己 士星符【父母】　衰卯			流解寡天**天天** 霞神宿喜**梁機** 　　　　旺廟 　　　　　權祿 奏天病　45~54　96丙 書煞符【財帛】胎戌
天孤地陀 月辰劫羅 　　平陷 力亡貫　5~14　88戊 士神索【命】病寅	蜚天鈴 廉才星 　　陷 青月喪　15~24　87己 龍煞門【兄弟】死丑	天天火天 空刑星魁 　　平旺 小咸晦　25~34　86戊 耗池氣【夫妻】墓子	年鳳天**七紫** 解閣巫**殺微** 　　　平旺 　　　　科 將指太　35~44　97丁 軍背歲【子女】絕亥

2) 용지·봉각

이 별들은 재주 혹은 재예를 상징한다. 격이 좋으면 전문기술직을 의미하기도 한다.

명례 3. 공학박사

天天龍天文天 福哭池鉞曲機 　　　旺廟平	月天天大恩左紫 德官壽耗光輔微 　　　　　旺廟	天台 虛輔	紅天天右破 艷傷喜弼軍 　　　平陷 　　　　祿
奏指官 22~31 53丁 書背符【身福德】絕巳	飛咸小 32~41 54戊 廉池耗【田宅】胎午	喜月歲 42~51 55己 神煞破【官祿】養未	病亡龍 52~61 56庚 符神德【奴僕】生申
天天三火七 月才台星殺 　　　閑旺	명례 3. 공학박사 / 陰女 양력 1973년 ○월 ○일 축시 음력 계축년 ○월 ○일 축시		蜚年鳳文 廉解閣昌 　　　廟
將天貫 12~21 52丙 軍煞索【父母】墓辰			大將白 62~71 57辛 耗星虎【遷移】浴酉
旬封天天天太 空詰姚魁梁陽 　　　廟廟廟	【命局】水二局 【命主】文曲 【身主】天相		解寡天八陰地天廉 神宿使座煞空府貞 　　　　　　陷廟旺
	【命式】乙 己 丙 癸 　　　　丑 卯 辰 丑		
小災喪 2~11 51乙 耗煞門【命】死卯			伏攀天 72~81 58壬 兵鞍德【疾厄】帶戌
金流孤天天紅武 輿霞辰空貴巫鸞相曲 　　　　　　廟閑	截破擎巨天 空碎羊門同 　　　廟旺陷 　　　　權	祿地貪 存劫狼 　旺陷旺 　　　忌	天天天鈴陀太 廚刑馬星羅陰 　　　平廟陷廟 　　　　　　科
青劫晦 50甲 龍煞氣【兄弟】病寅	力華太 49乙 士蓋歲【夫妻】衰丑	博息病 92~ 48甲 士神符【子女】旺子	官歲弔 82~91 59癸 府驛客【財帛】冠亥

삼성전자 반도체 연구원으로 취업 후 잠시 관두고 미국 유학을 다녀왔다. 박사학위를 따서 귀국 후 같은 직장에 복귀하여 지금까지 잘 다니고 있는 중이다.

부처궁의 삼방에서 정승발탁격이 형성되었는데, 공교롭게도 문창천괴는 봉각과 동궁하고 있고 문곡·천월은 용지와 동궁하여 부처궁을 비추고 있다. 재혼한 남편은 서울대 공대를 나와 미국에서 박사학위를 따고, 명반 주인인 아내와 같은 직장에서 근무하고 있다.

- 이 명반에 대한 첨언

부처궁에 제화가 필요한 별인 경양이 있어서 그런지 첫 남편과는 이혼하고 두 번째 결혼 상대와 잘 살고 있다.

하지만 부처궁에 경양이 있다고 해서 모두 그렇게 해석하면 안 된다. 진한 연애가 한 번 깨진 뒤, 두 번째 남자와 첫 결혼 후 잘 살 수도 있고, 경양의 상황이 안 좋으면 두 번째 남자의 상황이 더 안 좋을 수도 있다.

3) 은광·천귀

은광·천귀는 보통 괴월의 역량을 강화시키기에 괴월과 함께 하는 것을 좋아한다. 괴월과 창곡을 함께 보면서 은광·천귀를 보면 시험 합격에 유리하다고 볼 정도이다.

[명례] 4. 좋은 집안

流天祿**天** 霞貴存**相** 廟平	解天天三陰擎**天** 神廚壽台煞羊**梁** 平廟	金寡天紅天天**七廉** 輿宿傷鸞刑鉞**殺貞** 旺旺廟	八鈴 座星 旺
博劫天　　92~ 士煞德【田宅】　58丁 　　　冠巳	官災弔　　82~91 府煞客【官祿】　59戊 　　　帶午	伏天病　　72~81 兵煞符【奴僕】　60己 　　　浴未	大指太　62~71　61庚 耗背歲【遷移】　生申
紅蜚台陀**巨** 艷廉輔羅**門** 廟平	명례 4. 좋은 집안 / 陽女 양력 1968년 ○월 ○일 술시 음력 무신년 ○월 ○일 술시		破天天地 碎使空劫 平
力華白　　 士蓋虎【福德】　57丙 　　　旺辰			病咸晦　52~61　62辛 符池氣【疾厄】　養酉
天天大恩**貪紫** 福官耗光**狼微** 地旺 祿	【命局】水二局 【命主】祿存 【身主】天梁 【命式】壬戌甲戌 　　　戌辰子申		天天天**天** 月才哭**同** 平
青息龍　　 龍神德【父母】　56乙 　　　衰卯			喜月喪　42~51　63壬 神煞門【身財帛】胎戌
旬天年鳳天天文**太天** 空虛解閣巫馬曲**陰機** 旺廟閑旺 權忌	月天地天天 德喜空魁**府** 陷旺廟	截封龍火文右**太** 空詰池星昌弼**陽** 平旺旺陷 科	孤**破武** 辰姚**軍曲** 平平
小歲歲　2~11　55甲 耗驛破【命】　病寅	將攀小　12~21　54乙 軍鞍耗【兄弟】死丑	奏將官　22~31　53甲 書星符【夫妻】墓子	飛亡貫　32~41　64癸 廉神索【子女】絕亥

선천 전택궁에 록존이 있어 복덕궁엔 집중력을 의미하는 타라를, 관록궁엔 위권출중의 경양이 있는, 전형적으로 집안이 좋은 명이다. 특히나 타라는 쌍록협으로 제화되어 있다.

두 번째 대한 전택궁의 협으로 화록·록존이 각기 은광·천귀와 동궁하고 있다. 이렇게 선천상에 집안의 도움을 받을 거라는 암시가 있는 경우, 이런 대한에선 집안 도움으로 록을 얻을 기회로 나타나기 쉬운데, 실제로 이 대한 중 대학 진학에 있어 아버지의 도움을 많이 받았다.

명례 5. 김창수 선생, 신·복덕궁 정승발탁격, 1812(임신년) 11월 2일 축시

『고금명성도』에 나온 김창수 선생의 명반이다. 身·복덕궁의 삼방에서 문창·천괴와 동궁한 은광이 유궁에서 비추고 문곡·천월과 동궁한 천귀가 사궁에서 비춘다. 이 분의 자료가 많지는 않은데, 음서로 관직에 진출한 것으로 보인다. 계축대한 29세 1840 경자년에 합격했다.

이처럼 은광·천귀와 같은 잡성들은 설령 짝성으로 만난다 할지라도 그 힘이 크지 않지만, 이와 비슷한 의미를 지니는 정성 내지는 육길성 육살성들과 같이 섞여 들어가 비추면 그 의미가 더욱 커지고, 이것이 잡성을 보는 법이다.

天天文**天** 貴鉞曲**梁** 　　旺廟陷 　　　　祿	解天天陰**七** 神福使煞**煞** 　　　　旺	寡天台紅天 宿才輔鸞刑	**廉貞** 廟
飛劫天　64~73　34乙 廉煞德　【遷移】　生巳	喜災弔　74~83　35丙 神煞客　【疾厄】　浴午	病天病　84~93　36丁 符煞符　【財帛】　帶未	大指太　94~　37戊 耗背歲　【子女】　冠申
輩天**紫** 廉傷**相微** 　　旺陷 　　　權	명례 5. 김창수 선생 / 陽男 양력 1812년 음력 임신년 11월 2일 축시		天破天天恩文 廚碎壽空光昌 　　　　　廟
奏華白　54~63　33甲 書蓋虎　【奴僕】　養辰			伏咸晦　　　　38己 兵池氣　【夫妻】　旺酉
大封三火**巨天** 耗詰台星**門機** 　　　平廟廟旺	【命局】金四局, 【命主】巨門 【身主】天梁 【命式】己 辛 壬 壬 　　　　丑 未 子 申		旬天天天地陀**破** 空月官哭空羅**軍** 　　　　　陷廟旺
將息龍　44~53　32癸 軍神德　【官祿】　胎卯			官月喪　　　　39庚 府煞門　【兄弟】　衰戌
截天年鳳天天左**貪** 空虛解閣巫馬輔**狼** 　　　　　旺廟平 　　　　　　　科	金月天**太太** 輿德喜**陰陽** 　　　廟陷	紅龍地擎右**天武** 艷池劫羊弼**府曲** 　　陷陷旺廟旺 　　　　　　忌	流孤八天祿鈴**天** 霞辰座姚存星**同** 　　　　廟廟廟
小歲歲　34~43　31壬 耗驛破　【田宅】　絶寅	靑攀小　24~33　30癸 龍鞍耗　【身福德】　基丑	力將官　14~23　29壬 士星符　【父母】　死子	博亡貫　4~13　40辛 士神索　【　命　】　病亥

4) 태보·봉고

태보·봉고는 좌보·우필의 역량을 강화시킨다.

명례 6. 이춘원 선생, 서로 끌리는 짝성들, 1571(신미년) 7월 15일 묘시

截天封天**太** 空福誥馬**陽** 　　　　平旺 　　　　權	天天天**破** 廚壽魁**軍** 　　　廟廟	天文文**天** 姚曲昌**機** 　　旺平陷 　　科忌	孤天天恩紅地陀**天紫** 辰空貴光鸞空羅**府微** 　　　　　廟陷平旺
將歲弔　2~11　　35癸 軍驛客　【命】　　冠巳	小息病　　　　　36甲 耗神符　【父母】　帶午	青華太　　　　　37乙 龍蓋歲　【福德】　浴未	力劫晦　92~　　　38丙 士煞氣　【田宅】　生申
寡右**武** 宿弼**曲** 　　廟廟			紅天台祿**太** 艶官輔存**陰** 　　　　旺旺
奏攀天　12~21　　34壬 書鞍德　【兄弟】　旺辰			博災喪　82~91　　39丁 士煞門　【官祿】　養酉
流蜚年鳳天天**天** 霞廉解閣刑同 　　　　　廟		명례 6. 이춘원 선생 / 陰男 양력 1571년 음력 신미년 7월 15일 묘시 【命局】水二局 【命主】武曲 【身主】天相 【命式】己 乙 丙 辛 　　　　卯 亥 申 未	天擎左**貪** 傷羊輔**狼** 　　　廟廟廟
飛將白　22~31　　33辛 廉星虎　【夫妻】　衰卯			官天貫　72~81　　40戊 府煞索　【奴僕】　胎戌
解八陰天天地天**七** 神座煞巫喜劫鉞**殺** 　　　　　　平旺廟	破天鈴**天** 碎虛星**梁** 　　　陷旺	月天天大三火**天廉** 德使才耗星　**相貞** 　　　　　平廟平	金旬天天龍**巨** 輿空月哭池**門** 　　　　　旺 　　　　　祿
喜亡龍　32~41　　32庚 神神德　【子女】　病寅	病月歲　42~51　　31辛 符煞破　【財帛】　死丑	大咸小　52~61　　30庚 耗池耗　【疾厄】　墓子	伏指官　62~71　　41己 兵背符　【身遷移】絶亥

『고금명성도』에 나온 구원 이춘원 선생의 명반이다.

선천 명궁과 관록궁의 일월은 문서를 주하고, 문서궁선인 자오궁
선은 협으로 명궁과 복덕궁에 각기 화권·화과를 주고 재백궁과 身·
천이궁에는 각기 재음협인의 재(화록)와 음덕(천량)을 주니 문서적으
로 길하다.

명궁에 있는 태양의 짝성인 태음이 관록궁에 있고, 명궁 천마의
짝성인 록존 역시 관록궁에 있으면서, 봉고의 짝성인 태보도 관록궁
에 있다. 명궁의 별들이 관록궁을 향해 가는 모습이 보이니 사업보
다는 관직으로 출세할 수 있는 명임을 알 수 있다.

다시 한 번 강조하지만, 잡성들은 아무리 짝성끼리 있다고 해도
그 힘이 상대적으로 약하니 이처럼 다른 조합과 같이 해석을 해 줄
수 있는 경우에만 그 힘이 강해져 비로소 그 의미가 잘 드러난다.

명례 7. 나만갑 선생. 단순 양양창록격 이상의 길한 명, 1792(임진년) 5월 1일 자시

孤天天天天貪廉 辰空巫喜鉞狼貞 　　　　　旺陷陷 飛劫晦　　　　14乙 廉煞氣【兄弟】絶巳	旬蜚天年鳳八陰右巨 空廉福解輔座煞弼門 　　　　　　　旺旺 喜災喪　2~11　15丙 神煞門【身　命】胎午	病天貫　12~21　16丁 符煞索【父母】養未	天天 月相 　閑	龍三左天天 池台輔梁同 　　　平陷旺 　　　科祿 大指官　22~31　17戊 耗背符【福德】生申
文太 曲陰 廟閑 奏華太　　　　13甲 書蓋歲【夫妻】基辰	명례 7. 나만갑 선생 / 陽男 양력 1592년 음력 임진년 5월 1일 자시 【命局】水二局 【命主】破軍 【身主】文昌 【命式】丙 庚 丙 壬 　　　　子 申 午 辰			月天恩七武 德廚光殺曲 　　　閑旺 　　　忌 伏咸小　32~41　18己 兵池耗【田宅】浴酉 天天天天鈴文太 官壽才虛星昌陽 　　　廟廟陷 　　廟廟陷 官月歲　42~51　19庚 府煞破【官祿】帶戌
天天天 貫魁府 廟平 將息病　92~　12癸 軍神符【子女】死卯				
截天封天火 空哭誥馬星 　　　旺廟 小歲弔　82~91　11壬 耗驛客【財帛】病寅	金破寡天天破紫 輿碎宿使刑軍微 　　　　　旺廟 　　　　　　權 青攀天　72~81　10癸 龍鞍德【疾厄】衰丑	紅解擎天 艷神羊機 　　陷廟 力將白　62~71　9壬 士星虎【遷移】旺子		流天大紅祿地地 霞傷耗鸞存劫空 　　　　廟旺陷 博亡龍　52~61　20辛 士神德【奴僕】冠亥

역시나 『고금명성도』에 나온 구포 나만갑 선생의 명반이다.

　단순히 보기에는 시험이나 관직에 유리한 양양창록격의 명이라 길한 듯하다. 여기에다 신궁에서 인궁으로 차성되는 별들까지 감안하면, 관록궁의 삼방에서 좌보·우필, 삼태·팔좌, 용지·봉각, 태보·봉고가 쌍비호접식으로 비추고 있다.

물론 관록궁과 대궁에서는 창곡이 있다. 이런 상황에서의 관록궁 영성·타라는 제대로 영타격 제화됨이 있다고 볼 수 있다. 따라서 이 명은 단순한 양양창록격 이상으로 좋은 명임을 알 수 있다.

- 이 명반에 대한 첨언

나만갑 선생은 자신의 재능을 드러내면 안 된다는 오궁의 거문, 즉 석중은옥격이다. 이러한 징험대로, 22세에 진사시에 수석 합격하였으나 권세에 아부하는 이들과 어울리지 않고 귀향을 했고, 32세 인조반정 뒤 관직에 복귀하였으나 좌천되는 등, 복귀와 무고로 인한 귀양, 다시 복귀하는 삶이 이후에도 계속되었다.

1권 『사회적 지위』 속의 석중은옥격편을 보면 이 격국은 형노선의 향배가 중요하다. 이 명반은 노복궁의 록존과 질액궁의 화권이 천이궁을 록권협 해주고, 노복궁의 대모와 관록궁의 천허가 허모관계로 엮인 대인관계격이니 특히나 노복궁이 중요하다.

하지만 이 궁의 록존은 공겁·대모 등과 동궁하여 깨진 록이 되었고, 형제궁에서 차성된 고신이 질액궁의 과수와 더불어 천이궁을 고신·과수로 협해주고 있다. 게다가 형제궁에서 차성된 노복궁의 염정은 전택궁의 무곡화기와 더불어 관록궁을 재여수구협을 시켜준다.

결국 석중은옥격은 대인관계로 인해 얻는 이득도 있지만, 피해를 입기가 더욱 쉬운 격이라고 볼 수 있다.

5) 고신·과수

고독성들이다. 상황이 좋으면 고독하게 일을 하여 위에 보고할 사람도 없고 내 밑에 부릴 사람도 없는 전문직에 종사함을 암시하기도 하지만 다른 고독성들과 같이 있으면 인생이 고독할 수 있다. 이 경우도 역시나 고신과 과수, 이 둘만 가지고 얘기해선 안 되며 주변의 상황을 같이 보아야 한다.

명례 8의 명궁은 기량회양타 조유형극 만견고이다. 조유형극은 어린 시절 아버지의 외도로 집안 분위기가 바뀐 것으로 발현되었고, 만견고는 아직 나이가 들지 않아 오지는 않았다. 하지만 동성연애자이니 결혼을 하지 않는 것으로, 그래서 자식도 없는 것으로 발현되지 않을까 한다.

이렇게 원국 자체가 고독한 상황이면 명궁과 관록궁에 각각 있는 과수와 고신의 의미가 크다. 이를 어떻게 해석하는지를 보자.
명궁 삼방사정에서 양양창록 중 록이 없다. 그래서 명궁 천량은 쌍록협이 된 관록궁을 향하고 싶어하는데, 관록궁을 향하는 순간 명궁에 있는 과수는 관록궁의 고신을 만나게 된다. 결국 천량은 더욱 고독해진다. 딜레마가 생기는 것이다. 관록적 양양창록을 이룰수록 고독해지기 쉬운 명반이다.

명례 8. 고독한 명

輩破孤天天陀文**太** 廉碎辰巫姚羅昌**陽** 平陷廟旺	流天恩陰天祿地右**破** 霞傷光煞喜存空弼**軍** 旺廟旺廟	天年封鳳龍擎**天** 月解誥閣池羊**機** 廟陷	金月天天大天左**天紫** 輿德廚使耗鉞輔**府微** 廟平平旺
力歲喪　　82~91　　27己 士驛門　【官祿】　冠巳	博息貫　　72~81　　28庚 士神索　【奴僕】　帶午	官華官　　62~71　　29辛 府蓋符　【遷移】　浴未	伏劫小　　52~61　　30壬 兵煞耗　【疾厄】　生申
紅天天八地**武** 艷才空座劫**曲** 陷廟 祿	명례 8. 고독한 명 / 陰男 양력 1999년 ○월 ○일 사시 음력 기묘년 ○월 ○일 사시 【命局】水二局 【命主】巨門 【身主】天同 【命式】癸 辛 庚 己 　　　　巳 亥 午 卯		旬截天天文**太** 空空官虛曲**陰** 廟旺 忌
青攀晦　　92~　　　26戊 龍鞍氣　【田宅】　旺辰			大災歲　　42~51　　31癸 耗煞破　【財帛】　養酉
天鈴**天** 哭星**同** 廟廟			天**貪** 三**狼** 貴台廟 權
小將太　　　　　　　25丁 耗星歲　【福德】　衰卯			病天龍　　32~41　　32甲 符煞德　【子女】　胎戌
天天火**七** 福壽星**殺** 廟廟	寡天**天** 宿刑**梁** 旺 科	解紅天**天廉** 神鸞魁**相貞** 旺廟平	台**巨** 輔**門** 旺
將亡病　　　　　　　24丙 軍神符　【父母】　病寅	奏月弔　2~11　　　23丁 書煞客　【命】　　死丑	飛咸天　12~21　　　22丙 廉池德　【兄弟】　墓子	喜指白　22~31　　　33乙 神背虎　【身夫妻】絶亥

- 이 명반에 대한 첨언

　형노선을 보면 감정을 상징하는 홍란·천희·함지 등이 있는데, 정성의 조합을 보니 역시나 감정적 창상을 상징하는 염파상조합이다. 파군이 겸쌍의 의미가 있는데 거기에 '하나 더'를 암시하는 보좌단성인 우필까지 있으니 노복궁이 복잡다단하다.

　노복궁 록존 덕분에 전택궁 무곡화록과 더불어 관록궁을 쌍록협

해주고, 노복궁 우필 덕분에 질액궁 좌보와 더불어 천이궁을 보필협해주는 대인관계격이다. 때문에 주변 친구들 덕을 볼 수 있다고 해석하기도 하지만 형노선의 이러한 복잡다단한 모습 때문에 명반 자체가 고독격임을 감안한다면 좌절을 맛보기도 한다.

그럼에도 불구하고 문곡화기와 동궁한 태음(여성을 상징)보다는 앞서 언급했듯 쌍록협이 된 태양(남성을 상징)이 있는 궁을 향하고 싶은 마음에는 변함이 없다. 문제는 노복궁에 이성을 상징하는 우필이 있다는 것인데, 자신이 원하지 않아도 주변 여성들이 본인에게 관심을 가지고 도와주고 싶어한다는 점이다. 현재 여사친들도 많고 여성들의 대시도 꽤 받는다. 하지만 그런 것을 떠나서 고독격이기 때문에 외롭다.

참고로, 명궁에 형극을 주하는 천량, 천형, 경양 등이 비추면서, 형노선에 이성을 암시하는 우필이 있고(이런 경우 이성은 친구가 된다.) 감정과 정서를 상징하는 정성(염파상, 동월, 거동 등) 혹은 염탐, 홍란·천희 등의 도화성이 있는 경우 동성연애자인 경우가 있다. 『사회적 지위』 1권 166쪽 케인즈 명반이 대표적이다.

하지만 동성연애자의 명반은 워낙 다양한 패턴을 보이고, 여기서 얘기한 패턴은 그 중 하나에 불과하기 때문에 포괄적 정리가 필요하다.

6) 천곡 · 천허

천곡의 곡은 '곡을 한다'고 할 때의 곡이고, 천허의 허는 '허무하다' 할 때의 허이다.

명례 9. 연애 좌절

天月 鈴星 左輔 **天機** 旺 平 平	截空 天福 天壽 地劫 **紫微** 廟 廟	寡宿 紅鸞 陀羅 天鉞 廟 廟	解神 天貴 天巫 祿存 **破軍** 廟 陷
大耗 劫煞 天德 92~ 【子女】 46辛絶巳	伏兵 災煞 弔客 47壬 【夫妻】 胎午	官府 天煞 病符 48癸 【兄弟】 養未	博士 指背 太歲 2~11 【 命 】 49甲生申
流霞 蜚廉 天才 地空 **七殺** 陷 旺			破碎 天空 封誥 火星 擎羊 右弼 陷 陷 陷
病符 華蓋 白虎 82~91 【財帛】 45庚墓辰	명례 9. 연애 좌절 / 陽男 양력 1980년 ○월 ○일 미시 음력 경신년 ○월 ○일 미시		力士 咸池 晦氣 12~21 【父母】 50乙浴酉
天使 大耗 三台 文昌 **天梁 太陽** 平 廟 廟 祿	【命局】 水二局 【命主】 廉貞 【身主】 天梁 【命式】 辛 己 己 庚 　　　　　未 亥 卯 申		金輿 紅艶 天哭 天刑 **天府 廉貞** 廟 旺
喜神 息神 龍德 72~81 【疾厄】 44己死卯			青龍 月煞 喪門 22~31 【身福德】 51丙帶戌
天廚 天虛 年解 鳳閣 天姚 天馬 **天相 武曲** 旺 廟 閑 權	月德 天傷 台輔 天喜 天魁 **巨門 天同** 旺 旺 陷 忌	旬空 龍池 恩光 陰煞 **貪狼** 旺	天官 孤辰 八座 文曲 **太陰** 旺 廟 科
飛廉 歲驛 歲破 62~71 【遷移】 43戊病寅	奏書 攀鞍 小耗 52~61 【奴僕】 42己衰丑	將軍 將星 官符 42~51 【官祿】 41戊旺子	小耗 亡神 貫索 32~41 【田宅】 52丁冠亥

가수 명반이다. 후술하겠지만, 이 명반도 특수격이다. 묘궁에서 유

궁으로 차성안궁하는 별들까지 감안하면 身·복덕궁은 일월협, 록과협, 삼태·팔좌의 협까지 이루어지니, 身궁에 절제를 암시하는 천형의 협 상황이 좋아 대중적에게 사랑받는 멋진 춤을 출 수 있었다.

하지만, 전작 『사회적 지위』에서 밝힌 바와 같이 파군명은 노복궁 거문의 향배가 중요한데, 이 명에는 거문과 동궁한 천동에 화기가 붙었다. 그래서 거동이 주하는 감정적인 면 때문에 천이궁의 천상이 형기협인 된 점이 아쉽다.

또한 복덕궁의 천곡과 천이궁의 천허가 삼방에서 부처궁을 비추고 있고, 부처궁 자체엔 지겁, 절공의 공망성들이 있으니 부처와의 감정적인 면에선 좋기 힘들다. 부처궁 협으로 들어오는 영성·타라의 영타격발 역시나 사회적 측면에서는 좋을 수 있어도 해당 육친과의 감정적 측면에선 좋기 힘들다. 연애좌절이 있기 쉬운데, 실제 그러했다.

역시나 부처궁 삼방에서 비추는 천곡·천허만 가지고 연애좌절이 생긴다고 볼 수는 없다. 명천선이 무파상 파조파가다노록이 된다는 것에 중점을 둔 다음, 부처궁에 있는 자탐공망의 자미와 동궁한 지겁·절공에게 은근한 영타격발(감정에 안 좋은 영향을 줌)이 협을 해준다는 것을 보고나서야 삼방의 곡허는 연애좌절의 의미를 강화시키는 중요한 잡성이 된다. 즉, 연애하다가 '곡'을 해야 하고(천곡), '허무'함을 느끼게 됨이(천허) 징험하게 발현된다.

정해대한, 대한 명궁이 여성을 상징하는 태음으로 오고, 선천 부처의 영타격발이 대한부처에서 화양격발을 만났으며, 대한 복덕이 거문·천동화기 운이 되었을 때, 전 애인이 자살했다.

7) 천수

천수는 상황이 좋으면 장수를 상징하고, 상황이 안 좋으면 명을 재촉한다는 '촉수'의 의미를 가진다. 천수는 또한 천량과 더불어 노인성이기도 하다. 그래서 부처궁에 천수가 있으면 연상이건 연하이건 나이차가 많은 배우자가 있다는 얘기도 있다.

대인관계에 있어서는 '나이 차이'를 의미하지만, 사물에서나 일에 있어서의 천수는 '오래된' 혹은 '묵은' 것을 의미하기도 한다.

명례 10. 네이밍 전문가

매일경제 '국회의원 집중분석' 코너에서 생시를 밝힌 네이밍과 마케팅 전문가인 전 국회의원의 명반이다.

부모궁과 복덕궁은 암합이 되어 있으면서 화령이 있고 천허·대모가 있어 그 관계가 매우 깊다. 여기에 오래됨과 노련함을 상징하는 천량과 천수 또한 각 궁에 나뉘어 있으니 부모궁과 복덕궁의 관계가 오래되고 노련함을 알 수 있다.

또한 부모궁의 팔좌는 전택궁의 삼태와 더불어 복덕궁의 품격을 높이는 협을 해주고 있고, 부모궁의 화성은 형제궁의 탐랑과 더불어 명궁을 격발협 시켜주고 있다. 마지막으로 부모궁은 협으로 복덕궁에 천허를 명궁에 천곡을 던져 준다. 이래저래 이 명반의 일생에 지대한 영향을 끼치는 궁이다.

『사회적 지위』 거문편을 보면 거문은 선천에서건 운에서건 화록이나 화기가 붙을 때 부모궁을 재음협인이든 형기협인이든 시켜주기에 그 부모궁과의 교호관계가 매우 깊은데, 이 명반에서 특히나 더욱 그러한 구조가 되었다.

金旬封天天**太** 輿空誥巫馬**陽** 平旺	天天天**破** 廚使才**軍** 廟	截文文天 空曲昌**機** 旺平陷 祿	紅解天孤天紅地天**紫** 艶神福辰空鸞空鉞**府微** 廟廟平旺 科
青歲弔 65~74 71辛 龍驛客【身遷移】 絶巳	小息病 75~84 72壬 耗神符【疾厄】 胎午	將華太 85~94 73癸 軍蓋歲【財帛】 養未	奏劫晦 95~ 74甲 書煞氣【子女】 生申
天寡天天恩擎左**武** 官宿傷貴光羊輔**曲** 廟廟廟			台天**太** 輔刑**陰** 旺忌
力攀天 55~64 70庚 士鞍德【奴僕】 基辰	명례 10. 네이밍 전문가 / 陰女 양력 1955년 ○월 ○일 묘시 음력 을미년 ○월 ○일 묘시		飛災喪 75乙 廉煞門【夫妻】 浴酉
蜚年鳳祿天 廉解閣存**同** 旺廟	【命局】 土五局 【命主】 巨門 【身主】 天相 【命式】 癸 丁 戊 乙 　　　 卯 未 寅 未		流天右**貪** 霞月弼**狼** 廟廟
博將白 45~54 69己 士星虎【官祿】 死卯			喜天貫 76丙 神煞索【兄弟】 帶戌
三陰天地陀**七** 台煞喜劫羅**殺** 平陷廟	破天天鈴**天** 碎虛姚星**梁** 陷旺 權	月天太八火天**廉** 德壽耗座星魁**相貞** 平旺廟平	天龍**巨** 哭池**門** 旺
官亡龍 35~44 68戊 府神德【田宅】 病寅	伏月歲 25~34 67己 兵煞破【福德】 衰丑	大咸小 15~24 66戊 耗池耗【父母】 旺子	病指官 5~14 77丁 符背符【命】 冠亥

부모궁은 내가 고개를 숙여야 하는 대상을 상징한다. 그것이 국가이기도 하고 (국회의원으로 국민에 봉사), 주요 고객이기도 하며 (고객인 진로와 두산, 현대에게 '참이슬'과 '처음처럼', '힐스테이트'를 작명 해줌), 해당 분야의 장인들이기도 하다 (전통공예의 대가들에게 작품을 팔 수 있는 판로

를 마련). 자신이 고개를 숙여야하는 국민, 주요고객, 상사들의 마음을 빙의된 듯 잘 읽기에 무슨 마케팅 전략을 짜야 성공하는지 정확히 알아낸다.

복덕궁과 부모궁이 이런 구조라면 인터뷰 등에서 밝힌 적은 없지만 아마도 평소 꿈에 조상님들이 많이 나타나실 듯하다.

• 이 명반에 대한 첨언

> 명궁 화탐협 → 부모·복덕궁 허모, 화령 → 전택궁 록권협 → 관록궁 양타협 → 노복궁 록마협

무슨 일이건 스케일이 크다고 하는 도미노격이다.

지나치게 밝은 오궁의 태양이 아닌, 좀 더 바람직한 그 바로 직전인 사궁의 태양 빛을 받고 있는 해궁 거문이다. 명궁 삼방사정으로 양양창록이 형성되었고 쌍록마를 본다.

관록궁에 록존이 있는데, 록마협되어 제화된 경양과 록권협되어 제화된 타라의 협을 받고 있다. 물론 타라는 지겁과 동궁하여 완전히 제화되었다고 보기 힘들다. 그래서 노복으로부터의(경양) 길한 협을 받고는 있지만 직장 내 환경은(전택) 홍란·천희의 시끌벅적함과 지겁이 있는 곳에서의 타라이니 이는 길하기만 한 협은 아니다.

이 명에서 노복궁의 강왕한 경양이 매우 인상 깊은데, 그러한 경양 덕분에 관록궁에 록존을, 천이궁엔 천마를 준다고 볼 수 있다. 각계각층에 아는 분들이 포진되어 있어 무슨 일이건 알아보아 조언을 구하고 일거리를 얻기 쉽다.

은광·천귀까지 있으니 해당 분야 말단이 아닌 상위층 인사들과

알고 지내는 게 읽힌다. 나의 사회생활을 이야기하는 천이궁과 나의 직업인 관록궁에 협으로 직접적으로 영향을 끼치는 교통통신 수단궁인 노복궁에 그러한 네트워크가 있음을 알 수 있다.

   그러한 경양이 있는 경진대한에 국회청문회에서 피감기관을 벌벌 떨게 하는 국회의원을 하게 되었다.

   이 명의 부처궁은 그 모습이 의미심장하다. 복덕궁에 천요가 있으면 부처궁엔 천형이 오기 마련인데, 진설도 선생의 『부처궁 비전진결』을 보면 이런 경우 나와 배우자 사이에 무엇인가 아주 큰 차이가 있다고 한다. 그것이 성격이 될 수도 있고 나이가 될 수도 있어 무엇이라고 확정지을 수는 없다. 이 분의 경우 남편의 정치성향이 보수라고 한다. 자신이 진보정당에 몸담고 있었던 것과 매우 대조된다.

   선천 명천선이 경쟁에 유리한 거일조합이면서 천이궁은 身궁이기도 하니, 경쟁에 유리함이 배가 된다. 거기에 노복의 힘도 좋을 뿐만 아니라 뛰어난 부모궁과 복덕궁의 교호관계가 심대함을 고려한다면, 이 명반주인에게는 누구도 경쟁상대가 되지 않는다.

   주변 사람들이 다 이 분 편을 들 것이고, 이 분의 상사는 이 분과 교감을 잘 한다. 절대 이길 수 없다. 이런 명반을 가진 이는 반드시 내 편으로 만들어야 한다.

[명례] 11. 예능인 이수근

金蜚破孤 天天天天**天** 輿廉碎辰壽才巫馬**機** 　　　　　　　平平平 　　　　　　　　　祿 伏歲喪　95~　　　51辛 兵驛門【田宅】　　冠巳	天台天**紫** 廚輔喜**微** 　　　廟 　　　科 大息貫　85~94　52壬 耗神索【官祿】　帶午	截天年鳳龍 空傷解閣池 病華官　75~84　53癸 符蓋符【奴僕】　浴未	月紅解天大天**破** 德艷神福耗鉞**軍** 　　　　　　廟陷 喜劫小　65~74　54甲 神煞耗【遷移】　生申
天天三擎文左**七** 官空台羊曲輔**殺** 　　　廟廟廟旺 官攀晦　　　　　50庚 府鞍氣【福德】　旺辰	명례 11. 예능인 이수근 / 陰男 양력 1975년 ○월 ○일 자시 음력 을묘년 ○월 ○일 자시 【命局】土五局 【命主】祿存 【身主】天同 【命式】壬 戊 戊 乙 　　　　子 子 寅 卯		天天恩天火 使虛光刑星 　　　　陷 飛災歲　55~64　55乙 廉煞破【疾厄】　養酉
天天祿**天太** 哭貴存**梁陽** 　　旺廟廟 　　　　權 博將太　　　　　49己 士星歲【父母】　衰卯			流天八鈴文右**天廉** 霞月座星昌弼**府貞** 　　　廟陷廟廟旺 奏天龍　45~54　56丙 書煞德【財帛】　胎戌
封陰陀**天武** 詰煞羅**相曲** 　　陷廟閑 力亡病　5~14　48戊 士神符【身　命】病寅	旬寡天**巨天** 空宿姚**門同** 　　　旺陷 青月弔　15~24　47己 龍煞客【兄弟】　死丑	紅天**貪** 鸞魁**狼** 　　旺旺 小咸天　25~34　46戊 耗池德【夫妻】　墓子	地地**太** 劫空**陰** 旺陷廟 　　　忌 將指白　35~44　57丁 軍背虎【子女】　絶亥

어느 예능 프로그램에서 섣달 그믐날(음력 마지막 달, 마지막 일), 밤 11시 50분에 태어나서, 태어나자 곧 두 살이 되었다고 말한 예능인 이수근의 명반이다.

가장 먼저 눈에 들어오는 것이 부모궁 천량과 전택궁 천수의 협을 받은 복덕궁 칠살·경양이다. 단순히 천량·천수의 협을 받은 복덕궁이라면 애늙은이 같은 정신세계를 가지고 있다고 볼 수 있는데, 이 명반에선 조상의 가피를 받고 있는 것으로 해석이 된다.

일단 인신사해궁은 명천선과 자전선이 암합이 되기에 집안의 영향을 많이 받기 쉬운 구성이고, 명·신궁에 천상이 있어 주변의 영향을 받기 더욱 쉽다. 그러한 身궁이 병지이면서 병부가 있고 음살이 있다. 이를 체로 놓고 보면 전택궁 천수는 물려받음을 암시하는 천무, 어두운 비렴, 상문, 고신, 등의 별들이 있어 조상의 음덕을 물려받기 쉬운 구조가 된다.

이러한 상태에서 부모궁 천량과 전택궁 천수가 복덕궁을 협해주면서 동시에 쌍록협, 록마협, 록권협도 해주고 있으니 이 명의 복덕궁은 조상의 가피를 받고 있다고 말 할 수 있다.

집안의(전택궁) 돌아가신 분이 주는(상문) 원숙한(천수) 재능(천기·천재)을 물려받은(천무) 이수근.

노복궁의 예능감 충만한(십이운의 욕지) 끼(천요)와 재능(용지·봉각)과 더불어 관록궁 자미화과를 협해 준다. (사궁 천기·천재와 미궁 용지·봉각의 협을 이렇게 확장해 봤다)

다시 말해, 관록궁의 폭발적인(홍란·천희) 상황을 주도하여 두드러지는(자미화과) 내 밥줄이 되는(천주) 상황은 이러한 전택궁과 노복궁의 재능과 끼의 협의 도움이 크다.

종합하자면, 잡성들은 그 힘이 약해서 단독으로만 해석해서는 안 되고, 같이 동궁한 비슷한 성질의 별들과 함께 봐야한다. 이럴 때 그 잡성의 성질이 배가 되어 그 의미를 중요하게 볼 수 있다.

천공·절공 등의 공망성들도 공겁과 같이 봐야 그 공망한 의미가 강화되고, 천요·대모 등의 도화성들도 다른 홍란·천희나 염정·탐랑 등의 도화성들과 같이 보일 때, 도화의 의미가 강화된다.

  물론 각 잡성별로 길성, 흉성, 공망성 혹은 도화성 등의 굵직한 분류 말고, 그 별만의 고유한 성질도 있다. 예를 들어 섭한량 선생의 『성요본의』에 따르면 나이 든 사람이 살을 많이 보면서 칠살과 용지가 질액궁에 있으면 이명을 가지기 쉽고, 칠살과 봉각이 질액궁에 있으면 미각에 영향을 미친다고 한다. 또한 각종 길성과 도화성이 비추는 身궁에 천귀가 있다면 말 그대로 '귀티나는' 외모를 가졌다고 보기도 한다.

  잡성들의 기본적인 의미 혹은 재미있는 성질 등에 관해선 기존의 자미두수 서적에 많이 나와 있어서 생략을 했고, 대신 이러한 잡성들을 어떤 식으로 봐야 하는지에 관한 이야기가 하고 싶어 (다른 별들과 묶어서 봐야 한다), 몇 가지 잡성들을 가지고 이야기를 해 보았다.

2장. 다섯가지 특수격

1) 들어가는 말

기본적으로 특수격은 많이 알려졌고 주변 임상을 통한 연구를 근거로 하더라도 그 존재를 부인하기 힘든 상황이다.

특수격 조건이 형성되면 검사, 변호사, 교수, 의사 등의 직업을 가지고 사회적으로 잘 나가는 삶을 살거나 반대로 어려서의 성장환경도 좋지 않고 커서도 근근히 먹고 사는 정도로 매우 열악한 인생을 살거나 둘 중의 하나이다. 그 중간이 거의 없다.

살의 의미를 그대로 받아들인 후자의 명반에서는 육친불리의 문제와 건강의 문제가 매우 심각하다. 하지만 전자라면 그렇지 않다.[1]

특수격 중 좋은 삶이 될지 힘겨운 삶이 될 것인지의 기준은 아직 발견하지 못했다. 중간이 없으니 몇 마디 물어보면 전자인지 후자인지가 명확하니 그나마 다행이다.

사실, 특수격이라는 틀을 정해 놓고 따지는 것이 크게 의미가 없을 수도 있다. 예를 들어 "천형과 공겁을 보면, 길성들을 안보더라도 격발이 된다." 정도의 표현으로도 이 특수격 파트의 내용을 두루 뭉술하지만 쉽게 전달할 수 있다.[2] 하지만 조선시대 인물들을 모아놓은 『고금명성도』의 총 688개의 명반 중, 170개의 특수격이 있는 바 (24.7%), 이를 체계적으로 정리하지 않을 수 없었다.

또한, 문서를 암시하는 별들과 길상을 암시하는 별들이 모이면 문서적으로 길하다는 뻔한 이야기를 하는 것 보다는 양양창록격을

---

1) 물론 『사회적 지위』에 언급했듯, 특수격으로 살지만 육친불리의 명도 있음.
2) 이를 '격국의 타파'라 할 수 있다.

만들어 설명하는 것이 이해하기 쉽듯, 특수격도 마찬가지이다. 물론, 어느 정도 수준에 다다르면 이러한 격국들을 응용하고 결국 뛰어넘어 그것에 메이지 않게 된다.

이두 선생님께서 언젠가부터 '육살특수격' 이야기를 언급 하셨다. 천형과 육살성을 다 보고 육길성은 하나도 보지 않는데, 재벌 부인도 있고, 의사, 변호사도 있다. 언뜻 들으면 생시를 잘못 본 것 아닌가 생각할 수도 있겠지만, 운추론을 해 보면 징험하게 맞는다.

아래 이완용 명반 분석을 통해 이를 알아보자.

2) 육살특수격을 통해 보는 특수격, 이완용 명반

낮 1시쯤이라는 정보는 길출판사에서 나온 윤덕한 저자의 『이완용 평전』에 나와 있다. 하지만 이완용이 태어난 1858년에는 11시 반~1시 반이 오시가 아니라 11시~1시까지를 오시라고 보았기 때문에, '낮 1시쯤'이란 정보만으로는 오시인지 미시인지 아주 모호하다. 이에 생시검증을 해 보고자 한다.

명례 12. 미시로 본 이완용

* 미시의 경우, 선천의 분위기

1. 복덕궁이 살을 많이 보는 자미이기에 나름대로의 야망이 있으면서 간교하고 음모 등의 일을 꾸미는 전형적인 정치인 성격이 있다.
2. 상대적으로 안정적인 자궁의 파군이다.
3. 파군이 안정되기 위해선 록이 필요한데, 마침 관록궁에 록이 있으면서 부관선이 영타격, 영탐격이 형성되었다.
4. 공부할 기간인 을축대한의 관록궁도 상당히 좋아 보인다.

流破天祿右**巨** 霞碎傷存弼**門** 　　廟平平 　　　　科 博亡病 54~63 48丁 士神符【奴僕】 生巳	天天天地擎**天廉** 廚才姚劫羊**相貞** 　　　　廟平旺平 力將太 64~73 49戊 士星歲【遷移】 浴午	金天天天**天** 輿使空鉞**梁** 　　　　旺旺 青攀晦 74~83 50己 龍鞍氣【疾厄】 帶未	孤天恩天天火**七** 辰壽光巫馬星**殺** 　　　　　旺陷廟 小歲喪 84~93 51庚 耗驛門【財帛】 冠申
紅寡年鳳天陰地陀**貪** 艶宿解閣貴煞空羅**狼** 　　　　　陷廟廟 　　　　　　　祿 官月弔 44~53 47丙 府煞客【官祿】 養辰	명례 12. 미시로 본 이완용 / 陽男 양력 1858년 7월 11일 미시 음력 무오년 6월 7일 미시		封紅左**天** 詰鸞輔**同** 　　　陷平 將息貫 94~ 52辛 軍神索【子女】 旺酉
天天天三天文**太** 月福官台喜昌**陰** 　　　　　平陷 　　　　　　權 伏咸天 34~43 46乙 兵池德【田宅】 胎卯	【命局】金四局 【命主】貪狼 【身主】火星 【命式】乙 辛 己 戊 　　　　未 亥 未 午		龍鈴**武** 池星**曲** 　　廟廟 奏華官 53壬 書蓋符【夫妻】 衰戌
輩天天**紫** 廉刑**府微** 　　　廟廟 大指白 24~33 45甲 耗背虎【身福德】絕寅	大台天**天** 耗輔魁**機** 　　　旺陷 　　　　忌 病天龍 14~23 44乙 符煞德【父母】 墓丑	旬截解天天**破** 空空神虛哭**軍** 　　　　　廟 喜災歲 4~13 43甲 神煞破【命】 死子	月八文**太** 德座曲**陽** 　　　旺陷 飛劫小 54癸 廉煞耗【兄弟】 病亥

[명례] 13. 오시로 본 이완용

流破祿地地右**巨** 霞碎存劫空弼**門** 廟閑廟平平 科	天天天擎**天廉** 廚傷姚羊**相貞** 平旺平	金天天火天**天** 輿壽才空星鉞**梁** 閑旺旺	孤天封天天**七** 辰使詰巫馬**殺** 旺廟
博亡病 44~53 48丁 士神符【官祿】生巳	力將太 54~63 49戊 士星歲【奴僕】浴午	青攀晦 64~73 50己 龍鞍氣【遷移】帶未	小歲喪 74~83 51庚 耗驛門【疾厄】冠申
紅寡年鳳陰陀文**貪** 艷宿解閣煞羅昌**狼** 廟旺廟 祿	명례 13. 오시로 본 이완용 / 陽男 양력 1858년 7월 11일 오시 음력 무오년 6월 7일 오시 【命局】金四局 【命主】巨門 【身主】火星 【命式】甲 辛 己 戊 　　　午 亥 未 午		恩紅鈴左**天** 光鸞星輔**同** 陷陷平
官月弔 34~43 47丙 府煞客【田宅】養辰			將息貫 84~93 52辛 軍神索【財帛】旺酉
天天天天三天**太** 月福官貴台喜**陰** 陷 權			龍文**武** 池曲**曲** 陷廟
伏咸天 24~33 46乙 兵池德【福德】胎卯			奏華官 94~ 53壬 書蓋符【子女】衰戌
蜚**天紫** 廉刑**府微** 廟廟	大天天 耗魁**機** 旺陷 忌	旬截解天天台**破** 空空神虛哭輔**軍** 廟	月八**太** 德座**陽** 陷
大指白 14~23 45甲 耗背虎【父母】絶寅	病天龍 4~13 44乙 符煞德【**身　命**】墓丑	喜災歲 43甲 神煞破【兄弟】死子	飛劫小 54癸 廉煞耗【夫妻】病亥

* 오시의 경우, 선천의 분위기

1. 인생 자체가 계획착오를 의미하는 명·신궁 천기화기이다.
2. 20세 전후로 부모가 사망하게 됨으로 축미궁 기량의 무서움이 그대로 드러난다.
3. 고종의 의중을 잘 파악하고, 고종의 비위를 잘 맞추었다. (명궁이 천기이면 부모궁은 항상 자미)

> 4. 치밀하게 정세를 파악해서 이에 맞게 대처하는 점이 복덕궁 태음화권과 맞아 떨어진다.

위에서 보듯, 이러한 선천 명반의 상황만으로는 미시인지 오시인지 알기 힘들다. 그래서 운을 보기 위해 일단 이완용 인생의 주요 사안을 뽑아 보았다.

운추론을 이용한 생시검증

큰 사건 다섯 가지를 놓고 생시검증을 해보자.

1. 48세 (1905 을사년) 큰아들 사망
2. 50세 (1907 정미년) 여름에 집이 불탐
3. 52세 (1909 기유년) 이완용 암살 기도로 폐에 중상. 수술 받음. 이 일로 천식이 생김.
4. 53세부터 (1910 경술년) 죽기 전까지 이완용 인생 최고의 전성기를 구가함
5. 69세 (1926 병인년) 2월 11일 사망 (음력으로 을축년 12월)

- 1. 48세 (1905 을사년) 음력 7월 초 큰아들 병으로 사망

미시 선천 자녀궁이 화령협 되어 있다. 이럴 경우, 자녀와 안 맞아서 감정문제가 생기거나 감정 문제가 없다면 떨어져 살게 되거나, 안 좋은 경우 일찍 이별하게 된다. 이완용 나이 17세에도 아들이 태어났으나 바로 사망했다. 이는 당시 유아사망이 많았다는 점에 비추어 볼 때 그다지 특별한 일이 아니었다고 해도 20대 중반의 큰아들이 사망한 것은 분명 충격이었을 것이다.

선천 자녀궁이 이러한 상황에서 병진대한 자녀궁이 선천 부질선의 천기화기가 있는 축궁이다. 을사년 록존궁에 유년이 좌하면서 대한에서 공명된 천기화기를 유년화록으로 묻다. 유년 태음화기는 선천자녀궁을 건드리고 또한 이차결과로 인궁을 건드리는데, 이 인궁은 유년 자녀궁이면서 身궁이며 백호가 좌한다.

오시 선천 자녀궁이 나쁘지 않다. 선천이 이러한 상황에서 정사 대한 자녀궁의 천형, 백호만을 보고 자녀 사망을 이 대한에서 암시한다고 보기는 힘들다.

- 2. 50세 (1907 정미년) 여름에 집이 불탐

미시 화재는 전택궁과 화탐 혹은 영탐이 상관궁성이다. 병진대한 전택궁이 화양격발협이 되어 있는 상태에서 정미년이 대한의 전택궁에 좌했다. 그러면서 유년의 문제궁선 진술궁이 유년의 자전이면서 영탐, 영타격이 형성되었다.

오시 정사대한 전택궁이 화령협 되어 있으면서 정미년 문제궁선이 진술궁으로 탐랑이 있지만 이 유년에 화재가 발생했을 것이라 추론하기는 힘들다.

- 3. 52세 (1909 기유년) 암살 기도로 폐에 숭상. 수술 받음. 이 일로 천식이 생김.

미시 화령협된 천동 유년으로 왔다. 유년 무곡화록은 유년 부질선이면서 무곡의 금속성에 영타 및 영탐격으로 갑작스럽게 칼에 찔린다. 질액적 측면에서 보았을 때 피습으로 인해 발생한 부상이다. 대한 차원에서 록기전도로 발생의 의미를 가진 염정과 무곡화록으로 인궁 身궁이 2차 발생이 된다.

　　자부살 형화상봉의 갑작스러운 불똥이 튀었을 것이다. 그리고 여기에 상문·백호까지 있으니 목숨이 위태로울 정도의 상황이다. 유년 1차 결과는 유년복덕궁의 문곡화기로 대한의 질액궁이다. 유년최종결과는 자궁이 되며, 유년의 전택궁에 해당한다.

전택의 천이는 이사를 말하는데, 병원에 2~3달 입원한 것으로 드러났다.

오시 유년 부질선이 발생이지만 身궁이 걸리는 것도 아니고 갑작스러운 피습의 징후도 안 보인다.

- 4. 53세 경술국치부터 (1910 경술년) 죽기 전까지 일본 고위층과의 인맥 확장을 비롯, 인생 최고의 전성기를 구가함
미시 정사대한으로 매우 좋아 보인다.

오시 오궁의 경양 대한으로 대한 부관선이 좋아 보이나 크게 안정되고 풍요로운 대한 같지는 않아 보인다.

- 5. 69세 (1926 병인년) 2월 11일 사망 (음력 을축년 12월)
미시 을축년 대한 질액궁 천기쌍화기를 물면서 대한 차원에서 인동되지 않고 있던 身궁도 유년 부질선이 되면서 제대로 인동된다.

오시 부질, 身궁, 재복선이 움직이기는 한다.

- 생시검증 결론 : 미시로 보인다.

주요 운추론 결과가 이러하니 미시로 보지 않을 수가 없다. 그런데 떵떵거리며 살았던 이완용의 명반이라기에는 미시로 본 명반은 명·신궁에서 육살에 천형까지 본다. 육길성을 전혀 보지 않으면서

말이다. 이런 명이 육살특수격이다.

  옛 기록에도 육살특수격의 명이 종종 보이는데, 왜 이제서야 발견해서 육살특수격으로 분류하는 것일까? 그것은 이 명들이 우리 주변에 많지 않기 때문이다. 삼살·사살 특수격과는 그 빈도에 있어 차이가 있다. 필자가 잘 아는 분들 중에선 단 한명만 보았다. 현직 국회의원이다. (『사회적 지위』, p.136)

  이두 선생님께서 『실전자미두수』 서적을 통해 (삼살과 사살) 특수격을 밝히고, 강의 등을 통해 육살특수격도 언급하신 이후, 필자는 오살특수격과 기년생 특수격을 찾아냈다. 지금까지 알아낸 이러한 특수격 다섯 가지를 정리해보자.

3) 특수격의 종류

가. 삼살특수격 (정·계년생 - 록존 자오궁좌)

조건1 명·신궁 삼방사정에서 천형 그리고 육살성 중 지공·지겁·화성만을 보고 육길성은 보지 않는다.
조건2 이렇게 되면 록존이 자오궁에 좌하는 정·계년생만 해당된다.

이 특수격은 『실전자미두수』에 나온 특수격 중 하나이다. 이 특수격은 양타를 보지 않기 때문에 록존을 명·신궁 삼방사정에서 볼 수밖에 없는 구조이다.
『고금명성도』의 총 70개 정년생 명반 중 17개의 명반이 이러한 삼살특수격 명반이고, 총 74개의 계년생 명반 중 18개가 이러한 삼살특수격이다.

나. 사살특수격 (갑·경년생 - 록존 인신궁좌)

조건1 명·신궁 삼방사정에서 천형, 그리고 육살성 중 지공·지겁, 화성·영성만을 보고 육길성은 보지 않는다.
조건2 록존이 인·신궁에 좌하는 갑·경년생만 해당된다.
조건3 간혹 위의 조건 중 화성과 영성을 안 보는 경우도 있다. (이를 사살특수격 화령 예외라고 칭한다.)

사살특수격 역시나 『실전자미두수』에 나온 특수격이다. 『고금명성도』의 총 77개의 갑년생 명반 중 8개가 사살특수격이고, 12개가 사살특수격 화령 예외이다. 또한 총 84개의 경년생 명반 중 9개가 사살특수격, 13개가 사살특수격 화령 예외이다.

또한 『사회적 지위』에선 246쪽 번암 채제공, 252쪽 관록파괴, 347쪽 우의정 정홍순 명반이 사살특수격 화령 예외이다.

명례 14. 사살특수격 화령 예외, 좌의정 김사목

天使 封誥 火星 **天機** 旺平	截空 解神 天福 天才 恩光 **紫微** 廟	寡宿 紅鸞 陀羅 天鉞 文曲 文昌 廟旺旺平	天刑 祿存 地空 **破軍** 廟廟陷
大耗 劫煞 天德 75~84 【疾厄】 46辛絶巳	伏兵 災煞 弔客 85~94 【財帛】 47壬胎午	官府 天煞 病符 95~ 【子女】 48癸養未	博士 指背 太歲 【夫妻】 49甲生申
流霞 輩廉 陰煞 **七殺** 旺	명례 14. 좌의정 김사목 / 陽男 양력 1740년 음력 경신년 12월 1일 묘시 【命局】土五局 【命主】祿存 【身主】天梁 【命式】癸 丁 己 庚 卯 酉 丑 申		破碎 天空 台輔 擎羊 陷
病符 華蓋 白虎 65~74 【身遷移】 45庚墓辰			力士 咸池 晦氣 【兄弟】 50乙浴酉
天傷 大耗 三台 左輔 **天梁** **太陽** 陷廟廟祿			金輿 紅艷 天哭 **天府** **廉貞** 廟旺
喜神 息神 龍德 55~64 【奴僕】 44己死卯			青龍 月煞 喪門 5~14 【命】 51丙帶戌
天月 天廚 天虛 年解 鳳閣 天馬 地劫 **武曲** 旺平 廟閑 權	月德 天喜 鈴星 天魁 **巨門** **天同** 陷旺旺陷 忌	旬空 天壽 龍池 天姚 **貪狼** 旺	天官 孤辰 八座 天巫 右弼 **太陰** 閑廟廟 科
飛廉 歲驛 歲破 45~54 【官祿】 43戊病寅	奏書 攀鞍 小耗 35~44 【田宅】 42己衰丑	將軍 將星 官符 25~34 【福德】 41戊旺子	小耗 亡神 貫索 15~24 【父母】 52丁冠亥

『고금명성도』에 나온 사살특수격 화령 예외인 좌의정 김사목 선생의 명반이다. 70년 동안 영조, 정조, 순조, 3대에 걸쳐 왕의 신하였고, 69세 좌의정을 제수 받은 뒤, 3천 369일간 정승으로 지냈다. 특수격이 아니라면, 육길성을 보지 않고 살성인 천형과 공겁만 보는데다 관록궁은 형기협인이 되어 있는 이 명반을 보고 정승명이라 보기 힘들다.

- 이 명반에 대한 첨언

아무리 특수격이라도 천부는 록을 봐야 안정이 되는데, 선천 명궁에서는 록을 보지 못한다. 하지만 정해대한 관록궁, 무자대한 재백궁, 기축대한 재백궁, 무인대한 천이궁, 기묘대한 명궁, 경진대한 관록궁, 신사대한 관록궁에서 록을 본다.

임오대한에서는 록을 보지 못하는데, 이 대한 중 90세에 사망한다.

가장 변화가 많을 수밖에 없는 무파상 무인대한에 형기협인을 받고 대한 관록궁은 화령협을 받아 관록의 변화가 생길 수밖에 없는데, 이 대한 중 49세에 살면서 유일하게 파직을 당했다. 물론 다음 해에 대사간으로 복직한다.

다. 오살특수격 (을신년생 - 록존 묘유궁좌)

조건1 명·신궁 삼방사정에서 천형 그리고 육살성 중 지공, 지겁, 경양, 타라, 화성만을 보고 육길성 중 천괴와 천월만을 본다.
조건2 이렇게 되면 록존이 묘유궁에 좌하는 을신년생만 해당된다.

『고금명성도』의 총 66개의 을년생 명반 중 16개가 오살특수격이고, 총 63개의 신년생 명반 중 14개가 오살특수격이다.
또한 『사회적 지위』에선 58쪽 왕정지 선생, 66쪽 바둑기사 이창호, 73쪽 짐 캐리, 184쪽 대제학 서기순, 187쪽 스티브 잡스, 242쪽 외과의사, 291쪽 관록궁 대폭발격 명반이 오살특수격이다.

삼살과 사살특수격은 10개의 생년 천간 중 4개에 해당하기에 그 발견이 쉬워 일찍이 『실전자미두수』에서 언급된 바가 있는데, 육살특수격은 그 보다는 적은 3개의 생년천간에 해당되어 그 책의 출간 후에 이두선생님에 의해 발견되었고, 오살특수격은 그 보다 더 적은 2개의 생년천간에만 해당 되기에 필자에 의해서 최근에야 발견되었다.

참고로 항상 그런 것은 아니지만, 오살특수격 중에선 경양이 록마의 협을 받는 경우가 많다.

[명례] 15. 오살특수격, 한음 이덕형

截空 天月 天福 破碎 天使 天壽 文昌 左輔 **七殺** **紫微** 廟平平旺 忌	天廚 紅鸞 地空 天魁 廟廟	寡宿 天才 封詰 天貴	解神 天巫 火星 陀羅 陷陷
將軍 指背 白虎 53~62 【疾厄】 45癸巳病	小耗 咸池 天德 43~52 【財帛】 46甲衰午	青龍 月煞 弔客 33~42 【子女】 47乙旺未	力士 亡神 病符 23~32 【夫妻】 48丙冠申
三台 地劫 **天梁 天機** 陷旺廟	명례 15. 한음 이덕형 / 陰男 양력 1561년 음력 신유년 2월 12일 사시 【命局】水三局 【命主】祿存 【身主】天同 【命式】乙 壬 辛 辛 　　　　巳 寅 卯 酉		紅艷 天官 天哭 祿存 文曲 右弼 **破軍 廉貞** 旺廟陷陷平 科
奏書 天煞 龍德 63~72 【遷移】 44壬死辰			博士 將星 太歲 13~22 【兄弟】 49丁帶酉
流霞 天傷 天虛 恩光 鈴星 **天相** 廟陷			天空 八座 擎羊 廟
飛廉 災煞 歲破 73~82 【奴僕】 43辛基卯			官府 攀鞍 晦氣 3~12 【命】 50戊浴戌
月德 大耗 天姚 天鉞 **巨門 太陽** 旺廟旺 祿權	旬空 年解 鳳閣 龍池 **貪狼 武曲** 廟廟	陰煞 天喜 **太陰 天同** 廟旺	金輿 蜚廉 孤辰 台輔 天馬 **天府** 平旺
喜神 劫煞 小耗 83~92 【官祿】 42庚絶寅	病符 華蓋 官符 93~ 【田宅】 41辛胎丑	大耗 息神 貫索 【福德】 40庚養子	伏兵 歲驛 喪門 【父母】 51己生亥

『고금명성도』에 나온 <오성과 한음> 중 한음 이덕형 선생 명반이다. 명·신궁 삼방사정에서 천형과 육길육살성 중, 공겁·양타와 화성을 보고 괴월을 보는 전형적인 오살특수격이다. 경양은 록마협이 되어 있다.

- 이 명반에 대한 첨언

> 명궁 록마협 → 형제궁 양타협 → 身·부처궁 작사전도협 → 자녀궁 괴월협 → 재백궁 작사전도협 → 질액궁 공겁협, 도미노격이다.

이 명반에서 가장 눈에 띄는 것은 명궁 기량 중 하나인 천기가 좋아하는 괴월이 삼방에서 제대로 비춘다는 점이다. 정유대한에는 대한 부처궁 협으로 들어오고, 병신대한에는 대한 복덕궁 삼방에서 비추며, 을미대한 때는 대한 명궁 협으로 들어오고, 갑오대한 때는 대한 관록궁 삼방에서 비춘다. 각 대한별 순서대로 보자면 20세 나이에 과거 급제를 했고, 31세 조선 최연소 대제학이 되었으며, 38세의 나이로 우의정이 되었고, 49세에 영의정이 되었다.

특히나 여기서의 괴월은 일월이 각기 동궁하면도 홍란, 천희, 함지, 천요, 대모, 등의 도화성들과도 동궁하면서 비추니 대중을 대상으로 하는 복무에 종사할 것이라는 암시가 보인다.

하지만 아무리 괴월의 상황이 저렇게 좋아보여도 오살과 천형을 보는 명반인 이상, 특수격의 존재를 모르면 격을 낮춰 볼 수 있다.

라. 육살특수격 (병무임년생-록존 사해궁좌)

조건1 명·신궁 삼방사정에서 천형 그리고 육살성 중 지공, 지겁, 경양, 타라, 화성, 영성 전부를 보고 육길성은 보지 않는다.

조건2 이렇게 되면 록존이 사해궁에 좌하는 병무임년생만 해당된다.

조건3 간혹 위의 조건 중 화성과 영성을 안보는 경우도 있다. (이를 육살특수격 화령 예외라고 칭한다)

『고금명성도』의 총 72개의 병년생 명반 중 7개가 육살특수격이고, 11개가 육살특수격 화령 예외이다. 총 60개의 무년생 명반 중에는 4개가 육살특수격이고, 12개가 육살특수격 화령 예외이다. 총 66개의 임년생 명반 중에는 5개가 육살특수격이고, 7개가 육살특수격 화령 예외이다.

또한 『사회적 지위』 중 136쪽 국회의원, 327쪽 다산 정약용 명반이 육살특수격이고, 95쪽 영의정 서종태, 160쪽 송강 정철, 313쪽 처가댁 유력2, 346쪽 학역재 정인지 명반이 육살특수격 화령 예외이다.

『중급 자미두수 3권, 두수선미』에선 141쪽 진숙량 선생, 205쪽 성연화상, 207쪽 곽수동 선생 명반이 육살특수격이고, 179쪽 왕극민 총장 명반이 육살특수격 화령 예외이다.

명례 16. 육살특수격 화령 예외, 형조판서 심의면 (1808 무진년 10월 2일 유시)

流霞 孤辰 天空 天喜 祿存 **巨門** 廟平	輩廉 天廚 天月 天才 年解 鳳閣 天刑 擊羊 **天相 廉貞** 平旺平	金輿 天傷 鈴星 天鉞 **天梁** 旺旺旺	龍池 陰煞 天巫 地劫 **七殺** 廟廟
博士 劫煞 晦氣 32~41 【田宅】 38丁絶巳	力士 災煞 喪門 42~51 【官祿】 39戊胎午	青龍 貫索 52~61 【奴僕】 40己養未	小耗 指背 官符 62~71 【身遷移】 41庚生申
紅艷 解神 陀羅 **貪狼** 廟廟祿	명례 16. 형조판서 심의면 / 陰男 양력 1808년 음력 무진년 10월 2일 유시 【命局】水二局 【命主】祿存 【身主】文昌 【命式】癸 甲 癸 戊 　　　　酉 午 亥 辰		月德 天使 **同** 平
官府 華蓋 太歲 22~31 【福德】 37丙墓辰			將軍 咸池 小耗 72~81 【疾厄】 42辛浴酉
天福 天官 台輔 **太陰** 陷權			旬空 天虛 天姚 **武曲** 廟
伏兵 息神 病符 12~21 【父母】 36乙死卯			奏書 月煞 歲破 82~91 【財帛】 43壬帶戌
天哭 三台 天馬 地空 **天紫 府微** 旺陷廟廟	破碎 寡宿 天貴 天恩 天魁 文曲 文昌 右弼 左輔 **天機** 旺廟廟廟陷 科 忌	截空 天壽 八座 **破軍** 廟	大耗 封誥 紅鸞 火星 **太陽** 平陷
大耗 歲驛 弔客 2~11 【命】 35甲病寅	病符 攀鞍 天德 34乙衰丑	喜神 將星 白虎 33甲旺子 【夫妻】	飛廉 亡神 龍德 92~ 【子女】 44癸冠亥

무년생 육살특수격 화령 예외인, 『고금명성도』에 나온 심의면 선생 명반이다. 살을 많이 보는 자미답게[3] 안동김씨 세력에 아부하면서 형조판서 자리까지 올라갔으나, 평소에 흥선대원군을 궁도령이

---

[3] 인궁 자미·천부에 특수격이라는 점이, 『사회적 지위』 280쪽 명반과 유사.

라 놀리다가 기미대한 대원군의 집권으로 제거 당했다.

- 이 명반에 대한 첨언

특이한 점은 특수격의 경우 선천 자체가 좋은 것으로 본다는 것이다. 그래서 무오대한이 앉은 자리가 자오궁 염정·천상이 경양과 동궁하는 '형수협인 형장유사'⁴⁾인데도 불구하고, 관재나 형장을 맞는게 아니라 이조참판의 지위로 사람들의 인사권을 쥐고 흔든 것으로 길하게 작용했다는 것이다.

선천에서 록을 못 보는 자미가 병진대한 록을 보아 30세 급제하고, 정사대한 역시나 록을 보아 황해도 암행어사가 되고, 무오대한 재음협인으로 이조참판이 된 뒤, 대한 명궁 삼방에서 록을 못 보는 기미대한에 제거 당했다.

> 참고로, 형제궁 마우공망협 → 명궁 록과기협 → 부모궁 록마협
> 절족마협 → 복덕궁 록권협 → 전택궁 양타협, 도미노격이다.

---

4) 『자미두수전서』 1086쪽.

마. 기년생 특수격 (기년생 – 록존 오궁좌)

조건1 명·신궁 삼방사정에서 천형 그리고 육살성 중 지공·지겁, 화성을 보고 육길성 중 천괴와 천월만을 본다.

조건2 이렇게 되면 록존이 오궁에 좌하는 기년생만 해당된다.

『고금명성도』의 총 56개의 기년생 명반 중 18개가 기년생 특수격이다. 또한 『사회적 지위』에서는 83쪽 올드미스 명반이 기년생 특수격이다. 『중급자미두수 3권, 두수선미』중 215쪽 원세개(위안 스카이) 총통 명반도 기년생 특수격이다.

10개 천간 중 단 한 개의 천간에만 있는 특수격이라 가장 드물어 발견이 매우 늦었다. 『고금명성도』가 없었더라면 발견하지 못할 뻔했다.

[명례] 17. 명문대 영문과 졸업

破碎 鈴星 陀羅 **破軍 武曲** 旺陷閑平 祿	流霞 紅鸞 祿存 地劫 **太陽** 旺廟廟	天月 寡宿 天傷 擎羊 **天府** 廟廟	金興 天廚 天姚 天鉞 **太陰 天機** 廟平閑
官府 指背 白虎 36~45 【田宅】 57己 冠巳	博士 咸池 天德 46~55 【官祿】 58庚 旺午	力士 月煞 弔客 56~65 【奴僕】 59辛 衰未	青龍 亡神 病符 66~75 【遷移】 60壬 病申
紅艷 天刑 地空 **天同** 陷平			截空 天官 天使 天哭 天詰 **貪狼 紫微** 平平 權
伏兵 天煞 龍德 26~35 【身 福德】 56戊 帶辰			小耗 將星 太歲 76~85 【疾厄】 61癸 死酉
旬空 天虛 八座 文昌 右弼 平陷			天空 天貴 火星 **巨門** 廟旺
大耗 災煞 歲破 16~25 【父母】 55丁 浴卯			將軍 攀鞍 晦氣 86~95 【財帛】 62甲 墓戌
月德 解神 天福 大耗 恩光	天壽 年解 台輔 鳳閣 龍池 **七殺 廉貞** 廟旺	陰煞 天喜 天魁 **天梁** 旺廟 科	蜚廉 孤辰 天才 三台 天巫 天馬 文曲 左輔 **天相** 平旺閑平 忌
病符 劫煞 小耗 6~15 【命】 54丙 生寅	喜神 華蓋 官符 【兄弟】 53丁 養丑	飛廉 息神 貫索 【夫妻】 52丙 胎子	奏書 歲驛 喪門 96~ 【子女】 63乙 絶亥

명례 17. 명문대 영문과 / 陰女

양력 1969년 ○월 ○일 미시
음력 기유년 ○월 ○일 미시

【命局】 火六局
【命主】 祿存
【身主】 天同
【命式】 癸 庚 癸 己
         未 寅 酉 酉

　명·신궁 삼방사정에서 천형을 보고 육살성 중에서는 공겁, 화성을, 육길성 중에서는 괴월을 보는 기년생 특수격이다.
　명문대 영문과를 나오고 현재 학원을 운영하고 있다. 아직 결혼을 하지 않아 남편의 상황까지는 검증할 수 없지만 어렸을 때 부모님이 돌아가시지도 않았고, 현재 본인에게 건강상의 문제는 전혀 없다.

4) 특수격과 천형

위 다섯 종류의 특수격 전부에 천형과 공겁이 관여한다. 천형이 살들을 통제하는 군기반장 역할을 하는 것 아닌가 하는 『실전자미두수』 책에서의 주장에 힘을 실어 주는 발견이다.

- 명·신궁 삼방사정에서 천형을 보기 위해서는,
  1. 축미시이거나 (천형은 각기 재복에 위치하고 身궁은 복덕궁이 됨)
  2. 묘유시이거나 (천형은 각기 부관에 위치하고 身궁은 천이궁이 됨)
  3. 사해시여야 한다 (천형은 각기 명천에 위치하고 身궁은 부처궁이 됨).

역으로 말해, 자·오·인·신·진·술시에 태어난 특수격은 없고, 身궁이 명궁, 관록궁, 재백궁인 명반에 특수격은 없다.

그리고 삼살과 사살특수격은 양타를 보지 않으므로 명궁이나 身궁의 삼방에선 반드시 록존을 보고, 오살과 육살특수격 그리고 기년생 특수격은 양타를 보기에, 명·신궁에서 록존을 볼 수 없다.

특수격은 명·신궁에서 살을 많이 보아 생기는 심각한 육친불리와 건강문제가 발생하지 않으니5) 이를 놓치면 운추론은 힘들다.

---

5) 예외 존재. 『사회적 지위』 특수격편, 281쪽 참고.

3장. 대한 추론

1) 각 대한별 유의사항

　시대는 달라도 크게 본다면 비슷한 명끼리는 인생의 흐름도 비슷하다.

　어떤 명이 시험을 볼 운이 되었다고 하자. 이 사람이 조선 시대에 태어났다면 과거 시험을 봤을 것이고 요즘사람이라면 각종 고시나 취직 준비를 할 것이다. 애인을 여럿 둘 성향을 가진 사람이 조선 시대에 태어났다면 첩을 두었을 테고 현대인이라면 바람을 피울 것이다. 조선 시대에 음서제도가 있었다면 요즘도 각종 인사청탁이 많다.

　다만 시대가 바뀌고 생활환경이 변하면서 과거보다 요즘 그리고 시골보다 도시에서, 혼인의 나이대가 늦고, 아이 낳는 시기가 늦고, 사망 나이도 늦다. 조선 시대 같았으면 결혼 했겠지만 현대 사회에선 연애나 동거를 할 수 있다. 조선 시대 같았으면 아이를 낳았겠지만 현대 사회에선 성관계를 했을 뿐, 각종 피임 수단의 도움으로 임신을 안 할 수도 있다. 조선시대 같았으면 사망했겠지만 현대 사회에서 잠시 곡기를 끊었을 뿐 첨단 의학 덕분에 덤으로 인생을 살 수 있다. 그래서 현대인의 운을 볼 때는 어떠할 것이라고 단정 짓지 말고 결혼하기 쉬운 운, 아이 낳기 쉬운 운, 사망하기 쉬운 운 등으로 봐야한다.

　그렇기에 사람의 삶에 반드시 각 대한의 순서대로 특정 사안이 정확히 발생한다고 보기 어렵겠지만, 그 시대에 맞춰 그리고 그 지역에 맞춰 사는 모습이 비슷하니, 대체적인 인생의 흐름은 충분히 짐작해 볼 수 있다. 이에 각 대한 별로 주목해야 할 점을 정리해 봤다.

가. 첫 번째 대한 유의사항

첫 대한은 선천과 대한의 궁이 중첩되기에 궁간공명 등의 사안 등이 발생하지 않으니, 많은 궁들이 인동되지 않을 수 있다.

그렇기 때문에 대한의 록기를 돌리기 전에 전반적인 대한의 상황을 더욱 유심히 파악해야 하고, 특정 사안의 암시가 있다면 유년에서 상관궁의 완성 측면에서 바라봐야하는 경우가 많이 생긴다.[6]

첫 대한은 또한 선천 명반 상에서 '강하게' 암시하는 사안이 발현되기 쉽다. 특수격이 아니면서 명·신궁 삼방사정에서 살을 지나치게 많이 보는 명이라면 '자신의 건강 문제 혹은 육친불리'가 있기 쉬운데, 이런 경우 첫 대한에서 해당 사안이 발현되기 쉽다.

---

6) 이는 궁선 중첩이 안 이루어지는 선천 천이궁 대한인 여섯 번째 대한에서도 마찬가지이다.

[명례] 18. 치아 치료 중 사망

金輿 旬空 天月 天馬 左輔 **天梁** 平陷 權		天廚 **七殺** 旺	截空 火星 閑	解神 天福 孤辰 天壽 天空 天巫 紅鸞 鈴星 旺 **天鉞** 廟 **廉貞** 廟
青龍 歲驛 弔客 4~13 【命】 11辛 生巳	小耗 息神 病符 14~23 【父母】 12壬 浴午	將軍 華蓋 太歲 24~33 【福德】 13癸 帶未	奏書 劫煞 晦氣 34~43 【田宅】 14甲 冠申
天寡 台輔 三台 擎羊 **天相** 廟旺 科 官宿	명례 18. 치아 치료 중 사망 / 陰女 양력 2015년 ○월 ○일 戌시 음력 을미년 ○월 ○일 戌시 【命局】 金四局 【命主】 武曲 【身主】 天相 【命式】 戊 丙 己 乙 　　　 戌 午 卯 未		地劫 右弼 平陷
力士 攀鞍 天德 【兄弟】 10庚 養辰		飛廉 災煞 喪門 44~53 【官祿】 15乙 旺酉
蜚廉 年解 鳳閣 祿存 **巨門** 旺廟旺 **天機** 祿		流霞 天傷 恩光 八座 天刑 **破軍** 旺
博士 將星 白虎 【夫妻】 9己 胎卯		喜神 天煞 貫索 54~63 【奴僕】 16丙 衰戌
天喜 天姚 陀羅 文曲 **貪狼** 陷平平	破碎 天虛 地空 **太陰** 陷廟陷 忌	天使 大耗 封詰 天貴 陰煞 天魁 文昌 **天府** 旺旺廟旺 月德	天哭 龍池 **天同** 廟
官府 亡神 龍德 94~ 【子女】 8戊 絕寅	伏兵 月煞 歲破 84~93 【身財帛】 7己 墓丑	大耗 咸池 小耗 74~83 【疾厄】 6戊 死子	病符 指背 官符 64~73 【遷移】 17丁 病亥

　　身궁과 질액궁이 암합이 되면서 각기 록존과 화기가 있다면 건강 문제가 심각할 수 있다.

　　이 명은 민감한 천량이 명궁이면서 身궁과 질액궁이 암합을 하는데 허모까지 각기 좌하고 있어 그 교호관계가 크다. 특히나 身궁에도 민감한 별인 태음에 화기가 있으니 뭐든 민감한 체질이기 쉬워, 알레르기 등의 문제가 있을 수 있다.

대한 거문화록이 피치 못할 일을 상징하는 록존을 인동시키면서 상문·백호까지 인동되었다. 문창화기는 질액궁에 좌하니, 이 대한 건강에 유의해야 할 유년은, 상관궁의 완성이 이루어지는 身궁이 인동되는 해이다.

첫 대한 정유년 치과치료 중 마취가 깨지 않아 운명을 달리했다. 유년 앉은 자리가 피치 못할 일이 있음을 상징하는 록존이 좌한 대한의 발생궁이면서, 유년 태음화록이 身궁을 인동시켜 상관궁의 완성이 되었다.[7]

---

7) 혹자는 대한 차원에서 身궁이 인동되지 않았으니 어느 유년에 身궁이 인동되어도 건강 문제가 없어야 하는 것 아닌가라고 반문할 수 있으나, 후술할 거울공명 때문에 그렇지 않다.

나. 두 번째 대한 유의사항

두 번째 대한은 대학 진학의 시기이기에 관록의 상황이 특히나 매우 중요하다. 예를 들어, 아무리 선천 명반이 좋아보여도 두 번째 대한이 별로여서 좋은 대학을 나오지 못하거나 공부해야 할 시기에 그러지 못했다는 판단이 들면 초년 운은 좋지 않을 수 있다.

[명례] 19. 대입 성공

孤天天八天天地地**貪廉** 辰使空座喜劫空**狼貞** 閑廟陷陷	截輩天年鳳恩左**巨** 空廉福解閣光輔**門** 旺旺	陀天天**天** 羅鉞**相** 廟旺閑	旬封龍祿火右**天** 空詰池存星弼**同** 廟陷平陷旺旺 忌
小劫晦　55~64　26辛 耗煞氣【疾厄】　冠巳	靑災喪　45~54　27壬 龍煞門【財帛】　帶午	力天貫　35~44　28癸 士煞索【子女】　浴未	博指官　25~34　29甲 士背符【夫妻】　生申
流天鈴文**太** 霞月星昌**陰** 　　旺旺閑 　　　　科	명례 19. 대입 성공 / 陽女 양력 2000년 ○월 ○일 오시 음력 경진년 ○월 ○일 오시 【命局】土五局 【命主】祿存 【身主】文昌 【命式】甲 丙 庚 庚 　　　　午 申 辰 辰		月三擎**七武** 德台羊**殺曲** 　　陷閑旺 　　　　權
將華太　65~74　25庚 軍蓋歲【遷移】　旺辰			官咸小　15~24　30乙 府池耗【兄弟】　養酉
天天**天** 傷姚**府** 　　平			金紅解天陰文**太** 輿艷神虛煞曲**陽** 　　　　　陷陷 　　　　　　祿
奏息病　75~84　24己 書神符【奴僕】　衰卯			伏月歲　5~14　31丙 兵煞破【身 命】胎戌
天天天天天 廚壽才哭巫馬 　　　　旺	破寡天**破紫** 碎宿魁**軍微** 　　　旺旺廟	台天**天** 輔貴**機** 　　廟	天大紅天 官耗鸞刑
飛歲弔　85~94　23戊 廉驛客【官祿】　病寅	喜攀天　95~　22己 神鞍德【田宅】　死丑	病將白　　　21戊 符星虎【福德】　墓子	大亡龍　　　32丁 耗神德【父母】　絶亥

명천이 양양창록이면서, 두 번째 대한인 을유대한은 쌍록협을 받은 경양이 있다. 이렇게 살성이 제화되는 상이 있으면, 일반적으로 그 대한 후반부가 전반보다 좋다. 대한의 관록궁에 자미화과가 있는 점도 길하다. 을유대한(15~24세) 무술년(2018년) 말 명문대에 합격했다.

명례 20. 대입 실패

截空天年鳳巨 福解閣門 平 祿	天天天封天文廉 廚壽空詰魁昌相貞 廟陷旺平 忌	蜚天恩地火天 廉月光空星梁 平閑旺	孤天陀文七 辰姚羅曲殺 陷平廟 科
病指太 2~11 25癸 符背歲 【命】 絕巳	大咸晦 12~21 26甲 耗池氣 【父母】 胎午	伏月喪 22~31 27乙 兵煞門 【福德】 養未	官亡貫 32~41 28丙 府神索 【田宅】 生申
寡天天貪 宿喜刑狼 廟	명례 20. 대입 실패 / 陰女 양력 2001년 ○월 ○일 진시 음력 신사년 ○월 ○일 진시 【命局】 水二局 【命主】 武曲 【身主】 天機 【命式】 戊 己 戊 辛 辰 酉 戌 巳		紅旬天破龍天祿天 艷空官碎池貴存同 旺平
喜天病 24壬 神煞符 【兄弟】 墓辰			博將官 42~51 29丁 士星符 【官祿】 浴酉
流地右太 霞劫弼陰 平陷陷			月天天台紅擎武 德傷才耗輔鸞羊曲 廟廟
飛災弔 23辛 廉煞客 【夫妻】 死卯			力攀小 52~61 30戊 士鞍耗 【奴僕】 帶戌
解鈴天天紫 神星鉞府微 廟旺廟廟	天八三天 哭座台機 陷	天陰破 使煞軍 廟	金天天天左太 輿虛巫馬輔陽 平閑陷 權
奏劫天 92~ 22庚 書煞德 【子女】 病寅	將華白 82~91 21辛 軍蓋虎 【身財帛】 衰丑	小息龍 72~81 20庚 耗神德 【疾厄】 旺子	青歲歲 62~71 31己 龍驛破 【遷移】 冠亥

양양창록은 아니지만 선천 명궁 삼방사정이 나쁘지 않다. 하지만 두 번째 대한의 명궁을 보니 문창화기가 있어 문서적인 흉상이 내포되어 있다.

  대한 관록궁 경양이 위권출중해 보이기는 하지만, 육길육살성을 보기 전에 같은 궁에 있는 정성인 무곡을 우선 살펴야 하고, 대한 관록궁 무곡 이전에 대한 명궁을 보는 것이 우선이다. 대한 명궁 염정은 관록의 성인데 그러한 염정이 문창화기와 동궁하여 관록의 문서에 문제가 있음이 우선이다. 이렇게 우선순위를 지켜서 보자면, 관록궁의 무곡은 대한 명궁에서 화기와 동궁한 염정 때문에 재여수구가 됨을 알 수 있다.

  갑오대한(12~21세) 기해년(2019년) 말 수능을 망쳐서, 원했던 대학보다 한참 낮은 대학을 가게 되었다.

다. 세 번째 대한 유의사항

세 번째 대한의 명궁은 정신을 주하는 복덕궁이거나 정기를 주하는 부처궁이 된다. 정신이건 정기이건 현실투영궁이 아닌 근본궁인 것은 다르지 않다.8) 아직 인생살이가 원숙하지 않은 삶의 단계이다.

대한이 순행하면 복덕에 관한 일이 발생하기 쉽고, 역행한다면 부처에 관한 일이 발생하기 쉬운데, 순행이건 역행이건 복덕과 부처를 칼로 무 자르듯 나누어 볼 수는 없다. 이 두 궁은 삼방사정에서 항상 서로가 서로를 보기 때문이다.

그리고 물론 복덕의 대궁은 재백이고, 부처의 대궁은 관록이니 돈과 직장에 관한 일도 이 대한의 화두가 되기 쉽다.

---

8) 근본궁과 현실투영궁에 관해선 『사회적 지위』 53쪽 참고.

[명례] 21. 20대 요절

流祿天 霞存同 　　廟廟 博劫天　　5~14　58丁 士煞德　【命】　絶巳	天封火擎文**天武** 廚詰星羊昌**府曲** 　　廟平陷旺旺 力災弔　15~24　59戊 士煞客　【父母】　胎午	金天寡八三紅地天**太太** 輿月宿座台鸞空鉞**陰陽** 　　　　　　　平旺平平 　　　　　　　　　　權 青天病　25~34　60己 龍煞符　【福德】　養未	天文**貪** 姚曲**狼** 　平平 　　祿 小指太　35~44　61庚 耗背歲　【田宅】　生申
紅蜚天陀**破** 艷廉刑羅**軍** 　　　　廟旺 官華白　　　　57丙 府蓋虎　【兄弟】　基辰	명례 21. 20대 요절 / 陽男 양력 1968년 ○월 ○일 진시 음력 무신년 ○월 ○일 진시 【命局】 土五局 【命主】 武曲 【身主】 天梁 【命式】 庚 乙 壬 戊 　　　　辰 卯 戌 申		破天天**巨天** 碎壽空**門機** 　　　廟旺 　　　　忌 將咸晦　45~54　62辛 軍池氣　【官祿】　浴酉
天天大天地右 福官耗貴劫弼 　　　　平陷 　　　　　科 伏息龍　　　　56乙 兵神德　【夫妻】　死卯			天天台**天紫** 傷哭輔**相微** 　　　閑閑 奏月喪　55~64　63壬 書煞門　【奴僕】　帶戌
旬解天天鳳鈴**廉** 空神虛解閣星**貞** 　　　旺廟廟 大歲歲　95~　55甲 耗驛破　【子女】　病寅	月天恩天天 德才光喜魁 　　　　旺 病攀小　85~94　54乙 符鞍耗　【身財帛】　衰丑	截天龍陰**七** 空使池煞**殺** 　　　　旺 喜將官　75~84　53甲 神星符　【疾厄】　旺子	孤天左**天** 辰巫輔**梁** 　　　閑陷 飛亡貫　65~74　64癸 廉神索　【遷移】　冠亥

평소에 힘 좀 쓰는 해결사 일을 하지만 특별한 직업이 없는 명이다. 세 번째 대한인 선천 복덕궁 기미대한(25~34세), 27세 갑술년에 결혼을 하고 얼마 후 눈길에서 차량 전복으로 즉사했다. 복덕과 부처에 관한 일이 세 번째 대한, 그것도 한 해에 발생했다.

기미대한 명궁이 일월이니 길상이건 흉상이건 다사다난할 수밖에 없다. 선천 재복의 홍란·천희가 기미대한 재복선의(묘유궁선) 악사위천리를 만나 재복선 상의 유사대폭발격이 형성되었다는 점을 놓치면 사망의 상을 읽기 쉽지 않다.9)

• 이 명반에 대한 첨언

잠시 이 책의 제목인 '『자미심전』(자미두수에 관한 마음 속의 것을 기록한다)'의 의미답게 사색을 해 보겠다.

명궁이 천동이면 관록궁에는 항상 천기가 있다. 천동이 게으르다는 속성에는 관록궁에서 머리만 쓰려고 하는 천기가 있기 때문이기도 하다.

게다가 정간 사화인 월동기거에서 보듯 천동이 화권일 때 천기는 항상 화과가 되고, 병간 사화인 동기창염에서 보면 천동이 화록이 될 때 천기는 화권이 된다. 분명 천동과 천기 사이에는 천부·천상 그리고 염정·무곡처럼 '명-관록'의 묘한 교호관계가 있다.

예를 들어 관록궁 무곡이 화기가 되면 명궁 염정과 더불어 재여수구격이 되듯, 이 명반에선 관록궁 천기가 화기가 됨으로 인해 복성인 명궁 천동은 본래의 격과는 별개로 치명상을 입게 된다.

또한, 천기 화기로 인해 천상이 형기협인이 되면서 천이궁 함지 천량은 고신과 동궁함과 동시에 음덕이 아닌 형극의 성질을 띠게 된다.

---

9) 원칙적으로 악사위천리가 홍란·천희 운으로 가는 것을 '유사대폭발격'이라고 한다. 하지만 여기선 대한 명궁이 선천 재복선 상의 홍란·천희이므로, 역시나 같은 대한 재복선의 악사위천리와 그 위상을 겹쳐봐야 한다. 이를 '격국의 응용'이라 할 수 있다.

원래 복성인 사궁의 천동은 형화상봉협, 양타협, 천형·경양협이 되고, 해궁에서는 삼방으로 공겁이 비춘다. 모든 살성의 기운이 사해궁에 쏠려있다.

더욱 특이한 것은 선천화권은 지공과 동궁하고, 선천화과는 지겁과 동궁하여, 이 명이 선천의 권과를 얻고자 할 때는 공겁도 같이 얻게 되어 고극의 해궁 천량을 더욱 고극적으로 만든다. 다시 말해, 화권을 얻고자 할 때는10) 징계를 먹거나 감방에 가기 쉽고, 화과를 얻고자 할 때는11) 역시나 고극적인 면도 동시에 발생하기 쉽다.

지공에는 과수가 있어 해궁의 고신과 짝을 이루고, 지겁과 같이 있는 대모는 이두문파 징험인 '지공·지겁·대모'라고 하는 '파재의 삼종 세트'를 이루면서 역시나 해궁을 비춘다.

복덕궁의 천월(天鉞)과 부처궁의 우필은 음적인 보좌단성이다. 그래서 천형과 타라가 있는 진궁이나 화성과 경양이 있는 오궁만큼이나 공겁이 있는 미궁과 묘궁도 유의해야한다.

기미대한(25~34세)에 지공이 있는 선천 복덕궁은 선천화기가 있는 대한 복덕궁으로 가고, 지겁이 있는 차성한 기거화기 선천 부처궁은 록존이 있는 대한 부처궁으로 간다.

대한 명궁의 앉은 자리가 미궁 선천 복덕이니 복덕에 관한 일이 발생하기 쉽고, 홍란·천희 자리이기도 하면서 삼방에서 선천 부처궁

---

10) 권위를 얻으려고 조폭 같은 일을 하려고 할 때를 말한다.
11) 결혼이나 지위 상승 등의 일이 있을 때를 말한다.

도 비추니 혼인 문제가 발생하기도 쉬운 대한이다.

　대한 무곡화록으로 대한 형노선이 인동되었고 2차발생으로 축미궁 선천 재복선이 인동되었다. 이때 재복방면에서 유사대폭발격이 된 대한 재복선인 묘유궁선은 공명되어 록기전도가 되었으니, 유년에서 수미동기 되는 해에 해당 사안이 발생하기 쉽다. 그런데 상문·백호가 대한 차원에서는 인동되지 않았으니 역시나 상문·백호를 인동시켜 상관궁을 완성시키는 유년에 사안이 발생하기 쉽다.
　갑술년은 상문·백호가 있는 자리이면서 유년 염정화록과 대한 무곡화록으로 상문·백호가 2차발생 되고,[12] 유년태양화기는 록기전도로 인해 발생의 의미가 있어 록존과 더불어 묘유궁을 수미동기로 인동시킨다.

---

[12] 대한 차원에서 인동이 되지 않은 궁선이나 별이 있는 경우, 유년이 해당 궁선이나 별이 있는 자리로 가면서 유년 록기로 이를 인동시키는 것은 상관궁의 완성이 이루어지는 세 가지 경우 중 하나이다. 후술할 『실전자미두수』 명례 분석 코너에서 무수히 나오니 참고 바란다.

라. 네 번째 대한 유의사항

　네 번째 대한 명궁은 선천 자전선에 위치하면서 부관은 부질과 중첩되고, 재복은 형노와 중첩되며, 명천은 자전과 중첩된다.
　그래서 일단 전택의 문제가 발생하기 쉽다. 그 중에서도 특히나 부처의 문서, 관록의 문서, 부처의 질병 문제가 발생되기 쉽다. 반드시 그러한 것은 아니지만 선천 명반에서 혼인 문제가 보인다면, 아니면 직장 내에서의 승승장구나 몰락(관록의 문서), 혹은 직업을 한 번 이상 변경하는 상이 보인다면(형노재백은 밥줄선), 혹은 부처의 질병 문제가 보인다면(부처의 질액) 이 대한 중에 발현될 확률이 높다. 물론 별들이 앉은 자리와 사화의 향배를 봐야 하지만 말이다.

명례 22. 전택궁 대한

　네 번째 대한인 선천 전택궁 기묘대한(36~45세), 43세 정해년에 시어머니와 시아버지가 돌아가셨다. 전택궁 대한이니 집안 일이 발생하기 쉬운데, 이 대한 부질선은 부관선과(진술궁), 부관선은 부질선과(축미궁) 중첩이 되므로, 남편의 질병인지 남편의 부모 문제인지 남편 직장의 승진(문서) 문제인지 잘 판단해야 한다. 물론 하나의 대한은 10년의 기간이니 모든 문제가 다 있을 수 있지만 말이다.
　선천 명반 상에 남편이 일찍 죽는 상황은 읽히지 않는다. 물론 여명 천부는 남편이 무력하기 쉽지만, 선천 복덕궁과 부처궁의 상황이 나쁘지 않다. 다만 대한 부처궁이 선천 부모궁과 중첩되면서 상례를 주하는 창곡의 협을 받은 일월화기에 화성·지공이 같이 있으면서 나이 많음을 주하는 천수가 있고, 사망을 암시하는 백호에 천곡도 있다.

결국 집안 문제 중에서 남편의 부모 사망 문제임을 알 수 있다.

大大金天天年鳳天天**天** 曲陀輿傷才解閣巫刑**梁** 大　　　　　　　　陷 馬　　　　　　　　權 　　　　　　　　　科 青指太　56~65　37辛 龍背歲【奴僕】　冠巳 【大福】	大天天**七** 祿廚空**殺** 　　　旺 小咸晦　66~75　38壬 耗池氣【遷移】　旺午 【大田】	大截蜚天 羊空廉使 將月喪　76~85　39癸 軍煞門【疾厄】　未 【大官】	大紅天孤鈴**天** 鉞艷福辰星**廉** 　　　　旺廟廟 奏亡貫　86~95　40甲 書神索【**身**財帛】病申 【大奴】
解天寡台八天擎**天紫** 神官宿輔座喜羊**相微** 　　　　　　　廟旺陷 　　　　　　　　　科 力天病　46~55　36庚 士煞符【官祿】　帶辰 【大父】	명례 22. 전택궁 대한 / 陰女 양력 1965년 ○월 ○일 술시 음력 을사년 ○월 ○일 술시 【命局】火六局 【命主】貪狼 【身主】天機 【命式】甲　甲　丙　乙 　　　　戌　辰　戌　巳		大破龍恩天地 昌碎池光姚劫 　　　　　平 飛將官　96~ 廉星符【子女】　死酉 【大遷】
旬祿**巨天** 空存**門機** 　　旺廟旺 　　　　祿 博災弔　36~45　47己 士煞客【田宅】　浴卯 【大命】			流月大三陰紅**破** 霞德耗台煞鸞**軍** 　　　　　　　旺 喜攀小　　　　　42丙 神鞍耗【夫妻】　墓戌 【大疾】
天陀文右**貪** 月羅曲弼**狼** 　陷廟平 　　　忌　權 官劫天　26~35　46戊 府煞德【福德】　生寅 【大兄】	天天地火**太** 壽哭空星**陰陽** 　　陷旺廟陷 　　　　　忌 伏華白　16~25　45己 兵蓋虎【父母】　養丑 【大夫】	大封天文左**天武** 魁詰魁昌輔**府曲** 　　　　　旺旺旺廟旺 　　　　　　　　　祿 大息龍　6~15　44戊 耗神德【**命**】　胎子 【大子】	天天天**天** 虛貫馬**同** 　　　平廟 病歲歲　　　　　43丁 符驛破【兄弟】　絶亥 【大財】

그렇다면, 4번째 대한에서 남편이 사망하는 명반은 선천에서 과연 그러한 암시가 있을까? 그렇다. 후술할 '『실전자미두수』명례 선천 대한 분석'에서 1권의 280, 338, 349, 351쪽과 2권의 20, 24,

90, 97쪽의 명반이 그러한 경우이다.

마. 다섯 번째 대한 유의사항

　선천 관록궁이나 재백궁 대한이다. 당연히 직장 은퇴나 재산과 관련된 큰 일이 일어나기 쉽다. 세 번째 대한과 마찬가지로 명천-부관-재복이 한 쌍으로 궁이 겹치고, 형노-자전-부질 역시 한 쌍으로 궁이 겹친다. 그러므로 문서의 변화(부질·형노), 근무처의 변화(자전·형노), 돈의 이동(재복·명천), 직장의 이동(부관·명천), 등의 사안이 일어나기 쉽다.
　몇십 년 전에는 이 나이 대에 은퇴하기 보다는 은퇴 후를 대비하여 부동산이나 상가 등의 문서에(자전·부질) 투자를 하는 일도(재복·명천) 꽤 있었다. 현대 사회에서는 이 나이 즈음하여 인생 이모작이 시작되는 경우가 많기에, 이에 유의하여 보아야 한다.

명례 23. 좌천

天月輩廟 天福甸廉空 破孤天天天文左**天** 碎辰馬鉞曲輔**梁** 平旺廟平陷		天官 天喜 **七殺** 旺	天傷 天壽 年解 台輔 鳳閣 龍池	月德 紅艶 解神 大耗 天巫 **廉貞** 廟
喜神 歲驛 喪門 92~ 【田宅】	63丁 冠巳	飛廉 息神 貫索 82~91 【官祿】 64戊 帶午	奏書 華蓋 官符 72~81 【奴僕】 65己 浴未	將軍 劫煞 小耗 62~71 【遷移】 66庚 生申
天空 八座 **天相** 旺陷		명례 23. 좌천 / 陰男 양력 1963년 ○월 ○일 축시 음력 계묘년 ○월 ○일 축시 【命局】水二局 【命主】祿存 【身主】天同 【命式】癸 癸 甲 癸 　　　　丑 卯 寅 卯		天使 天虚 天貴 文昌 右弼 廟陷
病符 攀鞍 晦氣 【身福德】	62丙 旺辰			小耗 災煞 歲破 52~61 【疾厄】 67辛 養酉
天哭 封誥 天魁 巨**門** **天機** 廟廟旺 權				三台 天刑 地空 火星 **破軍** 陷廟旺 祿
大耗 將星 太歲 【父母】	61乙 衰卯			青龍 天德 龍德 42~51 【財帛】 68壬 胎戌
金輿 流霞 天姚 **貪狼** 平 忌		截空 寡宿 恩光 擎羊 **太陰** **太陽** 廟廟陷 科	陰煞 紅鸞 祿存 地劫 **天府** **武曲** 旺陷廟旺	天廚 鈴星 陀羅 **天同** 廟陷廟
伏兵 亡神 病符 2~11 【命】	60甲 病寅	官府 月煞 弔客 12~21 【兄弟】 59乙 死丑	博士 咸池 天德 22~31 【夫妻】 58甲 墓子	力士 指背 白虎 32~41 【子女】 69癸 絶亥

　　삼살특수격이다. 대기업 부장으로 재직 중에 다섯 번째 대한인 임술대한(42~51세) 임진년 말 좌천성 발령이 나서 계사년 초 같은 그룹 내 다른 부서에서 근무하게 되었다.

　　아무리 특수격이 형성되었더라도, 선천 상황을 좋게 읽어주는 것일 뿐, 대한에서 만나는 살은 살대로 해석해준다는 점을 여실히 보여준다.

명례 24. 성공적 직장 독립

天破天封天祿**天** 官碎才詰巫存**機** 廟平 權	天三鈴擎**紫** 使台星羊**微** 廟平廟	金流天文文 興霞空曲昌 旺平 科	解孤天恩八天地**破** 神辰貴光座馬空**軍** 旺廟陷
博亡病 63~72 60癸 士神符【身遷移】病巳	官將太 53~62 61甲 府星歲【疾厄】衰午	伏攀晦 43~52 62乙 兵鞍氣【財帛】旺未	大歲喪 33~42 63丙 耗驛門【子女】冠申
截寡天年鳳火陀左**七** 空宿傷解閣羅輔**殺** 閑廟廟旺	명례 24. 성공적 직장 독립 / 陽女 양력 1966년 ○월 ○일 묘시 음력 병오년 ○월 15일 묘시 【命局】水三局 【命主】巨門 【身主】火星 【命式】己 乙 庚 丙 　　　　卯 未 寅 午		台紅天天 輔鸞刑鉞 廟
力月弔 73~82 59壬 士煞客【奴僕】死辰			病息貫 23~32 64丁 符神索【夫妻】帶酉
天天太 喜梁陽 廟廟			天龍右**天廉** 月池弼**府貞** 廟廟旺 忌
青咸天 83~92 58辛 龍池德【官祿】基卯			喜華官 13~22 65戊 神蓋符【兄弟】浴戌
紅旬蜚陰地**天武** 艷空廉煞劫**相曲** 平廟閑	大天**巨天** 耗姚**門同** 旺陷 祿	天天天天**貪** 廚福虛哭**狼** 旺	月天天**太** 德壽魁**陰** 旺廟
小指白 93~ 57庚 耗背虎【田宅】絶寅	將天龍 56辛 軍煞德【福德】胎丑	奏災歲 55庚 書煞破【父母】養子	飛劫小 3~12 66己 廉煞耗【命】生亥

어느 특정 분야에서 알아주는 출판사 이사로 재직 중, 다섯 번째 대한인 을미대한(43~52세) 45세에 독립하여 출판사를 차리고 지금까지 10여 년간 중견 출판사로 성장시켰다.

앞서 본 명반과는 달리 다섯 번째 대한에서 각종 길성을 보니, 인생 이모작이 시작되야 할 시기에 운이 좋았다.

• 이 명반에 대한 첨언

대부분의 기월동량은 사업을 크게 벌이기에는 적합하지 않다. 이는 부침이 많은(인생에 굴곡이 많은) 랑탕한(유랑방탕한) 성질 때문인데, 이 명반 명궁은 기월동량 중에서도 진중한 태음이고, 身궁 천기는 록존과 동궁하여 특유의 움직임은 사라지고 오히려 위축되어 더욱 보수적이 된다. 실제로 직장을 자주 바꾸는 스타일이 아니다.

또한 태음이 비록 낮생인이라 주성은 아니지만, 해궁 묘왕지인데다 보름에 태어났기에 꽉 찬 밝은 달이다. 이 분이 무슨 일을 하건, 지나가는 사람들이 보름달을 보며 많은 것을 희망하고 잠시 쉬어가듯, 그러한 일을 하는 것에 적합하다. 동궁한 천수도 같이 읽어 보면 부하직원들이 이 분을 든든한 왕언니로 여기게 됨이 전혀 이상하지 않다.

을미대한 명궁인 미궁에 글을 의미하는 창곡의 문창화과가 있으면서 독자로부터의 지지를 상징하는 삼태·팔좌가 협을 하고,[13] 역시나 대중을 암시하는 일월이 각기 오래됨을 상징하는 천량, 천수와 동궁하여 명주출해로 삼방에서 비추니, 따로 출판사를 차려도 오래된 단골 독자들을 그대로 끌고 올 수 있는 상황이다.

---

13) 선거에서 삼태·팔좌는 유권자를 의미한다.

바. 6, 7, 8 번째 대한 유의사항

여섯 번째와 여덟 번째 대한은 선천 질액궁이나 노복궁 대한이다. 당연히 질액의 문제나 노복의 문제가 화두가 되기 쉽다.

이 나이 때 즈음해서 질액의 문제가 발생하기 쉬운 것은 이해가 가나, 노복의 문제는 언뜻 이해하기 어려울 수 있다. 하지만 노복궁의 정의를 커뮤니케이션의 수단궁으로 정의하면, 은퇴 후 주변 사람들과의 인연이 끊기거나 새롭게 시작되거나 출퇴근 교통수단이 바뀌거나 하는 등, 주변과의 소통 수단이 긍정적으로건 부정적으로건 변화될 수 있음을 알 수 있다.14)

아니면, 특히나 여덟 번째 대한 선천 노복궁 자리라면, 세상과의 커뮤니케이션 단절을 암시할 수도 있다.15)

일곱 번째 대한은 선천 천이궁으로, 당연히 천이궁이 의미하는 일에 유의해야 한다. 그리고 하나 더 주목할만한 점이, 대궁으로 보는 별들이 하나로 합쳐지는 대한이라는 점이다. 그래서 대궁으로 짝성들이 나뉘어 좌하는 상황이 많은 명반이라면 이 대한을 유의해야 한다.

『사회적 지위』 294쪽의 김정일 명반에서도 선천 복덕 록존이 대한 복덕에서, 대궁인 선천 재백 화기를 만나는 신축대한에 사망했다.

---

14) 『사회적 지위』 379쪽 이병철 회장의 을유대한이 그러하다. 믿었던 대통령과, 아들, 부하직원들이 적이 되었다.

15) 『사회적 지위』 418쪽 이건희 회장의 정유대한이 그러하다.

명례 25. 퇴계 이황 (1501 신유년 11월 25일 진시)

截天破天恩**貪廉** 空福碎才光**狼貞** 陷陷 將指白　36~45　45癸 軍背虎　【子女】　絶巳	解天封陰紅天文**巨** 神廚詰煞鸞魁昌**門** 廟陷旺 忌祿 小咸天　26~35　46甲 耗池德　【夫妻】　墓午	寡天天地火**天** 宿貴刑空星**相** 平閑閑 青月弔　16~25　47乙 龍煞客　【兄弟】　死未	陀文**天天** 羅曲**梁同** 陷平陷旺 科 力亡病　6~15　48丙 士神符　【命】　病申
太 **陰** 閑 奏天龍　46~55　44壬 書煞德　【身財帛】　胎辰	명례 25. 퇴계 이황 / 陰男 양력 1501년 음력 신유년 11월 25일 진시 【命局】火六局 【命主】廉貞 【身主】天同 【命式】戊 己 庚 辛 　　　　辰 亥 子 酉		紅天天祿七武 艷官哭存**殺曲** 旺閑旺 博將太　　　　49丁 士星歲　【父母】　衰酉
流天天地**左** 霞使虛劫**輔** 平平 飛災歲　56~65　43辛 廉煞破　【疾厄】　養卯			天天台擎**太** 月空輔羊**陽** 廟陷 權 官攀晦　　　　50戊 府鞍氣　【福德】　旺戌
月大三天鈴天**左** 德耗台巫星鉞**輔** 廟旺廟 喜劫小　66~75　42庚 神煞耗　【遷移】　生寅	旬天天年鳳龍**破紫** 空傷壽解閣池**軍微** 旺廟 病華官　76~85　41辛 符蓋符　【奴僕】　浴丑	八天右**天** 座喜弼**機** 旺廟 大息貫　86~95　40庚 耗神索　【官祿】　帶子	金輩孤天天 輿廉辰姚馬 平 伏歲喪　96~　51己 兵驛門　【田宅】　冠亥

　퇴계 이황 선생의 명반이다. 천이궁 대한인 경인대한 70세(1570년) 음력 12월 8일에 사망했다.
　경인대한은 선천 명궁 삼방사정에서 보는 기량타가 대한에서 경양을 보아 기량회양타가 완성되는 대한이고, 선천 질액궁의 남에게 빼앗기기 쉬운 천부16)가 양타협을 받는 대한 질액 록존운으로 오는 대한이며, 선천 복덕 일월경양이 대한 복덕에서 타라 또한 보아 인리산재가 완성되어 사망하기 쉬운 대한이다.

• 이 명반에 대한 첨언

고금명성도 상의 명반은 신유년 12월 25일 진시로, 위의 명반과 다르다.

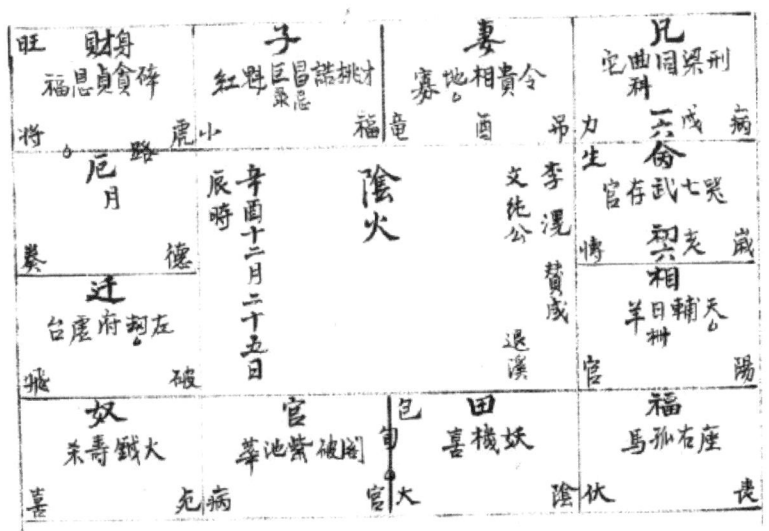

고금명성도 상의 퇴계 선생의 명반을 먼저 살펴 보면, 부모궁 경양의 상황이 매우 좋아 보인다. 록마협된 태양화권 경양에 화권이 있고 삼방에서 정승발탁격이 형성되었다.17)

---

16) 『사회적 지위』 인감노출격 150쪽 참고. 형제궁 천상이 악사위천리협을 받아 다 드러나게 되어 질액궁 천부도 남에게 빼앗긴다.

17) 괴월이 각기 창곡 혹은 곡창을 끼고 있는 것.

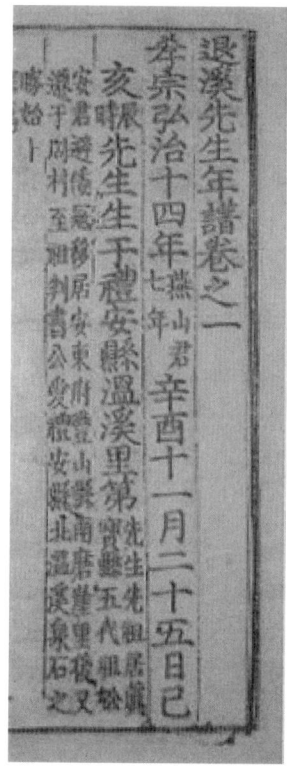 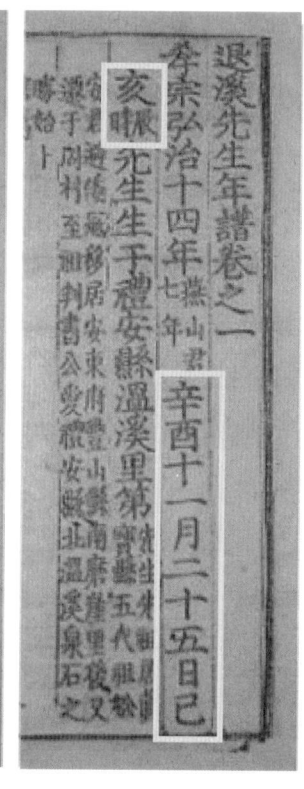

　　이런 경우 부모궁이 창곡을 거쳐 얻는다. 부모궁은 나라 혹은 국왕도 상징하여 국왕이 위권출중한 것은 당연한 것이겠지만, 이 분 자체도 사상적으로 위권출중하기에 이해가 되지 않는다. 몇몇 대한과 유년의 운추론을 해본 결과 맞지 않음을 알고 검색을 해 봤다. 아니나 다를까, 어느 곳에서는 이 분 생일이 12월25일이라는 곳도 있고 11월 25일, 11월 26일도 있다.

　　검색을 더 해 보니 퇴계선생연보 원본을 찾을 수 있었는데, 11월 25일 진시가 맞다. 고금명성도의 달이 틀렸다.

한국천문연구원 홈페이지에서 음력 1501년 11월 25일 진시를 확인해 보니 신유년 경자월 기해일 무진시이다.

[선천 복덕궁]
 이제서야 명반이 들어 맞는다. 복덕궁 경양 화권이 록마협을 받고 삼방에서 정승발탁격이 형성되었다. 퇴계 선생은 율곡 선생에 비해 현실정치에 대한 참여는 덜하고 후학 양성에 더 힘을 쓴 차이가 있다. 또한 율곡 선생은 당쟁에서 승리하여 그의 업적이 국내에서 많이 부각되었는데 비해 퇴계 선생은 해외에서 더 유명하고 연구가 활발하다. 복덕의 정승발탁격이 이런 식으로 나타남이 매우 정확해 보인다. 복덕궁이 괴월을 보면 부처궁 정기의 견인 없이도 그 사람의 사상이나 생각이 발탁되는 경우가 있는데 이 경우 세속적인 쓰임이 아닐 수도 있다.[18] 앞선 명반으로 본 운추론에 있어서의 의문점도 이 명반을 보니 단번에 해결이 되었다.

[선천 부모궁]
 부모궁 록존은 명궁 타라, 복덕궁 경양을 준다. 부모궁으로 인해 나의 삶이 꾸준히 지속되거나 (긍정적) 지연이 생기고 (부정적), 나의 마음은 위권출중하게 되거나 (긍정적) 형극적이 된다 (부정적).
 이 중 명궁의 타라는 협으로 들어오는 무곡화성의 과수협과 천이궁에서의 영성으로 인해 그리고 명궁 기량타의 타라가 천이궁으로 오면 삼방에서 완성되는 기량회양타로 인해 부정적인 면도 봐줘야 한다.

---

18) 『사회적 지위』, 327쪽 다산 정약용 명반 해설 참고.

즉 부모궁으로 인해 내 인생은 지연이 생기게 된다. 2살 때 아버지가 돌아가셨고 이 때문인지는 몰라도 24세 때에 과거시험에 세 번째 낙방을 한다. 복덕궁 경양이 무척 강왕하지만 살은 제화 후에 쓸 수 있기에 시간이 걸리기도 하고, 명궁 타라도 같이 보아 인생의 지연이 오게 됨을 알 수 있다.

[선천 부처궁]

명천선에서 문곡, 좌보, 천월을 보는데 부관선에서 이의 짝성들인 문창, 우필, 천괴를 보니 결혼 후에 인생이 풀리는 상황을 맞이하게 된다. 해당 대한인 갑오대한에 선천 부관선 홍란천희 폭발의 상황이 발생하여 첫째 부인은 죽고, 둘째 부인과의 혼인 후 과거급제를 한다.

명궁에 화과가 있고 부처궁에 화기가 있어 악사위천리가 되었는데, 정신 연령이 낮은 부인을 맞이하게 되는 상황을 보여준다. 복덕궁 경양 입장에선 부처궁의 화기가 거슬리지만, 이미 록마협으로 제화된 경양이기에 이를 품어줄 수 있지 않았나싶다.

지적장애를 가진 아내를 위하는 퇴계 선생의 일화는 유명하다. 복덕궁의 삼방사정으로 물론 재백궁도 있지만 부처궁 천이궁도 있는데, 마침 부처궁엔 문창과 천괴가, 천이궁엔 문곡과 천월이 있으면서 소문이 멀리 간다는 화기화과도 같이 들어오니 부처궁은 이 분 사상이 널리 퍼지는 고마운 궁 중의 하나인 점이 두드러지지 화기가 큰 부담이 되지 않는다.

[대폭발격]

악사위천리가 홍란·천희운으로 가면 유사대폭발격이된다.[19] 일단 형제궁협으로 화과·화기가 들어와 악사위천리인데 을미대한 형제궁에 홍란이 있어 이 대한 형제궁이 대폭발격이 되었다.

이 대한 중에 기묘사화로 주변에 많이들 죽어나가는 것을 보고 소극적인 처세를 하게 되었고 주역을 공부하다 몸이 쇠약해져 평생을 갔다고 한다.[20]

퇴계 선생의 을미대한에 있어 또 하나의 문제는 대한 명궁 천상이 화과화기협으로 인감노출격이 되어 지겁과 동궁한 대한 재백궁 천부가 남에게 빼앗기기 쉽게 되었다는 점인데, 이는 매우 의미심장하다.

재백궁의 백은 비단 백자로 복덕의 마음이나 사상이 현실적으로 표출되는 역할을 한다. 그것이 자동차나 옷을 사는 것으로 발현되는 궁이라는 것이다. 복덕궁이 근본궁이라면 재백궁은 현실투영궁이다. 선천 재백궁은 마침 몸궁이 되어 이 명반의 복덕은 몸으로도 표출이 된다.

이 대한은 명궁이 노출되어 재백궁이 빼앗기는 상황이다. 이 분 명반의 핵심은 선천 복덕궁인데, 이를 현실에 반영해주는 궁이 身재백궁임을 체로 잡자면, 이 대한 중에 자신의 생각이나 공부가 전혀 현실 반영이 안 되고, 이로 인해 몸에도 문제가 생기게 됨을 알 수 있다.[21] 주역을 공부하다 몸이 쇠약해져 평생을 갔고 과거시험

---

19) 『사회적 지위』 293쪽 참고.
20) 호암 이병철 회장의 임오대한도 상황이 비슷하다. 『사회적 지위』 371쪽 참고.

에 3번이나 낙방을 한다.

앞서 언급했듯 문곡 좌보 천월이 문창 우필 천괴를 보는 갑오대한에 가서야 과거급제를 하게 된다.

계사대한은 동량이 염탐운으로 오는 대한답게 집안의 어머니와 둘째 부인도 사망하고, 학문에 매진할 결심을 하게 된다.

임진대한으로 와서는 본격적으로 서당을 짓고 후학을 양성하는데, 이 대한 천이궁이 경양이다.22) 분명 이 분의 학문적 명성이 날리기 시작한 시기일 것이다. 실제로 53세 때 성균관 대사성에 제수되었으나 사퇴했다.23)

신묘대한은 관록의 천상이 노출되어 명궁 천부에게 좋지 않으니 절대 관직에 있어서는 안 되는 시기인데 도산서원에서 후학 양성에 전념하셨다.

우주의 형상과 같은 어두운 거문, 공허한 공겁에 은광같은 소립자가 비춘 노벨물리학상 후보군에 있는 어느 교수님의 복덕궁이 필자가 유일하게 부러워했던 복덕궁인데, 퇴계 이황 선생의 복덕궁 또한 매우 부럽다. 이 정도는 되어야 세계적 사상가가 될 수 있었나보

---

21) 대한이나 유년의 재백궁이 동하면 선천 身재백궁도 인동됨.
22) 『사회적 지위』 330쪽에 나온 수능1타 강사의 천이궁과 같은 상황이다.
23) 『사회적 지위』 234쪽, 노복궁 록존을 설명하는 부분을 꼭 참고해 보시기 바란다. 어느 청소년상담사가 노복궁 록존이면서 퇴계선생 임진대한처럼 명궁과 암합이 되어 있는데 청소년들과 상담한 내용을 토대로 전국을 돌아다니며 강연을 하는 분이다. 퇴계 선생도 이 대한에 여러 사람들과 서신교환 등을 통해 많은 사상과 생각을 교류했고, 이를 토대로 후학 양성에도 힘쓰셨다.

다. 그리고 왜 초년에 3번이나 과거에 낙방했는지도 미스터리였는데, 그 이유가 명반에 나와 있으니 매우 신묘하다. 학문적 성취와는 별개로 인품 또한 숨김이 없고 시원시원함이 복덕궁을 보니 선명하게 보인다.

사. 선천이 대한을 만나다

　대한의 록기를 돌리기 전에 항상 생각해야 할 것이 있다. 선천의 특정 별이 대한의 특정 별을 만날 때의 해석에 관한 것이다.
　예를 들어 보겠다.
　『실전자미두수』와 『사회적 지위』에서는 염탐이 동량운으로 혹은 동량이 염탐운으로 갈 때의 전택 방면에 있어서 랑탕한 징험이 자세히 나와 있다.
　또한 14정성 중 주성인 자미와 낮생인 태양 그리고 밤생인 태음은 선천에서 록과 보필을 보지 않으면 이를 보는 대한에서 뜻을 이루고, 재성인 무곡과 천부와 살파랑은 선천에서 록을 보지 않으면 록을 보는 대한에서 안정되고, 염정은 창곡을 보는 대한에서 안정되어 호예락하며, 천기는 괴월을 보는 대한에서 기회를 잡고, 탐랑은 화령을 보는 대한에서 횡발한다. 다만 모두 선천에서 이를 보지 않을 때에 한한다.
　보좌단성의 경우는 그 짝성을 만나는 대한에서 뜻을 이루고, 자미는 태양 대한에서 빛이 난다.[24] 선천 록존이 선천 화기 운으로 갈 때 근본적인 변화가 생긴다. 또한 감정성계인 동월이 역시나 감정을 깬다는 염파운, 혹은 염파가 동월운으로 오면 그 대한 내내 감정참상이 일어나는 것을 많이 보아왔다.
　그 밖에도 이런 메카니즘이 많이 있다. 이론적으로도 임상적으로도 맞는다면, 추론할 때 이를 염두에 두면서 봐야하지 않겠는가.

---

24) 가끔은 남이 볼 때 화려하지만 내실은 그렇지 않은 빛 좋은 개살구 운이 되기도 한다.

실제로는 어떤 식으로 발현되는지 몇 가지만 살펴보자.

명례 26. 짝성이 다른 짝성을 만나는 운으로

天天恩天天陀**七紫** 廚壽光巫姚羅**殺微** 平陷平旺	封八陰祿文右 詰座煞存昌弼 旺陷旺	紅天天天地擎 艷月傷貫空羊 平 廟	金流孤天三紅文左 輿霞辰空台鸞曲輔 平平
力歲弔 94~ 59乙 士驛客 【田宅】 生巳	博息病 84~93 60丙 士神符 【官祿】 養午	官華太 74~83 61丁 府蓋歲 【奴僕】 胎未	伏劫晦 64~73 62戊 兵煞氣 【遷移】 絕申
寡**天天** 宿**梁機** 旺廟 科	명례 26. 짝성이 짝성을 / 陰男 양력 1967년 ○월 ○일 진시 음력 정미년 ○월 ○일 진시		天天天**破廉** 使才鉞**軍貞** 廟陷平 廟陷平
青攀天 58甲 龍鞍德 【福德】 浴辰			大災喪 54~63 63己 耗煞門 【疾厄】 墓酉
旬截蜚年鳳地**天** 空空廉解閣劫**相** 平陷	【命局】金四局 【命主】祿存 【身主】天相 【命式】甲 丁 丙 丁 　　　　辰 卯 午 未		台 輔
小將白 57癸 耗星虎 【父母】 帶卯			病天貫 44~53 64庚 符煞索 【身財帛】 死戌
天天鈴**巨太** 官喜星**門陽** 廟廟旺 忌	破天天火**貪武** 碎虛刑星**狼曲** 旺廟廟	月解大**太天** 德神耗**陰同** 廟旺 祿權	天天龍天**天** 福哭池魁**府** 旺旺
將亡龍 4~13 56壬 軍神德 【命】 冠寅	奏月歲 14~23 55癸 書煞破 【兄弟】 旺丑	飛咸小 24~33 54壬 廉池耗 【夫妻】 衰子	喜指官 34~43 65辛 神背符 【子女】 病亥

지방사립대를 나왔지만 선천 명천선 태양, 문곡, 좌보, 삼태가 이의 짝성인 태음, 문창, 우필, 팔좌를 만나는 임자대한에 대기업 취업도 하고 결혼도 했다.

이후의 대한에는 퇴사 후, 여러 가지 일을 시도했지만 뜻대로 되지 않고 있다. 만약 천기명이었다면 괴월이 있는 신해, 경술, 기유대한도 나쁘지 않았을 것이다.

명례 27. 화령협이 탐랑운으로

流破天天天祿**天** 霞碎傷巫刑存**梁** 廟陷	天天擎**七** 廚才羊**殺** 平旺	金天天天 輿使空鉞 旺	孤天**廉** 辰馬**貞** 旺廟
博亡病 54~63 48丁 士神符【奴僕】 生巳	力將太 64~73 49戊 士星歲【遷移】浴午	青攀晦 74~83 50己 龍鞍氣【疾厄】帶未	小歲喪 84~93 51庚 耗驛門【身財帛】冠申
紅解寡年台鳳陀**天紫** 艷神宿解輔閣羅**相微** 廟旺陷	명례 27. 화령협이 탐랑운 / 陽男 양력 1978년 ○월 ○일 술시 음력 무오년 ○월 ○일 술시 【命局】金四局 【命主】貪狼 【身主】火星 【命式】壬 戊 壬 戊 戌 申 戌 午		紅天地 鸞姚劫 平
官月弔 44~53 47丙 府煞客【官祿】養辰			將息貫 94~ 52辛 軍神索【子女】旺酉
天天八天**巨天** 福官座喜**門機** 廟旺 忌			龍恩陰**破** 池光煞**軍** 旺
伏咸天 34~43 46乙 兵池德【田宅】胎卯			奏華官 53壬 書蓋符【夫妻】衰戌
輩天天文右**貪** 廉月壽曲弼**狼** 平廟平 科祿	大地鈴天**太太** 耗空星魁**陰陽** 陷陷旺廟陷 權	旬截天天封天文左**天武** 空空虛哭誥貴昌輔**府曲** 旺旺廟旺	月三火天 德台星同 平廟
大指白 24~33 45甲 耗背虎【福德】絕寅	病天龍 14~23 44乙 符煞德【父母】墓丑	喜災歲 4~13 43甲 神煞破 【命】死子	飛劫小 54癸 廉煞耗【兄弟】病亥

사기 혐의로 경찰 조사도 몇 번 받고 실제로 감옥에도 갔다 온 명이다. 명궁 좌보와 문창이 이의 짝성인 우필과 문곡을 만나는 갑

인대한(24~33세) 때가 돈을 가장 많이 번 시기였는데,25) 공교롭게도 화령협이 탐랑을 만나는 대한이기도 하여 횡발이 일어났다.

　이처럼 탐랑이 화령으로 가는 것 외에도 화령이 탐랑으로 가는 것 역시 횡발, 혹은 상황이 안 좋으면 횡파가 발생한다.

---

25) 록을 못 보는 재성인 무곡·천부가 록을 보는 대한이기도 하다.

명례 28. 길성과 살성이 혼재해서 짝성을 만나는 운, 박엽 선생 (1570 경오년 6월 5일 신시)

破天恩右**巨** 碎才光弼**門** 平平	截天天天**天廉** 空福使姚**相貞** 旺平	天地陀天天 空劫羅鉞**梁** 平廟旺旺	孤天祿天**七** 辰巫存馬**殺** 廟旺廟
大亡病 65~74 36辛 耗神符【遷移】 絶巳	伏將太 75~84 37壬 兵星歲【疾厄】 胎午	官攀晦 85~94 38癸 府鞍氣【財帛】 養未	博歲喪 95~ 39甲 士驛門【子女】 生申
流寡天年鳳陰**貪** 霞宿傷解閣煞**狼** 廟			天紅火擎左天 壽鸞星羊輔**同** 陷陷陷平 忌
病月弔 55~64 35庚 符煞客【奴僕】 墓辰	명례 28. 박엽 선생 / 陽男 양력 1570년 음력 경오년 6월 5일 신시		力息貫 40乙 士神索【夫妻】 浴酉
天天天地**太** 月貴喜空**陰** 平陷 科	【命局】 土五局 【命主】 巨門 【身主】 火星 【命式】 丙 辛 癸 庚 　　　申 丑 未 午		金紅旬封龍**武** 輿艶空詰池**曲** 廟 權
喜咸天 45~54 34己 神池德【身官祿】 死卯			青華宮 41丙 龍蓋符【兄弟】 帶戌
蜚三台天文**天紫** 廉廚輔刑昌**府微** 陷廟廟	大八三天天 耗座台魁**機** 旺陷	解天天文**破** 神虛哭曲**軍** 廟廟	月天鈴**太** 德官星**陽** 廟陷 祿
飛指白 35~44 33戊 廉背虎【田宅】 病寅	奏天龍 25~34 32己 書煞德【福德】 衰丑	將災歲 15~24 31戊 軍煞破【父母】 旺子	小劫小 5~14 42丁 耗煞耗 【命】 冠亥

『고금명성도』에 나온 박엽 선생의 명반이다. 기묘대한(45~54세)을 보면, 선천 명천선의 태양이 태음을 만나고, 화록은 화과를, 우필은 좌보를 만난다. 하지만 선천 명천선의 영성은 화성을 만나고, 선천 관록궁의 지공은 대한 관록궁에서 지겁을 만난다. 길흉이 혼재한 대한이고, 묘유궁선에 홍란·천희와 악사위천리가 있으니 대폭발격 대

한이기도 하다.

  이 대한 내내 광해군의 총애로 평안감사까지 지내는 등, 매우 잘 나갔으나, 대한 말인 54세에 인조반정으로 바로 죽음을 맞이하게 된다. 인조반정 공신 최명길 선생이 박엽의 외교 능력을 높이 사서 등용하지고 건의했으나, 결국 형장의 이슬로 사라지게 되었다.

- 이 명반에 대한 첨언

  박엽은 일반인들과 자신의 부하들을 마구 죽여가면서 개인적 부를 축적했지만, 그가 가진 능력 때문에 북방의 오랑캐를 막을 수 있었다고 한다. 한 때 조정에서 통역관을 맡을 정도로 청나라 말에도 능숙했고, 오랑캐 첩자를 만들어 그들의 일거수일투족을 관찰하면서 손 안에서 주물렀다고 한다.

  명궁의 함지 태양은 불명예를 상징하는데 이는 종종 돈문제 때문인 것을 많이 보아왔다. 명천선이 거일이라 이족성계인데, 마침 형제궁 협으로 역시나 이질적임을 상징하는 화령이 있어 이민족과의 커뮤니케이션이 많은 그의 인생이 명반에 잘 담겨있다.

2) 복선궁의 현현과 피해궁

대한 전반을 보는 여러 방법 중, 이두선생님께서 최근에 밝히신 '복선궁의 현현'과 '피해궁'은 협을 중요시 하는 필자에게 무척 충격으로 다가왔다. 임상에 적용해 보니 소름이 돋을 정도로 해당 사안에 대한 암시가 명확하게 드러났다.

본서의 원고를 집필하기 전 가장 고민했던 점이 '이 두 가지 스킬에 대한 소개를 하지 않으면 대한 보는 법에 대해 도저히 쓸 자신이 없다'는 것이었다. 이두 선생님께서 다행히 유년을 보는 스킬인 첩궁공명과 거울공명 이야기와 더불어, 이 두 가지도 공개해도 좋다고 하셔서 이 책이 나올 수 있었다.

비법이 몇 개 없으면 그게 밥줄이니 잘 가르쳐 주지 않게 된다. 하지만 기존의 관법을 보완, 심화, 세부화 해주는 관법 내지 비법을 해마다 밝혀 알게 된다면, 자신 있게 공개할 수 있다. 어차피 해가 지나면 더욱 보완되고, 심화된 것이 나오기 때문이다.

이는 마치 중국이나 대만이 한국의 메모리 반도체 기술을 갖가지 수단을 동원하여 빼돌려도, 한국 반도체 회사 연구소에선 더욱 발전된 기술이 개발되기에 결코 따라잡기 쉽지 않은 것과 유사하다.

가. 복선궁(伏線宮)의 현현(顯現)

   길하거나 흉하거나 협으로 이루어진 구조에서 그러한 협을 구성하는 짝성 등의 별들이 대한의 내궁26)에 들어오면, 선천 명반에서 (복선으로) 암시된 그러한 협의 상황이 그 대한에 드러나게 된다는 (현현된다는) 이론이다.
   이는 대한의 록권과기가(이 중 특히나 화록 화기) 어느 궁으로 들어가는지 보는 이두식 록기를 돌리기 전에 봐야하는 대한의 전반적 상황을 가늠하는 체에 해당 된다.

   결국 복선궁의 현현은 특정한 협상황이 대한의 내궁으로 들어올 때 그러한 협이 어떤 성격을 띠는지를 구체적으로 보여준다.

---

26) 대한의 내궁은 대한 명천, 부관, 재복이다.

[명례] 29. 경자대한(52~61세) 계유년 투자착오

截天天年鳳左**巨** 空月福解閣輔**門** 平平祿	天天天天**天廉** 廚壽空魁**相貞** 廟旺平	大大輩八三天 鉞陀廉座台**梁** 旺	大解孤天鈴陀**七** 祿神辰巫星羅**殺** 旺陷廟
將指太　　2~11　61癸 軍背歲【　命　】冠巳 　　　　　【大奴】	小咸晦　　　　　62甲 耗池氣【父母】帶午 　　　　　【大遷】	青月喪　　　　　63乙 龍煞門【福德】浴未 　　　　　【大疾】	力亡貫　92~　52丙 士神索【田宅】生申 　　　　　【大財】
寡台天貪 宿輔喜**狼** 　　　廟	명례 29. 경자대한 투자착오 ／ 陰男 양력 1941년 〇월 〇일 술시 음력 신사년 〇월 〇일 술시		大紅旬天破龍祿地右**天** 羊艷空官碎池存劫弼**同** 旺平陷平 忌
奏天病　12~21　60壬 書煞符【兄弟】旺辰 　　　　　【大官】			博將官　82~91　53丁 士星符【官祿】養酉 　　　　　【大子】
大流天**太** 曲霞貴**陰** 　　　陷 　　　科	【命局】水二局 【命主】武曲 【身主】天機 【命式】庚 丁 庚 辛 　　　　戌 未 寅 巳		月天天大紅天擎**武** 德傷才耗鸞刑羊**曲** 廟廟 權
飛災弔　22~31　59辛 廉煞客【夫妻】衰卯 　　　　　【大田】			官攀小　72~81　54戊 府鞍耗【奴僕】胎戌 　　　　　【大夫】
大天天文**紫** 馬姚鉞曲**府微** 旺平廟廟 科	大天恩地火**天** 魁哭光空星**機** 陷旺陷	天封陰文**破** 使詰煞昌**軍** 旺廟 忌	大金天天**太** 昌興虛**陽** 平陷廟 權祿
喜劫天　32~41　58庚 神煞德【子女】病寅 　　　　　【大福】	病華白　42~51　57辛 符蓋虎【**身**財帛】死丑 　　　　　【大父】	大息龍　52~61　56庚 耗神德【疾厄】墓子 　　　　　【大命】	伏歲歲　62~71　55己 兵驛破【遷移】絶亥 　　　　　【大兄】

『실전자미두수』 1권 285쪽에 나오는 명반이다. 기월동량이 살파랑 대한으로 오면 항상 그런 건 아니지만 간 크게 일을 저지르다 망하는 수가 많다. 다시 기월동량 대한으로 오면 직장에 복귀한다.

인생후반을 암시하는 身·재백궁이 악사위천리협을 받고 있는데, 경자대한 내궁에 그러한 화기와 화과가 들어온다. 이를 단순히 대한

명궁의 문창화기와 대한 복덕궁의 문곡화과로 보지 말고, 내궁의 창곡 악사위천리가 어디로부터 왔는지 살펴보면 축궁 身재백궁이다. 인생 후반부에(身궁) 재적인(재백궁) 문제로 악사위천리 될 것임이 이 명반에 복선으로 깔려 있다.

　마침 그러한 복선궁이 대한에선 문서궁이 되므로, 이 대한의 악사위천리는 인생후반부의 재적인(선천 재백궁) 문서로(대한 부모궁) 인한 안 좋은 소문이 퍼지는 것이다. 그러한 복선이 드러나는(현현되는) 대한이 경자대한이다.

- 이 명반에 대한 첨언

　선천 부모궁 천상이 재음협인도 받고 좋아 보이나, 삼방에서 편사식으로 악사위천리를 보고 있어 인감노출격이 형성되었다. 부모궁이 문서궁이고 천상 역시 문서성이며, 악사위천리에 해당하는 화과·화기가 각기 문곡·문창에 달려 있으니 문서적 암시가 매우 강한 천상인데, 이로 인해 대한 복덕궁의 천부가 빈 창고처럼 변한다.

　대한 관록궁이 영창타무가 형성된 점도 주의해야 한다. 절대 직업적으로(관록궁) 문서적인 투자를 하면 안 되는 대한이다.

　왜 하필 계유년인가? 록존 자리에 앉은 것만으로도 피치 못할 일이 있기 쉬운데, 특히나 이 곳은 깨진 록존이면서 대한에서 인동까지 되어 있다. 게다가 유년 재복선인 사해궁이 대한의 부질선이라 문서적 의미가 기저에 깔려 있는데, 외궁에 길성이 모여 있으면서 유년 파군화록 거상연동으로 그러한 사해궁이 인동되었다.[27]

---

27) 선천 거문화록이나 거문화기가 있는 경우, 천상궁선이 인동되면 거문도 따라 인

명례 30. 기유대한(43~52세) 무인년(47) 시어머니 사망

大孤天天天天天天文天 陀辰才空巫喜姚鉞昌同 大　　　　旺廟廟 曲	蜚天天年鳳陰地右天武 廉福傷解閒煞空弼府曲 旬大　　　廟旺旺旺 空祿　　　　　　　忌 　　　　　　　　　祿	大天封火太太 羊月誥星陰陽 　　　　閒平平	大天龍恩左貪 鉞使池光輔狼 　　　　平平 　　　　　科 　　　　　　權
飛劫晦　83~92　50乙 廉煞氣【官祿】病巳 【大財】	奏災喪　73~82　51丙 書煞門【奴僕】衰午 【大子】	將天貫　63~72　52丁 軍煞索【遷移】旺未 【大夫】	小指官　53~62　53戊 耗背符【疾厄】冠申 【大兄】
地破 　　　劫軍 　　　　陷旺	명례 30. 시어머니 사망 / 陽女 양력 1952년 ○월 ○일 사시 음력 임진년 ○월 ○일 사시		大月天文巨天 昌德廟曲門機 　　　廟廟旺 　　　　　　忌
喜華太　93~　　49甲 神蓋歲【田宅】死辰 【大疾】	【命局】木三局 【命主】巨門 【身主】文昌 【命式】丁 戊 丙 壬 　　　　巳 戌 午 辰		青咸小　43~52　54己 龍池耗【財帛】帶酉 【大命】
天鈴 　　　壽星魁 　　　　廟廟			天天陀天紫 官虛羅相微 　　　廟閒閒 　　　　　　權
病息病　　　　48癸 符神符【福德】基卯 【大遷】			力月歲　33~42　43庚 士煞破【子女】浴戌 【大父】
截天八天廉 空哭座馬貞 　　　　旺廟	金破寡天 輿碎宿刑	大紅解天三擎七 魁艷神貴台羊殺 　　　　　陷旺	大流大台紅祿天 馬霞耗輔鸞存梁 　　　　　廟陷 　　　　　　祿 　　　　　　科
大歲弔　　　　47壬 耗驛客【父母】絶寅 【大奴】	伏攀天　3~12　46癸 兵鞍德【命】　胎丑 【大官】	官將白　13~22　45壬 府星虎【兄弟】養子 【大田】	博亡龍　23~32　44辛 士神德【身夫妻】生亥 【大福】

『실전자미두수』1권 314쪽에 있는 명반이다. 기유대한 시어머니가 사망했는데, 이 대한에서 진궁 선천 전택궁이 정승발탁협의 복선궁으로 현현이 되었다. 즉 노력 없이 문서를 얻는[28] 유산이 더 큰

동되는데 이를 거상연동이라고 한다. 특수 2차발생과 특수 2차결과도 큰 의미에서의 거상연동이라고 볼 수 있다.

화두가 되는 대한이다. 물론 인궁 선천 부모궁의 화령협 복선궁이 현현되는 대한이기도 하다. 그래서 웃어른이 돌아가셨다. 친정어머니가 아닌 시어머니인 점은 축미궁 상황을 봐야 하는데,『실전자미두수』에 잘 설명되어 있다.

명례 31. 경오대한(23~32세) 경인년(27) 큰 교통사고

月天天破台左**貪廉** 德月廚碎輔輔**狼貞** 平陷陷 祿	紅天天三巨 艷虛哭台門 旺	大大天大天 鉞陀官耗鉞相 旺閑	大大截解蜚八天**天天** 馬祿空神廉座巫**梁同** 陷旺 忌
小劫小 13~22 30己 耗煞耗 【父母】 病巳 　　　【大兄】	將災歲 23~32 31庚 軍煞破 【福德】 死午 　　　【大命】	奏天龍 33~42 32辛 書煞德 【田宅】 基未 　　　【大父】	飛指白 43~52 33壬 廉背虎 【官祿】 絶申 　　　【大福】
金天龍**太** 輿才池**陰** 閑 科	명례 31. 교통사고 / 陽男 양력 1984년 ○월 ○일 해시 음력 갑자년 ○월 ○일 해시 【命局】木三局 【命主】廉貞 【身主】火星 【命式】辛 丁 丙 甲 　　　　亥 酉 寅 子		大流天天天鈴右**七武** 羊霞福傷喜星弼**殺曲** 陷陷閑旺 科 權
青華官 3~12 29戊 龍蓋符 【命】 衰辰 　　　【大夫】			喜咸天 53~62 34癸 神池德 【奴僕】 胎酉 　　　【大田】
大天紅擎文天 曲貴鸞羊曲府 陷旺平			旬寡年鳳天地**太** 空宿解閣刑劫**陽** 平陷 忌 祿
力息貫 28丁 士神索 【兄弟】 旺卯 　　　【大子】			病月弔 63~72 23甲 符煞客 【遷移】 養戌 　　　【大官】
孤天天祿天 辰壽姚存馬 廟旺	大天封火陀天**破紫** 魁空誥星羅魁**軍微** 旺廟旺旺廟 權	陰地天**機** 煞空平廟	大天恩文 昌使光昌 旺
博歲喪 27丙 士驛門【身夫妻】冠寅 　　　【大財】	官攀晦 93~ 26丁 府鞍氣 【子女】 帶丑 　　　【大疾】	伏將太 83~92 25丙 兵星歲 【財帛】 浴子 　　　【大遷】	大亡病 73~82 24乙 耗神符 【疾厄】 生亥 　　　【大奴】

---

28) 진궁은 대한에선 문서궁선이다.

역시나 『실전자미두수』 109쪽에 있는 명반으로 경오대한에 큰 교통사고가 났다. 상관궁의 완성에 관해 배울 수 있는 좋은 자료이니 책을 통해 꼭 해당 부분을 잘 숙지하기 바란다.

선천 천이궁에 태양화기·천형·지겁이 영탐협이 되어 있는데, 대한 천이에서 화탐협 된 지공운으로 온 게 가장 치명적이다. 그리고 해궁 노복·질액궁 공겁협 복선궁의 현현이 되는 대한이기도 하다. 다시 말해 이 대한의 천이궁의 지공과 관록궁의 지겁의 기원은 해궁, 탐창 작사전도의 뒤집어지는 액운과(질액궁) 주변인들인(노복궁) 것이다.

나. 피해궁

대한의 내궁에 양타가 있을 때, 록존이 있는 궁 때문에 그러한 양타를 얻게 되는데, 이 때의 록존이 있는 궁을 피해궁이라고 한다.

이는 대한의 내궁에서 양타를 보면 그러한 양타가 있는 해당 궁이 안 좋다는 식의 단편적인 해석을 넘어, 그러한 양타를 주는 원인을 추적해 볼 수 있다는 점에서 매우 중요한 개념이다.

명례 32. 사기꾼에게 당함

인생의 후반부를 의미하는 身궁에서 영창타무를 본다. 문창과 무곡을 보는 선천 명궁이, 선천 천이궁 대한인 기미대한(64~73세)에 영성과 타라를 보아 영창타무가 완성되었다.

이때의 영성은, 인궁 문서궁 거일 문서성의 협으로 있는 영탐횡발횡파의 복선궁의 현현이고, 타라는 자궁 노복궁 록존의 피해궁으로 인한 것이다. 노복의 문서에 관한 일로 영창타무적인 흉상이 예견된 대한이다. 이 대한 중에 황당한 사기를 당하여 수 억을 날리고 공중파 탐사 보도 프로그램에 모자이크와 음성변조를 한 채 피해자로 출연하기까지 했다.

- 이 명반에 대한 첨언

조금 더 살펴보자. 선천 형제궁 협으로 양타가 있고 선천 부모궁 협으로 영탐이 있다. 그러한 선천이 기미대한 형제궁 협으로는 탐창 작사전도가 있고 부모궁 협으로는 탐곡 작사전도가 있다.

뒤집어 생각하면, 선천 노복궁 협으로 탐창 작사전도가 있고 선천 질액궁 협으로 탐곡 작사전도가 있는데, 그러한 선천이 기미대한 노복궁 협으로는 양타가 되고 질액궁 협으로는 영탐이 된다는 얘기이다.

天福 年解 鳳閣 天巫 天姚 天鉞 文昌 **七殺** **紫微** 旺 廟 平 旺	天官 天傷 天才 天空 陰煞 地空 右弼 廟 旺	旬空 蜚廉 天月 封詰	紅艶 孤辰 天使 火星 **左輔** 陷 平
奏書 指背 太歲 44~53 【官祿】 73丁 生巳	飛廉 咸池 晦氣 54~63 【奴僕】 74戊 浴午	喜神 月煞 喪門 64~73 【遷移】 75己 帶未	病符 亡神 貫索 74~83 【疾厄】 76庚 冠申
寡宿 天壽 天喜 地劫 **天梁 天機** 陷 旺 廟	명례 32. 사기꾼에게 당함 / 陰女 양력 1953년 ○월 ○일 사시 음력 계사년 ○월 ○일 사시 【命局】金四局 【命主】巨門 【身主】天機 【命式】丁 戊 戊 癸 　　　　　巳 戌 午 巳		破碎 龍池 恩光 文曲 **破軍 廉貞** 廟 陷 平 祿
將軍 天煞 病符 34~43 【田宅】 72丙 養辰			大耗 將星 官符 84~93 【財帛】 77辛 旺酉
鈴星 天魁 **天相** 廟 廟 陷			月德 大耗 紅鸞
小耗 災煞 弔客 24~33 【福德】 71乙 胎卯			伏兵 攀鞍 小耗 94~ 【子女】 78壬 衰戌
金輿 流霞 **巨門 太陽** 廟 旺 權	截空 天哭 天貴 八座 三台 天刑 擎羊 **貪狼 武曲** 廟 廟 廟 忌	解神 祿存 **太陰 天同** 旺 廟 旺 科	天廚 天虛 台輔 天馬 陀羅 天府 平 陷 旺
青龍 劫煞 天德 14~23 【父母】 70甲 絕寅	力士 華蓋 白虎 4~13 【命】 69乙 基丑	博士 息神 龍德 【兄弟】 68甲 死子	官府 歲驛 歲破 【身 夫妻】 79癸 病亥

> 〈부모궁 영탐협 → 명궁 권과협 → 형제궁 양타협 → 신·부처궁 자녀궁 허모〉가 〈질액궁 탐곡협 → 천이궁 보필협 → 노복궁 탐창협 → 관록궁 공겁협〉을 만나는 게 기미대한이다.

이렇게 보니 뭐든 사안이 크게 발생한다는 도미노격인데, 그렇다면 사회적 지위는 높은 인생인가?

그렇다. 사기를 당했다는 건 그만큼의 돈이 이미 있었다는 말이 되는데, 실제로 남편이 굴지의 회사 요직을 맡은 임원 출신이다.

이렇게 혼란스러운 명반에선 특히나 가장 힘이 센 살성이라고 불리는 양타가 대한의 내궁에 들어와 노복궁이 피해궁이 된 점을 매우 중요하게 보아야 한다.

자오궁선에 있는 우필의 음적인 보좌단성과 지공, 음살, 천공, 식신 등의 음침한 별들로 인해 노복에 의한 사기로 혹하여, 명궁의 재성인 무곡과 욕망의 성인 탐랑의 화기로 돈을 날린다는 추론은 피해궁을 봐야 더욱 선명하게 읽힌다.

명례 33. 마이클 조던

蜚天破孤天天鈴天**七紫** 廉福碎辰巫馬星鉞**殺微** 旬大大　平旺旺平旺 空陀曲	大天天地 祿官喜劫 　　　廟	大年鳳龍 羊解閣池	月紅解大 德艷神耗
喜歲喪　26~35　27丁 神驛門【夫妻】絕巳 【大命】	飛息貫　16~25　28戊 廉神索【兄弟】胎午 　　　【大父】	奏華官　6~15　29己 書蓋符【命】死未 　　　【大福】	將劫小　　　　30庚 軍煞耗【父母】病申 　　　【大田】
天地火左**天天** 空空星輔**梁機** 　陷閑廟旺廟 　　　　　　科	명례 33. 정사대한 마이클 조던 / 陰男 양력 1963년 2월 17일 未時 음력 계묘년 1월 24일 未時		大大天封天天**破廉** 昌鉞虛詰貞刑**軍貞** 　　　　　　陷平 　　　　　　　祿
病攀晦　36~45　26丙 符鞍氣【子女】胎辰 【大兄】	【命局】火六局 【命主】武曲 【身主】天同 【命式】乙 辛 甲 癸 　　　　未 卯 寅 卯		小災歲　　　　31辛 耗煞破【身福德】衰酉 　　　【大官】
天三天文天 哭台魁昌相 　廟平陷			天天右 月才弼 　　廟
大將太　46~55　37乙 耗星歲【財帛】養卯 【大夫】			青天龍　96~　32壬 龍煞德【田宅】旺戌 　　　【大奴】
金流天陰**巨太** 輿霞使煞**門陽** 　　　　廟旺 　　　　權 　　　　忌	截寡台恩天擎**貪武** 空宿輔光姚羊**狼曲** 　　　　　　廟廟廟 　　　　　　　　忌	天天紅祿**太天** 傷壽鸞存**陰同** 　　　旺廟旺 　　　　科 　　　　祿權	大大大八陀文天 馬魁廚座羅曲府 　　　　陷旺旺
伏亡病　56~65　36甲 兵神符【疾厄】生寅 【大子】	官月弔　66~75　35乙 府煞客【遷移】浴丑 　　　【大財】	博咸天　76~85　34甲 士池德【奴僕】帶子 　　　【大疾】	力指白　86~95　33癸 士背虎【官祿】冠亥 　　　【大遷】

인터넷에 출생증명서가 공개된 마이클 조던의 명반이다. 정사대한(26~35세) 31세 계유년에 NBA Final에서 3년 연속 우승을 한 직후, 아버지가 길에서 강도에게 살해 당하여 그 충격으로 농구 코트에서 은퇴했다.

대한 명궁에 육친에게 좋지 않은 칠살이 있으면서, 역시나 분리를 암시하는 영성이 있고, 사망과 관계된 상문, 고독함을 의미하는 고신, 순공과 파쇄, 비렴 등의 별이 좌하면서 공겁협 또한 받고 있으니 육친에게 불리한 면이 있음이 제대로 읽힌다.

이 대한의 삼방사정에서 경양과 타라를 보고 있으니, 피해를 주고 있는 록존이 있는 궁을 살펴보자. 대한 부모의 천이궁인 자궁이다. 부모에게 천이 방면의 문제가 있어 이로인해 양타의 피해가 본인에게 오게 된다. 그러한 양타를 편사식으로 보는 궁은 대한 명궁인 사궁이고 대한 복덕궁인 미궁이다.

정리하자면, 부모의 천이에서의 문제 때문에 나의 복덕에 피해가 가고 동시에 나의 이 대한에서의 전반적인 행보에도 피해가 가게 된다. 이것이 이 대한의 피해궁을 통해 알아본 암시이다.

- 이 명반에 대한 첨언

조던의 생애를 간략히 살펴보면, 뉴욕 브룩클린에서 출생은 했지만 노스캐롤라이나 주에서 자라 대학을 다녔고, 시카고 불스팀으로 첫 프로선수 생활을 시작하게 된다. 이후 프로야구 마이너리그에서도 활약을 하고 다시 농구코트로 복귀한 뒤, 은퇴할 때까지 단순한 농구선수 이상의 명예를 성취하게 된다.

그가 복귀를 선언했을 때 조던이 모델로 나오는 맥도날드, 게토레이, 나이키 주식이 20% 상승했고, 은퇴를 선언했을 때는 해당 주식이 30% 하락했었다.

그는 120년 농구 역사상 가장 위대한 선수로, 질투도 많고 경쟁심도 커서 누군가 자신에게 도발을 하면 반드시 기억하고 있다가 앙갚음을 해줬다. 물론 그게 가능했던 이유는 이루 말할 수 없는 노력을 바탕으로 한 월등한 실력 덕분이다. 그래서 어떤 이들은 그를

'가장 위대한 소인배'라고 칭하기도 했다.

> 신·복덕궁과 부모궁 허모 → 명궁 삼기가회협 → 형제궁 영탐협
> → 부처궁 공겁협 → 부처궁·자녀궁 화령 → 자녀궁 괴월협, 도
> 미노격이다.

蜚天破孤天天鈴天**七紫** 廉福碎辰巫馬星鉞**殺微** 旬　　　　　　平旺旺平旺 空	天天地 官喜劫 　　廟	年鳳龍 解閣池	月紅解大 德艷神耗
喜歲喪　26~35　63丁 神驛門　【夫妻】　絶巳	飛息貫　16~25　64戊 廉神索　【兄弟】　基午	奏華官　6~15　65己 書蓋符　【命】　死未	將劫小　　　　66庚 軍煞耗　【父母】　病申
天地火左天天 空空星輔**梁機** 　　陷閑廟旺廟	명례 33. 마이클 조던 / 陰男 양력 1963년 2월 17일 미시 음력 계묘년 1월 24일 미시 【命局】火六局 【命主】武曲 【身主】天同 【命式】乙辛甲癸 　　　　未卯寅卯		天封天天**破廉** 虛詰貴刑**軍貞** 　　　　陷平 　　　　　祿
病攀晦　36~45　62丙 符鞍氣　【子女】　胎辰			小災歲　　　　67辛 耗煞破　【身福德】　衰酉
天三天文 哭台魁昌**相** 　　廟平陷			天天右 月才弼 　　　廟
大將太　46~55　61乙 耗星歲　【財帛】　養卯			靑天龍　96~　68壬 龍煞德　【田宅】　旺戌
金流天陰**巨太** 輿霞使煞**門陽** 　　　　廟旺 　　　　權	截寡台恩天擊**貪武** 空宿輔光姚羊**狼曲** 　　　　　　廟廟廟 　　　　　　　　忌	天天紅祿**太天** 傷壽鸞存**陰同** 　　　　旺廟旺 　　　　　科	天八陀文**天** 廚座羅曲**府** 　　陷旺旺
伏亡病　56~65　60甲 兵神符　【疾厄】　生寅	官月弔　66~75　59乙 府煞客　【遷移】　浴丑	博咸天　76~85　58甲 士池德　【奴僕】　帶子	力指白　86~95　69癸 士背虎　【官祿】　冠亥

가장 먼저 눈에 띄는 것은 복덕궁 천형이다. 자신을 다그쳐 꾸준

히 운동을 하게 만들어주는 역할을 한다. 또한 이러한 복덕궁과 부모궁을 연결해주는 천허·대모가 눈에 보인다. 실제로 아버지의 형제들끼리 경쟁시키는 교육 방식 때문에 오늘의 마이클 조던이 있었다.

대학 때 코치에게서 많은 영향을 받고, 시카고 불스 팀에서는 개인 MVP는 하지만, NBA final 우승은 매번 못하다가 새로 들어온 코치의 새로운 전략 때문에 우승을 거머쥐게 된다. 처음엔 그 전략이 스타플레이어인 마이클 조던의 입맛에는 맞지 않았지만, 그 덕분에 팀이 연승을 하게 되었다. 그 과정에서 조던도 개인의 탁월함과 팀워크 사이의 괴리를 어떻게 메꾸어야 하는지에 대해 배우게 된다.

명궁엔 차성한 무곡·탐랑화기와 경양이 있는데, 명궁의 삼방에선 각기 삼태·팔좌와 동궁하는 문창·문곡이 비춘다.

『사회적 지위』에는 각기 괴월과 동궁하는 창곡에 대한 얘기가 나오지만, 이 명반은 각기 지위를 높여주는 잡성인 삼태·팔좌와 동궁하는 문서성인 창곡이 비춘다. 전자는 노력하지 않고도 문서를 얻는 형국이라면, 후자는 사회적 지위가 있는 고등 문서를 얻는 모습이다.

탐랑화기는 기본적으로 삼방에서 파군화록을 보고 협으로 권과가 들어오기 때문에 화기 중에는 그나마 가장 낫다고 알려져 있다.

특히나 이 명반에선 권과가 아니라 록존까지 포함하여 삼기가회협을 받고 있으면서, 역시나 같은 록존 덕분에 명궁엔 위권출중한 경양까지 얻게 되었다. 그러한 록존은 노복궁에 있는데, 원래 이 궁은 커뮤니케이션의 수단궁으로 자신의 뜻을 전달하고 자신을 이동시켜줄 도구이다. 마이클 조던이 아무리 뛰어난 스타플레이라고 해도 혼자의 힘으로 팀이 우승을 할 수는 없다. 스카티 피펜, 데니스 로드맨과 같은 뒤에서 받쳐주는 동료인 노복궁의 록존 덕분에 마이클 조던은 시카고 불스 유니폼을 입고 6번이나 NBA final에서 우승을 차지 할 수 있었다.

형제궁은 친구나 실제 형제들을 암시하는데, 마이클 조던에게 그들은 평생의 경쟁 상대였다. 대학 시절 그는 어떤 팀 동료를 그 동료가 눈치채지 못하게 스스로 경쟁상대라고 생각하면서 지냈다고 한다. 형제궁이 나의 명궁과 부처궁29)에 각기 탐랑과 영성을 주어 은근한 격발이 일어나게 한다. 조던의 많은 동료들 중, 그의 공격라인을 확보해주고 리바운드 살려서 자신에게 패스해 줄 선수들은 노복궁 록존의 형태로 나타난 것이고, 경쟁상대로 생각해서 은근한 격발을 안겨준 선수들은 형제궁의 영탐협 형태로 나타난 것이다.

부처궁은 각기 천량·천수(자궁에서 차성)와 동궁하는 지공·지겁의 협을 받은 자미·칠살이다. 이 때문인지 결혼을 두 번 했다. 부처궁의 공망성의 협을 보아 인연이 박한 것은 천량·천수협으로 보건데 오래 묵은 감정 때문일 것이다.

부처궁과 자녀궁은 영성·화성으로 연결되었다. 그리고 특이하게도 그러한 영성과 화성은 각기 순공과 지공·천공이 동궁한다. 명궁인 탐랑 입장에선 화령이 반갑기는 하다. 이 대한으로 올 때 격발한다. 하지만 감정적으로 보면, 명궁 무곡 입장에서 각기 순공·지공천

---

29) 몸과 마음을 움직여 실행에 옮겨주게 하는 정기를 주하는 궁.

공과 동궁하는 화성과 영성을 보아 고독격이 완성된다. 다시 말해 자녀와 배우자에 대한 애정은 있으나 어떤 이유에서인지 자녀와 배우자만 생각하면 자신의 인생은 고독하다고 느끼기 쉽다.

자녀궁은 나의 부처궁과 재백궁에 괴월을 협으로 준다. 특히나 자녀궁 정성에 천기가 있어, 이 괴월은 기회의 암시가 강해진다.

물론 말 그대로 자녀 덕으로 내가 무슨 기회를 얻음을 상징하기도 하지만, 여기서는 '자신이 모델로 출연한 광고의 제품'을 상징한다. 조던은 시카고 불스에서 받은 연봉보다는 나이키와 같은 광고 출연으로 받은 돈이 더욱 많다. 현재 전세계 부자 천 몇 위에 링크되어 있기도 하다.

실제로 예전에 자신의 고향인 노스캐롤라이나 주의 상원의원 선거에서 민주당 흑인이 출마한 적이 있다. 사람들은 마이클 조던이 같은 흑인인 그 후보를 지지할 것이라고 생각했지만, 막상 그는 그를 지지하지 않았다. "공화당원도 농구화를 산다."는 유명한 말을 남기면서 말이다. 자신의 정치적 신념보다는 자신의 이름을 딴 '에어조던 나이키 농구화'의 미래가 더 걱정 되었던 것이다. 92년 올림픽에서 미국 농구 선수들 시상식 유니폼에 리복 로고를 넣었지만, 조던은 아까와 같은 이유로 성조기로 리복 로고를 가리고 시상대에 오른다.

나이키의 발전사는 마이클 조던의 발전사와 그 궤적을 같이 한다. 마이클 조던은 나이키, 게토레이, 맥도날드로 대표되는 자신의 자녀궁에 괴월의 기회를 제공하고, 자녀궁은 또한 마이클 조던에게 협으로 정기를 주하는 부처궁과 재물을 주하는 재백궁에 괴월을 준다.

'에어 조던 농구화'는 조던에게 경기에 성실히 임할 정기의 기회를 (부처궁) 그리고 돈을 벌 기회를(재백궁) 제공한 것이다.

이렇게 놓고 보니, 자녀궁의 천기는 기술, 천량은 노련함, 지공과 천공은 하늘과 땅 사이의 공간을 가르며 나는 모습, 화성 역시 하늘을 나는 조던의 모습이 연상되지 않는가?

자녀궁 화성의 불 화자(火)가 위 에어조던의 로고인 덩크슛 하는 조던의 모습과 비슷하다.

마이클 조던이 마이클 조던이 될 수 있었던 이유는 복덕과 부모궁의 저러한 상황, 명궁의 상황, 형제궁의 상황, 부처궁, 자녀궁 등의 상황들이 복합적으로 그리고 유기적으로 엮여 있었기에 가능했던 것이다.

4장. 사안별 인생의 굴곡

1) 진학과 취업 그리고 선거

 선천 명반이 좋지 않은데, 대한 명궁 관록궁 등의 상황이 좋다면 좋은 대학, 좋은 직장을 갈까? 선천이 안 좋으면 대한에서도 크게 좋을 수 없다는 바탕을 깔고 보아야 한다. 마찬가지로 선천 명반이 좋으면, 대한이 안 좋더라도 제3자가 보기에 좋은 대학과 직장에 합격할 수 있다. 물론 당사자에게는 불만족스러울 수 있다.

명례 34. 경인대한(25~34) 병신년(26세) 임용고시 합격

截天天天火天 空福傷馬星相 　　　平旺平	天鈴天天 廚星魁梁 　廟廟廟	大大天天八三天地**七廉** 鉞陀使才座台姚劫**殺貞** 　　　　　　　平旺廟	大大孤天天紅陀 馬祿辰空貴鸞羅 　　　　　陷
病歲弔　55~64　35癸 符驛客【奴僕】　絶巳 　　　【大田】	大息病　65~74　36甲 耗神符【遷移】　胎午 　　　【大官】	伏華太　75~84　25乙 兵蓋歲【疾厄】　養未 　　　【大奴】	官劫晦　85~94　26丙 府煞氣【財帛】　生申 　　　【大遷】
寡右**巨** 宿弼**門** 　廟平 　　祿	명례 34. 임용고시 합격 / 陰女 양력 1991년 ○월 ○일 신시 음력 신미년 ○월 ○일 신시		大紅天祿 羊艶羊存 　　　旺
喜攀天　45~54　34壬 神鞍德【**身**官祿】基辰 　　　【大福】			博災喪　95~　27丁 士煞門【子女】　浴酉 　　　【大疾】
大流輩年鳳天地**貪紫** 曲霞廉解閣刑空**狼微** 　　　　　　平地旺	【命局】土五局 【命主】貪狼 【身主】天相 【命式】庚　癸　丙　辛 　　　　申　酉　申　未		封恩擎左天 詁光羊輔同 　　廟廟平 　　　　　忌
飛將白　35~44　33辛 廉星虎【田宅】　死卯 　　　【大父】			力天貫　　　28戊 士煞索【夫妻】帶戌 　　　【大財】
解台陰天天文**太天** 神輔煞喜巫鉞昌**陰機** 　旺陷閑旺 　　　忌 　　　科	大破天天 魁碎虛府 　　　廟	月大文**太** 德耗曲**陽** 　廟陷 　科權 　　祿	大金旬天天龍**破武** 昌輿空月壽哭池**軍曲** 　　　　　　平平 　　　　　　　權
奏亡龍　25~34　32庚 書神德【福德】　病寅 　　　【大命】	將月歲　15~24　31辛 軍煞破【父母】　衰丑 　　　【大兄】	小咸小　5~14　30庚 耗池耗【　命　】旺子 　　　【大夫】	靑指官　　　29己 龍背符【兄弟】冠亥 　　　【大子】

선천 양양창록으로 시험운이 기본적으로 길하다. 질액궁 협도 영타가 각기 괴월을 끼고 있기에 기회가 은근한 격발로 올 수 있음을 암시한다. '질액'의 '액'은 '액운'에서의 '액'이기에 상황이 좋으면 당연히 길운을 의미하는 궁이기도 하다.

경인대한(25~34세)은 선천명궁 태양·문곡이 대한명궁 태음·문창

을 만나고, 선천천이 천괴·영성이 대한천이 천월·타라를 만나는 운이다. 이렇게 상황이 좋으면 화기를 가벼운 걸리적거림 정도로 해석할 수 있다.

또한 선천 문서궁인 축궁을 창곡이 각기 일월을 끼고 협하고 있는데, 그러한 협 상황이 대한 내궁에 들어오므로, 문서적으로 길한 창곡으로 복선궁의 현현이 되기도 한다. 액운 혹은 길운을 주하는 질액궁 협으로 있던 괴월을 낀 영타격발 역시 경인대한에 복선궁의 현현이 되니, 운도 따른다. 이러한 운도 따르는 복선궁 현현된 괴월이 특히나 중요한 이유는 대한 명궁에 천기가 있기 때문이다. 아마도 이 대한에 자신에게 유리한 방향으로 임용고시 세부 전형이 바뀌었을 것이다.

경인대한 2차 발생으로 인신궁 선천화기가 인동되고, 록기전도로 대한 천동화기는 발생의 의미가 있다.

병신년 유년 천동화록으로 대한에서 록기전도된 대한 재복선에 있는 천동화기가 인동한다. 이로 인해 선천 재복선인 인신궁이 공명되는데, 여기에 대한 태음화과가 있다. 결국 대한화과가 일어나서 합격했다. '과'했다가 '기'한 것은 임용된 학교 근처로 이사 가야해서 골치 아픈 것 정도의 약한 의미가 된다. 물론 유년 관록궁 상황도 훌륭하고, 진술궁 선천 부관선의 유년에서의 인동으로 유년 부관선 역시 공명되었다.

경인대한 묘유궁 자전·부질선에 있는 록존이 피해궁이 되는 건 어떻게 해석해야 할까? 대한 명궁에 여성 육친에게 안 좋은 태음을 깔고 있고, 상례를 주하는 문창화기가 있으며 무언가를 풀어주는 해신이 있으니 이 대한 중에 할머니가 돌아가시기 쉽다.

[명례] 35. 서울대 이공계 출신 사업가

天廚 天輔 天巫 天馬 陀羅 **巨門** 平 陷 平 忌		祿存 **天相** **廉貞** 旺 旺 平	紅艶 擎羊 **天梁** 廟 旺	金輿 流霞 解神 孤辰 天傷 天壽 天空 紅鸞 火星 **七殺** 陷 廟
力士 歲驛 弔客 **【福德】** 59 乙巳 生	博士 息神 病符 **【田宅】** 94~ 養 60 丙午	官府 華蓋 太歲 **【官祿】** 84~93 胎 61 丁未		伏兵 劫煞 晦氣 **【奴僕】** 74~83 絶 62 戊申
寡宿 三台 左輔 **貪狼** 廟 廟	명례 35. 사업가 / 陰男			天刑 鈴星 **天鉞** **天同** 陷 廟 平 權
青龍 攀鞍 天德 **【父母】** 58 甲辰 浴	양력 1967년 ○월 ○일 해시 음력 정미년 ○월 ○일 해시			大耗 災煞 喪門 **【遷移】** 64~73 墓 63 己酉
旬空 截空 蜚廉 年解 鳳閣 文曲 **太陰** 旺 陷 祿	**【命局】** 金四局 **【命主】** 文曲 **【身主】** 天相 **【命式】** 己 丙 壬 丁 　　　　 亥 辰 寅 未			天月 天使 天才 恩光 八座 地劫 右弼 **武曲** 平 廟 廟
小耗 將星 白虎 **【命】** 4~13 57 癸卯 帶				病符 天煞 貫索 **【疾厄】** 54~63 死 64 庚戌
天官 天貴 陰煞 天喜 **紫微** **天府** 廟 廟	破碎 天虛 封誥 天姚 **天機** 陷 科		月德 大耗 地空 **破軍** 平 廟	天福 天哭 龍池 天魁 文昌 **太陽** 旺 旺 陷
將軍 亡神 龍德 **【兄弟】** 14~23 56 壬寅 冠	奏書 月煞 歲破 **【身夫妻】** 24~33 旺 55 癸丑	飛廉 咸池 小耗 **【子女】** 34~43 衰 54 壬子		喜神 指背 官符 **【財帛】** 44~53 病 65 辛亥

기본적인 명이 양양창록격이다. 평범하게 길한 양양창록이 아니라, 문서궁인 진궁의 협으로 나의 명궁엔 화록을 나의 복덕궁엔 천마를 주어 격외로 문서적으로 길한 명반이다.30)

창곡에 각기 동궁한 용지와 봉각은 그러한 문서가 기술관련 문서가 되기도 함을 의미한다. 삼방에서 살을 보기에 더욱 기술 관련으로 보인다. 복덕궁의 절족마는 사물을 집요하게 파고드는 집중력을 의미하고, 거일 조합의 거문 역시 집중력이 좋음을 알려준다. 서울대 이공계를 나오고 삼성을 비롯 각종 연구소를 다니다 자신이 만든 아이템으로 사업을 시작했다.

명궁에 태음·문곡·봉각, 재백궁에는 짝성인 태양·문창·용지가 있기에 인생을 살면서 돈을 추구하기 쉽다.

이런 형태의 명반이 진학은 서울대로, 취업은 R&D(연구소)로, 나중엔 사업을 하게 되는 명이다.

---

30) 명궁 태음이 부동산을 상징하므로 부동산 관련 문서면에서도 매우 길하다.

명례 36. 서울대 경영학과 출신, 직장 자주 바뀜

天三鈴**破武** 貴台星**軍曲** 旺閑平 權	截天天地**太** 空福傷劫**陽** 廟廟 祿	寡紅天陀天天 宿鸞姚羅鉞**府** 廟旺廟	天祿**太天** 使存**陰機** 廟平閑 科
大劫天 46~55 46辛 耗煞德【官祿】冠巳	伏災弔 56~65 47壬 兵煞客【奴僕】旺午	官天病 66~75 48癸 府煞符【遷移】衰未	博指太 76~85 49甲 士背歲【疾厄】病申
流蜚地右**天** 霞廉空弼**同** 陷廟平 忌	명례 36. 직장 자주 바뀜 / 陽男 양력 1980년 ○월 ○일 미시 음력 경신년 ○월 ○일 미시 【命局】火六局 【命主】巨門 【身主】天梁 【命式】癸 乙 甲 庚 　　　　未 亥 申 申		破天天封恩八火擎**貪紫** 碎才空詰光座星羊**狼微** 陷陷平平
病華白 36~45 45庚 符蓋虎【田宅】帶辰			力咸晦 86~95 50乙 士池氣【財帛】死酉
大天文 耗刑昌 平			金紅天左**巨** 輿艶哭輔**門** 廟旺
喜息龍 26~35 44己 神神德【**身**福德】浴卯			青月喪 96~ 51丙 龍煞門【子女】基戌
解天天年鳳陰天天 神廚虛解閣煞巫馬 旺	月台天天**七廉** 德輔喜魁**殺貞** 旺廟旺	旬龍**天** 空池**梁** 廟	天天孤天文**天** 月官辰壽曲**相** 旺平
飛歲歲 16~25 43戊 廉驛破【父母】生寅	奏攀小 6~15 42己 書鞍耗【**命**】養丑	將將官 41戊 軍星符【兄弟】胎子	小亡貫 52丁 耗神索【夫妻】絕亥

천형이 인·묘·유·술궁에 있으면 묘왕지가 되어 천희신이라고 불리는데, 그러한 천형이 복덕궁에 있으면 머리가 좋다. 실제 학창시절 공부를 잘했고, 서울대 경영학과를 나왔다.

> 질액궁 양타협 → 천이궁 쌍록협 록과협 → 노복궁 영타협 → 관록궁 공겁협 → 전택궁 화령협 → **身**·복덕궁 악사위천리협 →

> 身·복덕궁·부모궁 허모, 도미노 7격이다.

하지만 명궁 칠살은 변화를 주하고, 그러한 칠살이 화령을 만나는 대한에선 변화가 있기 쉽다. 기묘대한 명궁엔 화성이 있고, 경진대한 명궁은 화령협을 받고, 신사대한 명궁엔 영성이 있다. 기묘대한에 공기업 등의 직장을 2~3군에 옮겨 다녔고, 경진대한 무술년엔 더 좋은 해외업무가 많은 공기업 자리로 취업했고, 신사대한은 아직 오지 않았다.

명궁 염정의 입장에선 천이궁으로 가야 삼방에서 창곡을 보고, 칠살의 입장에선 천이궁으로 가야 쌍록협이 되니 해외 업무가 많은 일이 더욱 길하다.

경진대한 명궁 변화를 주하는 화령협에 '하나 더'를 의미하는 우필이 있으니 임인년 즈음에 아마 해외 지사로 한번 더 이동하지 않을까 한다. 이 대한 미궁 전택의 천이궁 협으로 쌍록이 대한 내궁으로 들어와 복선궁의 현현이 된 점도 주목해야한다.

[명례] 37. 신사대한(35~44) 정유년 9급 지방직 공무원 합격

文右**七紫** 昌弼**殺微** 廟平平旺	截天天地 空福姚空 廟	寡天封紅火陀天 宿傷詰鸞星羅鉞 閑廟旺	天天祿 壽巫存 廟
大劫天 35~44 46辛 耗煞德 【田宅】 絕巳	伏災弔 45~54 47壬 兵煞客 【官祿】 胎午	官天病 55~64 48癸 府煞符 【奴僕】 養未	博指太 65~74 49甲 士背歲 【遷移】 生申
流輩三陰地**天天** 霞廉台煞劫**梁機** 陷旺廟	명례 37. 공무원 합격 / 陽男 양력 1980년 ○월 ○일 巳시 음력 경신년 ○월 ○일 巳시		破天天擎文左**破廉** 碎使空羊曲輔**軍貞** 陷廟陷平
病華白 25~34 45庚 符蓋虎 【福德】 基辰			力咸晦 75~84 50乙 士池氣 【疾厄】 浴酉
天大天鈴**天** 月耗貴星**相** 廟陷	【命局】土五局 【命主】祿存 【身主】天梁 【命式】丁 癸 癸 庚 　　　　 巳 巳 未 申		金紅天天八 輿艷才哭座
喜息龍 15~24 44己 神德 【父母】 死卯			青月喪 85~94 51丙 龍煞門 【財帛】 帶戌
天天年鳳天天**巨太** 廚虛解閣刑馬**門陽** 　　　　　　旺廟旺 　　　　　　　　祿	月天天**貪武** 德喜魁**狼曲** 　　　旺廟廟 　　　　　權	旬解龍**太天** 空神池**陰同** 　　　廟旺 　　　科忌	天孤台恩天 官辰輔光府 　　　　　旺
飛歲歲 5~14 43戊 廉驛破 【命】 病寅	奏攀小　　　 42己 書鞍耗 【兄弟】 衰丑	將將官　　　 41戊 軍星符 【身夫妻】 旺子	小亡貫 95~ 52丁 耗神索 【子女】 冠亥

경진대한 중반기부터 행정고시준비를 하다가 포기하고, 신사대한 (35~44세) 정유년 9급 지방직 공무원 시험에 합격했다. 그러나 무술년 인간관계상의 문제로 그만두고 싶어 했다.

선천전택이 공겁협으로 고립을 암시하는데 신사대한 전택이 역시나 양타협의 피해궁이 되면서 대한 명궁과 암합되었다. 인궁의 천형

이 신궁으로 차성되는 게 피해궁의 록존을 더 괴롭힌다.

그나마 유궁 대한 문곡화과가 있어서 9급 시험에 합격했을 것으로 보인다.

명례 38. 기유대한(14~23) 기축년 이대 무용과 합격

大大天天天文左天 曲陀月使鉞昌輔機 　　旺廟平平 　　　　　科	大天天地**紫** 祿福才空**微** 　　　廟廟 　　　　權	大寡封紅火 羊宿詰鸞星 　　　　閑	大解天**破** 鉞神巫**軍** 　　　陷
飛劫天　54~63　22乙 廉煞德【疾厄】　生巳 　　　【大財】	奏災弔　44~53　23丙 書煞客【財帛】　養午 　　　【大子】	將天病　34~43　24丁 軍煞符【子女】　胎未 　　　【大夫】	小指太　24~33　25戊 耗背歲【身夫妻】絶申 　　　【大兄】
蜚天地**七** 廉壽劫**殺** 　　陷旺	명례 38. 무용과 합격 / 陽女		大天破天文右 昌廟碎空曲弼 　　　　廟陷
喜華白　64~73　21甲 神蓋虎【遷移】　浴辰 　　　【大疾】	양력 1992년 ○월 ○일 사시 음력 임신년 ○월 ○일 사시		忌 青咸晦　14~23　14己 龍池氣【兄弟】　基酉 　　　【大命】
天大天鈴天**太** 傷耗貴星魁**梁陽** 　廟廟廟廟　廟 　　　　　祿 　　　　　科	【命局】金四局 【命主】祿存 【身主】天梁 【命式】丁戊癸壬 　　　巳戌卯申		旬天天天陀**天廉** 空官哭刑羅**府貞** 　　　　　廟廟旺
病息龍　74~83　20癸 符神德【奴僕】　帶卯 　　　【大遷】			力月喪　4~13　15庚 士煞門【命】　死戌 　　　【大父】
截天年鳳八天天**天武** 空虛解閣座姚馬**相曲** 　　　　　　旺廟閑 　　　　　　　忌 　　　　　　　祿	金月天**巨天** 輿德喜**門同** 　　　旺陷	大紅龍三陰擎**貪** 魁艶池台煞羊**狼** 　　　　　陷旺 　　　　　　權	大流孤台恩祿**太** 馬霞辰輔光存**陰** 　　　　　廟廟
大歲歲　84~93　19壬 耗驛破【官祿】　冠寅 　　　【大奴】	伏攀小　94~　18癸 兵鞍耗【田宅】　旺丑 　　　【大官】	官將官　　　　17壬 府星符【福德】　衰子 　　　【大田】	博亡貫　　　　16辛 士神索【父母】　病亥 　　　【大福】

육살특수격 화령 예외이다. 기유대한 기축년 록기전도로 인신궁

이 최종결과가 되었다. 물론 묘유궁은 길상이지만, 최종결과가 인신궁 관록의 문서가 되어 불합격 했을 것으로 생각할 수 있으나 이화여대 무용과에 합격했다.

　인신궁이 유년 질액·身궁이기도 한데, 고3때(기축년) 무파상으로 뼈가 으스러지게 연습을 하는 형상이 인신궁 유년 부질·부관·身궁선인 것이다.

　뭐든 체가 먼저이다. 특수격은 체를 좋게 보기 때문에 기유대한을 길하게 보고 인궁의 무곡화기가 인동되는 것은 연습을 많이 하는 것으로 해석해야 한다.

[명례] 39. 갑신대한 갑오년 시의원, 무술년 도의원 선거 낙선

金旬天天 輿空馬梁 　　　平陷 　　　　權	解天天恩八陰火七 神廚貴光座煞星殺 　　　　　　廟旺		截天鈴 空刑星 　　旺	紅天孤天天三紅地天 艶福辰傷空台鸞劫鉞貞 　　　　　　　廟廟廟
青歲弔　25~34　71辛 龍驛客【福德】絕巳	小息病　35~44　72壬 耗神符【田宅】胎午	將華太　45~54　73癸 軍蓋歲【官祿】養未		奏劫晦　55~64　74甲 書煞氣【奴僕】生申
天寡天擎天紫 官宿壽羊相微 　　　廟旺陷 　　　　　科	명례 39. 도의원 낙선 / 陰女 양력 1956년 ○월 ○일 酉時 음력 을미년 ○월 ○일 酉時 【命局】土五局 【命主】文曲 【身主】天相 【命式】己 丁 戊 乙 　　　　酉 卯 子 未			
力攀天　15~24　70庚 士鞍德【父母】墓辰			飛災喪　65~74　75乙 廉煞門【身遷移】浴酉	
蜚年台鳳祿巨天 廉解輔閣存門機 　　　　旺廟旺 　　　　　　祿			流天天天破 霞月使才軍 　　　　旺	
博將白　5~14　69己 士星虎【命】死卯			喜天貫　75~84　76丙 神煞索【疾厄】帶戌	
天天地陀左貪 巫喜空羅輔狼 　　陷陷陷廟平	破天文文太太 碎虛曲昌陰陽 　　廟廟廟陷 　　　　　忌	月大天右天武 德耗魁弼府曲 　　　　旺旺廟旺		天封龍天天 哭誥池姚同 　　　　廟
官亡龍　　　　68戊 府神德【兄弟】病寅	伏月歲　　　　67己 兵煞破【夫妻】衰丑	大咸小　95~　66戊 耗池耗【子女】旺子		病指官　85~94　77丁 符背符【財帛】冠亥

　정치인 명반은 단순히 선거에서 이기고 지는 문제에 관한 고찰과 함께 '문서운'이라는 화두와도 연결되어 있으니, 매우 의미 있는 학습이 될 것이다.

　기본적으로 보필이 보좌진, 창곡이 언론, 삼태·팔좌는 대중을 뜻한다. 선거에는 관록궁뿐 아니라 문서궁이자 당지정부를 의미하는 부모궁을 봐야 하고, 공천을 받는지는 괴월을 봐야한다. 특히나 괴

월은 상대측 후보가 둘로 갈리는 등의 어부지리를 얻는지도 알 수 있으므로(선거구도의 유불리) 매우 중요하다.

추론 시 매우 조심해야 할 것은 지지자들로부터 열성적인 응원을 받았지만 낙선을 하는 경우, 그러한 지지 받는 사안이 명반에 드러나기에, 이를 당선이라고 착각 할 수 있다는 점이고, 화과·화기가 있어 낙선이라고 생각했는데, 선거 직전에 스캔들이 났을 뿐 당선이 되는 경우도 있다는 점이다.

갑신대한 갑오년 시의원 선거에서는 유력 후보였으나 낙선되었다. 같은 대한 무술년 도의원 선거 때에는 경선에서도 낙선되었다.

강왕한 선천 문서궁이 협으로 나의 명궁과 복덕궁에 쌍록마협과 쌍록권협을 주어 문서적으로 길하다. 하지만 명궁의 기거보다는 부처궁의 일월이 창곡과 동궁하면서 보필협도 받고 있으니 문서적으로 더 길할 뿐 아니라 대중적인 성계이기도 하여 정치에는 더 잘 맞다. 실제 남편이 시장을 역임한 적이 있다.

명궁에 입을 주하는 거문이 그리고 관록궁엔 대중 성계인 일월이 있는 이런 명반에서는 교수나 아나운서 등의 직업이 많다. 만약 이 명반이 정치를 하려면 신궁이라도 일월에 있어야 한다.

전문 정치인은 아니지만, 한 두 번이라도 정치에 발을 담글 수는 있다. 그렇다면 갑신대한보다는 역시나 일월운인 계미대한이 더 적합한데, 이때는 남편이 시장이었다.

[명례] 40. 을묘대한 시의원 당선

旬蜚天破孤天天右**巨** 空廉福碎辰馬鉞弼**門** 　　　　　平旺平平 　　　　　　　　權	天台天天**天廉** 官輔喜姚**相貞** 　　　　旺平	年鳳龍恩八三**天** 解閣池光座台**梁** 　　　　　　旺	月紅大天**七** 德艷耗巫**殺** 　　　　廟
喜歲喪　26~35　63丁 神驛門【夫妻】　絶巳	飛息貫　16~25　64戊 廉神索【兄弟】　基午	奏華官　6~15　65己 書蓋符【身 命】死未	將劫小　　　　66庚 軍煞耗【父母】　病申
天陰文**貪** 空煞曲**狼** 　　廟廟 　　　　忌	40. 시의원 당선 / 陰男 양력 1963년 ○월 ○일 자시 음력 계묘년 ○월 ○일 자시		天火左輔**天** 虛星弼　**同** 　　陷陷平
病攀晦　36~45　62丙 符鞍氣【子女】　胎辰	【命局】 火六局 【命主】 武曲 【身主】 天同 【命式】 丙 乙 己 癸 　　　　子 亥 未 卯		小災歲　　　　67辛 耗煞破【福德】　衰酉
天天天**太** 月哭魁**陰** 　　廟陷 　　　　科			天天鈴文**武** 壽才星昌**曲** 　　廟陷廟
大將太　46~55　61乙 耗星歲【財帛】　養卯			青天龍　96~　68壬 龍煞德【田宅】　旺戌
金流天封天**天紫** 輿霞使詰刑**府微** 　　　　　廟廟	截寡天擎**天** 空宿貴羊**機** 　　　　廟陷	解天紅祿**破** 神傷鸞存**軍** 　　　旺廟 　　　　祿	天地地陀**太** 廚劫空羅**陽** 　　　旺陷陷陷
伏亡病　56~65　60甲 兵神符【疾厄】　生寅	官月弔　66~75　59乙 府煞客【遷移】　浴丑	博咸天　76~85　58甲 士池德【奴僕】　帶子	力指白　86~95　69癸 士背虎【官祿】　冠亥

을묘대한(46~55세) 경인년, 임진년(보궐), 갑오년 시의원에 출마하여 마침내 갑오년(52세)에 7명의 출마자 중 4명 당선에서 4등 턱걸이로 당선되었다.

대한 태양의 상황보다 태음의 상황이 좋기에, 또한 대한 부관선에 있는 경양은 제화가 되는데 시간이 걸리기에, 이 대한 후반부에 당선이 되었다.

선천 명신궁에서 삼태·팔좌와 천괴를 천이궁에서는 천월와 보필을 보기에, 대중도 있고 보좌진도 있고 기회도 있지만 창곡 여론이 없다.

아마도 창곡을 보는 병진대한 때부터 출마를 결심하거나 실행했을 듯싶은데, 을묘대한 탐랑·문곡의 작사전도로 뒤집어지는 문서궁인 진궁이 내궁에 각기 화과·화권과 동궁한 괴월을 복선궁의 현현으로 선사해주고 있다.

참고로 갑오년 유년 외궁의 염정화록으로 인한 흉상은 경쟁이 치열했음을 암시한다. 하지만 내궁이 좋으니(특히나 오궁은 내궁에 있는 쌍화권의 협자리) 턱걸이로 당선되었다.

명례 41. 한 대한 두 번 당선

流月破祿鈴**天** 霞德碎存星**梁** 廟旺陷 博劫小 15~24 78丁 士煞耗 【父母】 絶巳	旬天天天天天地擎**七** 空月廚壽虛哭刑劫羊**殺** 廟平旺 力災歲 25~34 79戊 士煞破 【身福德】 胎午	金大天 輿耗鉞 旺 青天龍 35~44 80己 龍煞德 【田宅】 養未	輩陰天**廉** 廉煞巫**貞** 廟 小指白 45~54 81庚 耗背虎 【官祿】 生申
紅解天龍恩地陀**天紫** 艷神才池光空羅**相微** 陷廟旺陷 官華官 5~14 77丙 府蓋符 【命】 基辰	명례 41. 두 번 당선 / 陽男 양력 1948년 ○월 ○일 미시 음력 무자년 ○월 ○일 미시 【命局】 土五局 【命主】 廉貞 【身主】 火星 【命式】 辛 甲 癸 戊 　　　　未 辰 亥 子		天封天火 傷詰喜星 陷 將咸天 55~64 82辛 軍池德 【奴僕】 浴酉
天天三紅文**巨天** 福官台鸞昌**門機** 平廟旺 忌 伏息貫 76乙 兵神索 【兄弟】 死卯			寡年鳳**破** 宿解閣姚**軍** 旺 奏月弔 65~74 83壬 書煞客 【遷移】 帶戌
孤天**貪** 辰馬**狼** 旺平 祿 大歲喪 75甲 耗驛門 【夫妻】 病寅	天台天右左**太太** 空輔魁弼輔**陰陽** 旺廟廟廟陷 科 權 病攀晦 95~ 74乙 符鞍氣 【子女】 衰丑	截天**天武** 空貴**府曲** 廟旺 喜將太 85~94 73甲 神星歲 【財帛】 旺子	天八文**天** 使座曲**同** 旺廟 飛亡病 75~84 84癸 廉神符 【疾厄】 冠亥

　　육살특수격 화령 예외이다. 신유대한(55~64세) 무자년 국회의원 당선되었고 경인년엔 시장 선거도 당선되었다. 하지만 임술대한 갑오년 시장선거는 여론조사에서 이겼는데 낙선했고, 병신년 총선에서도 낙선했다.
　　아무리 특수격이라도 선천 명반을 좋게 봐줄 뿐 살을 많이 보는 대한에선(임술대한) 길하지 않음을 여실히 보여준다.

신유대한 관록궁의 길상과 더불어 대한 부모궁인 술궁이 대한 내궁으로 삼태와 동궁한 문창, 팔좌와 동궁한 문곡협을 주는 복선궁의 현현이 되었음도 놓쳐서는 안 된다.

 대한 관록궁에 하나 더를 의미하는 보필이 있고, 현현된 복선궁인 문서궁에 역시나 겸쌍을 의미하는 파군이 있으니 이 대한 국회의원과 시장 선거 둘 다 당선되었다.

 임술대한 명궁으로도 그러한 창곡협이 들어오기는 하나 삼방에서 살을 저렇게 보니, 그러한 형상은 지지자들이 응원하고 여론 조사 좋게 나온 것으로 끝났다.

2) 발재와 파재 그리고 부동산

 시중에 파재 관련한 사주나 명반은 많이 소개가 되었다. 이에 여기서는, 드물지만 발재 관련 명반 위주로 설명을 해보고자 한다. 사실 누구나 자신이 발재 할 사주인지, 그렇다면 언제 발재 하는지에 대한 관심이 있지 않은가.

 명반 상, 발재의 암시가 어떻게 드러나는지 이야기를 하기 위해 누구나 흥미를 가질 수 있는 '로또 당첨' 명반부터 검토를 해 보았다. 그러한 명반을 보다 보니 본격적인 발재 파재 이야기 이전에 폭발의 암시 얘기부터 해야 함을 알게 되었다. 그 이야기를 해 볼까 한다.

명례 42. 병신대한(45~54세) 무자년(48세) 로또 1등

 이두정통자미두수카페에 올라온 로또 당첨 명반이다. 어릴 때부터 계속 고생했다고 한다.
 선천 재백궁에 폭발을 암시하는 천희와, 물려받음을 암시하는 천무, 보상금을 암시하는 용덕이 있으면서, 문제 등을 풀어버리는 해신이 있고, 주변 쌍록과 권기협으로 둘러싼 사화가 인상적이다.
 이러한 주변으로부터 보호받는 재백궁, 물려받음, 보상금, 문제해결 등의 암시가 있는 재백궁이, 대한의 재음협인되는 재백궁으로 가니 전생에 쌓은 음덕으로 인한 횡재의 암시가 뚜렷해서 오히려 묘한 명반이다. 물론 재성인 선천 명궁 무곡·천부가 그러한 재백궁 대한으로 간 것도 한 몫 한다.

旬截天天天天封龍左**天**	月天大火天**七**	天天天文文	解天天地陀**廉**
空空月福傷哭詰池輔**梁**	德廚耗星魁**殺**	使壽虛曲昌	神巫喜空羅**貞**
平陷	廟廟旺	旺平 科忌	廟陷廟
將指官　75~84　65癸	小咸小　65~74　66甲	青月歲　55~64　67乙	力亡龍　45~54　68丙
軍背符【奴僕】　冠巳	耗池耗【身遷移】帶午	龍煞破【疾厄】　浴未	士神德【財帛】　生申
天紫 **相微** 旺陷	명례 42. 무자년 로또 1등 / 陰男 양력 1961년 ○월 ○일 묘시 음력 신축년 ○월 ○일 묘시 【命局】土五局 【命主】貪狼 【身主】天相 【命式】癸 丁 辛 辛 　　　　卯 卯 卯 丑		紅蜚天台鳳祿右 艷廉官解輔閣存弼 旺陷
奏天貫　85~94　64壬			博將白　35~44　69丁
書煞索【官祿】　旺辰			士星虎【子女】　義酉
流八巨**天** 霞座**門機** 　　廟旺 　　祿			寡天擎**破** 宿刑羊**軍** 　　　廟旺
飛災喪　95~　　03辛			官攀天　25 34　70戊
廉煞門【田宅】　衰卯			府鞍德【夫妻】　胎戌
孤天紅天地**貪**	破天鈴**太太**	天恩陰**天武**	金三天天
辰空鸞姚鉞**狼**	碎才星**陰陽**	貴光煞**府曲**	輿台馬**同**
平旺平	陷廟陷 權	廟旺	平廟
喜劫晦　　　　62庚	病華太　　　　61辛	大息病　5~14　60庚	伏歲弔　15~24　71己
神煞氣【福德】　病寅	符蓋歲【父母】　死丑	耗神符【　命　】基子	兵驛客【兄弟】　絕亥

일반적으로 명·신궁에 변화를 주하는 칠살이 있고, 재복선에 폭발을 암시하는 홍란·천희가 있으면 인생에 있어 횡발횡파가 매우 심하다.

질액궁의 '액'이 액운을 의미하는데, 그렇다면 상황이 좋으면 '길운'도 의미하지 않을까? 선천 질액이 선천 재백에 끼치는 영향을 보고, 대한 질액이 대한 재백에 끼치는 영향을 봐도 로또와 같은 횡발의 대한인지 알 수 있다. 이 명반에서는 선천 질액궁의 화권·화과가 자녀궁의 쌍록과 더불어 선천 재백궁에 길한 협을 해주는 상황인데, 마침 병신대한 질액궁은 대한 재백궁을 재음협인 시켜주고 있다.

명례 43. 경술대한 갑신년 로또 1등

巨門 陷平忌	天相 廉貞 旺陷旺平	天梁 平閑廟旺	七殺 平廟
天廚 年解 鳳閣 陀羅	解神 天空 封詰 陰煞 祿存 文昌	大鉞 大陀 紅艶 蜚廉 天刑 地空 火星 擎羊	大馬 大祿 金輿 流霞 孤辰 文曲
官府 指背 太歲 95~ 【子女】 25乙絶巳 【大疾】	博士 咸池 晦氣 【夫妻】 26丙胎午 【大財】	力士 月煞 喪門 【兄弟】 27丁養未 【大子】	青龍 亡神 貫索 5~14 【命】 28戊生申 【大夫】
貪狼 廟	명례 43. 갑신년 로또 1등 / 陰女		天同 平
寡宿 八座 天喜	양력 1977년 ○월 ○일 진시 음력 정사년 ○월 ○일 진시		大羊 破碎 天壽 龍池 天鉞
伏兵 天煞 病符 85~94 【身財帛】 36甲基辰 【大遷】	【命局】 土五局 【命主】 廉貞 【身主】 天機 【命式】 庚 庚 壬 丁 辰 戌 子 巳		小耗 將星 官符 15~24 【父母】 29己浴酉 【大兄】
太陰 平陷			武曲 廟
大曲 截空 天使 天貴 地劫 祿科			月德 天月 大耗 台輔 三台 紅鸞
大耗 災煞 弔客 75~84 【疾厄】 35癸死卯 【大奴】			將軍 攀鞍 小耗 25~34 【福德】 30庚帶戌 【大命】
紫微 天府 廟廟廟廟	天機 陷科		太陽 平旺陷
天官 天巫 鈴星 左輔	大魁 旬空 天傷 天才 天哭 恩光	右弼 旺廟	大昌 天福 天虛 天姚 天馬 天魁
病符 劫煞 天德 65~74 【遷移】 34壬病寅 【大官】	喜神 華蓋 白虎 55~64 【奴僕】 33癸衰丑 【大田】	飛廉 息神 龍德 45~54 【官祿】 32壬旺子 【大福】	奏書 歲驛 歲破 35~44 【田宅】 31辛冠亥 【大父】

이두정통자미두수 카페에 쾌걸님이 올려주신 자료이다.

명궁 칠살에 재복선 홍란·천희가 있는 전형적인 횡발횡파의 명반이다. 사실 이런 경우 상당수는 주식하다가 횡파하는 수가 로또 당첨의 수보다 훨씬 많다.

앞 명반과 마찬가지로 홍란·천희 대한에 당첨되었다. 그렇다면, 앞 명반처럼 선천 질액궁이 선천 재백궁에 끼치는 영향이 있고, 대한 질액궁이 대한 재백궁에 끼치는 영향이 있을까?

선천 질액궁은 협으로 천이궁과 재백궁에 각기 영성과 탐랑으로 영탐격발을 준다. 그러한 질액궁이 대한 질액으로 와서는 대한 천이궁과 재백궁에 각기 탐랑과 문창을 주어 무언가 뒤집어지는 작사전도의 협을 준다.

보통 선천에서 록을 못 보는 칠살은 인생의 굴곡이 심하다. 하지만 이 명반의 칠살은 기유대한에선 천이궁에서 록을 보고, 경술대한에선 재백궁에서 록을 보며, 신해대한에선 관록궁에서 록을 보고, 임자대한에선 천이궁에서 록을 본다. 안정적인 은행원이다.

[명례] 44. 부동산 관련 사업

天年鳳地地陀**七紫** 廚解閣劫空羅**殺微** 閑廟陷平旺	天祿 空存 旺	紅蜚天天天擎 艷廉傷壽才姚羊 廟	金流孤封 輿霞辰詰
力指太　94~　49乙 士背歲【田宅】生巳	博咸晦 84~93　50丙 士池氣【官祿】養午	官月喪 74~83　51丁 府煞門【奴僕】胎未	伏亡貫 64~73　52戊 兵神索【遷移】絶申
寡三天鈴文右**天天** 宿台喜星昌弼**梁機** 　　旺旺廟旺廟 　　　　　　　科	명례 44. 부동산 관련 사업 / 陰男 양력 1977년 ○월 ○일 오시 음력 정사년 ○월 ○일 오시 【命局】金四局 【命主】祿存 【身主】天機 【命式】丙 壬 戊 丁 　　　　午 戌 申 巳		破天恩火天**破廉** 碎使光星鉞**軍貞** 　池　　　陷廟陷平
青天病　　　48甲 龍煞符【福德】浴辰			大將官 54~63　53己 耗星符【疾厄】　　酉
截天天天 空貴刑**相** 　　　陷			月大八紅文左 德耗座鸞曲輔 　　　　陷廟
小災弔　　　47癸 耗煞客【父母】帶卯			病攀小 44~53　54庚 符鞍耗【財帛】死戌
解天陰天**巨太** 神官煞巫**門陽** 　　　　廟旺 　　　　　忌	旬天**貪武** 空哭**狼曲** 　　　廟廟	台**太天** 輔**陰同** 　廟旺 　祿權	天天天天天 月福虛馬魁府 　　　　平旺旺
將劫天　4~13　46壬 軍煞德【身　命】冠寅	奏華白 14~23　45癸 書蓋虎【兄弟】旺丑	飛息龍 24~33　44壬 廉神德【夫妻】　子	喜歲歲 34~43　55辛 神驛破【子女】病亥

　　재백궁이 제일 먼저 눈에 띤다. 삼방에서 편사식으로 악사위천리를 보고, 홍란·천희, 보필, 창곡, 삼태·팔좌가 있으면서 협으로는 괴월이 들어온다. 이렇게 화려한 재백궁은 매우 드물다.

　　현재 부동산 관련 사업으로 많은 부를 쌓았다. 물론 조용히 재산을 축적한다기 보다는 홍란·천희나 악사위천리의 의미답게 폭발하듯 그래서 관재나 시비구설도 가끔 겪는 명이다.

명궁의 거문화기가 부모궁을 형기협인하고, 복덕궁의 생각이 다 드러남을 암시하는 화과가 있으며, 명궁 거문은 입을 주하기에, 아무리 윗사람이라도 잘 들이받으시냐고 물으니, 자신이 군대 있을 때, 소대장, 중대장도 아닌 대대장을 들이 받았다고 한다. 거일명이라 해외에서 사업하기 딱 좋다고 하니, 그렇지 않아도 해외 부동산 사업 구상을 아주 구체적으로 하고 있다고 답했다.

[명례] 45. 대기업 회장

孤台恩 辰輔光 廟	旬截天天龍天 空空福壽池機 廟	月天陀天右左**破紫** 德喜羅鉞弼輔**軍微** 廟旺廟廟廟廟	天天年鳳陰祿天 才虛解閣煞存馬 廟旺
大亡貫　　　76辛 耗神索【兄弟】病巳	伏將官　3~12　77壬 兵星符【 命 】死午	官攀小　13~22　78癸 府鞍耗【父母】　基未	博歲歲　23~32　79甲 士驛破【福德】絶申
流天天**太** 霞哭姚**陽** 旺祿	명례 45. 대기업 회장 / 陽男 양력 1950년 ○월 ○일 해시 음력 경인년 ○월 ○일 해시 【命局】木三局 【命主】破軍 【身主】天梁 【命式】己 辛 辛 庚 　　　　亥 未 巳 寅		破大天擎天 碎耗貴羊府 陷陷
病月喪【身夫妻】75庚 符煞門　　　　衰辰			力息龍　33~42　80乙 士神德【田宅】胎酉
天文**七武** 空曲**殺曲** 旺陷陷 　　　權			金紅解蜚地**太** 輿艷神廉劫**陰** 平旺 　　　科
喜咸晦　93~　74己 神池氣【子女】旺卯			青華白　43~52　81丙 龍蓋虎【官祿】養戌
天天三鈴**天天** 月廚台星**梁同** 廟廟閑 　　　　忌	寡天封紅天天 宿使詰鸞魁相 旺廟	八天地火**巨** 座刑空星**門** 平平旺	天天天文**貪廉** 官傷巫昌**狼貞** 旺平陷
飛指太　83~92　73戊 廉背歲【財帛】冠寅	奏天病　73~82　72己 書煞符【疾厄】帶丑	將災弔　63~72　71戊 軍煞客【遷移】浴子	小劫天　53~62　82丁 耗煞德【奴僕】生亥

병술대한 IMF 당시 사재를 털고 집을 담보 잡히면서까지 회사를 살려내어 키웠냈다. 그 보답으로 오너로부터 인정받아 회장까지 승진한, 입지전적인 인물이다.

사살특수격이다. 특수격은 깨질대로 깨진 듯이 보여야 더 상격인데, 화기까지 재백궁에서 보고 있다.

천기는 부모궁에 항상 자미가 있는데, 그러한 부질선에 괴월까지 있으니 명궁 천기는 항상 부모궁을 의존한다. 그러다보니 명궁의 삼방사정에서 보이는 악사위천리는 부모궁에 가는 순간 홍란·천희까지 보아 대폭발격이 완성된다. 사재를 털어 회사를 살려냈으니 맞는 말이다.

승진 등을 하여 월급이 많아지거나 회사 사정이 안 좋아져서 감봉되기도 하는 것보다는 부동산 투자 등으로 돈을 벌거나 잃는 것이 더 그 규모가 크다. 그래서 발재파재에 이어 부동산 이야기를 해볼까 한다. 물론 운에서 언제 부동산으로 발재파재 하는지를 보는 것도 중요하지만, 그러한 모든 운추론은 선천 명반을 체로 잡아야 함을 명심해야 한다.

묘유궁 태음에 부동산 부자가 좀 있다. 원래 길성은 진술축미궁으로 쏠리므로, 만약 진술궁의 협으로 길성이 들어온다면 자오묘유 입장에서는 부모궁, 즉 문서궁에서 협으로 나의 명궁과 복덕궁에 길성을 주게 된다. 명궁에 부동산을 상징하는 정성인 태음을 체로 놓고 볼 때, 부동산 부자가 되기 상대적으로 쉬운 구조가 된다.[31]

같은 원리로 자오궁 태음도, 태음의 부모궁인 축미궁을 중심으로 협상황이 좋으면 묘유궁 태음처럼 부동산에 길한 듯이 보인다. 하지만 자오궁 태음은 천동도 함께 동궁하는 바, 태음 자체의 의미보다는 동월의 의미인, 감성·영상 등의 의미가 더 크기에 부동산 운을 보기 위해서는 묘유궁 태음보다는 더 자세히 살펴야 한다.

---

31) 『사회적 지위』 p.69 명반 참고.

[명례] 46. 묘유궁 태음 부동산 부자

流大紅祿地地巨 霞耗鸞存劫空門 廟閑廟平	天擎天廉 廚羊相貞 平旺平	金天寡火天天 輿月宿星鉞梁 閑旺旺	天天封天天七 傷哭詰姚馬殺 旺廟
博亡龍　　　68丁 士神德【福德】冠巳	官將白 92~　69戊 府星虎【田宅】帶午	伏攀天 82~91　70己 兵鞍德【官祿】浴未	大歲弔 72~81　71庚 耗驛客【奴僕】生申
紅旬天恩天陀文貪 艶空虛光刑羅昌狼 廟旺廟 祿	명례 46. 부동산 부자 / 陰女 양력 1958년 O월 O일 오시 음력 무술년 O월 O일 오시 【命局】水二局 【命主】文曲 【身主】文昌 【命式】庚 甲 辛 戊 　　　　午 午 酉 戌		鈴天 星同 陷平
力月歲　　　67丙 士煞破【父母】旺辰			病息病 62~71　72辛 符神符【遷移】　養酉
月天天右太 德福官弼陰 　　陷陷 　　科權			天天文武 使貴曲曲 　　陷廟
青咸小 2~11　66乙 龍池耗【身 命】襄卯			喜華太 52~61　73壬 神蓋歲【疾厄】胎戌
解龍八天紫 神池座府微 　　　廟廟	破天天天天 碎壽才魁機 　　　旺陷 　　　　忌	截輩年台鳳三陰破 空廉解輔閣台煞軍 　　　　　　　廟	孤天天天左太 辰空巫喜輔陽 　　　　閑陷
小指官 12~21　65甲 耗背符【兄弟】病寅	將天貫 22~31　64乙 軍煞索【夫妻】死丑	奏災喪 32~41　63甲 書煞門【子女】墓子	飛劫晦 42~51　74癸 廉煞氣【財帛】絶亥

곳곳에 여러 부동산이 있다. 부모궁이 협으로 나의 명·신궁과 복덕에 록권과를 주고 있다.

그러한 부모궁이 작사전도여서 그런지, 아니면 투자궁인 복덕궁에 공겁과 대모가 있어서 그런지 부동산 관련 각종 관재 등의 골치 아픈 일을 겪기는 했다.

- 이 명반에 대한 첨언

계해대한(42~51세) 임오년 남편이 사망했다. 『사회적 지위』를 읽은 독자라면 계해대한 제일 먼저 보이는 게, 선천 복덕 록존이 대한 복덕 화기 운으로 와서 복덕에 있어서의 근본적인 변화가 발생할 수 있다는 점일 것이다. 하지만 대한 명궁이 태양을 깔고 있다는 체가 먼저 보여야 한다.

물론 선천 명궁 태음·우필이 각각의 짝성인 태양·좌보를 대한 명궁에서 만나 사회적으로는 잘 나갈 수 있는 대한이다. 하지만 남자 육친의 형극이 일어나는 대한이라는 점 또한 부인할 수 없다. 그래서 집안의 남성 웃어른의 사망을 생각해 볼 수 있는데, 그러한 태양은 대궁에 거문이 있어 거일 문서의 의미가 있고 홍란·천희 궁이니 남편과의 문서, 즉 이혼이 있을 수 있다는 점 또한 생각할 수 있다.

또 한 가지를 생각해 볼 수 있다. 축미궁 기량은 조금의 살만 봐도 흉사가 발생하기 쉬우니 선천 부처궁의 상황을 안 좋게 본다면, 이 대한 중에 남편과의 사별도 감안해야 한다. 특히나 집안 남자 웃어른인 친정아버지나 시아버지 혹은 오빠 등이 이미 돌아가셨다면 더욱 그러하다.

하지만 축궁 천기화기, 기량조합은 양타를 볼 때만 따로 격국이 있는 것이지 삼방에서 화령과 공겁을 본다고 따로 흉의를 내포하는 격국이 있지는 않다. 일월도 그러하지만 기량도 양명지원을 (보통의 경우 록존) 빼앗는 일을 제일 잘하는 양타를 볼 때만 따로 격국이 있어 흉하게 본다. 그럼 진짜 흉의가 없는 것인가?

공겁과 동궁한 선천 복덕의 록존이 대한 복덕 천기화기운으로 온 것에서 어떤 것이 보이는가? 복덕에 있어서의 근본적인 변화가 있다. 양타협을 받은 공겁이 선천 부처궁인 계해대한 복덕으로 와서 화기를 맞이하면서 삼방에서 공겁과 화령을 본다. 특히나 양타의 상황을 각기 분석해보면, 형수협인의 경양 그리고 작사전도와 동궁하는 타라이기에, 양타의 성질이 무척 드세다.

계해대한 깔고 앉은 태양이 천희와 동궁하고 있으니, 이 태양이 남편을 의미함을 체로 본다면 축궁의 상황을 상부하는 것으로 해석해 볼 수 있다.

물론 단순히 축미궁 기량인 선천 부처궁이 살을 많이 보고, 선천 명·신궁에서 살성은 화령만 보지만 결혼을 하면 화기와 공겁을 본다는 암시도 있다.

배우자에게 안 좋은 암시가 선천에서 더 강했다면, 이렇게 5번째 대한이 아니라 더 일찍 상부 했을 것이다.

계해대한에 이렇게 남편 상망의 암시가 있는데, 대한의 록기가 문제의 축미궁 부관선을 인동시키지 않았다. 다만 대한 발생에서 자오궁 대한의 부질선이 인동되었을 뿐이다. 축미궁이 유년의 부질선이 되어 거울공명되는 유년은 임오년으로, 유년 천량화록으로 축미궁이 인동되었다.

명례 47. 부동산 부자 집안

截天破天天天文**太** 空福碎貫巫刑曲**陽** 廟旺 科權	天天紅天**破** 廚才鸞魁**軍** 廟廟	寡台天 宿輔**機** 陷	天陀**天紫** 壽羅**府微** 陷平旺
病指白　86~95　45癸 符背虎　【財帛】　冠巳	大咸天　96~　46甲 耗池德　【子女】　旺午	伏月弔　　　47乙 兵煞客　【夫妻】　衰未	官亡病　　　48丙 府神符　【兄弟】　病申
解天火**武** 神使星**曲** 閑廟			紅天恩天祿文**太** 艶官哭光姚存昌**陰** 旺廟旺 忌
喜天龍　76~85　44壬 神煞德　【疾厄】　帶辰	명례 47. 부동산 부자 집안 / 陰女 양력 1981년 ○월 ○일 축시 음력 신유년 ○월 ○일 축시 【命局】火六局 【命主】文曲 【身主】天同 【命式】辛 壬 戊 辛 　　　　丑 戌 戌 酉		博將太　6~15　49丁 士星歲　【命】　死酉
流天封天 霞虛詰同 廟			天陰地擎貪 空煞空羊狼 陷廟廟
飛災歲　66~75　43辛 廉煞破　【遷移】　浴卯			力攀晦　16~25　50戊 士鞍氣　【父母】　基戌
月天天大天右**七** 德月傷耗鉞弼**殺** 旺廟廟	旬年鳳龍八三天 空解閣池座台**梁** 旺	天地左**天廉** 喜劫輔**相貞** 陷旺廟平	金輩孤天鈴**巨** 輿廉辰馬星**門** 平廟旺 祿
奏劫小　56~65　42庚 書煞耗　【奴僕】　生寅	將華官　46~55　41辛 軍蓋符　【官祿】　養丑	小息貫　36~45　40庚 耗神索　【田宅】　胎子	青歲喪　26~35　51己 龍驛門　【身福德】　絶亥

할아버지가 부동산이 많아서 아버지도 덩달아 부유하게 살고 계시고, 지금도 부동산이 많다. 스스로 부동산 부자가 된 것이 아닌 물려받은 것으로 부동산 부자가 되는 메카니즘은 무엇인지 살펴보겠다.

전택궁의 별들이 복덕·관록에 각기 화록과 천량을 준다(재음협인).

부모궁의 별들이 명궁엔 록존을 身궁엔 록마를 준다. 물론 명궁 록존을 압박하는 부모·형제궁의 양타협과 복덕을 압박하는 부모·전택궁의 공겁협이 있는데, 오히려 집안이 좋은 경우 기대를 한 몸에 받으면 그리 되기도 한다. 비슷한 명반을 여러 번 접해야 이를 알 수 있다.32) 명궁 문창화기는 전공을 자주 바꾼 것으로 발현되었다.

결국 집안을 보는 것에 있어서도 체용을 따져야 한다는 것이 핵심이다. 그리고 도미노격이라고 해도 어떤 상황을 나타내는 도미노인지를 구분해야 한다.

> 명궁 양타협→부모궁 쌍록마협→身·복덕궁 공겁협→전택궁 재음협인→관록궁 보필협→노복·천이궁 허모.

이러한 도미노에서 부모궁과 전택궁이 각기 이웃궁에 어떤 영향을 끼치는지를 꼼꼼이 살펴야한다.33)

이번 쳅터의 주제에 맞춰 이야기를 하자면, 앞서 본 명반처럼 명궁에서부터의 체가 부동산에 길한 별들이 있으면서(태음, 천부 등) 문서궁(부모궁)이 나에게 길한 협 등을 준다면 나에게 부동산 운의 암시가 있는 명반이 있고, 이 명반처럼 부모궁과 전택궁을 중심으로 본 별의 배치를 통해 내가 부동산을 남으로부터 매입하는 것이 아닌, 원래 집안에 부동산 등이 있어 부유한 명반도 있다. 이 명은 둘 다 해당된다.

---

32) 『사회적 지위』 100쪽 정치화 선생 명반과 311쪽 처가댁 유력 명반 참고.
33) 『사회적 지위』 168쪽 명반 해설 참고.

• 이 명반에 대한 첨언

무술대한 천이궁엔 화성이 있는데 대한 명궁의 탐랑은 천이궁으로 가서 화탐횡발하고 싶어하고, 명궁의 경양 역시 천이궁으로 가서 화양격발 하고 싶어한다.

대한 명궁 탐랑은 분식의 성으로 꾸민다는 의미를 갖는다. 관록 측면에서 본다면 이 탐랑은 자신의 학벌을 꾸미기를 원한다. 특히나 명궁이 탐랑이면 관록궁은 항상 변화의 별인 칠살이 오는바, 관록의 변화는 예정되어 있다. 마침 천이궁의 화성이 명궁의 탐랑과 경양을 향해 오라고 손짓하는 것, 그리고 집안이 부자인 점을 종합하자면 이 대한에 유학가는 모습이 보인다.

하지만 아무리 유학가는 듯 보여도 복덕궁에서 그리할 마음이 내켜야 하는 법이다. 이 대한 복덕궁은 대한 부모궁의 거문화록과 대한 전택의 천량 덕분에 재음협인된 염정·천상이다. 이런 상황에서 유학 가겠다고 집안에 얘기하면 적극 도와줄 것임이 보인다.

이렇게 대한의 전반을 본 상태에서 대한의 록기를 돌려야한다.

무술대한 발생 탐랑화록은 문서의 천이궁선이고, 결과 천기화기가 자전·부관, 즉 학교에서의 계획인데 이차결과가 인신궁 자부살의 위권출중을 위한 유학으로 나타났다. 대한의 하나 더를 의미하는 우필화과가 대한관록궁에 있는 것은 유학가면서 전공을 바꾸게 된 상황을 말해준다.

25세 을유년에 유학 갔고 같은 해 남자친구를 사귀었는데 인신궁 부관선 화과 때문이다.

내친 김에 기해대한도 계속 고찰해보자. 바로 다음에 설명할 결혼에 관한 이야기와 연결된다.

> 26세 (병술년) 남친과 헤어짐
> 27~28세 (정해, 무자년) 친할아버지 외할아버지 사망. 할아버지가 부동산이 많으니 이는 집안에서 매우 중대한 사안
> 31세 (신묘년) 새로운 애인 만남. 너무 잘 맞음. 결혼 생각 함. 하지만 임진, 계사년 집안의 극심한 반대

大大截天破天天文**太** 曲陀空福碎貴巫刑曲**陽** 大 廟旺 馬 廟 科 權 忌	大天天紅天**破** 祿廚才鸞魁**軍** 廟廟	大寡台天 羊宿輔機 陷	大天陀**天紫** 鉞壽羅**府微** 陷平旺
病指白 86~95 33癸 符背虎【財帛】 冠巳 【大遷】	大咸天 96~ 34甲 耗池德【子女】 旺午 【大疾】	伏月弔 35乙 兵煞客【夫妻】 衰未 【大財】	官亡病 36丙 府神符【兄弟】 病申 【大子】
解天火**武** 神使星**曲** 閑廟 祿 喜天龍 76~85 32壬 神煞德【疾厄】 帶辰 【大奴】	명례 47. 기해대한 부동산 부자 / 陰女 양력 1981년 ○월 ○일 축시 음력 신유년 ○월 ○일 축시 【命局】 火六局 【命主】 文曲 【身主】 天同 【命式】 辛 壬 戊 辛 丑 戌 戌 酉		大紅天天恩天祿文**太** 昌艷官哭光姚存昌**陰** 旺廟旺 忌 博將太 6~15 37丁 士星歲【命】 死酉 【大夫】
流天封天 霞虛詰同 廟 飛災歲 66~75 31辛 廉煞破【遷移】 浴卯 【大官】			天陰地擎**貪** 空煞空羊**狼** 陷廟廟 權 力攀晦 16~25 26戊 士鞍氣【父母】 基戌 【大兄】
月天天大大右**七** 德月傷耗鉞弼**殺** 旺廟廟 奏劫小 56~65 30庚 書煞耗【奴僕】 生寅 【大田】	旬年鳳龍八三天 空解閣池座台梁 旺 科 將華官 46~55 29辛 軍蓋符【官祿】 義丑 【大福】	大天地左**天廉** 魁喜劫輔**相貞** 陷旺廟平 小息貫 36~45 28庚 耗神索【田宅】 胎子 【大父】	金輩孤天鈴**巨** 輿廉辰馬星**門** 平廟旺 祿 青歲喪 26~35 27己 龍驛門【身福德】 絕亥 【大命】

기해대한(26~35) 병술년 남친과 헤어졌는데, 이는 대한 부처궁이 록존화기로 깨지는 것 때문이다. 대한 문곡화기로 묘유궁이 공명되는데 병술년 천동화록으로 명동으로 인동된다. 정해년도 유년 태음화록으로 마찬가지의 메카니즘이 형성된다. 최선의 간명은 병술·정해년 중에 남친과 헤어졌다고 보는 것이다.

기해대한 최종결과는 축궁 천량으로 이에 보필이 협하니 친할아버지 외할아버지 모두 돌아가셨다. 정해년 무자년 영성과 염정운이고, 공히 외궁 화권인 진술궁이 인동된다. 기해대한 새로운 남친을 사귀고 너무 잘 맞지만 집안의 극심한 반대에 부딪혔다. 기해대한 부처궁을 보면 내 마음은(忌=己+心) 부처궁에 있는데 신궁의 어머니와 술궁의 아버지인 양타를 불러들이는 상황이다.

결혼이 이루어질까? 선천 부모궁의 상황이 저러하기에 절대 부모는 뜻을 접지 않는다. 그랬을거면 명궁 양타협, 身·복덕궁 공겁협을 당하지도 않았을 것이다.34)

가끔은 상류층 가정에서 태어난 사람들이 부러울 때가 있다. 원하는 유학도 보내주고 소비를 자유롭게 할 수도 있다. 하지만 얻는 게 있으면 잃는 것도 있는 법이다. 보통 자식을 이기는 부모는 없지만 상류층은 다르다.

---

34) 집안이나 가문 얘기는 따로 쳅터를 마련하려고 했으나 온갖 쳅터에 집안 얘기가 들어가니 따로 할 필요가 없을 듯하다. 결국 부모궁과 전택궁의 향배가 관건이다.

대유학당 출판물 안내
(2025년 3월~)

- **블로그** : http://blog.naver.com/daeyoudang
- **유튜브** : youtube.com/@daeyoudang
- **카카오톡 채널** : '대유학당'을 검색해서 친구 추가해 주세요. 다양한 혜택이 쏟아집니다.
- **프로그램 자료실(웹하드)** : www.webhard.co.kr 아이디 : daeyoudang 패스워드 : 9966699
- **문의** 02-2249-5630   010-9727-5630
- **입금계좌**   국민은행 805901-04-370471
  예금주 (주)대유학당
- **대유학당 도서구매**
  www.daeyou.or.kr   10% 할인 + 3% 적립
- **대유학당 후원회원 모집**
  1년 회비 100,000원   4가지 회원특전
  ❶ 개인운세력 / ❷ 도서할인 20%
  ❸ 프로그램할인 20% / ❹ 수강료 할인 20%

강의안내

요일	월(타로/관상)	화(주역/기문)	수(명리/구성)	목(자미/기문)	금(자미/육임)
강좌명 시간			사주명리 11:00~1:00	주역기초 11:00~1:00	자미두수 11:00~1:00
강좌명 시간	타로 1:30~3:30	주역원전 2:00~4:00		자미상담 2:00~4:00	실전육임 2:00~4:00
강좌명 시간	관상 4:00~6:00	홍국기문 5:00~7:00	구성&당사주 4:00~6:00	기문상담마스터 4:00~6:00	

2020년 4월 이후 강의를 모두 영상으로 보실 수 있습니다. 대면 수업이 어려운 분들께 추천합니다. 시간과 장소에 구애 받지 않고 어디서나 반복해서 들을 수 있으므로 효과적으로 공부할 수 있습니다. (육효/ 북파자미/ 성명학/ 주역점법/ 육임기초)
수강료는 오프라인 수업과 동일합니다. 현재 진행중인 강의는 현장수업에 참여하셔도 됩니다.

점 누구나

- ▶ 팔괘카드 셋트 22,000원(구성:카드 8장+설명서+나전케이스)
- ▶ 설시용 서죽 8,000원(구성:50개+2)
- ▶ 주사위 셋트 5,000원(구성:팔면 주사위 2+육면 주사위 1)
- ▶ 척전 동전 10,000원(구성:동전 3개)

찾아오는길

서울시 성동구 아차산로17길 48. SK V1 센터 1동 814호 (우 04799)

- 화양사거리에서 영동대교로 가는 방향 우측에 있습니다.
- 2호선 성수역 → 4번 출구로 나와 성동 10번 탑승 → 4 정거장 후 성수대우 프레시아 아파트 하차 / 7호선 어린이대공원역 4번 출구 하차
- 버스는 302, 3220, 3217, 2222번을 타고 화양사거리 하차.

오행		▶ 오행대의(五行大義) 상 하 • 16×23㎝ 양장 / 상 384쪽 22,000원 하 378쪽 22,000원 / 김수길·윤상철 共譯 / 20년 8월 수정 4쇄	수나라 이전의 모든 전적들을 망라하여 정리한 오행학의 필독서이다. 봄에는 목의 기운을 받아 모든 만물이 자라기만 해야 하는데, 왜 냉이 같은 풀은 하얗게 시들어 죽는가? 등등에 관한 획기적인 해결책을 제시.	중급
기문		▶ 이것이 홍국기문이다 ❶❷ 직업상담편 / 직업찾기편 • 16×23㎝ 양장 본문2도 384쪽, 23,000원 448쪽, 30,000원 / 정혜승 / 2021년 9월 2쇄 / 2022신간	우리나라 기문인 홍국기문을 포국법, 해석법, 실례편을 들어 설명한 책이다. 특히 학운과 직업보는 법, 오행의 왕쇠에 따른 직업분류를 만들었다. 2권에서는 기문을 배우지 않은 분들도 직업을 찾아 활용할 수 있도록 분류하였다.	중급
구성		▶ 박창원의 구성학 강의 (2024 신간) • 16×23㎝ 양장 본문2도 / 742쪽 30,000원 / 박창원 이연실 / 24년 1월 신간	구성학의 탄탄한 기초이론과 활용을 함께 넣은 책. 이 책은 편하게 보고 쉽게 이해할 수 있도록 도표를 많이 활용했으며, 실제 상담을 한 예문을 실어 독자분들이 쉽게 상담에 활용할 수 있게 하였다. 평생운과 취기 개운법 수록	누구나
작명		▶ 작명연의(作名演義) • 19×26㎝ 본문2도 / 288쪽 25,000원 / 최인영 / 20년 10월 2쇄	인생을 좌우하는 이름 짓기 『작명연의』삼원오행과 81수리의 원문과 해석을 담아 이름을 지을 수 있는 지침을 전하는 책. 이름을 지을 때 필요한 사주와 한자에 대해 설명.	누구나
사서		▶ 집주완역 대학/ 중용 • 16×23㎝ 양장 본문2도 / 대학/494쪽 25,000원 중용/상 528쪽 25,000원 하 496쪽 25,000원 / 김수길 譯 / 19년 10월 개정	국내 최초로 주자장구는 물론 주자문인들의 소주까지 현토완역하고, 備旨와 퇴계 율곡 등의 주석 역시 현토완역 하였다. 인용선유 성씨들의 약력을 부록에 넣었다. 이 한 권의 책으로 大儒학자 50여 명의 해설을 모두 볼 수 있음.	중급

전자책

인기도서와 품절도서를 만날 기회

교보문고에서 구매하세요.

주역
▶ 대산주역강해 1~3 각 20,000원
▶ 손에 잡히는 주역인해 8,000원
▶ 팔자의 시크릿 11,200원
▶ 주역점비결 20,000원

도덕경 음부경
▶ 동이음부경 강해 20,000원
▶ 손에 잡히는 도덕경 10,000원

육임
▶ 육임실전 1 24,000원
▶ 육임실전 2 24,000원

자미두수
▶ 핵심쏙쏙 북파자미 28,000원
▶ 심곡비결 30,000원
▶ 중급자미두수 3 20,000원
▶ 자미심전 1 20,000원
▶ 자미심전 2 25,000원
▶ 별자리로 운명읽기 1 15,000원
▶ 별자리로 운명읽기 2 20,000원
▶ 어디 역학공부 좀 해 볼까? 15,000원

기문
▶ 기문둔갑신수결 16,000원

자미두수 14정성의 성정

	별	기운	오행	주관	쌍성조합	소속
		전설속의 인물		임무		
자미성계 역행	자미	제좌	기토	관록	파군 천상 탐랑 칠살 천부	북두
		백읍(문왕의 큰아들)		존귀 고상		
	천기	善	을목	형제	천량 태음 거문	남두
		강태공(문왕의 군사)		지혜 정신		
	태양	貴	병화	관록	천량 거문 태음	중천
		비간(주왕의 충신)		광명 박애		
	무곡	재물	신금	재백	천부 칠살 천상 파군 탐랑	북두
		무왕(문왕의 작은 아들)		武勇 재부		
	천동	복	임수	복덕	거문 천량 태음	남두
		문왕(주부락의 존장)		융화 온순		
	염정	囚	정화	살	천상 파군 천부 칠살 탐랑	북두
		비중(주왕의 간신)		왜곡 사악		
천부성계 순행	천부	재고	무토	재백	자미 염정 무곡	남두
		강황후(주왕의 부인)		재능 자비		
	태음	富	계수	재백 전택	천기 천동 태양	중천
		가부인(황비호의 처)		결백 주택		
	탐랑	도화	갑목	禍福	자미 염정 무곡	북두
		달기(주왕의 애첩)		욕망 물질		
	거문	어두움	계수 기토 신금	시비	천기 천동 태양	북두
		마천금(강태공의 처)		의혹 시비		
	천상	印	임수	관록	자미 염정 무곡	남두
		문태사(주왕의 충신)		자비		
	천량	음덕,수명	무토	부모	천기 천동 태양	남두
		이천왕(무왕의 충신)		항상성 영도		
	칠살	權	신금	숙살	자미 염정 무곡	남두
		황비호장군(주왕의 충신)		위엄 격렬		
	파군	소모	계수	부처 자녀 노복	자미 무곡 염정	북두
		紂王(은나라의 폭군)		파손 소모		

● 대유학당 자미두수, 육임 기문 프로그램 다운 받는 곳 www.webhard.co.kr
아이디 daeyoudang 패스워드 9966699 02-2249-5630 010-9227-7263

상관궁 상관성	1) 사망	상관궁 : 형노선, 재복선 상관성 : 상문, 백호(조객 포함)
	2) 사업, 직업 변화	상관궁 : 부관선, 자전선, 부질선, 형노선, 재복선 상관성 : 화과, 화권, 창곡, 주서
	3) 관재	상관궁 : 부질선, 부관선, 자전선 상관성과 상관성계 : 관삭, 관부, 천형, 경양, 백호, 거문, 염정, 태양, 천량 등
	4) 승진과 시험	상관궁 : 형노선, 재복선, 부관선, 부질선 상관성과 상관성계 : 화권, 화과, 창곡, 천무, 주서, 천상, 자미·칠살, 태양·태음, 염정·칠살 등 대중에 유리한 성계 등
	5) 부동산 매매	상관궁 : 자전선, 부질선, 형노선, 재복선 상관성과 상관성계 : 주서, 화과, 문창·문곡, 천상, 거문·태양, 태음·태양 성계
	6) 이사	상관궁 : 자전선, 부질선, 명천선 상관성과 상관성계 : 록마, 기월, 동량, 정탐, 자살, 일월, 자파, 무파 등 변화에 관련한 상관성계
	7) 결혼	상관궁 : 부관선, 부질선, 자전선 상관성 : 홍란, 천희, 화과, 화권
	8) 질병과 사고	상관궁 : 질액궁, 신궁 상관성 : 천월, 홍란, 천희, 병부, 병, 천형
	9) 발재와 파재	상관궁 : 형노선, 재복선 상관성 : 겁공, 절공, 순공, 천공, 대모 등
	10) 임신	상관궁 : 자전선, 부관선, 부질선, 신궁(身宮) 상관성 : 홍란, 천희, 화과

	성	오행	주관	담당
육길성	천괴	병화	科	정도공명
	천월	정화		이도공명
	좌보	무토	조력	정(正) 정도 - 과거
	우필	계수		부(副) 이도 - 음서, 공
	문창	신금	시험 문장 상례 혼례	의식, 규범, 학술, 이론
	문곡	계수		수리, 공학, 공예, 口才
육살성	경양	경금	사업-파동 재적-손실 건강-상해 육친-고독	강한 성격, 폭력, 단체 생활 부적합
	타라	신금		마음을 나쁘게 씀, 성격 강함, 위맹
	화성	병화		물질적, 일시적
	영성	정화		불현듯, 오랜시간, 정신적
	지공	정화	공망	정신적
	지겁	병화	겁탈	물질적

년	녹권과기
갑	염파무양
을	기량자월
병	동기창염
정	월동기거
무	탐월필기
기	무탐량곡
경	일무음동
신	거일곡창
임	량자보무
계	파거음탐

● 서적구매
www.daeyou.or.kr
● 계좌번호
국민 807-21-0290-497(윤상철)

자미두수 명반배치도 한문판

자미가 인궁에 있을 때

巳 巨門 △	午 天相廉貞 ○△	未 天梁 ○	申 七殺 ◎
辰 貪狼 ◎			酉 天同 △
卯 太陰 xx			戌 武曲 ◎
寅 天府紫微 ◎◎	丑 天機 xx	子 破軍 ◎	亥 太陽 xx

자미가 신궁에 있을 때

巳 太陽 ◎	午 破軍 ◎	未 天機 xx	申 天府紫微 △◎
辰 武曲 ◎			酉 太陰 ○
卯 天同 ○			戌 貪狼 ◎
寅 七殺 ◎	丑 天梁 ○	子 天相廉貞 ◎△	亥 巨門 ○

자미가 자궁에 있을 때

巳 太陰 xx	午 貪狼 ○	未 巨門天同 xxxx	申 天相武曲 ◎△
辰 天府廉貞 ◎○			酉 天梁太陽 △x
卯			戌 七殺 △
寅 破軍 xx	丑	子 紫微 △	亥 天機 △

자미가 오궁에 있을 때

巳 天機 △	午 紫微 ◎	未	申 破軍 xx
辰 七殺 ◎			酉
卯 天梁太陽 ◎◎			戌 天府廉貞 ◎○
寅 天相武曲 ◎x	丑 巨門天同 ○xx	子 貪狼 ○	亥 太陰 ◎

자미가 진궁에 있을 때

巳 天梁 xx	午 七殺 ○	未	申 廉貞 ◎
辰 天相紫微 ○xx			酉
卯 巨門天機 ◎○			戌 破軍 ○
寅 貪狼 △	丑 太陰太陽 ◎xx	子 天府武曲 ◎◎	亥 天同 ◎

자미가 술궁에 있을 때

巳 天同 ◎	午 天府武曲 ○◎	未 太陰太陽 △△	申 貪狼 △
辰 破軍 ○			酉 巨門天機 ◎◎
卯			戌 天相紫微 △x
寅 廉貞 ○	丑	子 七殺 ○	亥 天梁 xx

년	녹권과기
갑	염파무양
을	기량자월
병	동기창염
정	월동기거
무	탐월필기
기	무탐량곡
경	일무음동
신	거일곡창
임	량자보무
계	파거음탐

- 별자리로 운명 읽기 1 2
- 자미두수 입문
- 중급자미두수
- 자미두수전서
- 실전 자미두수
- 손 자미두수
- 심곡비결
- 전문가용자미CD
- 자미심전 1 2
- 육효증산복역

자미두수 명반배치도 한문판

자미가 사궁에 있을 때

七殺 紫微 ○△ 巳	午	未	申
天梁 天機 ○◎ 辰			破軍 廉貞 xx △ 酉
天相 xx 卯			戌
巨門 太陽 ◎○ 寅	貪狼 武曲 ◎◎ 丑	太陰 天同 ○○ 子	天府 ○ 亥

자미가 해궁에 있을 때

天府 △ 巳	太陰 天同 xxxx 午	貪狼 武曲 ◎◎ 未	巨門 太陽 ◎x 申
破軍 廉貞 ○x 辰			天相 xx 酉
卯			天梁 天機 ○◎ 戌
寅	丑	子	七殺 紫微 △△ 亥

자미가 묘궁에 있을 때

天相 △ 巳	天梁 ◎ 午	七殺 廉貞 ○◎ 未	申
巨門 xx 辰			酉
貪狼 紫微 △○ 卯			天同 △ 戌
太陰 天機 x○ 寅	天府 ◎ 丑	太陽 xx 子	破軍 武曲 △△ 亥

자미가 유궁에 있을 때

破軍 武曲 x△ 巳	太陽 ◎ 午	天府 ◎ 未	太陰 天機 △△ 申
天同 △ 辰			貪狼 紫微 △△ 酉
卯			巨門 xx 戌
寅	七殺 廉貞 ◎○ 丑	天梁 ◎ 子	天相 △ 亥

자미가 축궁에 있을 때

貪狼 廉貞 xxxx 巳	巨門 ○ 午	天相 x 未	天梁 天同 xx ○ 申
太陰 xx 辰			七殺 武曲 x○ 酉
卯			太陽 xx 戌
天府 △ 寅	破軍 紫微 ○◎ 丑	天機 ◎ 子	亥

자미가 미궁에 있을 때

巳	天機 ◎ 午	破軍 紫微 ◎◎ 未	申
太陽 ○ 辰			天府 xx 酉
七殺 武曲 xxxx 卯			太陰 ◎ 戌
天梁 天同 ◎x 寅	天相 ◎ 丑	巨門 ◎ 子	貪狼 廉貞 xxxx 亥

년	녹권과기
갑	염파무양
을	기량자월
병	동기창염
정	월동기거
무	탐월필기
기	무탐량곡
경	일무음동
신	거일곡창
임	량자보무
계	파거음탐

○ 대유학당 유튜브
대유학당 TV

○ 서적구매
daeyou.or.kr

○ 계좌번호
국민 807-21-0290-497(윤상철)

○ 연락처
02-2249-5630

○ 자미두수 강의
매주 금요일
- 오전 11~1시
  입문/중급
- 오후 2~4시
  자미실전

3) 결혼과 이혼 그리고 외도

과거와는 다르게 현대 사회에서는 이제 강한 암시가 아니면 결혼한다고 자신있게 말하기 어렵다.

단순히 대한이 선천 부관선에 오거나 결혼의 상관성인 홍란·천희, 혹은 배우자를 주하는 파군, 아니면 남명인 경우 태음, 여명은 태양이 있는 자리에 오는 것도 그 대한 결혼의 암시일 수는 있으나, 결혼이 아닌 연애만 하는 암시일 수도 있다.

각종 감정성계인 천동, 태음, 염정 등도 그 감정의 원천이 애인이나 배우자일 수 있으니, 대한 명궁에 무엇이 있느냐만 가지고는 그 대한의 결혼 가능 혹은 이혼 가능 여부를 가늠하기 힘들다.

뭐든 명반 전체를 놓고 종합적으로 판단해야 한다.

명궁에서 필요로 하는 별이 삼방사정에서 보이지 않는데 마침 그 별이 부처궁에 있으면 결혼으로 인해, 혹은 결혼을 전후하여 풀리는 경우가 많다. 혹은 삶이 잘 풀리는 시기엔 반드시 애인이 있거나 한다.

물론 명궁에서 보지 않기를 바라는 별이 부처궁에 있을 때는 애인이 생기거나 결혼을 즈음하여 삶이 안 풀리기도 한다.

복덕궁 성계가 필요로 하는 혹은 싫어하는 별들이 부처궁에 있는지 여부로는 부부 혹은 애인의 마음이 나와 맞는지를 알 수 있다.

아래 여러 가지 명반을 통해 결혼과 이혼 그리고 외도의 메카니즘을 알아보자.

명례 48. 혼인 불미 1

天天天陀文**七紫** 巫姚馬羅昌**殺微** 平陷廟平旺	流天天陰祿地右 霞傷壽煞存空弼 旺廟旺	天封擎 月誥羊 廟	金天孤天天天紅天左 輿廚辰使才空鸞鉞輔 廟平
官歲弔 42~51 47己 府驛客 【官祿】 絕巳	博息病 52~61 48庚 士神符 【奴僕】 胎午	力華太 62~71 49辛 士蓋歲 【遷移】 養未	青劫晦 72~81 50壬 龍煞氣 【疾厄】 生申
紅寡天三地**天天** 艷宿貴台劫**梁機** 陷旺廟 科	명례 48. 혼인 불미 1 / 陰女 양력 1979년 ○월 ○일 사시 음력 기미년 ○월 ○일 사시 【命局】水二局 【命主】巨門 【身主】天相 【命式】癸 辛 己 己 　　　　巳 丑 巳 未		截天文**破廉** 空官曲**軍貞** 廟陷平 忌
伏攀天 32~41 46戊 兵鞍德 【田宅】 墓辰			小災喪 82~91 51癸 耗煞門 【財帛】 浴酉
輩年鳳鈴**天** 廉解閣星**相** 廟陷			八 座
大將白 22~31 45丁 耗星虎 【福德】 死卯			將天貫 92~ 52甲 軍煞索 【子女】 帶戌
天天火**巨太** 福喜星**門陽** 廟廟旺	旬破天天**貪武** 空碎虛刑**狼曲** 廟廟 權祿	月解大恩天**太天** 德神耗光魁**陰同** 旺廟旺	天台龍**天** 哭輔池**府** 旺
病亡龍 12~21 44丙 符神德 【父母】 病寅	喜月歲 2~11 43丁 神煞破 【命】 衰丑	飛咸小 42丙 廉池耗 【兄弟】 旺子	奏指官 53乙 書背符 【身夫妻】 冠亥

무진대한(32~41세)

32세 2010 경인년 전남편과 이혼

34세 2012 임진년 두 번째 남편과 결혼

36세 2014 갑오년 출산

섭한량 선생의 관점에 따르면, 혼인을 보려면 홍란·천희가 있는

곳을 봐야 한다고 한다. 이 명반에선 문서궁인 부모궁 인신궁에 홍란·천희가 있는데, 그곳에 남성을 상징하는 태양도 있고 거일 문서에 우필이 있으니 혼인희경과 관련된 문서는 두 개가 있는 명이다. 섭한량 선생의 관점이 적어도 이 명반에선 틀리지 않은 듯하다. 특히나 부모궁이 身·부처궁과 암합을 하니 더욱 그러한 암시는 크다.

결혼에 관한 것에만 초점을 둬서 명반에 대해 얘기하자면, 영창타무 격국이 형성되었는데, 이를 삼방사정에서 온전히 보는 궁은 재백궁과 身·부처궁이다.

영창타무 이전에 기본적으로 살을 많이 보는 명이라 특수격이 아닌 이상 육친 감정에 좋지 않다. 身·부처궁에 있는 천부는 살에 강하다. 하지만 조금의 살만 봐도 '고립'의 징험이 있다. 삼방사정에서 영창타무를 보기에 어느 궁으로건 가서 의존하려하지 않는다. 심지어 축궁에서 미궁으로 차성된 무곡화록조차도 록을 필요로 하는 천부이기에 의존하고 싶겠지만, 무곡화록에 의존하는 순간 영창타무는 완성된다. 그리고 무곡화록과 동궁한 천형과 경양까지도 같이 봐야하니 천부 입장에서 반가울리 없다.

실제로 이 명의 주인이 사회생활 하는 것을 남편이 좋아하지 않았다고 한다.

삼방사정이 이렇게 천부를 고립시키고 있는데, 두 번째 남편의 직업이 높은 곳에서 고립되어 일을 하는 '타워크레인' 기사인 것은 신의 한수이다. 천부가 살을 보면 '고립'된다는 고인의 말은 매우 징험하다. 문제는 이곳이 身궁이라는 것인데, 결혼 위주의 간명을 하겠다.

타워크레인 기사인 부처가 부처의 천이로 가면(선천관록) 공겁협 된 절족을 만나니 너무 먼 지방 파견 근무, 특히나 요즘 세상에선 해외 파견 근무는 절대 해서는 안 된다. 사궁 공겁협은 각기 천수·천량과 동궁하고 있으니 너무 오래된 타워크레인을 타면 큰일 날 수 있다.

명궁 무곡 입장에선 2번째와 3번째 대한 화성·영성을 보니 과수격이 형성된다. 특히나 3번째 대한은 내가 대한 천이로 가면 대한 명궁, 복덕궁, 부처궁의 별들로 인해 영창타무가 완성이 되니, 결혼한다면, 내가 일 나가는 것 때문에 부부 사이가 안 좋아질 상이 보인다.

무진대한에 와서 비로소 과수격을 벗어나는가 했는데, 기본적으로 기량 자체가 고독의 암시가 있어 상황이 180도 반전된다고 보기는 힘들다. 그래도 전 대한 보다는 낫다. 대한 명궁 영타협은 감정 방면에선 좋지 않다. 물론 삼방서 괴월을 보는 천기 운에 왔으니 자신의 일은 잘 풀린다.

특히나 미궁의 협상황이 복선궁의 현현이 되어 미궁의 암시답게 전택의 천이가 이루어지고 나면[35] 괴월과 보필을 얻을 수 있다.

축미궁을 단순히 이사하는 것으로 보지 않고 기존의 배우자와 이혼하여 새로운 배우자 집으로 가는 것으로 볼 여지가 있는가?

---

35) 이혼 후 재혼하면서 현 남편의 집에 들어와서 살게 됨. 결과적으로 이사를 한 것임.

있다. 기본적으로 선천 질액궁을 보면 홍란·천희에 거일이 있으니 혼인 문서의 암시가 강한데, 협으로 탐곡 작사전도와 무곡·문곡 불협화음 그리고 염정과 동궁한 화기와 무곡의 재여수구협이 형성되어 미궁과 유궁에 그러한 별들을 준다.36) 그러므로 대한 관록궁의 상은 뒤집어지는(작사전도) 결혼 문서 운(질액의 액, 행운/액운)을 의미한다. 특히나 무진대한 관록궁은 대한 부처궁의 별들을 차성해서 쓰니 더욱 그러한 암시가 강하다.

명례 49. 혼인 불미 2

정축대한(36~45세) 43세 병신년 아내와 별거를 시작했고, 45세 양력 1월 아버지가 간암으로 돌아가시고, 이즈음 법적으로 이혼 절차를 끝냈다. 마마보이의 성향이 있다고 한다.

일단 부처궁에 파군과 좌보가 있어 '하나 더'를 의미하는데, 공겁과 양타협이 되어 더욱 감정적인 면에서는 안 좋다.

은근한 피해의식이 있을 듯하다. 성격이 조용하다하니 더욱 그런 것 아닌가 싶다. 명궁화록엔 화령협이 되어 있고, 身·관록궁화과는 양타협에, 부처궁 화권엔 공겁협 양타협이 되어 있다.

---

36) 절공·순공협도 준다.

天廚 天孤 天天 天天 **天機** 平	紅艷 龍池 陰煞 右弼 **紫微** 旺廟	月德 天月 天官 天喜 地劫 地鉞 平旺	截空 天虛 年解 鳳閣 天馬 左輔 **破軍** 旺平陷 權
小耗 亡神 貫索 76~85 【疾厄】 52己 冠巳	將軍 將星 官符 86~95 【財帛】 53庚 旺午	奏書 攀鞍 小耗 96~ 【子女】 54辛 衰未	飛廉 歲破 歲驛 【夫妻】 55壬 病申
金輿 天壽 天哭 恩光 **七殺** 旺	명례 49. 혼인 불미 2 / 陽男 양력 1974년 ○월 ○일 신시 음력 갑인년 ○월 ○일 신시		流霞 天福 破碎 大耗 火星 陷
青龍 月煞 喪門 66~75 【遷移】 51戊 帶辰			喜神 息神 龍德 【兄弟】 56癸 死酉
天傷 天空 八座 地空 擎羊 **天梁 太陽** 平陷 廟廟 忌	【命局】 火六局 【命主】 祿存 【身主】 天梁 【命式】 戊 丁 庚 甲 　　　　申 未 午 寅		蜚廉 封誥 天府 **廉貞** 廟旺 祿
力士 咸池 晦氣 56~65 【奴僕】 50丁 浴卯			病符 華蓋 白虎 6~15 【命】 57甲 基戌
台輔 天貴 祿存 文昌 **天相 武曲** 廟陷 廟閑 科	寡宿 紅鸞 天刑 陀羅 天魁 **巨門 天同** 廟旺 旺陷	旬空 解神 天才 文曲 **貪狼** 廟旺	三台 鈴星 **太陰** 廟廟
博士 指背 太歲 46~55 【身官祿】 49丙 生寅	官府 天煞 病符 36~45 【田宅】 48丁 養丑	伏兵 災煞 弔客 26~35 【福德】 47丙 胎子	大耗 劫煞 天德 16~25 【父母】 58乙 絶亥

　이러한 주변 살들의 협에 모두 관여하는 것은 바로 노복궁 양양 화기, 경양지공인데, 관록궁 화과에 대한 협에도 관여하고, 명궁 화록에 대한 협에도, 부처궁 화권에 대한 협에도 관여하는 묘한 양양 화기이다. 마침 명궁과 암합이 되어 있으니, 이혼만이 문제가 아니다. 부부생활에 문제가 있는 걸 엄마에게 맨날 전화해서 하소연한다는 점도 그렇고, 노복궁에 문제가 있는, 다시 말해 주변인들과의 소통 수단에 문제가 있는 명반이다.

[명례] 50. 혼인 불미 3

天孤天天天**七紫** 官辰空喜祿**殺微** 　　　　廟平旺	解蜚年封鳳陰擎文 神廉解誥閣煞羊昌 　　　　廟平旺 　　　　　　科	金流天地 輿霞刑空 　　　平	天龍文 壽池曲 　　平
博劫晦　96~　　50癸 士煞氣【子女】　冠巳	力災喪　　　51甲 士煞門【夫妻】旺午	青天貫　　　52乙 龍煞索【兄弟】衰未	小指官　6~15　53丙 耗背符【　命　】病申
截天陀**天天** 空貴羅**梁機** 　　廟旺廟 　　　　權	명례 50. 혼인 불미 3 / 陽男 양력 1976년 ○월 ○일 진시 음력 병진년 ○월 ○일 진시 【命局】火六局 【命主】廉貞 【身主】文昌 【命式】壬 丙 庚 丙 　　　　辰 辰 子 辰		月天**破廉** 德鉞**軍貞** 　　廟陷平 　　　　忌
官華太　86~95　49壬 府蓋歲【身財帛】帶辰			將咸小　16~25　54丁 軍池耗【父母】死酉
天八地天 使座劫**相** 　　　平陷			天天台 月虛輔
伏息病　76~85　48辛 兵神符【疾厄】浴卯			奏月歲　26~35　55戊 書煞破【福德】基戌
紅天恩天天鈴左**巨太** 艷哭光巫馬星輔**門陽** 　　　　旺廟廟廟旺 　　　　　　　　祿	破寡天**貪武** 碎宿傷**狼曲** 　　　廟廟	旬天天天右**太天** 空廚福才弼**陰同** 　　　　　旺廟旺 　　　　　　　　祿	大三紅天天天**天** 耗台鸞姚魁**府** 　　　　旺旺
大歲弔　66~75　47庚 耗驛客【遷移】生寅	病攀天　56~65　46辛 符鞍德【奴僕】養丑	喜將白　46~55　45庚 神星虎【官祿】胎子	飛亡龍　36~45　56己 廉神德【田宅】絶亥

　　무술대한 32세 무자년에 결혼했다. 아내가 바람을 피웠으나 아이 때문에 이혼은 못하고 별거하고 있다. 이 명은 현재 다른 여자와 동거중이다.

　　부처궁에 보좌단성인 우필이 있는데 여기에 문창 역시 보좌단성의 의미를 가강시킨다. 하지만 무엇보다도, 선천이 '기량회타'인데 결혼을 하면 부처궁의 타라까지 더해져 '기량회양타'가 됨이 체이다. 역시나 선천에 영성을 보는데, 결혼을 하면 화성까지 본다는 것 역시 체이다.

하지만 이 보다 더 체인 것이 있으니 바로 명궁 자체이다. 일단 재여수구협이니 감정적으로 좋을 수 없는 명반이다. 문제는 그러한 재여수구의 한 축인 염정화기는 천량·천수의 협을 받고 있어 오래 묵은 감정이 많다. 그리고 그 염정화기는 영타협을 또한 받고 있으니 오래 묵은 감정이 가슴 깊은 곳에서 은근히 타격을 주고 있다. 오래 전에 아내가 바람을 피웠다는 것이 트라우마가 되었을 거다.

재여수구의 또 다른 한 축인 무곡을 보면 역시나 상황이 묘하다. 협으로 창곡과 화령이 들어오는데, 무곡 입장에서 창곡은 문무 부조화가 되고 화령은 과수격이 되게 만든다.

무곡과 동궁한 탐랑도 문제가 있는데, 창곡협으로 작사전도가 되는, 화령협 횡발횡파의 탐랑이다. 감정적으로 절대 좋지 않은 무곡·탐랑이 된다. 이러한 무곡과 염정화기는 각기 천형과 화기가 있어 명궁을 형기협인이 아닌 형기협曲 시켜주고 있다.

두 번째 부인이 첫 부인보다는 나을 것인가? 부처궁 마두대전의 의미가 나중에 성취를 얻는 암시가 있으니 가능한 추론이다. 또한 부처궁 삼방에서 보이는 태양엔 거문과 영성이 있는데, 태음엔 살이 없고 천동화록과 동궁하니 태양보다는 태음의 상황이 나아 그리 볼 여지가 많다.[37]

---

37) 태양을 전반부 태음을 후반부로 보는 관점으로 그렇다.

[명례] 51. 자신이 바람 피움

天天天天天左巨 月福虛鉞輔門 　平旺平平 　　　　　權 奏歲歲　44~53　43丁 書驛破【身官祿】生巳	天天文天廉 官傷曲相貞 　　陷旺平 飛息龍　54~63　44戊 廉神德【奴僕】浴午	天 哭梁 　旺 喜華白　64~73　45己 神蓋虎【遷移】帶未	紅解天台天文七 艷神使輔巫昌殺 　　　　　旺廟 病劫天　74~83　46庚 符煞德【疾厄】冠申
月天大封紅貪 德壽耗詰鸞狼 　　　　　廟 　　　　　忌 將攀小　34~43　42丙 軍鞍耗【田宅】義辰	명례 51. 자신이 바람 피움 / 陰女 양력 1983년 ○월 ○일 寅시 음력 계해년 ○월 ○일 寅시 【命局】金四局 【命主】巨門 【身主】天機 【命式】甲 戊 乙 癸 　　　　寅 申 卯 亥		破地右天 碎空弼同 　廟陷平 大災弔　84~93　47辛 耗煞客【財帛】旺酉
龍八天太 池座魁陰 　　廟陷 　　　科			寡天天武 宿喜刑曲 　　　廟
小將官　24~33　41乙 耗星符【福德】胎卯			伏天病　94~　48壬 兵煞符【子女】衰戌
金流孤天紫 輿霞辰姚府微 　　　　廟廟 青亡貫　14~23　40甲 龍神索【父母】絕寅	旬截蜚恩地擎天 空空廉光劫羊機 　　　　陷廟陷 力月喪　4~13　39乙 士煞門【命】　基丑	天天陰祿鈴破 才空煞存星軍 　　　旺陷廟旺 　　　　　　祿 博咸晦　　　　38甲 士池氣【兄弟】死子	天年鳳天三火陀太 廟解閣貴台星羅陽 　　　　　平陷陷 官指太　　　　49癸 府背歲【夫妻】病亥

　을묘대한(24~33세) 임진년에 결혼을 했고, 병진대한(34~43세) 무술년 바람 피운 것이 들통났다.

　선천 명궁 천기가 괴월을 보는 운인 을묘 병진 정사대한은 사회적으로 잘 나가게 된다. 하지만 명궁 음분대행[38]협이고, 身궁도 도화낀 염탐협이다.[39]

을묘대한 임진년 결혼의 메카니즘은 다음과 같다.

대한 앉은 자리에 화과가 있으니 문서적인 일이 발생하기 쉽다. 진궁이 전택의 문서궁이면서 홍란이 있으니 집안의 결혼 문서인데, 을묘대한은 이를 협하는 괴월의 복선궁 현현 대한이기도 하다. 진술궁은 대한의 록기로 인동되지 않았다. 유년에서 홍란과 천희가 있는 진술궁을 건드려줘야 결혼 상관궁성의 완성이 이루어진다.

어느 대한에 질병의 암시가 있는데, 질액궁이 인동되었지만 身궁이 인동 되지 않은 경우, 상관궁이 완성되는 세 가지 메카니즘을 상기하라.

> 1) 유년이 身궁 자리로 오면서 身궁이 인동되는 경우
> 2) 유년이 질액궁 자리로 오면서 身궁을 인동시키는 경우
> 3) 유년 질액궁이 身궁이면서 이를 인동하는 경우.

이 세가지 상황은 상관궁의 완성 메카니즘 1, 2, 3유형인데, 계속 후술될 중요한 내용이니 잘 숙지하고 있어야 한다.

임진년은 대한에서 인동되지 않은 전택궁 자리에 유년이 좌하면서 천량화록으로 유년의 자전선을 인동시켜 선천 자전인 진술궁을 공명으로 인동시키는 경우로, 위의 1)번과 같은 메카니즘이다.

---

38) 자미와 파군이 록을 보지 않고 살성과 도화를 보면 음사한 일로 큰 일내고 파동이 있게 된다.
39) 염정은 십이운의 목욕지에 있고, 탐랑은 홍란·대모와 동궁하고 있다.

병진대한 무술년 바람을 들킨 메카니즘은 다음과 같다.

대한에서 영창타무 중 타라를 보지 못하는데, 타라와 성질이 비슷한 것으로 화기가 있다.[40] 영창타무의 징험답게 자신의 실책으로 자초하는 흉상이 발현되기 쉬운 대한이다. 축궁 음분대행협에 대한 복선궁 현현 대한이면서, 사궁 부관·부질 거일 문서 도화낀 염탐협의 복선궁 현현 대한이기도 하다. 이를 감안한 대한 명궁 홍란과 탐랑화기를 해석하자면 이 대한에 혼인 문서를 **빼앗기는**(영창기무 자신의 실책으로) 운이다. 무술년 유년 부처궁의 대한 화과가 유년 사화로 인동이 되어 드러난다. (사해궁과 인신궁 공명)

---

40) 경양은 천형과 타라는 화기와 성질이 비슷하다.

명례 52. 결혼 결렬

天天天火陀**太** 巫刑馬星羅**陰** 平旺陷陷 官歲弔　36~45　47己 府驛客　【田宅】　冠巳	流八祿鈴**貪** 霞座存星**狼** 旺廟旺 權 博息病　46~55　48庚 士神符　【**身**官祿】　旺午	天天地擎**巨天** 傷貫劫羊**門同** 平廟陷陷 力華太　56~65　49辛 士蓋歲　【奴僕】　衰未	金天孤天三紅天**武** 輿廚辰空台鸞鉞**相曲** 廟廟平 祿 青劫晦　66~75　50壬 龍煞氣　【遷移】　病申
紅解寡**天廉** 艷神宿**府貞** 廟旺 伏攀天　26~35　46戊 兵鞍德　【福德】　帶辰	명례 52. 결혼 결렬 / 陰女 양력 1979년 ○월 ○일 신시 음력 기미년 ○월 ○일 신시 【命局】火六局 【命主】祿存 【身主】天相 【命式】壬 己 甲 己 　　　　申 巳 戌 未		截天天天恩天**天太** 空官使才光姚**梁陽** 地閑 科 小災喪　76~85　51癸 耗煞門　【疾厄】　死酉
輩年鳳地 廉解閣空 平 大將白　16~25　45丁 耗星虎　【父母】　浴卯			封陰七 詰煞殺 廟 將天貫　86~95　52甲 軍煞索　【財帛】　基戌
天天台天文右**破** 月福輔喜昌弼**軍** 陷廟陷 病亡龍　6~15　44丙 符神德　【命】　生寅	旬破天天 空碎壽虛 喜月歲　　　　43丁 神煞破　【兄弟】　養丑	月大天文左**紫** 德耗魁曲輔**微** 旺廟旺平 忌 飛咸小　　　　42丙 廉池耗　【夫妻】　胎子	天龍天 哭池機 平 奏指官　96~　53乙 書背符　【子女】　絕亥

서울에 있는 대학의 어문학 계열 교수이다. 무진대한(26~35세) 35세 계사년에 교수에 임용되었고, 같은 대한 36세 갑오년 결혼하려다 결렬되었다. 참고로 기사대한은 36세 음력 생일부터 시작되고, 결혼 결렬은 생일 이전이라 아직 무진대한으로 본다.

축미궁 협상황이 매우 길하다. 파군명은 원래 그 기동력을 보기위해 노복궁 거문의 향배를 유의해야 하는데, 쌍록권협 삼태·팔좌협된 경양이 있다. 특히나 이는 身궁과 암합한다. 노복궁 경양이 강왕하니 소통의 도구를 왕성히 이용하여 천이와 관록을 길하게 하는 구조로, 소통의 도구인 언어를 들고 파니 천이에서 활동이 길하고 교수가 되었다.

무진대한은 기본적으로 천부가 있으므로 부처궁에는 파군이 있게 되는데, 이 파군은 무파상 파조파가다노록에 공겁협까지 당하고 있다.

선천 관록에 록존이 있는데, 록존이 커질수록 이를 협하는 양타의 힘은 더욱 커진다. 계사년에 교수 임용이 되어, 이 명 선천 관록의 록존이 커졌는데, 그러다보니 사궁 집안의 문서 문제는(선천 전택, 대한 부모궁) 타라가 의미하는 지연을 넘어 천마와 동궁하여 절족의 의미가 더욱 커진다.

결정적으로 대한 록기의 궤적을 보니 록기전도로 인한 발생이 절족의 의미를 갖는 전택의 문서인 사해궁이고, 최종결과는 자오궁 과강필절이 되어 결혼이 무산되었다.

명례 53. 집안 좋은 교수

天地地陀天 馬劫空羅梁 平閑廟陷陷 科	流解八陰祿七 霞神座煞存殺 旺旺	天擎 刑羊 廟	金天孤天封三紅天廉 輿廚辰空詰台鸞鉞貞 廟廟廟廟
力歲弔 15~24 47己 士驛客 【兄弟】 冠巳	博息病 5~14 48庚 士神符 【身 命】 帶午	官華太 49辛 府蓋歲 【父母】 浴未	伏劫晦 50壬 兵煞氣 【福德】 生申
紅寡鈴文天紫 艶宿星昌相微 旺旺旺陷	명례 53. 집안 좋은 교수 / 陰男 양력 1980년 1월 ○일 오시 음력 기미년 11월 ○일 오시 【命局】土五局 【命主】破軍 【身主】天相 【命式】戊 戊 丙 己 　　　　午 寅 子 未		截天恩 空官光
青攀天 25~34 46戊 龍鞍德 【夫妻】 旺辰		大災喪 95~ 51癸 耗煞門 【田宅】 養酉
蜚年鳳天火巨天 廉解閣貴星門機 平廟旺		天文破 月曲軍 陷旺 忌
小將白 35~44 45丁 耗星虎 【子女】 衰卯		病天貫 85~94 52甲 符煞索 【官祿】 胎戌
天天天左貪 福巫喜輔狼 廟平 權	旬破天天天太太 空碎使壽才虛陰陽 廟陷	月大台天右天武 德耗輔魁弼府曲 旺旺廟旺 祿	天天龍天天 傷哭池姚同 廟
將亡龍 45~54 44丙 軍神德 【財帛】 病寅	奏月歲 55~64 43丁 書煞破 【疾厄】 死丑	飛咸小 65~74 42丙 廉池耗 【遷移】 墓子	喜指官 75~84 53乙 神背符 【奴僕】 絶亥

　　무진대한 기축년부터 애인이 있었으나 오랜 동안 결혼을 미루고 있다. 정묘대한 병신년에 지방사립대 교수로 임용 되었다.

　　『사회적 지위』 100쪽 좌의정 정치화 선생과 명반이 매우 비슷하다. 가문이 좋으나 록존과 칠살이 동궁하여 오히려 여성스럽고, 명궁 협으로 양타 뿐 아니라 천량과 천형·경양의 협, 게다가 천량화과와 천수의 협도 받고 있으니 주변이 매우 오래되고 강한 조직 내의 화초같은 구성원 느낌이다. 칠살의 패기는 록존으로 180도 바뀌었다.

정치화 선생도 형으로부터 남자답지 못함으로 핀잔을 많이 받았다고 하는데, 이 분도 끝발 좋은 의사 아버지 밑에서 자신도 서울대를 나오고 현재 지방대 교수를 하고 있으나, 결혼할 여자를 두고 고민만 하고 머뭇거리는 등 지나치게 우유부단하고 여리다. 차라리 집안에서 결혼할 여자를 정해주면 이를 따를 텐데, 사귀는 애인이 있다고 하니 주변인들이 여자를 소개시켜줄 수가 없는 상황이다.

이렇게 체를 잡지 않고 결혼 운을 보면 안 맞기 쉽다.

- 이 명반에 대한 첨언

정묘대한(34~44세) 병신년 교수 임용되었다. 정묘대한 각종 살이 내궁으로 들어온다. 선천 명·천선에서 육길성을 다 보니, 짝수 번째 대한에 오면 살을 보는 게 당연하다. 그래서 이 대한을 아주 나쁘게만 보면 체용을 제대로 적용하지 않은 꼴이 된다. 만족스럽지 못한 대한 정도로 봐야 한다. 그나마 축미궁 협상황이 좋다. 대한의 록기로 밥줄선이 형노·재복이 인동되지 않았음에 유의하라.

병신년 그러한 형노·재복선에 좌하면서 유년 천동화록으로 사해궁 형노·재복선을 인동시킨다. 또한 대한 태음화록으로 같은 부관선인 진술궁이 공명되어 록기전도되었고, 이로인해 발생의 의미를 가진 대한 거문화기와 유년 천동화록으로인해 부관부질선 관록의 문서인 축미궁을 인동시킨다.

원하던 수도권 대학으로 임용되는 것은 기거 초선종악 대한이 지난 뒤인 병인대한 가야 할 듯 싶다. 정묘대한 후반부엔 설령 수도권 대학으로 가더라도 상황이 좋지 않을 것이다.

칠살과 록존이 동궁하여 소심한 상황에서 재복선 홍란·천희는 무엇을 의미할까? 교수를 하고는 있지만 사업을 꿈꾸고 있다. 만약 사업을 한다면 부자몸조심하는 성격대로의 사업 스타일을 가지게 될 것이다. 물론 복덕궁의 형화협과 화양협 덕분에 조심하는 와중에도 번득이는 아이디어로 승부가 충분히 가능할 듯 싶다.

4) 질병과 사고 그리고 사망

인생의 굴곡에 영향 주는 것으로 질병 문제를 빼놓을 수 없다.

일반적으로 身궁으로 살이 많이 비추면 건강에 문제가 있는 명반이다. 이에 더해 이러한 身궁과 질액궁이 암합되면 더욱 건강 문제가 생기기 쉽다. 여기에 암합된 身궁과 질액궁에 각기 록존과 화기 혹은 화기와 록존이 있으면 더욱 징험하다.

천기는 간, 신경, 팔다리 등을 암시하고, 태양은 눈이나 심장, 자파조합은 심장이나 신장을 상징한다. 도화성들은 부인과 질병을 의미하고, 거문은 어두운 관 등을 상징하여, 식도나 위, 장 등을 주하고, 태양·천량조합은 유방을, 화령은 염증을 의미하고, 암에 걸리는 경우 록존 화령 등과 더불어 각종 음적인 별들이 관여한다.

유전병은 身궁과 전택궁이 암합을 하거나 서로 이웃한 궁에 있어 (身궁이 복덕궁이나 관록궁인 경우) 협 등의 상황으로 교호관계가 큰 경우 발생하기 쉽다. 정신병은 복덕궁에 각종 질병성계가 비추면서 어두운 별들이 비출 때 생기고, 약물중독 등에 천주가 관여하는 경우가 많다.

사고는 천이궁을 봐야 하는데, 수액 등의 액운이 있는지 봐야 하니 이웃궁인 질액궁도 봐야한다. 내가 아닌 주변인들이 나에게 사고를 일으킬 수도 있고, 전염병도 감염되게 할 수 있으니 노복궁도 봐야한다. 특히나 취약한 천이궁이 身궁이 되면 더욱 유의해야 한다.

운에서는 천형, 병부 등의 각종 질병성이 운집하는 대한에서 질병을 조심해야하고, 가끔은 身궁이 질액궁이 되는 대한에서도 질병을 조심해야 할 때가 있다.

명례 54. 지휘자 카라얀의 질병운. 계해대한

大大流台祿**巨** 馬鉞霞輔存**門** 　　　　　廟平 　　　　　　權 博劫天　5~14　70丁 士煞德【命】　絶巳 　　　　　【大遷】	天天擊左**天廉** 廚貴羊輔**相貞** 　　平旺旺平 力災弔　15~24　71戊 士煞客【父母】胎午 　　　　　【大疾】	金寡紅天**天** 輿宿鸞鉞**梁** 　　　　旺旺 青天病　25~34　72己 龍煞符【福德】養未 　　　　【大財】	右**七** 弼**殺** 平廟 　科 小指太　35~44　73庚 耗背歲【田宅】生申
紅蜚天八陀**貪** 艷廉月座羅**狼** 　　廟廟 　　　　祿 　　　　忌 官華白　　　　69丙 府蓋虎【兄弟】基辰 　　　　【大奴】	명례 54. 카라얀 계해대한 / 陽男 양력 1908년 4월 5일 해시 음력 무신년 3월 5일 해시 【命局】土五局 【命主】武曲 【身主】天梁 【命式】丁 庚 丙 戊 　　　　亥 寅 辰 申		破天鈴**天** 碎空星**同** 　　　陷平 將咸晦　45~54　74辛 軍池氣【官祿】浴酉 　　　【大夫】
大大天天大天**太** 昌魁福官耗姚**陰** 　　　　　旺陷 　　　　　　權 　　　　　　科 伏息龍　　　　68乙 兵神德【身夫妻】死卯 　　　　【大官】			解天天三陰地**武** 神傷哭台煞劫**曲** 　　　　　平廟 奏月喪　55~64　75壬 書煞門【奴僕】帶戌 　　　　【大兄】
旬天年鳳恩天天**紫** 空虛解閣光巫馬**府微** 　　　　　　旺廟廟 大歲歲　95~　67甲 耗驛破【子女】病寅 　　　　【大田】	大月天封火天**天** 羊德才詰喜魁**機** 　　　　　旺旺陷 　　　　　　　忌 病攀小　85~94　66乙 符鞍耗【財帛】衰丑 　　　　【大福】	大截天龍地**破** 祿空使池空**軍** 　　　　平廟 　　　　　祿 喜將官　75~84　65甲 神星符【疾厄】旺子 　　　　【大父】	大大孤天天文**太** 曲陀辰壽刑昌**陽** 　　　　　　旺陷 飛亡貫　65~74　76癸 廉神索【遷移】冠亥 　　　　【大命】

『사회적 지위』에도 나온 지휘자 카라얀의 명반이다.

계해대한(65~74세)에 원국의 삼방에서 보이는 양령형기 중 함지태양과 천형이 좌하고 있는 선천 천이궁으로 대한 명궁이 온다. 또한 선천 천이궁이 공겁협을 당하는 태양·천형인데 이 대한 천이궁에선 양타협을 받고 화령과 양령형기를 보게된다.

양령형기의 징험 중의 하나인 질병문제가 천이상에서 화두가 되는 대한이다.

이러한 상태에서 대한의 발생 파군화록으로 부질선이 건드려져 있지만 身궁은 인동되지 않았다. 유년에서 身궁을 건드리면 상관궁의 완성 측면에서 질병 문제가 발생하기 쉽다.

을묘년엔 身궁에 좌하면서 유년화기로 身궁을 인동시킨다. 무오년엔 부질선에 좌하면서 유년록기전도로 발생의 의미가 있는 천기와 록존으로 인해 身궁이 문제궁선으로 인동된다. 경신년엔 身궁이 유년질액궁이 되면서 유년결과로 인동된다.

68세 (1975 을묘년) 양력 12월 공연 직후 허리통증 수술. 회복 더딤
71세 (1978 무오년) 공연 중 뇌졸중. 이후 오른손 마비
73세 (1980 경신년) 공연 등장 중 많은 관객 앞에서 또 뇌졸중

[명례] 55. 지천 최명길 선생 (1586 병술년 8월 25일 해시)

天天大台紅祿**太** 官使耗輔鸞存**陰** 　　　　　　廟陷	旬天擎**貪** 空壽羊**狼** 　　　平旺	金流天寡**巨天** 輿霞月宿**門同** 　　　　陷陷 　　　　祿	天天天天**天武** 才哭姚馬**相曲** 　　　　旺廟平
博亡龍　73~82　80癸 士神德　【疾厄】　病巳	力將白　83~92　81甲 士星虎　【財帛】　死午	青攀天　93~　　82乙 龍鞍德　【子女】　基未	小歲弔　　　　83丙 耗驛客　【身夫妻】絕申
截天天陀**天廉** 空虛刑羅**府貞** 　　　　廟廟旺 　　　　　　忌	명례 55. 지천 최명길 선생 / 陽男 양력 1586년 음력 병술년 8월 25일 해시 【命局】 木三局 【命主】 祿存 【身主】 文昌 【命式】 辛 丁 丁 丙 　　　　 亥 亥 酉 戌		天天**太** 鉞梁**陽** 廟地閑
官月歲　63~72　79壬 府煞破　【遷移】　衰辰			將息病　　　　84丁 軍神符　【兄弟】　胎酉
月天八文右 德傷座曲弼 　　　　旺陷			恩地**七** 光劫**殺** 　　平廟
伏咸小　53~62　78辛 兵池耗　【奴僕】　旺卯			奏華太　3~12　85戊 書蓋歲　【命】　養戌
紅解龍天鈴**破** 艷神池貴星**軍** 　　　　　廟陷	破封 碎詰	輩天天年鳳陰地火**紫** 廉廚福解煞空閣煞星**微** 　　　　　　　　平平平	孤三天天天文左**天** 辰空台巫喜魁昌輔**機** 　　　　　　旺旺閑平 　　　　　　　　科　權
大指官　43~52　77庚 耗背符　【官祿】　冠寅	病天貫　33~42　76辛 符煞索　【田宅】　帶丑	喜災喪　23~32　75庚 神煞門　【福德】　浴子	飛劫晦　13~22　86己 廉煞氣　【父母】　生亥

『고금명성도』에 나온 최명길 선생의 명반이다. 육살특수격이다. 십이운의 병지에 있는 질액궁의 손모성인 대모와 동궁한 록존이, 천월과 병부의 협을 받고 있는 身궁 무곡·천상과 암합을 하고 있다. 어렸을 때부터 몸이 매우 약해서 장모가 후손은 낳을 수 있을까 고민을 했을 정도였다.

물론 그러한 身궁이 부처궁이기도 하고 명궁이 육친에게 불리한 칠살명이라는 점을 감안하면 첫 아내와 사별하는 암시도 읽힌다.

- 이 명반에 대한 첨언

술궁 칠살명이다. 목숨 걸고 인조반정의 공신이 되고, 청과 명 사이에서 위태로운 외교를 펼치고, 정묘호란, 병자호란, 이괄의 난 등에서 역시나 목숨 걸고 인조를 구하며, 자신이 쓸 관을 미리 짜 놓고 심양에 무수히 다녀오는 등의 고난의 일생이 명반에 그대로 드러난다.

좀 길지만 사연 많은 이 분 인생을 꼼꼼하게 살펴보자.

- 기해대한 (13~22세)

> 20세 (1605 을사년) 조선 시대 유일하게 한 해에 생원시, 진사시, 문과에 모두 합격

이 대한 을사년에 과거시험 3관왕을 차지한다. 언뜻 봐도 매우 좋아보이는 대한이다. 대한 화록인 무곡화록은 선천 부관 대한 자전선인 인신궁선이고, 대한 화기인 문곡화기는 선천 형노 대한 부관인 각종 길성이 있는 묘유궁선에 오게 된다.

하지만 이 대한 중 시험합격의 상관궁선 중에 문서를 상징하는 부질선이 이동되지 않았다. 선천 부질선 자리인 사궁 을사년에 비로소 유년이 부질선 자리에 앉았고 유년 화록으로 부질선을 움직였으니 이 해에 과거합격을 한다. 물론 선천 천동화록과 유년 천기화록과의 이차발생으로 묘유궁선이 이동되어 유년 부관선의 대한 천량화과를 건드린 것도 보인다.

상관궁의 완성은 그 대한 중 어느 유년에 해당 사안이 발생하는지를 찍어내는 유용한 도구 중의 하나로, 세기의 발견이다.

大大大天天大紅祿**太** 馬曲陀官使耗輔鸞存**陰** 　　　　　　　廟陷 博亡龍　73~82　20癸 士神德【疾厄】　病巳 【大遷】	大旬天擎**貪** 祿空壽羊**狼** 　　　平旺 　　　　權 力將白　83~92　21甲 士星虎【財帛】　死午 【大疾】	大金流天寡**巨天** 羊輿霞月宿**門同** 　　　　陷陷 　　　　　祿 青攀天　93~　22乙 龍鞍德【子女】死未 【大財】	大天天天天**天武** 鉞才哭姚馬**相曲** 　　　　旺廟平 　　　　　　祿 小歲弔　　　23丙 耗驛客【**身**夫妻】絕申 【大子】
截天天陀**天廉** 空虛刑羅**府貞** 　　　廟廟旺 　　　　　忌 官月歲　63~72　19壬 府煞破【遷移】　衰辰 【大奴】	명례 55. 지천 최명길 선생 / 陽男 양력 1586년 음력 병술년 8월 25일 해시 【命局】木三局 【命主】祿存 【身主】文昌 【命式】辛 丁 丁 丙 　　　　亥 亥 酉 戌		大天天**太** 昌鉞**梁陽** 　　廟地閑 　　　科 將息病　　　24丁 軍神符【兄弟】胎酉 【大夫】
月天八文右 德傷座曲弼 　　　旺陷 　　　　忌 伏咸小　53~62　18辛 兵池耗【奴僕】旺卯 【大官】			恩地**七** 光劫**殺** 　　平廟 奏華太　3~12　13戊 書蓋歲【**命**】養戌 【大兄】
紅解龍天鈴**破** 艷神池貴星**軍** 　　　　廟陷 大指官　43~52　17庚 耗背符【官祿】冠寅 【大田】	破封 碎詰 病天貫　33~42　16辛 符煞索【田宅】帶丑 【大福】	大蜚天天年鳳陰地火**紫** 魁廉廚福解閣煞空星**微** 　　　　　　　平平平 喜災喪　23~32　15庚 神煞門【福德】浴子 【大父】	孤天三天天天文左**天** 辰空台巫喜魁昌輔**機** 　　　　　　旺旺閑平 　　　　　　　科　權 飛劫晦　13~22　14己 廉煞氣【父母】生亥 【大命】

을사년 합격으로 장인이 지천 선생을 자신의 부임지인 전주로 불러들여 성대하게 잔치를 해 준다. 하지만 평소에 골골하던 청년이라 건강 때문에 출사는 자꾸 미루게 된다. 선천적으로 살을 많이 보고 身궁과 질액궁이 암합이 된 상태에서 록존이 그러한 질액궁에 좌하

여 양타가 호시탐탐 노리게 되었으니 약골이 되어 인생 행보의 큰 장애가 되었다.

기해대한 명궁 역시 부질선 자리에 앉게 되는데, 대한 록기로 身궁을 인동시켰으니 언제라도 유년에서 질액궁을 인동시키는 때에 고질적 건강 문제가 생기게 된다.

공교로운 것은 유년에서 부질선이 움직여야 문서적 길상이 발현되는데, 그리될 때마다 역시나 건강의 상관궁선 중 하나인 부질선이 인동되어 건강이 발목을 잡게 된다. 이 대한 중의 문서적 길상과 건강적 흉상은 항상 동시에 발생하게 된다.

• 경자대한 (23~32세)

29세 (1614 갑인년) 이이첨의 꼬투리 잡기로 억울하게 파직 당함.
31세 (1616 을묘년) 모친상

선천 괴월협을 받은 칠살이 대한 삼기가회협을 받은 자미운으로 왔다. 이러한 길상은 길상대로 해석을 해야 한다. 하지만 아무리 특수격이라도 이렇게 살을 많이 보는 운에 왔다는 점은 엄연히 흉이다.

天天大台紅祿**太** 官使耗輔鸞存**陰** 廟陷 科 博亡龍 73~82 32癸 士神德【疾厄】 病巳 【大奴】	旬天擎**貪** 空壽羊**狼** 平旺 力將白 83~92 33甲 士星虎【財帛】 死午 【大遷】	大大金流天寡**巨天** 鉞陀輿霞月宿**門同** 陷陷 祿 忌 青攀天 93~ 34乙 龍鞍德【子女】 基未 【大疾】	大天天天天**天武** 祿才哭姚馬**相曲** 旺廟平 權 小歲弔 23丙 耗驛客【身夫妻】絶申 【大財】
截天天陀**天廉** 空虛刑羅**府貞** 廟廟旺 忌 官月歲 63~72 31壬 府煞破【遷移】 衰辰 【大官】	명례 55. 지천 최명길 선생 / 陽男 양력 1586년 음력 병술년 8월 25일 해시		大天**天太** 羊鉞**梁陽** 廟地閑 祿 將息病 24丁 軍神符【兄弟】 胎酉 【大子】
大月天八文右 曲德傷座曲弼 旺陷 伏咸小 53~62 30辛 兵池耗【奴僕】 旺卯 【大田】	【命局】木三局 【命主】祿存 【身主】文昌 【命式】辛 丁 丁 丙 亥 亥 酉 戌		恩地**七** 光劫**殺** 平廟 奏華太 3~12 25戊 書蓋歲【命】 義戌 【大夫】
大紅解龍天鈴**破** 馬艷神池貴星**軍** 廟陷	大破封 魁碎詰	蜚天天年鳳陰地火**紫** 廉廚福解閣煞空星**微** 平平平	大孤天三天天天文左**天** 昌辰空台巫喜魁昌輔**機** 旺旺閑平 科 權
大指官 43~52 29庚 耗背符【官祿】 冠寅 【大福】	病天貫 33~42 28辛 符煞索【田宅】 帶丑 【大父】	喜災喪 23~32 27庚 神煞門【福德】 浴子 【大命】	飛劫晦 13~22 26己 廉煞氣【父母】 生亥 【大兄】

또한, 선천 명궁 칠살은 록을 봐야 안정된다. 선천 명궁 삼방사정에서 록을 보지 못한다면, 대한 명궁 삼방에서라도 봐야 그 대한이 안정이 된다. 하지만 경자대한은 그러하지 못하다.

이 대한 중 29세 갑인년에 이이첨에 의해 파직당하게 되는데, 그것이 전화위복으로 주역을 수천 번 읽게 되는 시간을 갖는 것으로 승화되었다. 이렇게 살을 많이 보는 대한에선 다음 운을 대비하기 위한 공부가 최선이다.

- 신축대한 (33~42세)

  34세 (1619 기미년) 사면. 부친상. 이 즈음 주역을 천 번 이상 읽음.
  38세 (1623 계해년) 인조 반정의 성공으로 반정공신이 됨. 평안도 관찰사 박엽을 살리자고 강력 요청.
  39세 (1624 갑자년) 이괄의 난 발생
  42세 (1627 정묘년) 정묘호란 발생. 강홍립을 살리자고 강력 요청. 음력 9월 첫 부인 장씨 사망.
  43세 (1628 무진년) 음력 6월 경기도 관찰사 부임.

드디어 인조반정을 성공시키는 대한이다. 대한 명궁 협으로 화령이 들어온다. 선천 명궁 협으로 괴월이 오는 게 체이기에, 기회가 갑작스럽게 오는 것으로 해석해야 된다.

대한의 삼방사정을 보면 살성이 없어 매우 깨끗해 보인다. 그래서 반정 성공 후, 어려움 없이 승승장구 할 것 같아 보이지만, 전혀 그렇지 않았다.

반정 다음 해에는 이괄의 난으로 인조가 공주로 피난가야 했었고, 그 3년 뒤에는 정묘호란으로 정권이 또 다시 위협 받게 된다.

선천 전택궁은 화령협으로, 신축대한엔 대한 전택궁인 염정·천부 화기운으로 온다. 다시 말해, 선천 전택의 상황이 주변 정황상(협) 변화를 많이 하는(화령) 감정적 기복이 많을 수밖에 없는데(거동), 대한 전택에서 화령을 가장 싫어하는 염정 화기운으로 왔다.

특히나 대한 전택궁과 관록궁은 허모로 연결되어 있어 이 대한 관록궁 태음·록존이 그저 평화로울 수만은 없다.

天天大台紅祿太 官使耗輔鸞存陰 　　　　　廟陷 博亡龍　73~82　　44癸 士神德【疾厄】　病巳 　　　【大官】	大旬天擎貪 　鉞空壽羊狼 　　　　平旺 力將白　83~92　　33甲 士星虎【財帛】　死午 　　　【大奴】	金流天寡巨天 輿霞月宿門同 　　　　陷陷 　　　　祿 　　　　祿 青攀天　93~　　　34乙 龍鞍德【子女】　墓未 　　　【大遷】	大天天天天天武 陀才哭姚馬相曲 　　　　　旺廟平 小歲弔　　　　　35丙 耗驛客【身夫妻】絶申 　　　【大疾】
截天天陀天廉 空虛刑羅府貞 　　　廟廟旺 　　　　　忌 官月歲　63~72　　43壬 府煞破【遷移】　衰辰 　　　【大田】	명례 55. 지전 최명길 선생 / 陽男 양력 1586년 음력 병술년 8월 25일 해시 【命局】木三局 【命主】祿存 【身主】文昌 【命式】辛 丁 丁 丙 　　　　亥 亥 酉 戌		大天天太 祿鉞梁陽 　　廟地閑 　　　　權 將息病　　　　　36丁 軍神符【兄弟】　胎酉 　　　【大財】
月天八文右 德傷座曲弼 　　　　旺陷 　　　　　科 伏咸小　53~62　　42辛 兵池耗【奴僕】　旺卯 　　　【大福】			大恩地七 羊光劫殺 　　　平廟 奏華太　3~12　　37戊 書蓋歲【　命　】養戌 　　　【大子】
大大紅解龍天鈴破 曲魁艷神池貫星軍 　　　　　　廟陷 大指官　43~52　　41庚 耗背符【官祿】　冠寅 　　　【大父】	破封 碎詰 病天貫　33~42　　40辛 符煞索【田宅】　帶丑 　　　【大命】	大蜚天天年鳳陰地火紫 昌廉廚福解閣煞空星微 　　　　　　　　平平平 喜災喪　23~32　　39庚 神煞門【福德】　浴子 　　　【大兄】	大孤天三天天天文左天 馬辰空台巫喜魁昌輔機 　　　　　　旺旺閑平 　　　　　　科　　權 　　　　　　　　　　忌 飛劫晦　13~22　　38己 廉煞氣【父母】　生亥 　　　【大夫】

　신축대한 거문화록으로 축미궁이 발생이다. 이로 인해 대한 자전 선인 문제의 진술궁도 인동되어 록기전도가 되었다. 결국 대한 문창 화기는 발생의 의미를 띠게 되어 사해궁 부관·부질이 발생이다.
　이 대한 특이한 점이, 대한의 내궁인 천이궁으로 삼방에서 쌍화권과 쌍화과가 비추게 포국된다는 것이다. 대한 천이궁이 정말 좋아 보인다.

계해년은 대한의 록기전도로 인한 발생 궁선인 부관·부질인 해궁에 좌하면서 유년 파군화록으로 대한의 특수 이차발생선을 건드리는데, 이러한 인궁은 대한의 부모궁으로 국왕을 상징한다. 유독 국왕이라고 보는 이유는 인궁이 유년의 전택이자 선천 관록궁으로 부모는 부모인데 직장에서의 부모이니 국왕이 된다. 국왕을 파조파가 무파상으로 내가 교체해 버린다. 국왕에 대한 반역의 기운이 충만한 궁이다.

유년 탐랑화기와 선천 염정화기로 인해 유년 이차결과는 사해궁선이 된다. 이곳은 대한의 결과선으로, 결국 유년 록기로 수미동기가 되어 대한의 암시가 발현된다.

갑자년이 되니 유년 염정화록으로 대한에서 암시되었던 전택의 문제가 발생하게 된다. 마침 이해에 진궁은 유년 관록궁이 되어, 집안 문제가 아닌, 조정 문제라는 것을 알 수 있다. 이 해에 이괄의 난으로 인조는 공주로 피신하게 되고, 조정 꼴이 말이 아니게 되었다.

- 경인대한 (43~52세)

44세 (1629 기사년) 친구 장유가 나주목사로 좌천. 이를 비난하고 최명길도 사직을 청함.
46세 (1631 신미년) 아들 출생
51세 (1636 병자년) 병자호란 발발
52세 (1637 정축년) 인조 항복. 우의정, 좌의정 임명. 9~11월 사은사로 심양에 가서 병이 도져 심양서 치료.
53세 (1638 무인년) 음력 2월 심양에서 귀환. 음력 3월 친구 장유 사망. 음력 9월 영의정 임명. 심양으로 다시 감 (상구 챙겨감)

天天大台紅祿**太** 官使耗輔鸞存**陰** 廟陷 科 博亡龍 73~82　44癸 士神德 【疾厄】　病巳 【大田】	旬天擎貪 空壽羊狼 平旺 力將白 83~92　45甲 士星虎【財帛】　死午 【大官】	大大金流天寡**巨天** 鉞陀輿霞月宿**門同** 陷陷 祿 忌 青攀天 93~　46乙 龍鞍德【子女】　墓未 【大奴】	大大天天天天**天武** 馬祿才哭姚馬**相曲** 旺廟平 權 小歲弔　　　47丙 耗驛客【**身**夫妻】絶申 【大遷】
截天天陀**天廉** 空虛刑羅**府貞** 廟廟旺 忌 官月歲 63~72　43壬 府煞破【遷移】　衰辰 【大福】	명례 55. 지천 최명길 선생 / 陽男 양력 1586년 음력 병술년 8월 25일 해시 【命局】 木三局 【命主】 祿存 【身主】 文昌 【命式】 辛 丁 丁 丙 　　　 亥 亥 酉 戌		大天天**太** 羊鉞**梁陽** 廟地閑 祿 將息病　　　48丁 軍神符【兄弟】　胎酉 【大疾】
大月天八文右 曲德傷座曲弼 旺陷 伏咸小 53~62　54辛 兵池耗【奴僕】　旺卯 【大父】			恩地**七** 光劫**殺** 平廟 奏華太 3~12　49戊 書蓋歲【**命**】　養戌 【大財】
紅解龍天鈴**破** 艷神池貴星**軍** 廟陷 大指官 43~52　53庚 耗背符【官祿】　冠寅 【大命】	大破封 魁碎詰 病天貫 33~42　52辛 符煞索【田宅】　帶丑 【大兄】	輩天天年鳳陰地火**紫** 廉廚福解閣煞空星**微** 平平平 喜災喪 23~32　51庚 神煞門【福德】　浴子 【大夫】	大孤天三天天天文左**天** 昌辰空台巫喜魁昌輔**機** 旺旺閑平 科　權 飛劫晦 13~22　50己 廉煞氣【父母】　生亥 【大子】

앞서 얘기했듯, 록을 보지 못하는 칠살은 대한에서라도 록을 봐야 안정이 되는데, 경인대한은 록을 보지 못한다.

대한 명궁 파군은 말 타고 여기저기 다니는 운을 의미하기에 그러한 파군운에서의 관건은 노복궁 거문인데, 마침 거문화록으로 천이궁 천상을 재음협인 시켜주고 있으니 불행중 다행인 운이다.

이 대한의 특징은 대한 명궁이 무파상의 파조파가다노록이며, 각종 살을 보면서도 유달리 대한관록궁은 쌍록협의 마두대전이 되어 있다는 점이다. 대한관록 오궁의 탐랑·경양은 십이운의 '사지'이며 장성, 역사, 백호가 있으면서 노회함 혹은 노련함을 상징하는 천수가 있으니, 전장에서의 장수의 모습이다.

하지만 이번엔 저 오궁을 안 좋게 해석해 보자. 이 대한 전택궁이 사궁인데 피해궁이자 선천 질액궁이고 대한록기 발생에서 이차발생이 身궁이 되면서, 차성이차발생이 저러한 전택의 질액인 사궁이 되는 것을 보면 '전택에 질병이 드는 대한' 즉 감옥가기 쉬운 대한이라는 점이다. 그런 의미에서 대한 관록궁 오궁의 저 모습은 관재로 볼 수도 있다.

이 두 가지 상반된 해석은, 어찌 보면 병자호란 당시의 최명길 선생의 모습을 그대로 반영한 듯하다. 무수히 많은 척화파 대신들의 틈바구니에서(대한 형제궁 화령협) 거의 유일하다시피한 주화파인 최명길 선생은 홀로 인조를 설득해서 청군과 화친을 하라고 주청하는 외로운 장수의 모습 그대로이다. 이를 위해 인조의 뜻을 전하고 상대를 파악하러 청군의 진영에 무수히 많이 들락날락한 점도 적진의 중심에서 그리고 남한산성에 있던 당시 조정에서 화친을 위해 활약한 최명길의 모습 그대로이다.

단순히 청나라를 위해 화친을 주장한 것이 아니라 백성들의 희생을 줄이고 조정의 피해를 줄이는 최선의 방법이 화친이라 생각했고, 오랫동안 섬긴 명나라를 위해서라도 일단은 조선이 살아야 한다는 논리였다. 전략전술도 없이 무조건 은혜를 베푼 아버지의 나라 명을 거역할 수 없다는 근본주의적 생각이 아니었다.

특히나 인조가 남한산성으로 피신 갈 시간을 벌기 위해 청나라(당시 후금) 군대를 무악재에서 맞이하여 군의 진입을 지체시킨 것은 목숨을 걸었던 일이었다. 최명길이 몸소 이런 계책을 마련하여 인조의 목숨을 건졌고, 인조는 두고두고 이 일을 고맙게 생각하게 된다.

아무튼 관록에 있어서의 마두대전의 모습과 전택이 병든 감옥가는 메카니즘은 남한산성이라는 고립된 곳에서의 고군분투하는 지천 선생의 이 대한 모습 그대로이다.

병자년, 그러한 마두대전이 유년 천이궁이 되는 해이자 노상매시의 염정화기가 유년 관록궁이 되는 해에 병자호란이 발생한다.

유년 천동화록을 축궁으로 차성하면, 유궁의 대한 태양화록과 더불어 사궁이 유년차성이차발생이 된다. 대한에서 언급된 전택이 병드는 곳인데, 사해궁은 대한의 외궁으로 쌍화과와 화권이 있는 남이 주도권을 갖고 있는 궁선이다.

유년 염정화기는 유년의 관록궁, 노상매시이다.

정축년, 외궁에서 육길성을 보는 미궁이 유년 천이궁이 되는 해이자 전택에 병이 드는 사궁이 유년 관록궁이 되는 해에 인조가 굴욕적인 항복을 한다. 물론 지천 선생은 척화파로 둘러싸인 조정에서 거의 역적이 된다. 유년이 앉은 자리가 화령협을 받은 고립된 거동 감정성계가 있으니 감정적으로 세상과 고립됨을 느끼는 한 해가 된다.

사실 선천 명궁 칠살이 변화를 주하기도 하기에, 화성 운인 경자대한, 화령협 운인 신축대한, 그리고 영성 운인 경인대한 모두 지천 선생에게는 변화가 극심한 30년이 된다.

경자대한엔 조정에서 이이첨에 의해 물러나게 되고, 신축대한엔 인조반정으로 1등공신이 되며, 경인대한엔 병자호란으로 또 다시 간신으로 몰리게 되는 30년의 인생의 핵심궁이 되는 곳이다. 물론 이 대한에선 외궁에 각종 길성이 모인 흉한 의미에서 말이다.

반정공신들은 광해군의 모든 정책을 반대로 행하게 되지만, 지천 최명길 선생은 광해군의 후금(청나라)과의 친화를 추진했던 외교 정책만큼은 이어 받아야 한다고 생각했다. 조정과 백성을 위했던 이 신념이 결국 개인 인생에 있어 고난의 행군이 되었다.

- 신묘대한 (53~62세)

> 53세 (1638 무인년) 음력 2월 심양에서 귀환. 음력 3월 친구 장유 사망. 음력 9월 영의정 임명. 심양으로 다시 감 (상구 챙겨감)
> 55세 (1640 경진년) 아들 대신 동생을 심양에 질자로 보낸 혐의로 영의정에서 파직.
> 57세 (1642 임오년) 명의 한선과 밀통한 사실이 발각되어 심양으로 끌려감. 57~60세 심양 수감생활 중 주역 독서.
> 60세 (1645 을유년) 도성으로 귀환
> 62세 (1647 정해년) 5월 17일 사망

大天天大台紅祿**太** 馬官使耗輔鸞存**陰** 廟陷	大旬天擎**貪** 鉞空壽羊**狼** 平旺	金流天寡**巨天** 輿霞月宿**門同** 陷陷 祿祿	大天天天天**天武** 陀才哭姚馬**相曲** 旺廟平
博亡龍 73~82 56癸 士神德【疾厄】 病巳 【大福】	力將白 83~92 57甲 士星虎【財帛】死午 【大田】	青攀天 93~ 58乙 龍鞍德【子女】基未 【大官】	小歲弔 59丙 耗驛客【身夫妻】絕申 【大奴】
截天天陀**天廉** 空虛刑羅**府貞** 廟廟旺忌	명례 55. 지천 최명길 선생 / 陽男 양력 1586년 음력 병술년 8월 25일 해시 【命局】木三局 【命主】祿存 【身主】文昌 【命式】辛丁丁丙 　　　　亥亥酉戌		大天天**太陽** 祿鉞梁**陽** 廟地閑 權
官月歲 63~72 55壬 府煞破【遷移】衰辰 【大父】			將息病 60丁 軍神符【兄弟】胎酉 【大遷】
月天八文右 德傷座曲弼 旺陷 科			大恩地**七** 羊光劫**殺** 平廟
伏咸小 53~62 54辛 兵池耗【奴僕】旺卯 【大命】			奏華太 3~12 61戊 書蓋歲【 命 】養戌 【大疾】
大大紅解龍天鈴**破** 曲魁艷神池貴星**軍** 廟陷	破封 碎詰	大輩天天年鳳陰地火**紫** 昌廉廚福解閣煞空星**微** 平平平	孤天三天天文左**天** 辰空台巫喜魁輔**機** 旺旺閑平 科權 忌
大指官 43~52 53庚 耗背符【官祿】冠寅 【大兄】	病天貫 33~42 64辛 符煞索【田宅】帶丑	喜災喪 23~32 63庚 神煞門【福德】浴子 【大子】	飛劫晦 13~22 62己 廉煞氣【父母】生亥 【大財】

이 대한은 53세 무인년 자신의 관을 미리 짜 놓고 심양을 다시 가는 것으로 시작한다. 다음해 귀환하지만 같은 해 다시 심양을 가는데 도중 병으로 의주에서 잔류하게 된다.

병자호란 후 대신들의 지식들을 볼모로 청에 보냈는데, 지천 선생은 청의 허락을 받고 아들이 아닌 동생을 보냈지만, 이것이 문제가 되어 영의정에서 파직 당하고, 급기야 명과 내통을 한 죄로 또 다시 심양에 불려간다. 60세 도성으로 귀환하지만 대한 마지막 해인 62세 사망한다.

신묘대한은 선천 형노선으로 양양은 별리를 주한다. 형노선에서의 양양대한에 심근경색으로 실질적으로 세상과 단절이 된 삼성 이건희 회장의 명반에서 보건데, 나이가 있으면 사망하기 쉬운 대한이다. 41)

대한 부질선도 심상치 않은데, 대한의 차성문제궁위로 묘유궁이 인동되면서 명천명천으로 진술궁이 공명되었다.

선천 전택궁의 화령협이 대한 전택궁에서 탐랑을 만나 격발하는 전택이 되었다. 갑작스럽게 전택이 바뀌는 형상이다. 대한 천이궁이 별리인 것을 체로 놓고 본다면, 전택의 이동이 잦을 수밖에 없다. 물론 마두대전인 경양이 외궁이라 그러한 전택의 갑작스런 변화는 남이 주도한다.

대한 일차발생으로 축미궁 부관의 자전, 즉 직장문제가 발생이

---

41) 『사회적 지위』 418쪽 참고.

되었고, 특수이차발생으로 身궁과 대한 형노선이 인동되었다. 차성 문제궁위로 묘유궁 선천 형노선 대한 명천선이 인동되어 진술궁이 공명이 된다. 이 진술궁은 대한 부질선으로 선천 화기가 있어 유심히 봐야 하는 궁선이다. 대한 문창화기는 사해궁이다.

정해년은 대한의 결과궁이기도 하면서 대한 재복선이자 선천 부질선이다. 질병과 목숨에 관한 문제가 생기기 쉽다. 물론 재복·부질선이니 재물의 문서 문제, 아버지의 목숨 문제 등도 있을 수 있지만, 대한에서부터 추론한 '사망하기 쉬운 대한'이라는 것을 체로 놓고 해석한 것이다.

그런데 만약 이 명반 주인이 현대인이라면 건강이 문제가 될 뿐 반드시 사망한다고 볼 수는 없다. 어디까지나 사망하기 쉬운 대한과 유년일 뿐이다.

다시 정해년으로 오면, 유년 태음화록으로 선천 질액궁을 발생시키고, 대한 거문화록과 더불어 오궁을 이차발생시키는데, 이곳은 유년의 질액궁이다. 유년 거문화기는 미궁으로 이곳은 대한의 발생선이다. 결국 정해년 유년 화록이 대한 화기를, 유년 화기가 대한 화록을 무는 전형적인 수미상접이 되어 대한에서 암시되었던 상이 발현되기 쉬운 유년이다.

[명례] 56. 어린 시절 잦은 물놀이 사고

旬輩天破孤天天文 空廉福碎辰馬鉞昌 　　　　平旺廟	天天天地天 官才喜空機 　　　　廟廟	年封鳳龍天**破紫** 解誥閣池姚**軍微** 　　　　　廟廟 　　　　　祿	月紅天大天 德艷傷耗貴
喜歲喪　　　63丁 神驛門【福德】冠巳	飛息貫　92~　64戊 廉神索【田宅】帶午	奏華官　82~91　65己 書蓋符【官祿】浴未	將劫小　72~81　66庚 軍煞耗【奴僕】生申
天天恩八地右**太** 壽空光座劫弼**陽** 　　陷廟旺	명례 56. 물놀이 사고 / 陰男 양력 1963년 ○월 ○일 사시 음력 계묘년 ○월 ○일 사시 【命局】水二局 【命主】文曲 【身主】天同 【命式】癸 丙 庚 癸 　　　　巳 午 申 卯		天文天 虛曲府 　　廟陷
病攀晦　　　62丙 符鞍氣【父母】旺辰			小災歲　62~71　67辛 耗煞破【遷移】養酉
天天鈴天**七武** 哭刑星魁**殺曲** 　廟廟陷陷			天三左**太** 使台輔**陰** 　　　廟旺 　　　　科
大將太　2~11　61乙 耗星歲【　命　】衰卯			青天龍　52~61　68壬 龍煞德【疾厄】胎戌
金流解陰天火**天天** 輿霞神煞巫星**梁同** 　　　　　廟廟閑	截寡擎天 空宿羊相 　　　廟廟	紅祿**巨** 鸞存**門** 　旺旺 　　權	天天台陀**貪廉** 月廚輔羅**狼貞** 　　　　陷平陷 　　　　　　忌
伏亡病　12~21　60甲 兵神符【兄弟】病寅	官月弔　22~31　59乙 府煞客【身夫妻】死丑	博咸天　32~41　58甲 士池德【子女】墓子	力指白　42~51　69癸 士背虎【財帛】絶亥

　첫 대한이 목압뇌경 조합이다. 대한 을간 태음화기가 부질선 진술궁 일월에 보필선이니 여러 번 사안이 발생함을 암시한다. 천이궁에서 영창타무를 보며, 노복궁협으로 들어오는 파군·문곡 수중작총협의 복선궁 현현에, 질액궁(액운궁) 작사전도협의 복선궁 현현이다.
　정리하자면, 본인 스스로 천이에서 놀다가 자충수에 빠지듯 자신의 실수로 곤란한 일에 빠지는데, 마침 협궁인 노복에서 수중작총을 주고, 액운궁에선 뒤집어지는 사안을 내궁에 주니 문제가 생기기 쉽다.

천만 다행인지 명궁엔 천괴가 있고 복덕궁엔 천월이 있으니 물놀이를 해도 구조되는 기회가 있다.

그러한 대한 내궁에 오는 괴월은 어디서 오는 괴월이며 그 성질이 무엇인지를 보기 위해 복선궁의 현현 이론을 적용시켜 보면, 진궁이 나의 이번 대한 내궁에 괴월을 선사해 줌을 알 수 있다. 당지 정부를 의미하는 부모궁, 부질선에 일월·삼태·팔좌 대중의 도움으로, 특히나 천수까지 있으니 나이드신 분 혹은 베테랑의 도움이 이라는 것을 알 수 있다. 가족여행이었으면 아버지나 할아버지, 익사방지요원이라면 가장 숙련된 고참이 부모궁에 있는데, 그러한 부모궁을 협하는 괴월이 이번 대한에서 복선궁의 현현이 되었다.

그러한 부모궁 태양이 천이궁 천부와 암합을 한다. 노복궁과 질액궁 각각의 복선궁 현현이 겹치는 궁이 천이궁인데 부모궁 괴월 복선궁현현과 암합됨이 매우 의미심장하다.

천이궁 자체에 살이 없고, 고립의 의미는 있지만 살에 강한 천부가 마침 좌하니 다행이다. 부모궁협이 매우 묘한게, 나의 명궁과 복덕궁에 괴월도 주고 영타도 주고 탐곡도 주지만, 형기도 준다. 결정적으로 이 부모궁의 협상황 때문에 천이궁에선 영창타무를 본다.

괴월협까지 같이 놓고 볼 때, 직장 상사나 부모한테서 혹은 국가로부터 병 받고 약 받은 상황이 많지 않았나 싶다.

명례 57. 수상스키 익사

天年鳳天**貪廉** 福解閣鉞**狼貞** 旺陷陷 忌 喜指太 62~71 73丁 神背歲 【遷移】 冠巳	天天天**巨** 官使空**門** 旺 權 飛咸晦 52~61 74戊 廉池氣 【疾厄】 帶午	旬蜚天**天** 空廉月**相** 閑 奏月喪 42~51 75己 書煞門 【身財帛】 浴未	紅孤天鈴**天** 艶辰姚星**同** 旺陷旺 將亡貫 32~41 76庚 軍神索 【子女】 生申
寡天天台八天天**太** 宿傷才輔座喜刑**陰** 閑 科 病天病 72~81 72丙 符煞符 【奴僕】 旺辰	명례 57. 수상스키 익사 / 陰男 양력 1953년 ○월 ○일 술시 음력 계사년 ○월 ○일 술시 【命局】水二局 【命主】巨門 【身主】天機 【命式】丙 乙 辛 癸 　　　　戌 酉 酉 巳		破龍地**七武** 碎池劫**殺曲** 平閑旺 小將官 22~31 77辛 耗星符 【夫妻】 養酉
天右天 魁弼府 廟陷平			月大恩三紅**太** 德耗光台鸞**陽** 陷
大災弔 82~91 71乙 耗煞客 【官祿】 衰卯			青攀小 12~21 78壬 龍鞍耗 【兄弟】 胎戌
金流解文 輿霞神曲 平	截天地火擎**破紫** 空哭空星羊**軍微** 陷旺廟旺廟 祿	天封天陰祿文**天** 壽詰貴煞存昌**機** 旺旺廟	天天天陀左 廚虛巫馬羅輔 平陷閑
伏劫天 92~ 70甲 兵煞德 【田宅】 病寅	官華白 69乙 府蓋虎 【福德】 死丑	博息龍 68甲 士神德 【父母】 基子	力歲歲 2~11 79癸 士驛破 【命】 絶亥

경신대한(32~41세) 경오년 38세 임오월 수상스키 타다 익사했다. 질액궁과 身궁이 암합되어 액운의 상황이 몸에 영향을 끼치는 구조이다. 특히나 身궁은 십이운의 목욕지이고 질액궁엔 함지가 있으니 '목욕할 욕(浴)'이나 '연못 지(池)' 모두 물수 변을 쓰는 한자여서 그런지 질액의 '액' 중에서도 몸에 관련된 것으로는 수액을 당했다.

선천 천이궁 탐랑화기 탈의 암시가 어디에서 왔는지 보기위해 궁사화를 돌리면 노복에서 시작해 질액으로 가는 구조가 된다. 노복과 같이 뭔가를 하려다 액운이 끼는 상황이 바로 천이궁 탐랑 탈의 암시이다. 특히나 저 탐랑화기는 삼방에서 오살을 보는데, 경신대한으로 오면 육살성 중 나머지인 영성을 본다.42)

선천 사해궁 염탐이 특히나 천마 타라와 동궁하는데, 대한 인신 동량운으로 오니 랑탕함이 증가되는 대한이다. 게다가 선천 명궁 타라가 대한 명궁 영성으로 가는 영타격의 은근한 타격이 있는 대한이기도하다. 또한 선천 탐랑화기 천이가 대한 천이궁 문곡을 만나는 작사전도도 되는 운이기도 하다.

선천 복덕이 삼방에서 재여수구를 보는 창곡협된 화양격발인데, 대한 복덕 협으로 재여수구를 보고 폭발을 암시하는 홍란·천희가 있으니, 선천 격발이 역시나 격발운으로 온다. 문제는 이것이 길하게도 격발할 수 있지만, 재여수구 때문에 흉하게 격발 한다는 점이다.

이러한 대한 복덕 태양화록이 대한의 발생이다. 문제궁이 사해궁 선이 된 점이 치명적이다. 록기전도로 발생의 의미가 있는 대한 천동화기는 인궁으로 차성되어 자궁의 록존과 더불어 축미궁선을 인동시키는데, 이곳은 목숨선이라고 하는 형노·재복선이면서 身궁이다. 상문·백호도 있고, 창곡협은 상례를 주한다.

---

42) 선천에서 영성만 보는 명이라면 그것이 체이기 때문에 나머지 오살을 보는 운으로 와도 나쁘게 보지 않는다.

대한 차원에서 사해궁 자전의 천이궁의 흉상이 발현되기 위해선 유년에서 질액궁이 인동되어야 한다.(상관궁의 완성)

경오년은 질액(액운)에 있어서 석중은옥으로 내세우지 않고 조심해야 하는 유년이다. 유년 태양화록과 발생의 의미가 있는 대한천동화기로 묘유궁, 즉 대한의 부질선이 인동되고, 역시나 발생의 의미가 있는 천동화기가 인궁으로 차성되면 유년 태양화록과 더불어 선천 부질선인 자오궁이 인동된다. 상관궁의 완성이 되는 유년이다.

유년 록기로 대한의 발생과 결과를 다 인동시키기도 하니, 이 해에 사해궁과 축미궁적인 흉상이 발현 될 수 있다.

명례 58. 빚 쌓여 자살기도

天官 七紫 破封祿殺微 廟平旺	解神台 三陰鈴擎 煞星羊 廟平	金輿 流霞 天空 天刑 文曲 文昌 旺平 科	孤辰 八座 天馬 地空 旺廟
博士 亡神 病符 46~55 【財帛】 60癸絶巳	官府 將星 太歲 36~45 【子女】 61甲墓午	伏兵 攀鞍 晦氣 26~35 【夫妻】 62乙死未	大耗 歲驛 喪門 16~25 【兄弟】 63丙病申
截空 寡宿 天使 年解 鳳閣 火星 陀羅 **天機** **梁** 閑廟旺廟 權	명례 58. 빚 쌓여 자살기도 / 陽女 양력 1967년 ○월 ○일 묘시 음력 병오년 ○월 ○일 묘시 【命局】火六局 【命主】文曲 【身主】火星 【命式】乙 辛 辛 丙 　　　　卯 酉 丑 午		天壽 台輔 紅鸞 天鉞 **破廉** **軍貞** 廟陷平 忌
力士 月煞 弔客 56~65 【疾厄】 59壬胎辰			病符 息神 貫索 6~15 【命】 64丁衰酉
天才 天喜 天相 陷			天月 龍池 天恩 天貴光
青龍 咸池 天德 66~75 【身遷移】 58辛養卯			喜神 華蓋 官符 【父母】 65戊旺戌
紅艷 旬空 蜚廉 天傷 天巫 地劫 左輔 **巨太** **門陽** 平廟廟旺 祿	大耗 **貪武** **狼曲** 廟廟	天廚 天福 天虛 天哭 右弼 **太天** **陰同** 旺廟旺 祿	月德 天姚 天魁 **天府** 旺旺
小耗 指背 白虎 76~85 【奴僕】 57庚生寅	將軍 天煞 龍德 86~95 【官祿】 56辛浴丑	奏書 災煞 歲破 96~ 【田宅】 55庚帶子	飛廉 劫煞 小耗 【福德】 66己冠亥

　　가정주부인데 십여 년 전부터 빚이 쌓여서 수억대가 되었고. 이혼 후 계사대한 계사년 자살기도를 했다.

　　정파상이 화령을 만나면 자액투하라고 한다. 결국 영성이 있는 갑오대한, 화령협인 계사대한, 화성이 있는 임진대한, 연달아 30년이 문제가 된다.

갑오대한은 선천 염파가 동월운에 오는 감정참상이 많은 대한이다. 피해궁이 사궁인데 형노·재복선이고,43) 계사대한은 양타화령협을 받으며 삼방에서 재여수구를 보고, 임진대한 피해궁은 재백의 문서이다. 이 대한 피해궁의 영향을 더욱 심하게 봐야 하는 것은 이곳이 피해궁이자 동시에 화령 복선궁의 현현되는 궁이기도 하기 때문이다.

선천 복덕궁이 인감노출격임을 감안하면, 이 30년 동안 버티기 매우 힘들 수 있다.

---

43) 이런 경우 대한 재백궁을 보기 전에, 돈 문제가 발생하는 것으로 본다.

명례 59. 영창타무 자살

天天台龍天天**貪廉** 福哭輔池巫鉞**狼貞** 　　　　　旺陷陷 　　　　　　　忌	月天大**巨** 德官耗**門** 　　　旺 　　　權	天天 虛**相** 　　閑	紅解天天**天** 艷神傷喜**梁同** 　　　　　陷旺
喜指官　　　53丁 神背符【福德】冠巳	飛咸小 92~ 廉池耗【田宅】54戊 帶午	奏月歲 82~91 55己 書煞破【官祿】浴未	將亡龍 72~81 56庚 軍神德【奴僕】生申
天三左**太** 才台輔**陰** 　　　廟閑 　　　　科	명례 59. 영창타무 자살 / 陰男 양력 1973년 ○월 ○일 해시 음력 계축년 ○월 ○일 해시		輩年鳳天鈴**七武** 廉解閣刑星**殺曲** 　　　　　陷閑旺
病天貫　　　52丙 符煞索【父母】旺辰	【命局】水二局		小將白 62~71 57辛 耗星虎【遷移】養酉
旬天文天 空魁曲**府** 　　廟旺平	【命主】文曲 【身主】天相		天寡天恩八地右**太** 月宿使光座劫弼**陽** 　　　　　　平廟陷
大災喪 2~11 51乙 耗煞門【命】衰卯	【命式】乙 甲 甲 癸 　　　亥 午 寅 丑		青攀天 52~61 58壬 龍鞍德【疾厄】胎戌
金流孤天天陰紅火 輿霞辰壽空貴煞鸞星 　　　　　　　廟	截破封天擎**破紫** 空碎詰姚羊**軍微** 　　　　廟旺廟 　　　　　　祿	祿地**天** 存空**機** 　旺平廟	天天陀文 廚馬羅昌 　　平陷旺
伏劫晦 12~21 50甲 兵煞氣【兄弟】病寅	官華太 22~31 49乙 府蓋歲【身夫妻】死丑	博息病 32~41 48甲 士神符【子女】　子	力歲弔 42~51 59癸 士驛客【財帛】絶亥

갑자대한(32~41세) 계사년 자살했다. 재복선이 많이 깨져있다. 일단 선천 복덕궁의 삼방사정에서 영창타무를 본다. 그리고 술궁의 천월과 동궁한 지겁과 자궁의 병부와 동궁한 지공이 절족마인 재백궁을 협한다. 재복선은 또한 분골쇄시 작사전도가 되었다.

길상이건 흉상이건 탐랑과 관계된 사안은 그 대한 후반부에 발생하는 경향이 있다. 계사년은 대한 마지막 해다.

천부는 봉부간상이라 천상을 봐야 하고, 그래서 이에 영향을 끼치는 전택궁 거문을 봐야한다고 한다. 대모가 있고 곡허가 협하며 함지 연못이 있으니 이 분 조상묘에 물들어 온 것 같아 보인다.

『사회적 지위』 180쪽의 자살명과 유사하다. 결국 많은 명반을 접하고 연구해보는 과정을 통해 어떤 명반이라도 접하게 되면 머리 속에 떠오르는 예전에 봤던 명반이 의식적으로건 무의식적으로건 생각나야 한다.

이는 학습에 있어 매우 중요한 사안으로, 많은 바둑을 두어 본 프로 바둑기사가 흑백돌의 형태만 봐도 전광석화로 수읽기가 되는 것과 같은 이치이다. 여러 책을 통해 그리고 주변 사람들의 임상을 통해 많은 명반을 접하고, 이를 반복해서 상기하여 전두엽에 심어 놓으면 어떤 명반을 보더라도 크게 막힘이 없게 되는 때가 온다.

만약에 간명이 잘 안 된다면, 그 명반의 구조는 의식적으로건 무의식적으로건 처음 보는 형태인 것이고 공부가 덜 된 상태인거다.

5) 친구와 동료 그리고 인맥

　스스로의 능력으로 잘 사는 사람들도 있지만 많은 사람들은 주변 인맥을 이용하여 덕을 보고 싶어 한다. 하지만 이는 자기 마음대로 되지 않는 법이다.

　전작에서 '대인관계격' 이야기를 했는데, 친구 최명길과 함께 인조반정을 성공시켜 승승장구했던 장유 선생을 다뤘던 것에 이어 최명길의 또 다른 친구인 이시백 선생과 조익 선생 이야기를 펼쳐보겠다. 공교롭게 이 두 분도 대인관계격이다.
　이어 최명길과 과거시험 동기이지만 다른 라인을 탄 한찬남 선생의 인생을 살펴보고, 현대로 와서 선생님과 친구들 간의 사이가 안 좋은 한 학생의 명반도 다뤄보겠다.
　사기 당하는 명반은 후술 할 '『실전자미두수』 명례 분석'에 많이 나오니 참고 바란다.

　인맥에 관해 생각해 볼 수 있는 좋은 자료들이다.

명례 60. 이시백 선생 (1581 신사년 10월 10일 오시)

截天年鳳地地天 空福解閣劫空機 　　閑廟平	天天天天天天紫 月廚空貴刑魁微 　　　　　廟廟	蜚 廉	孤封陰天陀破 辰詰煞巫羅軍 　　　　陷陷
將指太　2~11　25癸 軍背歲【身　命】冠巳	小咸晦　　　　26甲 耗池氣【父母】帶午	青月喪　　　　27乙 龍煞門【福德】浴未	力亡貫　92~　28丙 士神索【田宅】生申
解寡八天鈴文七 神宿座喜星昌殺 　　　旺旺旺 　　　　　　忌	명례 60. 이시백 선생 / 陰男 양력 1581년 음력 신사년 10월 10일 오시 【命局】水二局 【命主】武曲 【身主】天機 【命式】壬 庚 己 辛 　　　　午 子 亥 巳		紅旬天破龍祿火 艷空官碎池存星 　　　　　旺陷
奏天病　12~21　24壬 書煞符【兄弟】旺辰			博將官　82~91　29丁 士星符【官祿】養酉
流天太 霞梁陽 　廟廟 　　　權			天天大三紅天擎文天廉 壽才耗台鸞姚羊曲府貞 天月 傷德 　　　　　廟陷廟旺 　　　　　　　　科
飛災弔　22~31　23辛 廉煞客【夫妻】衰卯			官攀小　72~81　30戊 府鞍耗【奴僕】胎戌
天天武 鉞相曲 旺廟閑	天右左巨天 哭弼輔門同 　廟廟旺陷 　　　　祿	天台恩貪 使輔光狼 　　　旺	金天天太 輿虛馬陰 　　平廟
喜劫天　32~41　22庚 神煞德【子女】病寅	病華白　42~51　21辛 符蓋虎【財帛】死丑	大息龍　52~61　20庚 耗神德【疾厄】墓子	伏歲歲　62~71　31己 兵驛破【遷移】絕亥

　　최명길, 이시백, 장유, 조익은 사우(四友)라고 불릴 정도로 친하다. 그 중 하나인 이시백 선생의 명반이다.

　　영화 '남한산성'에서는 최명길과 남한산성에서 처음 대면하는 것으로 나오지만, 사실 이 두 분은 오랜 친구이다. 백사 이항복의 제자들이다.

신축대한(42~51세) 44세에 인조반정에 가담하여 아버지는 1등 공신, 자신은 2등 공신이 되었다. 스승인 백사 이항복 선생은 이시백에 대해 "사귀어 노는 자는 모두 이름 있는 사람들이며 그를 믿고 사랑하지 않는 사람이 없으니 어떻게 닦아서 그렇게 되는지 모르겠다."고 할 정도였다. 노복궁 문곡과 질액궁 탐랑이 천이궁을 작사전도협을 해주고, 역시나 노복궁 경양과 전택궁 타라가 관록궁을 협하고 있으니 『사회적 지위』에 나온 '대인관계격'이다.

명궁 천기가 형제를 주하는데 마침 형제궁 영성과 관록궁 화성이 암합이 되면서 각기 좌하니, 주변 인물들에 의해 이 분의 관록의 향배가 결정나는 전형적인 명반이다.

오히려 화령의 암합관계는 명궁 천기입장에서는 스트레스로 다가올 수 있지만, 앞서 언급한 대인관계격의 핵심인 노복궁의 삼방에서 명궁 천기가 필요로 하는 괴월이 비추고 있으니, 이 명반의 인생 관건은 저 노복궁을 어떻게 활용하는가이다.

명례 61. 조익 선생 (1579 기묘년 4월 7일 인시)

蜚破孤天陀天 廉碎辰馬羅同 平陷廟 力歲喪　　27己 士驛門【福德】絕巳	流天天祿文**武** 霞才喜存曲**府曲** 　　旺陷旺旺 　　忌　　祿 博息貫　96~　28庚 士神索【田宅】墓午	年鳳龍擎右**太太** 解閣池羊弼輔**陰陽** 　　　廟廟廟平平 官華官　86~95　29辛 府蓋符【**身**官祿】死未	金月天天大台陰天文**貪** 輿德廚傷耗輔煞鉞昌**狼** 　　　　　　　廟旺平 　　　　　　　　　權 伏劫小　76~85　30壬 兵煞耗【奴僕】病申
紅天封**破** 艷空詰姚**軍** 　　　旺 青攀晦　　26戊 龍鞍氣【父母】胎辰 天 哭	명례 61. 조익 선생 / 陰男 양력 1579년 음력 기묘년 4월 7일 인시 【命局】火六局 【命主】文曲 【身主】天同 【命式】壬 壬 己 己 　　　　 寅 午 巳 卯		旬截天天地巨天 空空官虛空門機 　　　　　廟廟旺 大災歲　66~75　31癸 耗煞破【遷移】衰酉
小將太　6~15　25丁 耗星歲【　命　】養卯			解天天**天紫** 神使壽**相微** 　　　閒閒 病天龍　56~65　32甲 符煞德【疾厄】旺戌
天天**廉** 月福**貞** 　　廟 將亡病　16~25　24丙 軍神符【兄弟】生寅	寡恩八三地 宿光座台劫 　　　　陷 奏月弔　26~35　23丁 書煞客【夫妻】浴丑	紅天鈴天**七** 鸞刑星魁**殺** 　　陷旺旺 飛咸天　36~45　22丙 廉池德【子女】帶子	天天火**天** 貴巫星**梁** 　　平陷 　　　　科 喜指白　46~55　33乙 神背虎【財帛】冠亥

　역시나 최명길 사우(四友) 중 하나인 조익 선생의 명반이다. 관록궁 협으로 쌍록권과 창곡이 들어오고, 천이궁의 천허는 노복궁의 소모와 더불어 '허모'관계로 엮여 있다. 노복궁을 중심으로 하는 '대인관계격'이다.

　최명길의 절친인 이시백, 장유, 조익, 세 분 모두 '대인관계격'이라는 게 신기하다.

[명례] 62. 한찬남 선생 (1560 경신년 11월 16일 축시)

三台 文曲 **破軍** 廟閑 **武曲** 平權	截空 解神 天福 天使 陰煞 **太陽** 廟祿	寡宿 天才 台輔 天貴 紅鸞 天刑 陀羅 天鉞 **天府** 廟旺廟	祿存 廟 太陰 平 **天機** 閑科
大耗 劫煞 天德 65~74 【遷移】 46辛 絕巳	伏兵 災煞 弔客 75~84 【疾厄】 47壬 胎午	官府 天煞 病符 85~94 【財帛】 48癸 養未	博士 指背 太歲 95~ 【子女】 49甲 生申
流霞 蜚廉 天傷 **天同** 平忌			破碎 天壽 天空 八座 擎羊 文昌 **貪狼** 陷廟平平
病符 華蓋 白虎 55~64 【奴僕】 45庚 墓辰			力士 咸池 晦氣 【夫妻】 50乙 浴酉
大耗 封詰 火星 平			金輿 紅艶 天月 天哭 地空 **巨門** 陷旺
喜神 息神 龍德 45~54 【官祿】 44己 死卯			青龍 月煞 喪門 【兄弟】 51丙 帶戌
天廚 天虛 年解 鳳閣 天巫 天馬 左輔 旺廟	月德 天喜 天魁 **七殺** **廉貞** 旺廟旺	旬空 龍池 地劫 右弼 **天梁** 陷旺廟	天官 孤辰 恩光 天鉞 鈴星 天姚 **天相** 廟平
飛廉 歲驛 歲破 35~44 【田宅】 43戊 病寅	奏書 攀鞍 小耗 25~34 【身·福德】 42己 衰丑	將軍 將星 官符 15~24 【父母】 41戊 旺子	小耗 亡神 貫索 5~14 【命】 52丁 冠亥

명례 62. 한찬남 선생 / 陽男

양력 1560년
음력 경신년 11월 16일 축시

【命局】土五局
【命主】巨門
【身主】天梁
【命式】癸 戊 戊 庚
　　　　 丑 寅 子 申

이번에는 최명길과 같은 과거급제 동기였으나 이이첨에게 붙어 광해군 때 권세를 누리고, 인조반정 직후 사사된 한찬남 선생의 명반이다.

특이한 점은 身·복덕궁의 삼방으로 들어오는 창곡의 상황이다. 창곡이 각기 팔좌·삼태와 동궁하며 비추니 창곡 문서의 성질은 매우 높은 수준임을 알 수 있는데, 이러한 창곡이 역시나 각기 위권출중함을 상징하는 경양, 화권과도 동궁한다. 인생의 후반부에(身궁) 들어오는 문서는(창곡) 격이 높고(삼태·팔좌) 동시에 권위도(경양·화권) 있는 문서가 된다.

문제는 이렇게 화려하고 힘 센 권위의 창곡을 내가 받아들일 수 있느냐 하는 점이다. 선천 명궁이 천상이라 주변에 휘둘리기 쉬운데, 64세 인조반정으로 사사되는 대한인 경진대한(55~64세)은 그러한 창곡, 삼태·팔좌, 경양·화권의 협을 받지만, 대한 명궁은 이를 받아들이기에 약한 천동화기이다. 권력의 정점을 찍다가 이 대한 말 인조반정의 성공으로 이이첨과 더불어 사사된다.

한찬남 선생은 중년 때까지의 기록이 거의 없다. 다만 기묘대한 초, 46세 때인 1605년 을사년 과거급제를 하고 이이첨의 수족으로 권세를 누리기 시작했음을 알 수 있는데, 인생의 절정 20년의 시작인 기묘대한은 선천 명궁 영성이 화성·탐랑운으로 오는 화탐영탐 횡발의 대한이다. 선천 천이궁 문곡·삼태·화권이 대한 천이궁 문창·팔좌·경양운으로 오니 짝성이 그 짝을 만나는 운이고, 선천 관록궁 협으로 들어오는 악사위천리가 대한 관록궁 홍란·천희로 오는 관록상의 유사대폭발격 운이다.

선천 명궁은 여리여리한 천상이 영성과 동궁하고 있어 공겁협을 영향을 지대하게 받는 상황에선 身궁이라도 좋아야 하는데, 마침 身궁으로 보필협, 좌귀향귀, 삼방에선 삼태·팔좌와 동궁한 문곡·문창에 화권, 경양 등이 비추니, 인생 후반부에 정점을 찍을 수 있는 전형적인 명반이라는 것이 체이니, 기묘대한의 폭발적 길상이 확실히 보인다.

경진대한도 이이첨의 수족으로 활약을 하면서 이원익, 이항복 등을 축출하거나 귀양 보내는데 일조하고 도승지, 형조판서 등의 매우 높은 벼슬에서 권세를 누린다. 대한 명궁 협으로 들어오는 삼태·팔좌, 창곡, 화권·경양으로 주위의 세가 선생을 둘러싸고 있는 형상이다.

다만, 그 힘이 센 협들을 받는 대한 명궁이 천동화기라는 점은 의미심장하다. 주위의 권력을 이용하면 할수록, 이것이 자충수가 되어 복성 천동화기의 징험함이 더 드러나게 되어 있는 묘한 구조이다.

외궁의 화권, 경양은 기본적으로 나에게 좋지 않다.
양타의 협을 받는 록존과 비교해 보겠다. 록존에 살성이 없고 양타가 제화된 상태에선 그러한 양타가 호위무사가 될 수 있지만, 록존과 살이 동궁하고 있으면 록존은 양타의 침탈을 받는다.
경진대한 명궁은 살성과 동궁한 록존처럼 침탈을 받기 쉬워 보인다. 복성 천동이 함지에 있으면서 복덕에 있으면 안 좋은 공겁을 삼방에서 보고 있으며 결정적으로 화기를 맞았다.
이 대한 복덕궁이 아무리 튼튼한들 소용이 없다. 대한 명궁에서의 암시가 복덕이 깨짐을 의미한다. 이를 체로 본다면 용인 대한 복덕궁은 강왕한 묘왕지 태양이 아니라 별리(이별조합)를 주하는 태양이다. 이럴 때 오궁의 태양은 한 낮의 태양이라 너무 빛이 나서 오히려 안 좋다고 해석한다.

경진대한 록기를 보니 태양화록으로 자오궁 대한재복 선천부질 발생, 축미궁 선천 身·재복선 문제궁위, 최종결과는 천동화기로 진술궁 형노선의 상문·백호이다. 사망의 상관궁선인 형노·재복 身궁 질액궁, 상문·백호 등이 다 움직였다. 인조반정으로 사사받아 사망했으니 관록궁도 움직여야 하는데 그렇지 않은 듯 보인다.

하지만 여기서 조심할 것은 선천 록존이 인궁으로 차성되면, 대한의 차성이차발생이 진술궁이 되어 록기전도가 된다는 점이다. 이러한 록기전도를 감안하면 대한 천동화기는 발생의 성질을 띠어 오궁의 선천 태양화록과 더불어 사해궁선을 인동하고 인궁으로 차성된 록존과 더불어 묘유궁도 인동시킨다.

사해궁과 묘유궁은 외궁의 쌍화권, 외궁의 경양, 외궁의 자미(노기주)가 있는 궁선인데, 특히나 묘유궁은 선천 부관선으로 관록궁 역시 인동되었다.

결국 사해궁과 묘유궁이 록기전도를 감안한 발생의 범주이고, 최종결과는 진술궁 천동화기이다. 사해궁의 외궁 쌍화권과 묘유궁 경양과 자미 노기주가 발생이라는 것은 나의 주변, 대한 부모궁(사궁), 즉 국왕이 쌍화권을 가지고, 나의 부관의 형노(묘유궁), 즉 동료나 내 밑의 직책에 있는 사람들이 주인을 능멸하는 것이 발생이다.

계해년은 그러한 발생선인 사해궁에 좌하면서 주변의 영향을 많이 받는다는 천상운으로 대궁까지 해석해 본다면 파노파가다노록의 운이다.

특히나 외궁의 천요가 있어 남의 권모술수를 상징하는 자리이기도 하다. 그러한 남의 권모술수 외궁의 천요는 내 대한 내궁에 공겁을 던져주는 역할도 하고 있어(공겁협에 대한 복선궁의 현현) 성질이 매우 고약하다.

　유년이 그러한 자리에 앉은 것만으로도 매우 흉한데, 유년의 계간 파군화록과 탐랑화기는 각기 사궁과 유궁이 되면서 『실전자미두수』에 나온 전형적인 인과기두44)가 되었다.

　계해년 록기로 대한의 최종결과인 진술궁선이 암동은 되었을지 몰라도 명동이 되지는 않았다. 이런 경우 진술궁이 전실되는 유월에 사안이 발생할 확률이 높다. 1623 계해년 음력 3월인 병월에 인조반정이 일어난다.

　누군가에게 있어 기회였던 인조반정, 누군가에게 있어선 명줄이 끊기는 상황이었다. 1605년 같은 해에 최명길과 함께 과거급제를 했지만, 역시나 같은 해인 1623년에는 운명이 갈렸다.

---

44) 유년의 발생과 결과가 대한의 발생선들을 건드리는 상황을 말한다.

[명례] 63. 대인관계 문제 학생

截天年鳳天 空福解閣梁 　　　　陷 將指太　　25癸 軍背歲【福德】病巳	解天天天七 神廚空魁殺 　　　廟旺 小咸晦　93~　26甲 耗池氣【田宅】衰午	輩恩 廉光 青月喪　83~92　27乙 龍煞門【官祿】旺未	孤天天天鈴陀廉 辰傷才刑星羅貞 　　　　旺陷廟 力亡貫　73~82　28丙 士神索【奴僕】冠申
寡天台陰天**天紫** 宿壽輔煞喜**相微** 　　　　　旺陷 奏天病　　24壬 書煞符【父母】死辰	명례 63. 대인관계 문제 학생 / 陰男 양력 2002년 ○월 ○일 술시 음력 신사년 ○월 ○일 술시 【命局】木三局 【命主】文曲 【身主】天機 【命式】甲 己 辛 辛 　　　　戌 丑 丑 巳		紅旬天破龍天地 艷空官碎池貴存劫 　　　　　　旺平 博將官　63~72　29丁 士星符【遷移】帶酉
流八左**巨天** 霞座輔**門機** 　　陷廟旺 　　　　祿 飛災弔　3~12　23辛 廉煞客【　命　】基卯			月天大紅擎**破** 德使耗鸞羊**軍** 　　　　　廟旺 官攀小　53~62　30戊 府鞍耗【疾厄】浴戌
天天文**貪** 月鉞曲**狼** 　　旺平平 　　　　科 喜劫天　13~22　22庚 神煞德【兄弟】絶寅	天地火**太太** 哭空星**陰陽** 　　陷旺廟陷 　　　　　權 病華白　23~32　21辛 符蓋虎【夫妻】胎丑	封天文**天武** 誥姚昌**府曲** 　　旺廟旺 　　　　忌 大息龍　33~42　20庚 耗神德【子女】養子	金天三天天右天 興虛台巫馬弼同 　　　　　平閑廟 伏歲歲　43~52　31己 兵驛破【**身**財帛】生亥

언듯 보면 부모궁은 나의 명궁과 복덕궁에 재음을(화록과 천량을) 주고 있고, 형제궁은 명궁과 부처궁에 록권을 주고 있어 선생님이나 친구관계가 좋아 보인다.

하지만 실상은 고등학교 와서 성적이 떨어지고, 친구들과도 사이가 안 좋고 선생님들하고도 안 좋다.

대인관계격은 왜 형제궁에 관한 격국이 아니고 노복궁에 관한 격국인지 이해해야 한다.『사회적 지위』53쪽에 근본궁과 현실투영궁에 나왔듯, 전택 복덕 부모 명 형제 부처궁은 근본궁이고, 이의 현실투영궁은 자녀 재백 질액 노복 관록궁이다.

비록 이 명반 근본궁의 협상황들은 좋지만, 노복궁 영성과 관록궁 화성으로 그 교호관계가 심한데, 그러한 노복은 관록과 천이에 각기 공겁을 주고, 또한 노복은 질액궁의 경양과 더불어 천이궁을 양타협 시킨다. 안 좋은 의미의 대인관계격이다.
천이궁 록존에 지겁이 없었다면 단지 대인관계에서 조심하는 것으로 혹은 피해의식이 있는 것으로 그쳤을지 모른다.

다행인 것은 명반의 부모궁과 형제궁에서 읽히듯 부모님이 이를 알고 이 아이의 대인관계 극복을 위해 사방으로 노력하고 있다는 것이다. 또 하나 다행인 것은 노복궁에 이렇게 음적인 별들이 많고 이러한 안 좋은 기운이 천이궁에까지 영향을 끼치는데 그러한 천이궁이 身궁이 아니라는 점이다. 만약 천이궁이 身궁이었다면, 전형적으로 유형성 질병에 노출되기 쉬운 구조가 되었을 것이다.

5장.
『실전자미두수』 명례 선천 대한 분석

이두 선생님께서 집필하신 『실전자미두수』는 극단적인 인생의 굴곡이 보이는 명반이 많이 실려 있어 본서의 부제인 '자미두수로 보는 인생의 굴곡'과도 통하는 부분이 있고, 그래서 처음 추론을 본격적으로 배우려는 분들도 이 책을 참고하면 좋다.

하지만, 이두식록기법에 관한 서적이라 책의 성격상 선천과 대한 분석이 친절하지는 않다. 이를 다 수록하려면 2권짜리로는 부족했을 것이다. 특히나 대한을 보는 데 매우 유용한 '피해궁'이나 '복선궁의 현현', 그리고 유년을 보는데 유용한 '첩궁공명'이나 '거울공명'에 관한 이야기는 이두 선생님께서 『실전자미두수』 출간 후에 발견하셨기 때문에 더더욱 수록되어 있지 않다.

그러나 선천과 대한의 전반을 분석하는 일은 록기를 돌리기 전에 반드시 이뤄져야 하는 일이다. 그래야 록기의 향배가 더욱 정확히 읽힌다. 이에 『실전자미두수』에 나온 상당수의 명례에 설명을 달아 유년 혹은 유월에 대한 본격적인 추론 전에 필요한 선천과 대한 상황 이해에 도움이 되고자 한다. 단, 선천부터 볼 필요가 없는 명반이나 추론에 관한 명반이 아닌 것 등은 제외시켰다.

이두 선생님께서 밝히신 새로운 관법들 중 대한을 보는데 유용한 '복선궁'과 '피해궁'은 앞서 언급했으니, 유년을 보는데 필요한 '첩궁공명'과 '거울공명'에 관한 이야기를 먼저 한 뒤, 『실전자미두수』 1권, 2권 순서로 선천과 대한 분석을 해 보겠다. 선천, 대한뿐 아니라 유년 추론의 메카니즘도 뒤쪽에 상당히 정리해 놓았으니 많은 도움이 될 것이다.

명반의 수가 상당히 많기도 하거니와 앞서 언급했듯 극단적 인생의 굴곡이 보이는 명반이라 추론을 처음 익히기에도 매우 유용한 자료이니 몇 번이고 반복해서 숙지한다면, 추론의 맥이 잡힐 것이다.

1) 첩궁공명

첩궁공명은 어느 유년에 대한에서 암시된 사안이 발생하는가를 보는 이론 중의 하나이다.

유년을 볼 때 가장 먼저 해야 하는 것은, 유년이 앉는 자리가 대한의 록기로 인동된 궁선인지를 판단하는 것이다. 그러한 궁선에 유년이 앉아 있다면 대한의 암시가 발현될 수 있는 첫 번째 조건이 성립된다. 하지만 그렇지 않은 경우도 있는데, 예를 들어 선천 재복선이 대한의 록기로 인동되었으면, 대한 재복선에 유년이 좌해도, 대한 록기로 인동된 선천 재복선의 암시가 발현될 수 있다. 이것이 첩궁공명이다.

첩궁공명은 록기로 인한 인동을 말하는 것이 아니다. 유년 록기를 돌리기 전에 유년이 앉은 자리가 무슨 궁인지를 보고, 대한에서 암시된 사안 중 무엇이 발현될지를 가늠해보는 도구 중 하나이다.

예를 통해 알아보자.

명례 64. 기축대한(25~34세) 계미년 도화

大大大紅文 曲陀耗鸞曲 　　　　廟 　　　　忌 小亡龍　　32辛 耗神德【身福德】冠巳 　　　【大官】	大截天左天 祿空輔輔機 　　　　旺廟 青將白　95~　33壬 龍星虎【田宅】帶午 　　　【大奴】	大寡台陀天**破紫** 羊宿輔羅鉞**軍微** 　　　廟旺廟廟 力攀天　85~94　34癸 士鞍德【官祿】浴未 　　　【大遷】	大天天祿天右 鉞傷哭存馬弼 　　　　廟旺平 博歲弔　75~84　35甲 士驛客【奴僕】生申 　　　【大疾】
流天天鈴**太** 霞月虛星**陽** 　　　旺旺祿 將月歲　　31庚 軍煞破【父母】旺辰 　　【大田】	명례 64. 기축대한 도화 // 陽女 양력 1970년 ○월 ○일 축시 음력 경술년 ○월 ○일 축시 【命局】 土五局 【命主】 文曲 【身主】 文昌 【命式】 癸 癸 庚 庚 　　　　 丑 酉 辰 戌		大天擎文天 昌貴羊昌府 　　　陷廟陷 官息病　65~74　36乙 府神符【遷移】養酉 　　　【大財】
月天封八天**七武** 德壽詰座姚**殺曲** 　　　　　陷陷 　　　　　權 　　　　　祿 奏咸小　5~14　30己 書池耗【　命　】衰卯 　　　【大福】			金紅解天陰地**太** 輿艷神使煞空**陰** 　　　　　陷旺 　　　　　科 伏華太　55~64　25丙 兵蓋歲【疾厄】胎戌 　　　【大子】
旬天龍天火**天天** 空廚池巫梁**梁同** 　　　　廟廟閑 　　　　　　忌 　　　　　　科 飛指官　15~24　29戊 廉背符【兄弟】病寅 　　　【大父】	破天恩天天 碎才光魁相 　　　旺廟 喜天貫　25~34　28己 神煞索【夫妻】死丑 　　　【大命】	大蜚年鳳地巨 魁廉解閣劫門 　　　　陷旺 病災喪　35~44　27戊 符煞門【子女】基子 　　　【大兄】	大天孤天三天**貪廉** 馬官辰空台刑**狼貞** 　　　　　　平陷 　　　　　　權 大劫晦　45~54　26丁 耗煞氣【財帛】絕亥 　　　【大夫】

　『실전자미두수』 3판 1권 270쪽에 나온 기축대한 계미년 도화가 발생한 명반이다.

　身·복덕궁에 각종 도화성들을 보니 선천상 도화는 명백히 보인다. 기축대한은 그렇지 않아도 록을 못 보는 선천 살파랑이 록을 못 보는 대한으로 오니 불안정함이 보인다. 자유롭고 랑탕한 사해궁 염탐 선천 복덕이, 화령협 복덕대한으로 오는 것도 보아야 한다.

특히나 사궁으로 차성되기 전의 해궁 염탐은 공겁협을 받은 상태로, 그러한 공겁협 복덕이 행동을 주하고 변화를 주하는 무곡·칠살 복덕운으로 왔으니, 상상으로 생각만 한 도화를 직접 나서서 실현시킨 대한인 점도 주목해야 한다.

계미년은 대한의 록기로 인동이 되지 않은 궁선이기에 대한에서 암시된 사안이 발현되지 않을 듯하지만, 대한 발생 묘유궁과 선천명천-대한명천으로 첩궁공명된 자리이고, 앉은 자리 파군은 부처·자녀·노복을 상징하는 별이다. 그래서 대한에서 암시된 사안이 발현되기 쉬운 유년 자리이다.

나머지 자세한 록기의 운용은 『실전자미두수』 1권 270쪽을 참고 바란다.

2) 거울공명 (혹은 혜성공명)

대한 차원에서 인동이 되지 않은 궁선이 그 대한 내의 특정 유년에선 공명되어 대한 차원에서도 인동된 것으로 보는 이론이다. 대한에서 특정 궁선의 인동이 매년 그러하지는 않고, 혜성이 지구를 찾아오는 해가 따로 있듯, 해당 유년에서만 그러함을 의미한다. 혹은 거울을 돌리면 어느 순간 거기에 상이 비추듯, 특정 유년에서만 대한에서의 인동의 상이 비추는 것을 의미한다.

대한에서, 특히나 일차발생으로, 인동된 궁선의 이름을 읽어 주고 (예를 들어 대한 자전선), 특정 유년의 유년십이사항궁에 해당하는 그 궁선이(유년 자전선) 설령 대한 차원에서 인동이 되지 않은 상태라고 할지라도, 그 해당 유년에서만큼은 대한 차원에서도 인동된 것으로 본다.

실례를 들어 설명해 보겠다.

[명례] 65. 계묘대한 자식 길상

大馬廟 大鉞廟 月德 破碎 天鉞 **巨門** 旺平 權	天福廟 天虛廟 天哭 八座 **天相** 旺平 科	天才廟 大耗廟 右弼 左輔 **天梁** 旺 祿	輩廉 三台 陰煞 鈴星 **七殺** 旺廟
飛劫小 22~31 42乙 廉煞耗【夫妻】 冠巳 【大福】	奏災歲 12~21 43丙 書煞破【兄弟】 帶午 【大田】	將天龍 2~11 44丁 軍煞德【 命 】浴未 【大官】	小指白 45戊 耗背虎【父母】生申 【大奴】
台輔 龍池 天姚 **貪狼** 廟 忌	명례 65. 계묘대한 자식길상 / 陽女 양력 1972년 ○월 ○일 戌時 음력 임자년 ○월 ○일 戌時		天廚 天喜 地劫 **天同** 平平
喜華官 32~41 53甲 神蓋符【子女】 旺辰 【大父】			青咸天 46己 龍池德【福德】養酉 【大遷】
大昌 大魁 天壽 紅鸞 天魁 **太陰** 廟陷 科	【命局】水二局 【命主】武曲 【身主】火星 【命式】丙 乙 乙 壬 　　　　　戌 巳 巳 子		解神 天官 寡宿 年解 鳳閣 陀羅 **武曲** 廟廟 忌
病息貫 42~51 52癸 符神索【身財帛】衰卯 【大命】			力月弔 92~ 47庚 士煞客【田宅】胎戌 【大疾】
旬截天孤天天天文 **紫** 空空月辰使貴曲 **微** 旺平廟廟 權	大金天地天 羊輿空空 **機** 陷陷	大紅天封恩天火擎文 **破** 祿艷傷詰光刑星羊昌 **軍** 平陷旺廟 祿	大大流天祿 **太** 曲陀霞巫存 **陽** 廟陷
大歲喪 52~61 51壬 耗驛門【疾厄】病寅 【大兄】	伏攀晦 62~71 50癸 兵鞍氣【遷移】死丑 【大夫】	官將太 72~81 49壬 府星歲【奴僕】墓子 【大子】	博亡病 82~91 48辛 士神符【官祿】絶亥 【大財】

위 명은 계묘대한(42~51세) 무술년(2018) 딸이 명문대에 합격하는 경사가 있었다. 선천과 대한의 자녀궁이 전부 대한의 외궁이면서, 언뜻 보면 자녀에 관한 사안이 이 대한 내에서 크게 좋아 보이지 않을 수 있다.

하지만 그렇지 않다. 일단 선천 명궁에 자녀의 흉상 혹은 무력함을 암시하는 조합이 없다. 그 다음 선천 자녀궁을 보면 괴월협이 되어 있는 탐랑이다. 물론 선천 전택궁은 좋지 않다. 전택궁은 자녀궁의 대궁으로 영향을 안 끼칠 수는 없지만, 자녀궁 자체는 상황이 좋다. 선천 명·신궁 삼방사정으로 길성이 모이면, 선천의 자전, 부질, 형노선은 안 좋아 보이기 쉬우므로 그 체용을 정확히 따져야 한다.

물론 이 명은 민감한 별인 천량 명궁인데, 전택궁에 결절을 암시하는 무곡화기에 타라까지 있는 상태에서 身궁과 암합하니 생리불순 등, 산부인과 질병을 조심해야 하는 명이다.

다시 자녀 사안으로 돌아오면, 선천 자녀궁이 좋은 것이 체인데, 계묘대한은 진궁을 협하는 괴월이 대한의 내궁으로 들어오므로 복선궁의 현현이 되었다. 진궁은 자녀의 문서궁으로 자녀 문서상에 있어서의 괴월, 즉 기회가 있는 대한이다.

그럼 이제부터 본격적으로 거울공명에 대한 설명에 들어가겠다. 대한의 록기를 보면, 대한 파군화록으로 자오궁 자전·형노가 움직이면서 진술궁이 공명되고, 대한 탐랑화기로 다시 진술궁이 인동되었다. 이 때의 탐랑화기는 록기전도로 인한 발생의 의미가 있으므로 그 흉상은 적어도 진궁 자체에서는 크지 않다. 문제는 술궁이다.

초심자의 경우, 이 대한에서 움직이지 않은 명천선, 부관선, 재복선은 어떻게 봐야 할지 몰라 당황할 수 있다.

찬찬히 보자. 무술유년은 대한에서 인동된 술궁에 좌한다. 이 유년의 자녀 입시결과를 보고자 하는데, 물론 유년 자전선인 축미궁이 대한의 록기로 인동되지 않았다. 하지만 대한의 파군화록이 대한 자전선에 있으니 유년 자전선인 축미궁은 적어도 이 유년에서만큼은 대한에서도 인동이 되는 것으로 본다. 이를 거울공명이라고 한다. 유년의 천기화기로 그러한 축미궁이 유년에서도 인동되었다.

  물론 역시나 유년에서 인동된 술궁의 상황이 안 좋기에 이 해에 친정 어머니가 허리 수술로 고생하셨고, 이모가 황당한 사기를 당해 수 억을 날려 집안이 뒤집어진 일도 있다.

[명례] 66. 덕혜옹주

月破天巨 德碎鉞門 　　　旺平 飛劫小　35~44　11乙 廉煞耗　【子女】　冠巳	天天天**天廉** 福虛哭**相貞** 　　　　旺平 奏災歲　25~34　11丙 書煞破　【夫妻】　帶午	大鈴右左天 耗星弼輔**梁** 　　旺廟廟旺 　　　　　科祿 將天龍　15~24　11丁 軍煞德　【兄弟】　浴未	蜚天天恩陰地**七** 廉才貴光煞劫**殺** 　　　　　　廟廟 小指白　5~14　11戊 耗背虎　【命】　生申
龍天**貪** 池姚**狼** 　　廟 喜華官　45~54　11甲 神蓋符　【財帛】　旺辰	명례 66. 덕혜옹주 / 陽女 양력 1912년 5월 25일 유시 음력 임자년 4월 9일 유시 【命局】 土五局 【命主】 廉貞 【身主】 火星 【命式】 丁 辛 乙 壬 　　　　 酉 丑 巳 子		天天天 廚喜**同** 　　　平 青咸天　　　　11己 龍池德　【父母】　養酉
天台三紅天**太** 使輔台鸞魁**陰** 　　　　　廟陷 病息貫　55~64　11癸 符神索　【疾厄】　衰卯			解天寡年鳳陀**武** 神官宿解閣羅**曲** 　　　　　廟廟 　　　　　　　忌 力月弔　　　　11庚 士煞客　【福德】　胎戌
旬截天孤天天地**紫** 空空月辰壽馬空**府微** 　　　　　旺陷廟廟 　　　　　　　　權 大歲喪　65~74　11壬 耗驛門　【身遷移】　病寅	金天天文文**天** 輿傷空曲昌**機** 　　　廟廟陷 伏攀晦　75~84　11癸 兵鞍氣　【奴僕】　死丑	紅天擎**破** 艷刑羊**軍** 　　陷廟 官將太　85~94　10壬 府星歲　【官祿】　墓子	流封八天龍火**太** 霞詰座巫存星**陽** 　　　　　廟平陷 博亡病　95~　12辛 士神符　【田宅】　絶亥

『사회적 지위』 220쪽에 언급된 덕혜옹주의 명반이다. 무신대한 (5~14세) 무오년 아버지 고종이 승하하셨다. 상문·백호가 있는 인신 궁이 대한의 록기로 견인되지 않았다. 다만 대한 탐랑화록으로 대한 의 재복선 (진술궁)이 인동되었는데 무오년의 유년 재복선인(인궁이 身 궁이기에 유년 십이사항궁을 읽어줌) 인신궁은 적어도 이 유년만큼은 대 한 차원에서 인동된 것으로 본다.

무오년 탐랑화록으로 대한 재복선이 인동되었으니 유년 재복선인 인신궁도 이 유년에서 인동된다. 상관궁의 완성으로 이 해에 돌아가셨다.

물론 살을 많이 보는 살파랑 명반이라 육친불리나 본인 건강의 문제가 있기 쉽다는 것이 체이다.

명례 67. 등반 추락사

天月 孤辰 天壽 天才 八座 左輔平 天機旺科		天福 台輔 龍池 紫微廟權		月德 天貴 天喜		解神 天傷 天虛 年解 鳳閣 天巫 天馬旺 破軍陷	
飛亡貫 廉神索	24~33 【福德】	64乙 生巳	喜將官 神星符	34~43 【田宅】	65丙 浴午	病攀小 符鞍耗	44~53 【官禄】	66丁 帶未	大歲歲 耗驛破	54~63 【奴僕】	67戊 冠申
旬天文七 空哭曲殺 　　廟旺		명례 67. 등반 추락사 / 陽男 양력 1962년 ○월 ○일 자시 음력 임인년 ○월 ○일 자시 【命局】金四局 【命主】文曲 【身主】天梁 【命式】戊 辛 癸 壬 　　　　 子 未 卯 寅				天破大三右 廚碎耗台弼 　　　　　陷	
奏月喪 書煞門	14~23 【父母】	63甲 養辰				伏息龍 兵神德	64~73 【遷移】	68己 旺酉
天鈴天太 空星魁梁陽 　廟廟廟禄				蜚天天天陀天天 廉官使刑羅昌府貞 　　　　　　廟廟旺	
將咸晦 軍池氣	4~13 【身 命】	62癸 胎卯				官華白 府蓋虎	74~83 【疾厄】	69庚 衰戌
截封天 武 空詰姚 相曲 　　　 廟閑 　　　　忌		金寡恩紅火巨天 輿宿光鸞星門同 　　　　　旺旺陷		紅陰擎貪 艷煞羊狼 　　　陷旺		流祿地地太 霞存劫空陰 　廟旺陷廟	
小指太 耗背歲	【兄弟】	61壬 絶寅	青天病 龍煞符	【夫妻】	60癸 墓丑	力災弔 士煞客	94~ 【子女】	59壬 死子	博劫天 士煞德	84~93 【財帛】	70辛 病亥

을사대한(24~33세) 말에 사법고시를 패스하여 법조인이 되었는데, 고위관료로 재직하던 무신대한(54~63세) 무술년에 등반을 하다 추락하여 사망했다.

일단 대한 록기를 돌리기 전에 사망의 암시가 보이는지 살펴보겠다. 선천 천이궁이 노복궁의 천마와 질액궁의 타라로 인해 절족마협을 받고 있는 무정성 유궁이다. 때마침 차성해서 오는 양양은 별리 조합이고, 영성은 부주의를 뜻한다. 특히나 천이궁과 노복궁은 허모로 밀접하게 연관되어 있음을 놓치지 말아야 한다. 저 노복궁은 협으로 화령이 오기에 더욱 유의해야 하는데, 노복 파군 때문에 나의 천이엔 영성을 관록엔 화성을 갖게 된다고 해석할 수 있다.

선천 형제궁도 의미심장하다. 이렇게 화령협이 되어 있는 형제궁은 일반적으로 어머니나 형제에게 안 좋은 것이라고 해석하지만, 간혹 주변 사람들과의 괴리가 있어 안면인식장애가 있을 수 있다. 무신대한(54~63세)에는 선천 천이궁이 이러한 대한 천이궁으로 오는 것 자체에 주목해야 한다. 게다가 身궁은 대한의 질액궁이 되었다.

천이상에서 화령협을 받은 명주는 결절의 상황을 맞이하게 되는데(무곡화기), 문제는 대한의 록기로 이러한 인신궁이 인동되지 않았다는 점이다.

하지만 무신대한의 탐랑화록은 대한 부관선에 있고 무술 유년 부관선이 인신궁이기에, 적어도 이 유년에서 인신궁은 대한 차원에서 거울공명으로 인동된 것으로 본다. 유년 탐랑화록은 대한 부관선으로 유년 부관선인 인신궁이 다시 한번 공명되었다.

음력 8월인 신월에 추락사했다. 3월(병월), 6월(기월)도 유력하나 유년의 발생결과를 다 건드려주면서 전실되는 달은 8월(신월)이다.[45]

---

[45] 전실에 관해선 『실전자미두수 1권』 264쪽 참고.

3) 『실전자미두수』 1권 명례

명례 68. 기미대한(42~51세) 병진년 부인 암으로 사망

天福 年解 封詰 鳳閣 天巫 天鉞 巨門旺平權			天官 天使 天空 三台 火星 天相廟旺 廉貞平		旬空 蜚廉 文曲 文昌旺平 天梁旺		紅艷 解神 孤辰 天貴 恩光 八座 地空 七殺廟廟	
喜神 指背 太歲	62~71 【身遷移】	73丁 冠巳	飛廉 咸池 晦氣 52~61 【疾厄】	74戊 帶午	奏書 月煞 喪門 42~51 【財帛】	75己 浴未	將軍 亡神 貫索 32~41 【子女】	76庚 生申
寡宿 天傷 天才 天喜 左輔 貪狼廟廟忌			명례 68. 부인 암으로 사망 / 陰男 양력 1953년 ○월 ○일 묘시 음력 계사년 ○월 ○일 묘시				破碎 台輔 龍池 天刑 天同平	
病符 天煞 病符	72~81 【奴僕】	72丙 旺辰					小耗 將星 官符 22~31 【夫妻】	77辛 養酉
天魁 太陰廟陷科			【命局】 水二局 【命主】 巨門 【身主】 天機 【命式】 乙 戊 甲 癸 　　　　 卯 戌 寅 巳				月德 天月 天壽 大耗 紅鸞 右弼 武曲廟廟	
大耗 災煞 弔客	82~91 【官祿】	71乙 衰卯					青龍 攀鞍 小耗	12~21 【兄弟】	78壬 胎戌
金輿 流霞 陰煞 地劫 天府平 紫微廟廟			截空 天哭 天姚 鈴星 擎羊 天機陷廟陷		祿存 破軍旺廟祿		天廚 天虛 天馬 陀羅 太陽平陷陷	
伏兵 劫煞 天德	92~ 【田宅】	70甲 病寅	官府 華蓋 白虎 【福德】	69乙 死丑	博士 息神 龍德 【父母】	68甲 基子	力士 歲驛 歲破 2~11 【命】	79癸 絕亥

『실전자미두수』 1권(2017년), 126쪽에 나와 있는 명반이다.

　록존이 부모궁에 있어 명궁엔 타라를 얻고 복덕궁엔 경양을 얻는 구조인데, 공교롭게도 타라엔 천허가 그리고 경양엔 천곡이 있어, 록존으로 인한 피해는 단순히 양타가 아닌 곡허를 각기 동반한 양

타가 되었다.

이러한 양타로 인한 기량회양타와 일월양타 격국은 재백궁에서 완성되어, 이 대한에 아내가 암으로 사망했다. 명궁 삼방사정에서 이러한 격국에 필요한 별들을 다 보지는 못하지만 결혼을 하면 부처궁 삼방에서 나머지 별들을 다 보니, 결혼을 하면 기량회양타와 일월양타가 성립된다고 해석할 수 있다. 특히나 부처궁엔 천형이 있는데 쌍병부와 같이 있는 탐랑화기와 암합하고 있어 더욱 그러한 경향이 있다.

기미대한은 약간의 살만 있어도 흉하다고 하는 축미궁 기량운인데, 피해궁으로 인한 양타가 대한 명궁과 부처궁을 편사식으로 치는 구조도 한 몫 한다. 당연히 대한 명궁 상문, 창곡의 상례 암시를 가장 중요하게 봐야 한다. 대한 부처궁이 身궁이면서, 이러한 부처궁의 질액궁이 자궁 피해궁인 점도 무시 못 한다. 즉, 이 대한 양타의 피해는 부처의 질액으로 인한 것이다.

경진년 앉은 자리가 대한의 발생선이면서 묘하게도 사해궁 대한 부관의 身궁선이 유년의 부질선이 되면서 유년 태양화록으로 인동된다.

명례 69. 경진대한(36~45세) 임자년 교통사고 사망

天破鈴左天 月碎星輔梁 旺平陷	截天天文七 空福傷曲殺 陷旺	天天陀天 才空羅鉞 廟旺	解孤天台天祿天文廉 神辰使輔巫存馬昌貞 廟旺旺廟
大亡病 46~55 36辛 耗神符【身官祿】 冠巳	伏將太 56~65 37壬 兵星歲【奴僕】 旺午	官攀晦 66~75 38癸 府鞍氣【遷移】 衰未	博歲喪 76~85 39甲 士驛門【疾厄】 病申
流寡年封鳳八天紫 霞宿解詰閣座相微 旺陷	명례 69. 교통사고 사망 // 陽男 양력 1990년 ○월 ○일 인시 음력 경오년 ○월 ○일 인시		紅地擎右 鸞空羊弼 廟陷陷
病月弔 36~45 47庚 符煞客【田宅】 帶辰	【命局】火六局 【命主】巨門 【身主】火星 【命式】甲 戊 己 庚 　　　 寅 寅 卯 午		力息貫 86~95 40乙 士神索【財帛】 死酉
天火巨天 喜星門機 平廟旺			金紅旬龍天三天破 輿艶空池貴台刑軍 旺
喜咸天 26~35 46己 神池德【福德】 浴卯			青華官 96~ 41丙 龍蓋符【子女】 基戌
輩天天貪 廉廚姚狼 平	大地天太太 耗劫魁陰陽 陷旺廟陷 科祿	天天恩陰天武 虛哭光煞府曲 廟旺 權	月天天天 德官壽同 廟 忌
飛指白 16~25 45戊 廉背虎【父母】 生寅	奏天龍 6~15 44己 書煞德【 命 】 養丑	將災歲 43戊 軍煞破【兄弟】 胎子	小劫小 42丁 耗煞耗【夫妻】 絶亥

『실전자미두수』 1권(2017년), 152쪽에 나와 있는 명반이다.

　삼방사정에서 육살을 다 보고 있으며 (명·신궁에서 살을 많이 보면 '건강 문제'와 '육친불리' 문제가 있음), 身궁과 질액궁이 암합되어 있다. 특히나 질액궁은 록존이 있어 양타가 협하는데, 거기에 공겁이 협을 하고, 지공·천공도 같이 협하고 있으니, 질병과 액운 문제가 있기 쉬운 명이다.

선천 질액궁 록존이 경진대한(36~45세) 질액궁에서 화기를 만나 질액에 있어 근본적인 변화가 생기기 쉬운 대한이 되었다. 공교롭게도 대한 부질선은 身궁선이기도 하다.

명례 70. 임인대한(36~45세) 이혼 및 사업 망함

孤天天 辰鉞機 　　旺平	解天龍陰地紫 神福池煞劫微 　　　　廟廟 　　　　　權	月天恩八三天天 德才光座台喜刑	天年鳳天火破 虛解閣馬星軍 　　　　旺陷陷
飛亡貫　6~15　64乙 廉神索【命】　絶巳	奏將官　　　65丙 書星符【父母】　墓午	將攀小　　　66丁 軍鞍耗【身福德】死未	小歲歲　96~　67戊 耗驛破【田宅】　病申
旬天地七 空哭空殺 　　　陷旺	명례 70. 임인대한 이혼 / 陽女 양력 1962년 ○월 ○일 미시 음력 임인년 ○월 ○일 미시 【命局】火六局 【命主】武曲 【身主】天梁 【命式】己 戊 壬 壬 　　　　未 戌 子 寅		天破天大封 廚碎壽耗詰
喜月喪　16~25　63甲 神煞門【兄弟】　胎辰			青息龍　86~95　68己 龍神德【官祿】　衰酉
天天天文天太 空貴魁昌梁陽 　　　廟平廟廟 　　　　　　祿			蜚天天天陀天廉 廉月官傷羅府貞 　　　　廟廟廟旺
病咸晦　26~35　62癸 符池氣【夫妻】　養卯			力華白　76~85　69庚 士蓋虎【奴僕】　旺戌
截天左武 空巫輔相曲 　　　廟閒 　　　科　忌	金寡台紅巨天 輿宿輔鸞門同 　　　　旺陷	紅天擎右貪 艷使羊弼狼 　　　陷旺旺	流天祿文太 霞姚存曲陰 　　　廟旺廟
大指太　36~45　61壬 耗背歲【子女】　生寅	伏天病　46~55　60癸 兵煞符【財帛】　浴丑	官災弔　56~65　59壬 府煞客【疾厄】　帶子	博劫天　66~75　70辛 士煞德【遷移】　冠亥

『실전자미두수』 1권(2017년), 158쪽에 나와 있는 명반이다.

이두 문파 징험에 의하면, 기본적으로 기월동량이 살파랑 대한으로 오면 갑자기 담대해져 능력 이상의 일을 벌이다가 망하고 다시 기월동량 운에서 본업으로 돌아오는 경우가 많다.

임인대한은 특히나 무파상조합으로 조업을 깨고 가정을 깨어 다 노록하는 대한인데, 해궁 록존이 피해궁이 되어 대한 재백에는 타라를, 대한 부처에는 경양을 준다. 타라는 영성과 동궁하여 불협화음이 되었다. 더 큰 문제는 부처궁의 경양이다. 임인대한은 무곡이 명궁이라 뭔가 일을 벌이기 쉬운데, 대한 부처궁(몸과 마음을 움직여 실행하게 하는 정기)에 경양이 오니 정말로 일을 벌이기 쉽게 되었다.

선천 명궁협 공겁, 관록궁협 화령도, 천이궁협 양타와 더불어 복선궁의 현현이 된 점도 주목해야 한다. 결국 이 대한의 내궁이 얻는 육살성은 그 근원이 명궁·천이궁·관록궁이다.

[명례] 71. 임인대한(23~32세) 임오년 교통사고 사망

月破天天文**太**	天天天地**破**	天大封火右左天	輩陰**天紫**
德碎傷鉞昌**陽**	福虛哭空**軍**	使耗詰星弼輔**機**	廉煞**府微**
旺廟旺	廟廟	閑廟廟陷	平旺
		科	權
飛劫小　53~62　54乙	喜災歲　63~72　55丙	病天龍　73~82　56丁	大指白　83~92　57戊
廉煞耗【奴僕】病巳	神煞破【遷移】死午	符煞德【疾厄】墓未	耗背虎【財帛】絕申
龍天天地**武**			天天文**太**
池貴姚劫**曲**		명례 71. 임인대한 사망 / 陽男	廚喜曲**陰**
陷廟廟			廟旺
忌		양력 1972년 ○월 ○일 사시	
		음력 임자년 ○월 ○일 사시	
奏華官　43~52　53甲			伏咸天　93~　58己
書蓋符【官祿】衰辰		【命局】木三局	兵池德【子女】胎酉
三紅鈴天**天**		【命主】貪狼	解天寡天年鳳陀**貪**
台鸞星魁**同**		【身主】火星	神官宿壽解閣羅**狼**
廟廟廟		【命式】己 甲 乙 壬	廟廟
		巳 子 巳 子	
將息貫　33~42　52癸			官月弔　　　　　59庚
軍神索【田宅】旺卯			府煞客【身夫妻】養戌
旬截天孤天**七**	金天天	紅天恩天擎**天廉**	流台八天祿**巨**
空空月辰馬**殺**	輿空梁	艷才光刑羊**相貞**	霞輔座巫存**門**
旺廟	旺	陷廟平	廟旺
	祿		
小歲喪　23~32　51壬	青攀晦　13~22　50癸	力將太　3~12　49壬	博亡病　　　　　60辛
耗驛門【福德】冠寅	龍鞍氣【父母】帶丑	士星歲【命】浴子	士神符【兄弟】生亥

『실전자미두수』 1권(2017년), 180쪽에 나 있는 명반이다.

　자오궁 염정·천상에 경양이 있으면 '형수협인 형장유사'라 하여 형장 관련 일에 종사한다는 명이 된다. 천형까지 있으니 더욱 그러하다. 게다가 관록궁에 무곡화기가 있으니 관재의 암시가 매우 강한 명이다. 그야말로 제대로 된 재여수구격이다.

그렇다면 왜 관재가 아니라 교통사고 요절인가? 선천 천이궁에 곡허와 동궁한 소모를 주하는 파군이 있으면서 질액궁과 허모관계로 엮이며 암합이 되어 있다. 또한 노복궁 때문에 관록궁에는 지겁을 천이궁에는 지공을 먹는 구조이다.

명·신궁에서 살을 많이 보는 것을 체로 놓고 볼 때 기본적으로 천이상에서의 사고가 어느 정도 암시된 명반인데, 임인대한 명궁 칠살(본인 변화, 육친불리)운으로 오면서 해궁 록존이 피해궁이 되었고, 이로 인해 내궁에서 먹게 되는 양타는 진궁과 오궁을 편사식으로 비춘다. 둘 다 각기 선천과 대한의 관록궁이면서, 진궁은 대한 복덕이고 오궁은 선천 천이다.

선천 복덕과 身·부처궁은 천마·타라 절족마이다. 천마는 고신과 동궁하고 타라는 과수와 동궁하니 매우 감정적으로 안 좋은 절족마인데, 내 복덕과 부처와의 감정적 측면이 아닌 내 복덕과 '정기'와의 측면에서 고찰해보면, 내가 천마로 무언가 하려고 하면 나의 정기(부처궁)의 타라가 이를 막아 지연시킨다. 특히나 정기궁이 身궁이기도 하므로 마음을 먹어도 몸이 움직이지 않아 지체됨을 암시하고, 이는 정기궁의 대궁인 관록의 무곡화기의 징험으로 나타난다.

임인대한 복덕과 부처도 역시 재여수구가 형성되니, 운전을 하다가 피하려 해도 몸이 말을 안 들어 피하지 못했을 것이다. 기본적으로 무언가 생각을 해도 몸이 한발 늦게 된다.

[명례] 72. 기사대한(34~43세) 남편 간경화 사망

天廚 破碎 恩光 火星 **天府** 旺平	紅艷 解神 封誥 陰煞 文昌 **太陰** 陷陷陷	天官 天貴 天刑 地空 鈴星 天鉞 **貪狼 武曲** 平旺旺廟廟 科	截空 孤辰 天馬 文曲 **巨門 太陽** 旺平廟閑 忌
大耗 亡神 病符 34~43 【子女】 72 己巳 生	病符 將星 太歲 24~33 【夫妻】 73 庚午 養	喜神 攀鞍 晦氣 14~23 【兄弟】 74 辛未 胎	飛廉 歲驛 喪門 4~13 【命】 75 壬申 絶
金輿 旬空 寡宿 年解 鳳閣	명례 72. 기사대한 남편사망 / 陽女 양력 1954년 ○월 ○일 진시 음력 갑오년 ○월 ○일 진시 【命局】 金四局 【命主】 廉貞 【身主】 火星 【命式】 庚 乙 乙 甲 　　 辰 酉 亥 午		流霞 天福 紅鸞 **天相** 陷
伏兵 月煞 弔客 44~53 【身財帛】 71 戊辰 浴			奏書 息神 貫索 【父母】 76 癸酉 基
天使 天喜 地劫 擎羊 **破軍 廉貞** 平陷旺閑 權祿			天月 天壽 台輔 龍池 **天梁 天機** 旺廟
官府 咸池 天德 54~63 【疾厄】 70 丁卯 帶			將軍 華蓋 官符 【福德】 77 甲戌 死
蜚廉 天才 三台 天巫 祿存 左輔 廟廟	天傷 大耗 陀羅 天魁 廟旺	天虛 天哭 八座 右弼 旺	月德 天姚 **七殺 紫微** 平旺
博士 指背 白虎 64~73 【遷移】 69 丙寅 冠	力士 天煞 龍德 74~83 【奴僕】 68 丁丑 旺	青龍 災煞 歲破 84~93 【官祿】 67 丙子 衰	小耗 劫煞 小耗 94~ 【田宅】 78 乙亥 病

『실전자미두수』 1권(2017년), 185쪽에 나와 있는 명반이다.

여명 명궁에 태양이면 보통 남편의 힘을 빼앗는다(탈부권). 게다가 화기까지 있는 함지 태양을 깔고 있으니 더욱 그러하다. 이를 체로 놓고 부처궁의 화령협을 용으로 보면 사별의 암시가 보인다.

기사대한은 그러한 화령의 복선궁의 현현대한이고 대한 부처궁이 고신·과수협을 받으며 인궁 록존이 피해궁이 된다. 특히나 록존으

로 내가 얻게 되는 양타가 각기 지겁 지공과 동궁하여 그 성질이 고약하다. 피해궁이 된 록존을 보면 상문·백호 비렴, 절공 등과 동궁하고 천무가 있으니 집안의 함지 태양인 남편이 분명 집안 내력으로 안 좋은 부분이 병으로 발병했을 확률이 높다.

파군은 항상 거문을 예의 주시해야 한다. 파군은 돌아다녀야 하는데 파군에게 군수물자가 되는 노복궁 거문이 화기이면 파군의 천이궁인 천상이 형기협인을 당하기 때문이다.

기사대한 대한 부처 선천 질액궁인 묘궁이 파군이면서 거문화기 형기협인을 대궁에서 당한다.

명례 73. 경자대한(42~51세) 유방암 수술

天天台恩祿左天 月官輔光存輔府 　廟平平 　　陷陷	擎太天 羊陰同 平陷陷 　　祿	金流寡紅貪武 輿霞宿鸞狼曲 　　　　廟廟	解天巨太 神巫門陽 　　廟閑
博劫天　　　　70癸 士煞德【父母】冠巳	官災弔　　　71甲 府煞客【福德】帶午	伏天病　92~　72乙 兵煞符【田宅】浴未	大指太　82~91　73丙 耗背歲【官祿】生申
旬截蜚陀 空空廉羅 　　　廟	명례 73. 경자대한 유방암 / 陽女 양력 1956년 ○월 ○일 해시 음력 병신년 ○월 ○일 해시		破天天天鈴天右相 碎傷空貴星鉞弼 　　　　陷廟陷陷
力華白　2~11　69壬 士蓋虎【命】旺辰	【命局】水二局		病咸晦　72~81　74丁 符池氣【奴僕】養酉
大文破廉 耗曲軍貞 　旺旺閑 　　　忌	【命主】廉貞 【身主】天梁 【命式】辛 丁 辛 丙 　　　　亥 酉 卯 申		天天天地天天 壽哭刑劫梁機 　　　平旺廟 　　　　　權
青息龍　12~21　68辛 龍神德【兄弟】衰卯			喜月喪　62~71　75戊 神煞門【遷移】胎戌
紅天年鳳八天天 艷虛解閣座姚馬 　　　　　　旺	月封天火 德詰喜星 　　　旺	天天天龍三陰地 廚福才池台煞空 　　　　　　平	孤天天文七紫 辰使魁昌殺微 　　旺旺平旺 　　　　　科
小歲歲　22~31　67庚 耗驛破【身夫妻】病寅	將攀小　32~41　66辛 軍鞍耗【子女】死丑	奏將官　42~51　65庚 書星符【財帛】墓子	飛亡貫　52~61　76己 廉神索【疾厄】絶亥

『실전자미두수』 1권(2017년), 187쪽에 나와 있는 명반이다.

身궁과 질액궁이 암합이 되어 있어 건강이 문제가 있기 쉬운데, 身궁이 공궁이면서 재여수구협이 되어 있으니 더욱 그러한 암시가 있다. 묘한 것이 형제궁 염정화기와 전택궁 무곡이 재여수구인데, 이는 삼방에서 질액궁을 비추고 있고, 차성되어 협으로는 身궁을 압박한다는 점이다. 형노선에 문곡, 대모, 우필, 영성 등의 각종 음

적인 별들이 있는데 염정·파군 감정참상의 별들이 있으니, 나와 소통하는 사람들과 감정적으로 힘든 일이 있으면 전택(생식기)의 무곡은 재여수구가 되는데, 이러한 형제궁 염정화기와 전택궁 무곡은 질액궁을 그리고 身궁을 압박한다는 점이다.

  대인관계로 인한 스트레스는 생식기 쪽의 암으로 변할 확률이 기본적으로 높은 명반이다. 각종 음적인 선천형노선이 대한에서는 자전선이 된 점이 암으로 화하게 하는 계기가 되었다.

  물론 경자대한(42~51세) 명궁에 지공이 독좌하면서 수술 성계인 경양을 차성해서 쓰고, 작사전도의 탐랑·문창이 각기 과수·고신과 동궁하여 협하고 있는 점도 보여야 한다. 그리고 원국 형노선이 저러한데, 록존이 대한 노복궁이면서 피해궁이 된 점, 대한 명궁의 동월은 감정성계인 점 등을 놓고 볼 때, 분명 이 대한의 인간관계 문제로 암을 얻게 되었을 확률이 높다.

[명례] 74. 무인대한(15~24세) 무인년 교통사고 사망

天封天天火**太** 壽詰巫姚星**陽** 　　　　　旺旺 　　　　　　祿	截天三陰右**破** 空福台煞弼**軍** 　　　　　旺廟	天寡紅陀天文文**天** 月宿鸞羅鉞昌曲**機** 　　　　廟旺旺平陷	天八祿地左**天紫** 傷座存空輔**府微** 　　　　廟廟平平旺
小劫天　　　46辛 耗煞德【福德】冠巳	青災弔　95~　47壬 龍煞客【田宅】帶午	力天病　85~94　48癸 士煞符【官祿】浴未	博指太　75~84　49甲 士背歲【奴僕】　生申
流蜚天恩**武** 霞廉貴光**曲** 　　　　廟 　　　　權			破天台擎**太** 碎空輔羊**陰** 　　　陷旺 　　　　科
將華白　　　45庚 軍蓋虎【父母】旺辰	명례 74. 무인대한 사망 / 陽女 양력 1980년 ○월 ○일 묘시 음력 경신년 ○월 ○일 묘시		官咸晦　65~74　50乙 府池氣【身遷移】養酉
天 大**同** 耗　廟 　　忌	【命局】 土午局 【命主】 文曲 【身主】 天梁 【命式】 癸 丁 壬 庚 　　　　 卯 卯 午 申		金紅天天**貪** 輿艷使哭**狼** 　　　　　廟
奏息龍　5~14　44己 書神德【命】　衰卯			伏月喪　55~64　51丙 兵煞門【疾厄】　胎戌
天天年鳳天地**七** 廚虛解閣馬劫**殺** 　　　　旺平廟	月天天鈴天**天** 德喜刑星魁**梁** 　　　陷旺旺	旬解龍**天廉** 空神池**相貞** 　　　　廟平	天孤天**巨** 官辰才**門** 　　　旺
飛歲歲　15~24　43戊 廉驛破【兄弟】病寅	喜攀小　25~34　42己 神鞍耗【夫妻】死丑	病將官　35~44　41戊 符星符【子女】墓子	大亡貫　45~54　52丁 耗神索【財帛】絕亥

『실전자미두수』 1권(2017년), 190쪽에 나와 있는 명반이다.

　명·신궁에서 살을 많이 보면 육친불리 그리고 건강 이상이 생긴다. 특히나 身궁에서 살을 많이 보면 심한 경우 요절한다. 선천에서 이렇게 살을 많이 보는데, 그전에는 보지 않았던 공겁까지 보는 대한에 오면 흉하다. 선천 身궁이 대한의 질액궁이 된 점도 유의해서 봐야 한다.

선천 노복궁의 지공과 동궁한 록존이 나의 천이궁이자 身궁에 경양의 형극을 던져준다. 태음이 있는 이 궁은 궁 자체로는 좋아 보여 경양이 제화될 듯하지만 삼방에서 보이는 화령이 부주의를 암시한다. 천동에 붙은 화기도 부주의를 암시한다. 그러한 身·천이궁이 대한 천이궁에서 지공과 동궁한 록존궁으로 오고, 그러한 록존궁으로 이번엔 대한 노복궁 타라가 침탈한다.

대한 명궁 칠살은 '본인변화'와 '육친형극'을 암시하는데, 이 중 어느 면에서 그러한지는 역시나 같은 것을 암시하는 화령을 보고 알 수 있기도 하다. 화령이 身궁이자 대한의 질액궁인 유궁으로 비춘다.

[명례] 75. 기유대한(33~42세) 계미년 상사와 갈등

孤天恩天**天** 辰傷光鉞**機** 　　　　旺平	天天龍**紫** 福壽池**微** 　　　廟 　　　權	月天天天地 德使喜姚劫 　　　　平	天年鳳天**破** 虛解閣馬**軍** 　　　　旺陷
飛亡貫　73~82　64乙 廉神索【奴僕】　病巳	奏將官　63~72　65丙 書星符【遷移】　衰午	將攀小　53~62　66丁 軍鞍耗【疾厄】　旺未	小歲歲　43~52　67戊 耗驛破【財帛】　冠申
旬天右**七** 空哭弼**殺** 　　　廟旺	명례 75. 기유대한 상사갈등 / 陽女 양력 1962년 ○월 ○일 신시 음력 임인년 ○월 ○일 신시 【命局】木三局 【命主】貪狼 【身主】天梁 【命式】丙 丙 戊 壬 　　　　申 戌 申 寅		天破大火 廚碎耗星 　　　　陷
喜月喪　83~92　63甲 神煞門【身官祿】死辰			青息龍　33~42　68己 龍神德【子女】　帶酉
天天天地天**天太** 空貴刑空魁**梁陽** 　　　平廟廟廟 　　　　　　祿			輩天封陀左**天廉** 廉官詰羅輔**府貞** 　　　　廟廟廟旺 　　　　　　　科
病咸晦　93~　62癸 符池氣【田宅】　基卯			力華白　23~32　69庚 士蓋虎【夫妻】　浴戌
截解天台三陰天文**天武** 空神才輔台煞巫昌**相曲** 　　　　　　　陷廟閑 　　　　　　　　　　忌	金寡紅巨天 輿宿鸞門同 　　　　旺陷	紅八擎文**貪** 艷座羊曲**狼** 　　　陷廟旺	流天祿鈴**太** 霞月存星**陰** 　　　廟廟廟
大指太　　　61壬 耗背歲【福德】絕寅	伏天病　　　60癸 兵煞符【父母】胎丑	官災弔　3~12　59壬 府煞客【　命　】養子	博劫天　13~22　70辛 士煞德【兄弟】　生亥

　『실전자미두수』1권(2017년), 192쪽에 나와 있는 명반이다.
　선천 부모궁 거문·천동이 탐창 작사전도 협이 되어 있다. 부모궁 거문·천동이 나의 명궁과 복덕궁에 작사전도를 던져준다고도 해석할 수 있다.
　기유대한 부모궁은 형제궁과 더불어 대한 명궁을 절족협 해주고 있으며 대한 전택과 더불어 내 복덕을 양타협 해주고도 있다. 이것이 이 대한의 상사와의 관계에 대한 '체'이다.

물론 또한 대한 부모궁인 술궁 화령협이 복선궁의 현현이 되는 것도 놓쳐서는 안 된다. 선천 명궁 탐랑은 화령을 좋아하지만, 격발은 감정적으로는 절대 좋지 않다.

명례 76. 을묘대한(46~55세) 자녀명의 땅 잘못 사서 고생

流霞 天才 大耗 天巫 紅鸞 祿存 **七殺** **紫微** 廟平旺	天廚 恩光 八座 地劫 擎羊 廟平		解神 天哭 三台 天馬 **火星** 旺陷
博士 亡神 龍德 26~35 【夫妻】 68丁絕巳	官府 將星 白虎 16~25 【兄弟】 69戊基午	伏兵 攀鞍 天德 6~15 【命】 70己死未	大耗 弔客 驛客 【父母】 71庚病申
紅艷 旬空 天虛 陀羅 左輔 **天梁 天機** 陷廟廟旺廟忌			封誥 天刑 **破軍 廉貞** 陷平
力士 月煞 歲破 36~45 【子女】 67丙胎辰	명례 76. 부동산으로 고생 / 陽女 양력 1958년 O월 O일 미시 음력 무술년 O월 O일 미시 【命局】 火局六 【命主】 武曲 【身主】 文昌 【命式】 癸 乙 乙 戊 　　　　未 未 卯 戌		病符 息神 病符 【身福德】 72辛衰酉
月德 天福 天官 文昌 **天相** 平陷			天月 鈴星 右弼 廟廟科
青龍 咸池 小耗 46~55 【財帛】 66乙養卯			喜神 華蓋 太歲 96~ 【田宅】 73壬旺戌
天使 龍池 天貴 陰煞 **巨門** **太陽** 廟旺	破碎 台輔 天姚 天魁 **貪狼** **武曲** 旺廟廟祿	截空 蜚廉 天傷 年解 鳳閣 **太陰** **天同** 廟旺權	孤辰 天空 天喜 文曲 **天府** 旺旺
小耗 指背 官符 56~65 【疾厄】 65甲生寅	將軍 天煞 貫索 66~75 【遷移】 64乙浴丑	奏書 災煞 喪門 76~85 【奴僕】 63甲帶子	飛廉 劫煞 晦氣 86~95 【官祿】 74癸冠亥

『실전자미두수』 1권(2017년), 199쪽에 나와 있는 명반이다.

선천 명궁 삼방사정에서 창곡을 보고, 재백궁이 천상의 문서성이니 역시나 문서의 암시가 강하다.

그래서 문서궁인 부모궁을 보니 역시나 거일의 문서성계인데, 문제는 문서궁의 화성이 천곡과 동궁하고 전택궁의 영성이 천허와 동궁한다는 것이다. 이렇게 되면 각기 문서와 전택이 곡허를 동반한 화령으로 투자궁인 복덕의 염정의 화를 돋구게 된다.

결론적으로 이 명은, 돈을 문서의 형태로 버는 성향이 있는데(재백궁의 천상과 문창), 전택에 관한 문서 문제에 있어서는 (부모궁과 전택궁의 협을 받는 복덕궁은) 항상 문제가 발생하여 감정이 안 좋아지고 신경이 계속 쓰게 된다는 것이 이 명반 부동산 문서에 관한 체이다.

을묘대한(46~55세) 복덕궁은 대한 문서궁 타라·지공과 대한 전택궁의 경양·지겁의 협을 받아 더욱 위축되었다. 이것이 이 대한 부동산 문서 문제에 관한 상황이다. 이런 분이 이 대한에 부동산 운을 묻는다면 말려야 한다.

[명례] 77. 갑술대한(32~41세) 직장 관두고 이혼 얘기 나옴

天孤地地右**太** 廚辰空弼**陰** 閑廟平陷	紅天龍天三天**貪** 艷傷池貴台姚**狼** 旺	月天天火天**巨天** 德官喜星鉞**門同** 閑旺陷陷	天天年封鳳八天天**天武** 使虛解誥閣座巫馬**相曲** 截 旺廟平 空 科
大亡貫 82~91 52己 耗神索 【官祿】 冠巳	病將官 72~81 53庚 符星符 【奴僕】 帶午	喜攀小 62~71 54辛 神鞍耗 【遷移】 浴未	飛歲歲 52~61 55壬 廉驛破 【疾厄】 生申
金天陰文**天廉** 輿哭煞昌**府貞** 旺廟旺 祿	명례 77. 직장퇴직 이혼 / 陽女 양력 1974년 O월 O일 오시 음력 갑인년 O월 O일 오시 【命局】水二局 【命主】巨門 【身主】天梁 【命式】丙 壬 壬 甲 午 午 申 寅		流天破大鈴左**天太** 霞福碎耗星輔**梁陽** 陷陷地閑 忌
伏月喪 92~ 51戊 兵煞門 【田宅】 旺辰			奏息龍 42~51 56癸 書神德 【財帛】 養酉
天天天天擎 月壽才空羊 陷			蜚文**七** 廉曲**殺** 陷廟
官咸晦 50丁 府池氣 【福德】 衰卯			將華白 32~41 57甲 軍蓋虎 【子女】 胎戌
天祿**破** 刑存**軍** 廟陷 權	寡紅陀天 宿鸞羅魁 廟旺	旬解台恩**紫** 空神輔光**微** 平	**天機** 平
博指太 49丙 士背歲 【父母】 病寅	力天病 2~11 48丁 士煞符 【身 命】 死丑	青災弔 12~21 47丙 龍煞客 【兄弟】 墓子	小劫天 22~31 58乙 耗煞德 【夫妻】 絶亥

『실전자미두수』1권(2017년), 201쪽에 나와 있는 명반이다.

축미궁 거동에게는 남모르는 심한 고충이 있다. 명궁과 복덕궁이 공궁이라 身궁자리가 좋아야 하는데 역시나 공궁이다.

선천 부관 랑탕한 기월이 각기 오살을 보는데, 갑술대한이 되면 부관선은 무파상 조합이 된다. 파조파가 다노록하는 것이다. 대한 명궁은 본인 변화와 육친 분리를 암시하는 칠살 운이다. 화령의 위

치를 보니 부관 부질선인 인궁과 신궁을 전부 협한다.

[명례] 78. 갑술대한(56~65세) 경인년 시아버지 사망

天天破左 月廚碎輔 平	紅台天 艷輔機 廟	天天天破紫 官空鉞軍微 旺廟廟 權	截解孤天天天 空神辰傷巫馬 旺
大亡病　　　72己 耗神符【福德】絶巳	病將太　96~ 符星歲【田宅】 　　　　　73庚 　　　　　墓午	喜攀晦　86~95 神鞍氣【官祿】 　　　　　74辛 　　　　　死未	飛歲喪　76~85 廉驛門【奴僕】 　　　　　75壬 　　　　　病申
金旬寡年鳳恩文太 興空宿解閣光曲陽 廟旺 忌	명례 78. 시아버지 사망 / 陽女 양력 1954년 ○월 ○일 자시 음력 갑오년 ○월 ○일 자시 【命局】火局六 【命主】文曲 【身主】火星 【命式】庚 丁 丁 甲 　　　　子 卯 卯 午		流天天天紅右天 霞福壽才鸞弼府 陷陷
伏月弔　　　71戊 兵煞客【父母】胎辰			奏息貫　66~75　76癸 書神索【遷移】衰酉
天鈴擎七武 喜星羊殺曲 廟陷陷陷 科			天龍天天文太 使池貴刑昌陰 陷旺
官咸天　6~15　70丁 府池德【身 命】養卯			將華官　56~65　77甲 軍蓋符【疾厄】旺戌
輩封八天祿天天 廉詰座姚存梁同 廟廟閑	大火陀天天 耗星羅魁相 旺廟旺廟	天天三陰巨 虛哭台煞門 旺	月地地貪廉 德劫空狼貞 旺陷平陷 祿
博指白　16~25　69丙 士背虎【兄弟】生寅	力天龍　26~35　68丁 士煞德【夫妻】浴丑	青災歲　36~45　67丙 龍煞破【子女】帶子	小劫小　46~55　78乙 耗煞耗【財帛】冠亥

『실전자미두수』1권(2017년), 202쪽에 나와 있는 명반이다.

이 나이 때의 부모상은 자연스러운 것이니 선천에서부터 따져 볼 정도의 사안은 아니다.

갑술대한(55~65세)에 육친에게 안 좋은 천형이 좌하고, 천이궁 태양화기가 보이며 상례를 주하는 창곡운인 점, 양타와 화령의 협을 당한 록존이 웃어른 성인 천량과 동궁하여 대한 부처궁으로 차성되는 점, 그러한 대한 부처궁에 사망성인 상문·백호, 유산을 물려받는 의미의 천무가 있으며 병지라는 점, 그리고 대한 전택이 선천 부처궁이면서 육친에게 안 좋다는 외궁의 쌍화권이 있는 점 등을 종합하면 시아버지 상을 추측할 수 있다.

[명례] 79. 을유대한(25~34세) 유방암 사망

大天紅天**太** 耗巫鸞姚**陰** 　　　　陷 　　　　科 小亡龍　65~74　56辛 耗神德　【遷移】　冠巳	截天天陰地右**貪** 空福使煞劫弼**狼** 　　　　　　廟旺旺 靑將白　55~64　57壬 龍星虎　【疾厄】　帶午	天寡陀天**巨天** 月宿羅鉞**門同** 　　　廟旺陷陷 　　　　　　忌 力攀天　45~54　58癸 士鞍德　【財帛】　浴未	天恩祿天火左**天武** 哭光存馬星輔**相曲** 　　　廟旺陷平廟平 　　　　　　　　權 博歲弔　35~44　59甲 士驛客　【子女】　生申
流天天天地**天廉** 霞傷虛貴空**府貞** 　　　　　陷廟旺 將月歲　75~84　55庚 軍煞破　【奴僕】　旺辰	명례 79. 유방암 사망 / 陽女 양력 1970년 ○월 ○일 미시 음력 경술년 ○월 ○일 미시 【命局】土五局 【命主】巨門 【身主】文昌 【命式】乙 辛 壬 庚 　　　　未 酉 午 戌		天封擎**天太** 才誥羊**梁陽** 　　陷地閑 　　　　　祿 官息病　25~34　60乙 府神符　【夫妻】　義酉
月文 　　　　德昌 　　　　　平 奏咸小　85~94　54己 書池耗　【官祿】　衰卯			金紅鈴**七** 輿艷星**殺** 　　　廟廟 伏華太　15~24　61丙 兵蓋歲　【兄弟】　胎戌
旬天龍三**破** 空廚池台**軍** 　　　　　陷 飛指官　95~　53戊 廉背符　【田宅】　病寅	破台天天 碎輔刑魁 　　　　旺 喜天貫　　　52己 神煞索　【身福德】死丑	解蜚年鳳八**紫** 神廉解閣座**微** 　　　　　　平 病災喪　　　51戊 符煞門　【父母】　墓子	天孤天天天文**天** 官辰壽空喜曲**機** 　　　　　旺平 大劫晦　5~14　62丁 耗煞氣　【命】　絶亥

『실전자미두수』 1권(2017년), 224쪽에 나와 있는 명반이다.

身궁이 유약한 점은 『실전자미두수』에 설명이 잘 되어 있다.

선천 명궁 천기가 제일 싫어하는 별이 화령인데, 선천 형제궁에 영성이 있고 그러한 영성은 을유대한 형제궁에서 화성을 만난다. 화성은 록존과 같이 있어 피해궁이 되고, 이로 인해 얻게 되는 양타는 편사식으로 선천 身·복덕을 치고, 경양이 묘궁으로 차성되어 삼방

에서 대한 복덕도 치게 된다.

　유궁 양양이 별리를 주하는데(화령협도 당하니 이러한 암시가 강해짐. 참고로 양양은 유방도 암시한다.) 이렇게 형노선이 깨져서 식물인간이 된 이건희 회장 명반 상황을 전작 『사회적 지위』 삼성 삼대편을 통해 참고하기 바란다.

　물론 요절의 가장 큰 이유는 身궁에서 지나치게 살을 많이 본다는 점이다.

명례 80. 임인대한(42~51세) 신사년 사별

孤天封八天火天**天**	旬蜚天年鳳**紫**	天文文	龍天地**破**
辰空詰座喜鉞**機**	空廉福解閣微**微**	月曲昌	池姚空**軍**
旺旺平	廟權	旺平	廟陷
飛劫晦 12~21 74乙	奏災喪 2~11 75丙	將天貫 76丁	小指官 77戊
廉煞氣 【兄弟】 冠巳	書煞門 【 命 】 帶午	軍煞索 【父母】 浴未	耗背符 【福德】 生申
天天恩天**七**			月天台三
壽貴光刑**殺**	명례 80. 임인대한 사별 / 陽女		德廚輔台
旺	양력 1952년 ○월 ○일 묘시		
	음력 임진년 ○월 ○일 묘시		
喜華太 22~31 73甲			青咸小 92~ 78己
神蓋歲 【夫妻】 旺辰	【命局】 水二局		龍池耗 【田宅】 養酉
天右**天太**	【命主】 破軍		天天天陀**天廉**
魁弼**梁陽**	【身主】 文昌		官才虛羅**府貞**
廟陷廟廟	【命式】 乙 戊 己 壬		廟廟旺
祿	卯 寅 酉 辰		
病息病 32~41 72癸			力月歲 82~91 79庚
符神符 【子女】 衰卯			士煞破 【官祿】 胎戌
截解天天地**天武**	金破寡天鈴**巨天**	紅陰擎貪	流天大天紅祿左**太**
空神哭馬劫**相曲**	輿碎宿使星**門同**	艷煞羊狼	霞傷耗巫鸞存輔**陰**
旺平廟閑	陷旺陷	陷旺	廟閑廟
忌			科
大歲弔 42~51 71壬	伏攀天 52~61 70癸	官將白 62~71 69壬	博亡龍 72~81 68辛
耗驛客 【財帛】 病寅	兵鞍德 【疾厄】 死丑	府星虎 【身遷移】 墓子	士神德 【奴僕】 絶亥

『실전자미두수』 1권(2017년), 227쪽에 나와 있는 명반이다.

선천 명궁 자미가 고군이다. 화령협된 선천 명궁이 무곡운으로 와서 과수격이 형성된 점도 중요하다.

기본적으로 명·신궁에서 살을 많이 보면 건강 이상, 육친 불리인데, 이 명반의 부처궁엔 천형도 있고 살을 많이 보면 '촉수(수명을 재촉함)'로 변하는 천수도 있다. 선천 재백과 관록에서 비추는 무곡화

기와 염정 재여수구는 각기 천곡, 천허와 동궁하니 금전적 측면 말고도 감정적 측면의 재여수구이기도 하다.

[명례] 81. 경술대한(33~42세) 계유년 남편과 사별

孤天天恩天天**天** 辰才空光喜鉞**同** 　　　　　　旺廟	旬蜚天天天鳳天**天武** 空廉月福傷閣刑**府曲** 　　　　　　　旺旺 　　　　　　　　忌	天八三**太太** 貴座台**陰陽** 　　　平平	天龍陰天鈴**貪** 使池煞巫星**狼** 　　　　旺平
飛劫晦　83~92　74乙 廉煞氣　【官祿】　病巳	奏災喪　73~82　75丙 書煞門　【奴僕】　衰午	將天貫　63~72　76丁 軍煞索　【遷移】　旺未	小指官　53~62　77戊 耗背符　【疾厄】　冠申
解台**破** 神輔**軍** 　　旺 喜華太　93~　73甲 神蓋歲　【田宅】　死辰	명례 81. 경술대한 사별 // 陽女 양력 1952년 ○월 ○일 술시 음력 임진년 ○월 ○일 술시 【命局】木三局 【命主】巨門 【身主】文昌 【命式】丙 乙 辛 壬 　　　　戌 酉 亥 辰		月天地**巨天** 德廚劫**門機** 　　　平廟旺 青咸小　43~52　78己 龍池耗　【身財帛】　帶酉
天 魁 廟 病息病　　　72癸 符神符　【福德】　基卯			天天天陀**天紫** 官虛姚羅**相微** 　　　　廟閑閑 　　　　　　權 力月歲　33~42　79庚 士煞破　【子女】　浴戌
截天天文**廉** 空哭馬曲**貞** 　　　旺平廟	金破寡天地右左 輿碎宿壽空弼輔 　　　　　陷廟廟 　　　　　　　科	紅封火擎文**七** 艶詰星羊昌**殺** 　　　平陷旺旺	流大紅祿**天** 霞耗鸞存**梁** 　　　　廟陷 　　　　　祿
大歲弔　71壬 耗驛客　【父母】　絶寅	伏攀天　3~12　70癸 兵鞍德　【命】　胎丑	官將白　13~22　69壬 府星虎　【兄弟】　養子	博亡龍　23~32　68辛 士神德　【夫妻】　生亥

『실전자미두수』 1권(2017년), 233쪽에 나와 있는 명반이다.
여명 명궁에 차성된 태양을 깔고 있어 탈부권인데, 그러한 태양

이 원래 미궁에서 무곡·영성의 과수격 협을 받고 있다.

또한 육친궁에 있으면 안 좋다는 록존이 부처궁에 있다. 기본적인 상황은 이러하고, 이 명은 무엇이든 사안이 크게 발생한다는 도미노 격이다.

> 身재백궁 영타협 → 자녀부처궁 허모 → 부처궁 양타협 → 형제궁 쌍록과협 → 명궁 창곡협 → 부모궁 공겁협

선천 공겁협된 부모궁 염정이 대한 양타협된 부모궁으로 오는데, 마침 이곳이 선천 부처궁이다. 동시에 이곳이 피해궁이기도 하다.

명례 82. 정축대한(26~35세) 임오년 이혼

破陀文天 碎羅昌府 陷廟平	流天天三紅祿地左太天 霞使壽台鸞存空輔陰同 旺廟旺陷陷	寡封擎貪武 宿詰羊狼曲 廟廟廟 權祿	金天天天八火天右巨太 輿廚才貴座星鉞弼門陽 陷廟平廟閑
官指白 66~75 57己 府背虎 【遷移】 冠巳	博咸天 76~85 58庚 士池德 【疾厄】 旺午	力月弔 86~95 59辛 士煞客 【財帛】 衰未	青亡病 96~ 60壬 龍神符 【子女】 病申
紅天天恩地 艷月傷光劫 陷	명례 82. 정축대한 이혼 / 陰女 양력 1969년 ○월 ○일 사시 음력 기유년 ○월 ○일 사시		截天天文天 空官哭曲相 廟陷 忌
伏天龍 56~65 56戊 兵煞德 【奴僕】 帶辰	【命局】 火六局 【命主】 巨門 【身主】 天同 【命式】 己 甲 戊 己 巳 戌 辰 酉		小將太 61癸 耗星歲【身夫妻】死酉
旬天天鈴破廉 空虛姚星軍貞 廟旺閑			解天陰天天 神空煞梁機 旺廟 科
大災歲 46~55 55丁 耗煞破 【官祿】 浴卯			將攀晦 62甲 軍鞍氣【兄弟】基戌
月天大天 德福耗巫	年鳳龍 解閣池	天天 喜魁 旺	蜚孤台天天七紫 廉辰輔刑馬殺微 平旺
病劫小 36~45 54丙 符煞耗 【田宅】 生寅	喜華官 26~35 53丁 神蓋符 【福德】 養丑	飛息貫 16~25 52丙 廉神索 【父母】 胎子	奏歲喪 6~15 51乙 書驛門 【 命 】 絶亥

『실전자미두수』1권(2017년), 237쪽에 나와 있는 명반이다.

요즘은 이혼이 흔해진 만큼 선천에서 이혼의 암시가 조금만 있어도 이혼하기 쉬운 해가 되면 이혼할 확률이 높다.

남명 자미의 경우에는 명예를 중시하여 주위의 시선 때문에라도 이혼은 잘 하지 않으려는 경향이 있다. 반면에 여명 자미는 성격이 세서 그런지 마음에 들지 않는 배우자와의 이혼을 망설이지도 않고,

모두가 그런 것은 아니지만 대체적으로 혼인에 불리하다. 게다가 이 명은 부처궁에 문서를 상징하는 천상·문곡에 화기가 있다.

선천 질액궁(물론 기본적으로는 질병을 의미하지만 액운을 의미하기도 함) 록존으로 인해 양타가 침탈하게 된다. 이때 양타는 각기 탐랑·문창과 같이 동궁하여 작사전도로 뒤집어지는 액운이다.

물론 경양은 보필협도 받고 같은 궁에 화록·화권이 있으니 어느 정도 제화되어 있어서 나쁘지만은 않다. 하지만 타라는 사정이 다르다. 공겁협을 받은 타라는 이로 인해 명궁 천마가 절족마가 되었고, 영창타무 격국이 형성되었다. 영창타무는 자신 때문에 일을 그르치게 되는 것으로 이 명의 질액의 액운은 자신의 실수를 암시한다.

정축대한(26~35세)은 이 모든 것의 원인인 록존이 있는 궁이 피해궁이 되면서, 내가 먹는 양타는 대한 명궁과 부처궁에 편사식으로 비추게 된다.

대한 명궁의 상황을 살펴보자. 삼방에서 영성을 보는 대한 천이궁 무곡이 과수와 동궁하여 전형적인 과수격이 된 상태인데, 이를 명궁에서 차성해서 쓴다.

명례 83. 계묘대한(23~32세) 갑술년 신장수술

月天破天天左貪廉 德月碎壽鉞輔狼貞 　　　　旺平陷陷 　　　　　　　科	天天天天天八文巨 福傷虛哭座曲門 　　　　　　陷旺	大天 耗相 　閑	解蜚天台天三天文天 神廉使輔貫巫昌梁同 　　　　　　　旺陷旺 　　　　　　　　　祿
飛劫小　43~52　54乙 廉煞耗【身官祿】病巳	喜災歲　53~62　55丙 神煞破【奴僕】死午	病天龍　63~72　56丁 符煞德【遷移】墓未	大指白　73~82　57戊 耗背虎【疾厄】絕申
封龍太 誥池陰 　　閑閑	명례 83. 계묘대한 수술 / 陽男 양력 1972년 ○월 ○일 인시 음력 임자년 ○월 ○일 인시 【命局】木三局 【命主】巨門 【身主】火星 【命式】壬 壬 甲 壬 　　　　寅 申 辰 子		天天地右七武 廚喜空弼殺曲 　　廟陷閑旺 　　　　　　忌
奏華官　33~42　53甲 書蓋符【田宅】衰辰			伏咸天　83~92　58己 兵池德【財帛】胎酉
紅天天 鸞魁府 　廟平			天寡年鳳恩天陀太 官宿解閣光刑羅陽 　　　　　　廟陷
將息貫　23~32　52癸 軍神索【福德】旺卯			官月弔　93~　59庚 府煞客【子女】養戌
旬截孤天天 空空辰姚馬 　　　　旺	金天天地破紫 輿才空劫軍微 　　　　陷旺廟 　　　　　　權	紅陰鈴擎天 艷煞星羊機 　　陷陷廟	流祿 霞存 　廟
小歲喪　13~22　51壬 耗驛門【父母】冠寅	青攀晦　3~12　50癸 龍鞍氣【命】帶丑	力將太　　　49壬 士星歲【兄弟】浴子	博亡病　　　48辛 士神符【夫妻】生亥

『실전자미두수』 1권(2017년), 240쪽에 나와 있는 명반이다.

身궁이 병지에 있으면서 질액궁과 암합되어 건강 문제가 있기 쉬운 명이다. 물론 身궁과 질액궁에 록존이나 화기가 없고, 명·신궁 삼방사정에서 공겁과 화기를 제외하면 살을 많이 보지 않기에 크게 문제되지는 않는다.

하지만 신궁의 염정이 문제가 된다. 봉염간무(염정을 보려면 무곡을 봐야 한다)이니 무곡을 보면 화기가 있어 재여수구가 되고, 암합하는 질액궁의 문창이 반갑지만 염정과 같이 있는 탐랑에게는 반갑지 않고, 역으로 탐랑에게는 반갑게도 암합하는 질액궁 삼방에서 화령을 보지만 이는 탐랑과 동궁한 염정에게는 반갑지 않다.

인신사해궁 염탐은 딜레마 조합이다. 질병 면에서 뭔가 주변과 맞지 않아서 문제가 있는 명이다. 이렇게 암합되는 身궁과 질액궁에 각기 웃어른을 상징하는 천수와 천량이 있고 천무도 있는 것으로 보아, 이는 집안 내력이기 쉽다.

그러한 身궁이 대한에서 복덕궁이 되면서 대한 화기를 맞았으니 큰 문제라고 생각할 수 있다. 하지만 이 身궁이 부질선이 되면서 피해궁선이 되는 갑진대한(33~42세)이 더 심각한 문제일 것이다.

[명례] 84. 신사대한(46~55세) 부인 바람, 이혼, 퇴사

孤天天天巨 辰才空喜門 　　　　平	蜚天天年封鳳火文天廉 廉福傷解詰閣星昌相貞 　　　　　　廟陷旺平 截 空	地陀天右左天 空羅鉞弼輔梁 平廟旺廟廟旺	旬天龍陰祿文七 空使池煞存曲殺 　　　　廟平廟
大劫晦　46~55　86辛 耗煞氣【官祿】冠巳	伏災喪　56~65　87壬 兵煞門【奴僕】旺午	官天貫　66~75　88癸 府煞索【遷移】衰未	博指官　76~85　89甲 士背符【疾厄】病申
流天貪 霞姚狼 　　廟	명례 84. 신사대한 악재 / 陽男 양력 1940년 ○월 ○일 진시 음력 경진년 ○월 ○일 진시 【命局】火六局 【命主】巨門 【身主】文昌 【命式】庚　庚　辛　庚 　　　　辰　午　巳　辰		月擎天 德羊同 　　陷平 　　　忌
病華太　36~45　85庚 符蓋歲【田宅】帶辰			力咸小　86~95　90乙 士池耗【身財帛】死酉
天三地太 貴台劫陰 　　平陷 　　　科			金紅解天台武 輿艷神虛輔曲 　　　　　廟 　　　　　權
喜息病　26~35　84己 神神符【福德】浴卯			青月歲　96~　91丙 龍煞破【子女】墓戌
天天天鈴天紫 月廚哭馬星府微 　　　旺廟廟廟	破寡天恩天天 碎宿壽光魁機 　　　　旺陷	天破 刑軍 　廟	天大八天紅太 官耗座巫鸞陽 　　　　陷陷 　　　　　祿
飛歲弔　16~25　83戊 廉驛客【父母】生寅	奏攀天　6~15　82己 書鞍德【命】養丑	將將白 軍星虎【兄弟】胎子	小亡龍　　　　80丁 耗神德【夫妻】絕亥 　　　81戊

『실전자미두수』 1권(2017년), 255쪽에 나와 있는 명반이다.

　기본적으로 기량회양타 조유형극 만견고이다. 선천 부처궁의 홍란·대모는 배우자가 바람피울 수 있음을 암시한다.

　천이궁에 보필이 있고 협으로 창곡이 각기 봉각과 용지와 동궁하해 들어온다. 동시에 삼방에서 일월이 각기 화록·팔좌와 화과·삼태와 동궁하면서 비추니 영업 쪽으로 종사하면 길하다.

배우자와 마음이 맞는지 보기 위해 복덕궁과 부처궁을 살펴보자. 복덕궁에는 태음화과와 삼태가 있고 이의 짝성인 태양·화록과 팔좌는 부처궁에 있으니 마음이 잘 맞았을 것이다. 그리고 결혼 즈음하여 삼태가 팔좌를 만나고 태음이 태양을 만나 좋아지듯 사회적 지위도 한 단계 올라갔을 것이다.

하지만 나의 복덕은 태음으로 예민하면서 여성스럽고, 부처는 태양에 홍란·대모 등으로 사람들을 많이 만나는 스타일이라 이를 서로 이해하는 게 필요한데, 자칫 잘못하면 태음화과인 남자의 지나친 의처증 때문에 아내가 밖으로만 돌 수도 있다.(태음의 집착이 두드러져 화과로 소문이 날 정도인데, 여기에 감정에 좋지 않은 영타의 은근한 타격이 협을 한다.) 이런 명반에서 태음이 집착하지 않으면 태양도 밖에 덜 나가려고 할 것이다. 물론 쉽지는 않겠지만 말이다.

신사대한(46~55세)은 선천 부관선으로 홍란·천희의(혼인 희경) 거일(문서) 운이다. 혼인 문서에 관한 일이 벌어지기 쉬운데, 대한 부관선을 보니 감정성계인 동월에 악사위천리, 지겁·경양 등이 있다. 그리고 선천 체가 조유형극 만견고임을 감안하면, 이 즈음 헤어지기 쉬운 대한이다.

선천 질액궁이 대한 전택궁이 되면서 피해궁이 되었다. 대한 명궁의 시비구설의 암시 그대로 전택에서의 문서 그리고 액운이 원인이 되어 나의 내궁엔 양타를 받게 되었다.

[명례] 85. 갑진대한(33~42세) 임오년 아들 교통사고

天天陀**破武** 廚馬羅**軍曲** 　平陷閑平	解天台祿**太** 神傷輔存**陽** 　　　旺廟	紅擎**天** 艷羊**府** 　廟廟	孤天天天天恩紅天**太天** 辰使壽才空光鸞刑**陰機** 流金　　　　　　平閑 霞興　　　　　　祿科
官歲弔　43~52　59乙 府驛客　【官祿】　病巳	博息病　53~62　60丙 士神符　【奴僕】　死午	力華太　63~72　61丁 士蓋歲　【遷移】　墓未	靑劫晦　73~82　62戊 龍煞氣　【疾厄】　絕申
寡陰文**天** 宿煞曲**同** 　　廟平 　　　權	명례 85. 갑진대한 아들사고 / 陰女 양력 1968년 ○월 ○일 자시 음력 정미년 ○월 ○일 자시 【命局】木三局 【命主】巨門 【身主】天相 【命式】庚 壬 癸 丁 　　　　子 辰 丑 未		火天**貪紫** 星鉞**狼微** 　陷廟平平
伏攀天　33~42　58甲 兵鞍德　【田宅】　衰辰			小災喪　83~92　63己 耗煞門　【財帛】　胎酉
旬截輩年左 空空廉解閣輔 　　　　　陷			鈴文**巨** 星昌**門** 　廟陷旺 　　　忌
大將白　23~32　57癸 耗星虎　【福德】　旺卯			將天貫　93~　64庚 軍煞索　【子女】　養戌
天天封三天 月官詰台喜	破天**七廉** 碎虛**殺貞** 　　廟旺	月大八天天 德耗座姚梁 　　　　廟	天天龍天地地天右**天** 福哭池巫劫空魁弼**相** 　　　　旺陷旺閑平
病亡龍　13~22　56壬 符神德　【父母】　冠寅	喜月歲　3~12　55癸 神煞破　【身　命】　帶丑	飛咸小　　　　54壬 廉池耗　【兄弟】　浴子	奏指官　　　　53辛 書背符　【夫妻】　生亥

『실전자미두수』 1권(2017년), 266쪽에 나와 있는 명반이다.

대한 명궁 자녀를 암시하는 천동을 눈여겨봐야 한다. 물론 선천 명궁을 더 중요하게 놓고 봐야 한다. 육친불리와 본인변화를 뜻하는 칠살과, 육친을 암시하는 염정이 체가 된다.

선천 천이궁 경양이 선천 교통통신 수단궁인 노복궁의 록존 때문에 경양을 얻는 구조이면서, 천이와 노복은 암합이 되어 있다. 이러한 천이-노복의 관계가, 갑진대한으로 오면 대한 천이-노복에 영성과 화성이 있어 역시나 선천에서부터 암시된 두 궁 사이의 교호관계가 더욱 강해진다.

　마침 대한 천이궁이 선천 자녀궁이면서 앞 문단에서 얘기한 것을 체로 놓고 보면, 이 대한에 있는 자녀 교통사고 암시를 대한의 록기를 돌리기 전에도 발견할 수 있다.

　임오년 이혼은, 유년 앞은 자리가 태양·록존으로 남성육친의 근본적인 변화, 양양창록의 문서, 양령형기의 관재, 질병 등의 암시로 인한 것임을 유년의 록기를 돌리기 전에 체로서 읽어 줘야 한다.

[명례] 86. 경술대한(32~41세) 경신년 결혼

天天台八天天天陀巨 廚虛輔座巫姚馬羅門 　平陷　　　　平陷平 　　　　　　　　　忌 官歲歲　　　79乙 府驛破【**身**夫妻】絶巳	天陰祿右**天廉** 才煞存弼**相貞** 　旺旺旺旺平 博息龍　　　80丙 士神德【兄弟】胎午	紅旬天天擎**天** 艷空月哭羊**梁** 　　　　廟旺 力華白 2~11　81丁 士蓋虎【　命　】養未	金流火左**七** 輿霞星輔**殺** 　　陷平廟 青劫天 12~21　82戊 龍煞德【父母】生申
月天大紅**貪** 德壽耗鸞**狼** 　　　　廟 伏攀小 92~　78甲 兵鞍耗【子女】基辰	명례 86. 경술대한 이혼 / 陰女 양력 1947년 ○월 ○일 해시 음력 정해년 ○월 ○일 해시 【命局】水二局 【命主】武曲 【身主】天機 【命式】乙 甲 丁 丁 　　　　亥 午 未 亥		破三鈴天**天** 碎台星鉞**同** 　　陷廟平 　　　　　權 小災弔 22~31　83己 耗煞客【福德】浴酉
			寡天地**武** 宿喜劫**曲** 　　平廟 將天病 32~41　84庚 軍煞符【田宅】帶戌
截龍天文**太** 空池貫曲**陰** 　　旺陷 　　　　祿 大將官 82~91　77癸 耗星符【財帛】死卯			
天孤天**紫** 官辰使**府微** 　　　廟廟 病亡貫 72~81　76壬 符神索【疾厄】病寅	輩封天**天** 廉誥刑**機** 　　　陷 　　　科 喜月喪 62~71　75癸 神煞門【遷移】衰丑	解天天地**破** 神傷空空**軍** 　　　　平廟 飛咸晦 52~61　74壬 廉池氣【奴僕】旺子	天年鳳恩天文**太** 福解閣光魁昌**陽** 　　　　　旺旺陷 奏指太 42~51　73辛 書背歲【官祿】冠亥

『실전자미두수』 1권(2017년), 273쪽에 나와 있는 명반이다.

　결혼을 하려면, 선천에서 결혼을 못 할 이유가 없어야 한다. 선천 부처궁이 身궁이면서 거문화기에 절족마가 있어 이를 복덕인 천동이 보기에는 감정적으로 좋을 게 없긴 하지만, 그렇다고 결혼을 못 할 이유가 되지는 않는다.

　오히려 복덕의 영성 때문에 부처궁의 타라와 더불어 은근한 격발인 영타격이 형성되니, 처음엔 분명 서로 많이 끌려서 결혼할 상이다. 또한 복덕에 있는 삼태가, 이의 짝성인 팔좌를 부처궁에서 보니 더욱 그러하다. 부처와의 감정적 측면의 궁합은 항상 이렇게 복덕과 겸해서 부처궁을 봐야 한다.

자전선에 혼인과 희경의 암시를 가진 홍란·천희가 있는데, 자녀궁의 홍란은 록마협, 전택궁의 천희는 괴월협을 받아 좋은 기회도 된다. 하지만 선천 명궁 삼방사정의 기량회양은 결혼을 하면 비로소 타라를 만나 조유형극 만견고가 완성된다. 즉, 경사스러운 결혼 후에 그러한 형극이 생긴다는 뜻이다.

명례 87. 무오대한(33~42세) 임오년 간암사망

天福輩廉空 破碎孤辰旬空 天恩貴光 天巫 天姚 天鉞 天馬 **天相** 平旺平	天官 天壽 陰煞 天喜 火星 右弼 **天梁** 廟旺廟	天年 鳳閣 龍池 鈴星 **七殺 廉貞** 旺旺廟	月德 紅艷 大耗 地劫 左輔 廟平
喜神 歲驛 喪門 43~52 【財帛】 63丁 病巳	飛廉 息神 貫索 33~42 【子女】 64戊 衰午	奏書 華蓋 官符 23~32 【夫妻】 65己 旺未	將軍 劫煞 小耗 13~22 【兄弟】 66庚 冠申
天使 天空 **巨門** 平權			天虛
病符 攀鞍 晦氣 53~62 【疾厄】 62丙 死辰	명례 87. 무오대한 사망 / 陰男 양력 1963년 ○월 ○일 유시 음력 계묘년 ○월 ○일 유시 【命局】木三局 【命主】文曲 【身主】天同 【命式】乙 庚 戊 癸 　　　　酉 子 午 卯		小耗 災煞 歲破 3~12 【命】 67辛 帶酉
天哭 台輔 天魁 **貪狼 紫微** 廟地旺忌			天同 平
大耗 將星 太歲 63~72 【身遷移】 61乙 基卯			青龍 天煞 龍德 【父母】 68壬 浴戌
金輿 流霞 天傷 地空 **太陰 天機** 陷閒旺科	截空 寡宿 八座 三台 天刑 擎羊 文曲 文昌 **天府** 廟廟廟廟	解神 天才 紅鸞 祿存 **太陽** 旺陷	天廚 封詰 陀羅 **破軍 武曲** 陷平平祿
伏兵 亡神 病符 73~82 【奴僕】 60甲 絶寅	官府 月煞 弔客 83~92 【官祿】 59乙 胎丑	博士 咸池 天德 93~ 【田宅】 58甲 養子	力士 指背 白虎 【福德】 57癸 生亥

『실전자미두수』 1권(2017년), 275쪽에 나와 있는 명반이다.

선천 전택의 록존이 대한 전택의 화기 운으로 오니 집안의 근본적인 변화가 있는 대한인데, 마침 선천화기가 身궁인 점에 유의해야 한다. 물론 이것만으로는 집안에 누구 돌아가시겠다는 것 정도만 알 수 있을 뿐, 명반 주인이 사망한다고 볼 수 없다. 명반 주인의 길흉을 따지려면 선천 복덕궁과 身궁에서 살이 많이 비추는지 봐야

한다.

선천 복덕에 무곡이 있어, '봉무간염'에 따라 염정을 보니 그 염정은 영창타무의 염정이다. 또한 선천 복덕 타라는 선천 전택 록존에서 오기에, 복덕과 전택이 매우 밀접하게 연관되어 있다. 전택궁에 록존이 있으면 일반적으로 집안이 좋아, 머리는 기억력이 좋고 (타라) 관록은 위권출중해진다(경양).

하지만 저 전택궁이 양타협 외에 문곡·무곡 불협화음협도 받고 있고, 관록궁에는 경양과 천형까지 동궁하고 있어 경양의 형극 성질을 강화시킨다. 이는 삼방사정에서 영창타무를 보는 부처궁 염정·칠살의 노상매시에 더욱 형극의 성질을 주는데, 이러한 염정을 보는 복덕궁 무곡이 절대 좋을 리 없다.46)

이처럼 선천 전택과 복덕이 밀접한 관계가 있는데, 무오대한 (33~42세) 전택과 복덕 역시 허모관계로 밀접하다. 두 궁 전부 정성이 없으니 허모가 각기 주인 노릇을 하기가 쉽기에 더욱 얽혀있다. 이 대한의 전택의 일은 나의 복덕의 일이기도 하다.

임오년은 대한 차원에서 인동되는 궁선이 아니지만 묘유궁과 첩궁공명선이다. 유년 앉은 자리가 양양주별리 자리이고 화성 또한 별리의 성질을 강하게 만든다. 세상과 별리했다.

---

46) 고전 어디에도 봉무간염, 봉염간무 이야기가 없지만 무척이나 징험하다.

[명례] 88. 기묘대한(36~45세) 정축년 아버지 사망

金旬天天**破武** 輿空傷馬**軍曲** 　　　　平閑平 廟	天三火**太** 廚台星**陽** 　　　廟廟	截天天天恩鈴**天** 空月使才貴光星**府** 　　　　　　旺廟	天孤天八紅天地**太天** 福辰空座鸞姚劫鉞**陰機** 　　　　廟廟平閑 紅 艷
青歲弔 56~65　71辛 龍驛客【奴僕】　冠巳	小息病 66~75　72壬 耗神符【**身**遷移】旺午	將華太 76~85　73癸 軍蓋歲【疾厄】　衰未	奏劫晦 86~95　74甲 書煞氣【財帛】　病申
天寡天擎**天** 官宿刑羊**同** 　　　廟平			**貪紫** **狼微** 平平 科
力攀天 46~55　70庚 士鞍德【官祿】　帶辰			飛災喪　96~　75乙 廉煞門【子女】　死酉
輩年台鳳祿右 廉解輔閣存弼 　　　　旺陷			流**巨** 霞**門** 　旺
博將白 36~45　69己 士星虎【田宅】　浴卯			喜天貫　 　76丙 神煞索【夫妻】基戌
解地陀 神喜空羅 　　陷陷	破天天文文**七廉** 碎壽虛昌曲**殺貞** 　　　廟廟廟旺	月大陰天**天** 德耗煞魁**梁** 　　　旺廟 權	天封龍天左**天** 哭詰池巫輔**相** 　　　　閑平
官亡龍 26~35　68戊 府神德【福德】　生寅	伏月歲 16~25　67己 兵煞破【父母】　養丑	大咸小　6~15　66戊 耗池耗【**命**】　胎子	病指官　　　　65丁 符背符【兄弟】絶亥

명례 88. 아버지 사망 / 陰女

양력 1955년 ○월 ○일 유시
음력 을미년 ○월 ○일 유시

【命局】火六局
【命主】貪狼
【身主】天相
【命式】癸 己 乙 乙
　　　　酉 亥 酉 未

『실전자미두수』 1권(2017년), 277쪽에 나와 있는 명반이다.

　특별히 일찍 조실부모한 것은 아니므로 선천에서부터 살펴볼 필요는 없다. 하지만 선천 명궁·부모궁이 허모와 암합으로 그 인연이 있는데, 기묘대한(36~45세)의 명궁·부모궁 또한 록존·경양으로 엮여 있으니, 이 대한의 부모궁의 사안이 자신에게 큰 영향을 끼침을 알 수 있다.

게다가 선천 명궁이 원래 곡허 협인데, 대한 명궁이 양타협 운으로 가고, 身궁과 선천 질액궁에 각기 화령이 좌하면서 암합이 되어 있어 명반 주인의 건강이 문제가 된다. 마침 기묘대한에선 身궁이 대한의 전택궁이 되는데 지나치게 밝은 오궁 태양(남성육친 상징)이 좌하면서 선천 질액궁과 화령과 암합으로 교호관계가 생겼다.

선천 태양이 어느 궁에 있건 그 상황이 안 좋으면 남성 육친에게 안 좋다는 관점도 있다.(섭한량 선생의 관점) 같은 대한 중에 남편이 사업실패도 하였다고 한다.

정축년 앉은 자리가 대한의 결과자리이면서 칠살(육친불리), 창곡(상례), 염정(육친)이 좌한다.

명례 89. 정유대한(35~44세) 기사년 남편 사망

天天大天紅天祿**太** 官傷耗巫鸞刑存**陽** 　　　　　　　廟旺	旬天**擎破** 空壽**羊軍** 　　　平廟	金流寡天**天** 輿霞宿使**機** 　　　　陷 　　　　權	天天**紫** 哭馬**府微** 　　旺平旺
博亡龍　75~84　　80癸 士神德【奴僕】　　　冠巳	官將白　65~74　81甲 府星虎【遷移】　　帶午	伏攀天　55~64　82乙 兵鞍德【疾厄】　　浴未	大歲弔　45~54　83丙 耗驛客【身財帛】生申
截解天台八陀**武** 空神虛輔座羅**曲** 　　　　　　廟廟	명례 89. 정유대한 상부 / 陽女 양력 1946년 ○월 ○일 술시 음력 병술년 ○월 ○일 술시		恩天地天**太** 光姚劫鉞**陰** 　　　　平廟旺
力月歲　85~94　　79壬 士煞破【官祿】　　　旺辰	月天 德同 　廟 　祿 【命局】土五局 【命主】貪狼 【身主】文昌 【命式】庚 壬 丁 丙 　　　　戌 子 酉 戌		病息病　35~44　84丁 符神符【子女】　　養酉
			天三陰**貪** 才台煞**狼** 　　　　廟
青咸小　95~　　　78辛 龍池耗【田宅】　　　衰卯			喜華太　25~34　85戊 神蓋歲【夫妻】　　胎戌
紅天龍文右**七** 艷月池曲弼**殺** 　　　　平廟廟	破地鈴**天** 碎空星**梁** 　　陷陷旺	蜚天天年封鳳文左**天廉** 廉廚福解詁閣昌輔**相貞** 　　　　　　　旺旺廟平 　　　　　　　科　　忌	孤天天天火天**巨** 辰空貴喜星魁**門** 　　　　平旺旺
小指官　　　　　77庚 耗背符【福德】　　病寅	將天貫　　　　76辛 軍煞索【父母】　　死丑	奏災喪　5~14　75庚 書煞門【命】　　基子	飛劫晦　15~24　74己 廉煞氣【兄弟】　絕亥

『실전자미두수』 1권(2017년), 280쪽에 나와 있는 명반이다.

육친에게 안 좋다는 화령협을 받는 역시나 육친을 상징하는 염정에 화기가 있는 명이다. 이에 추가하여 명궁 천상이 인감노출격으로, 천상과 같이 있는 육친의 별인 염정과 겸하여 본다면 천부가 있는 身궁이 위험에 노출되는 게, 육친의 몸이 저승사자에게 빼앗긴 것으로 볼 수 있다.

원래 화령이 협한 명인데 정유대한이 오면 대한의 내궁에 화령이 들어오기 때문에 이 대한에서 화령 복선궁의 현현이 이루어진다. 그리고 염파가 동월운으로 오니 감정참상이 심하다. 무섭다는 축미궁 기량이 부관·부질선이 된 것도 불길하다.

태양이 록존과 동궁하고, 천형도 같이 있으면서 삼방에서 화령도 보니, 이 명 역시 태양상황이 좋지 않다. 그런데 이 궁선에 홍란·천희도 있으니 이 태양은 남편을 암시한다.[47]

선천 천이궁 경양을 어떻게 봐야 할까? 물론 기본적으로 마두대전이다. 천수까지 있으니 사회적으로는 위진변강하는 나쁘지 않은 상황이다. 하지만 감정적인 측면에서는 절대 좋지 않다. 기본적으로 화령협 받은 명궁 염정화기가 감정성인데, 천이궁의 파군·경양 조합은 감정적 좌절이 매우 크다.

명궁 염정화기와 관록궁 무곡은 어떻게 봐야 할까? 당연히 감정적으로 좋지 않다. 물론 쌍록협이 된 타라이기에 그런 식의 직업을 구한다면[48] 재여수구를 슬기롭게 직업으로 승화한 것이지만, 감정적으로는 좋을 수 없다.

감정적인 측면에서 원국은 '창타무'격이고, 그러한 것을 '체'로 놓

---

[47] 물론 선천 명궁이 화령협된 염정화기인 점이 체임은 반드시 명심해야 한다.
[48] 예를 들어 끈질기게 추적하여 응징하는 채권 추심이나 세무공무원 같은 것을 말한다.

고 볼 때, 정유대한 관록궁에서 영성으로 보아 비로소 영창타무가 완성된다고 볼 수 있다. 이러한 관록궁은 대궁인 부처궁에 지대한 영향을 준다.

부처궁 자체만으로만 보면 선천 부처 괴월협이, 대한 부처 천기운으로 오니 남편의 이 대한 직업적 상황은 나쁘지 않았을 것이다. 다만, 부처의 천이궁이 문제이기에, 천이상에서 사고를 당하기 쉬우며, 이는 부처의 천이궁의 협상황이 문제가 아니라 그 부처·천이궁 자체의 문제이기에 자신의 잘못으로 인한(영창타무는 스스로의 좌절) 사고일 확률이 매우 높다.

왜 이렇게까지 봐야 할까? 그래야 기사년 문제의 남편을 상징하는 태양·록존·홍란·천희 유년의 발생이 선천부처의 천이인 진궁의 무곡·타라를 찍는 게 달리 느껴지기 때문이다. 대한의 록기로 같은 부관·부질선인 축미궁이 인동되었지만, '영창타무'를 완성하는 진궁, 선천 부처의 천이궁이자 대한 질액궁인 진궁엔 선천사화가 없어서 공명이 되지 않은 상태인데, 유년의 발생으로 인동시키는 게 보이기 때문이다. 마찬가지로 선천사화가 없어 공명되지 않는 身궁을 유년 문곡화기가 인동시켜준다.

[명례] 90. 경인대한(32~41세) 계미년 사업 실패

截天天天火**貪廉** 空福虛馬星**狼貞** 平旺廟陷陷	解天鈴天**巨** 神廚星魁**門** 廟廟旺 祿	天地**天** 哭劫**相** 平閒	天天陀**天天** 壽刑羅**梁同** 陷陷旺
將歲歲 2~11 55癸 軍驛破 **【命】** 冠巳	小息龍 56甲 耗神德【父母】帶午	靑華白 57乙 龍蓋虎【福德】浴未	力劫天 92~ 58丙 士煞德【田宅】生申
月天大陰紅**太** 德才耗煞鸞**陰** 閒			紅天破祿**七武** 艷官碎存**殺曲** 旺閒旺
奏攀小 12~21 54壬 書鞍耗【兄弟】 旺辰	명례 90. 경인대한 사업실패 / 陰男 양력 1972년 ○월 ○일 申時 음력 辛亥년 12월 ○일 申時 **【命局】** 水二局 **【命主】** 武曲 **【身主】** 天機 **【命式】** 壬 己 壬 壬 　　　　申 巳 寅 子		博災弔 82~91 59丁 士煞客【身官祿】養酉
流旬龍地左**天** 霞空池空輔**府** 平陷平			寡天封天天擎**太** 宿傷誥貴喜羊**陽** 廟陷 權
飛將官 22~31 53辛 廉星符【夫妻】 衰卯			官天病 72~81 60戊 府煞符【奴僕】胎戌
天孤台三天文 月辰輔台鉞昌 旺陷 忌	蜚**破紫** 廉**軍微** 旺廟	天天恩八天文**天** 使空光座姚曲**機** 廟廟 科	金年鳳天右 輿解閣巫弼 閒
喜亡貫 32~41 52庚 神神索【子女】病寅	病月喪 42~51 51辛 符煞門【財帛】死丑	大咸晦 52~61 50庚 耗池氣【疾厄】墓子	伏指太 62~71 49己 兵背歲【遷移】絶亥

『실전자미두수』 1권(2017년), 282쪽에 나와 있는 명반이다.

　경인대한 창곡의 복선궁 현현이 축궁, 선천 재백 대한 형제궁에서 일어 났으니 이 대한 재백의 문서운을 좋게 볼 수도 있으나, 선천 명궁 천마가 대한 명궁 타라운으로 와서 절족마가 된 점과, 선천 관록이 피해궁이 되면서 대한 관록이 양령형기격이 된 점도 불길하다. 화탐의 횡발횡파하는 선천 명궁 탐랑이, 이 대한에서는 문창을

만나 작사전도가 되는 점도 심상치 않다.

언급했듯, 축궁 형노·재복이 대한 명궁과 부처궁에 복선궁의 현현으로 던져주는 문창·문곡은 좋아보이나, 엄밀히 얘기해서 문창화기의 화기 때문에 양령형기가 완성된 꼴이고, 대한 부처궁에 던져준 화과와 더불어 대한 내궁에서 악사위천리가 완성된 꼴이다.

이렇게 대한 삼방사정에서 형성되는 양양창록이 문서적 파괴의 양양창록의 의미가 있게 되니, 저 축궁이 대한 내궁에게 던져주는 창곡은 그 흉상을 '문서적'으로 만들게 해줄 뿐이다. 형노·재복이 결국 문서적 형태의 흉사가 되어, 의류매장 본사가 갑자기 망해 계약금, 권리금을 날리고 전세금도 갚아 먹게 되었다.

염탐이 동량운으로 오면 자전선 측면에 있어 뒤집어지기 쉬운데, 이 명반에선 그 상이 근무처가 뒤집어지는 것으로 나타났다.

선천 명궁과 형제궁이 허모관계로 얽혀 있는 것이 '체'가 되고, 대한 명궁이 대한 형제궁으로 부터의 복선궁 현현으로 입게 되는 피해가 '용'이 되는데, 이러한 두 궁선이 이 대한에 형노·재복선이라는 점도 묘하다. 분명 주변에서 대리점하라고 꼬득인 사람이 있었을 것이다.

계미년은 대한 발생인 진술궁에 대한 첩궁공명선이다. 천상이 의상을 주하기도 하고 프랜차이즈대리점을 의미하기도 하니 묘하게 그 상이 일치한다.

명례 91. 경자대한(36~45세) 신사년 파재

旬截天天龍八火**巨** 空空福哭池座星**門** 　　　　　　旺平 　　　　　　　祿	月天天大天天文**天廉** 德月廚耗刑魁曲**相貞** 　　　　　廟陷旺平 　　　　　　　　科	天天 虛梁 　旺	台陰天天陀文**七** 輔煞巫羅昌**殺** 　　　　陷旺廟 　　　　　　忌
病指官　86~95　65癸 符背符【財帛】　　冠巳	大咸小　96~　　66甲 耗池耗【子女】　旺午	伏月歲　　　　67乙 兵煞破【夫妻】　衰未	官亡龍　　　　68丙 府神德【兄弟】　病申
解天封**貪** 神使詰**狼** 　　　　廟	명례 91. 경자대한 파재 / 陰女 　　　　　　양력 1961년 ○월 ○일 인시 　　　　　　음력 신축년 ○월 ○일 인시 　　　　　　【命局】火六局 　　　　　　【命主】文曲 　　　　　　【身主】天相 　　　　　　【命式】戊 乙 己 辛 　　　　　　　　　　寅 丑 亥 丑		紅蜚天年鳳三祿地**天** 艶廉官解閣台存空**同** 　　　　　　　旺廟平
喜天貫　76~85　64壬 神煞索【疾厄】　　帶辰			博將白　6~15　69丁 士星虎【命】　　死酉
流恩**太** 　　　霞光**陰** 　　　　　陷			寡天天擎**武** 宿才姚羊**曲** 　　　　廟廟
飛災喪　66~75　63辛 廉煞門【遷移】　　浴卯			力攀天　16~25　70戊 士鞍德【父母】　　基戌
孤天天天紅天**天紫** 辰傷壽空鸞鉞**府微** 　　　　　　旺廟廟	破天地右左天 碎貴劫弼輔**機** 　　　陷廟廟陷	鈴**破** 星**軍** 　陷廟	金天**太** 輿馬**陽** 　平陷 　　權
奏劫晦　56~65　62庚 書煞氣【奴僕】　　生寅	將華太　46~55　61辛 軍蓋歲【身官祿】　養丑	小息病　36~45　60庚 耗神符【田宅】　　胎子	青歲弔　26~35　59己 龍驛客【福德】　　絕亥

『실전자미두수』 1권(2017년), 287쪽에 나와 있는 명반이다.

'명례 29 계유년 투자착오' 명반과 유사하여 매우 공부에 도움되는 명반이다. 다만 앞의 명반은 거금을 투자했다가 망했는데, 이 명반은 일억원을 투자했다.

이 명도 기월동량이 살파랑대한으로 왔다. 그리고 역시나 선천 자녀궁 천상이 화과와 동궁하여 천상이 드러나는 인감노출격이 되었다. 그러한 천상이 화기를 보지는 않으니 앞의 명반 보다는 그 흉이 덜하다. 경자대한 화과·화기 복선궁의 현현이 되는 점도 유사하다. 대한 질액궁, 즉 액운에 관한 복선궁이 현현되었다. 대한 관록궁 영창타무인 점도 명례 29의 명반과 같다.

[명례] 92. 계유대한(32~41세) 정축년 이혼

天廚 孤辰 天傷 天空 天貫 恩光 天喜 **天同**廟	紅艷 輩廉 年解 鳳閣 **天府**旺 **武曲**旺科	天月 天官 天使 鈴星 天鉞 **太陰**旺平 **太陽**平忌	截空 龍池 天姚 地劫 **貪狼**廟平
大耗 劫煞 晦氣 【奴僕】 72~81	病符 災煞 喪門 【身 遷移】 62~71	喜神 天煞 貫索 【疾厄】 52~61	飛廉 指背 官符 【財帛】 42~51
62己冠巳	63庚帶午	64辛浴未	65壬生申
金輿 天才 三台 天刑 **破軍**旺權			流霞 月德 天福 **巨門**廟旺 **天機**廟旺
伏兵 華蓋 太歲 【官祿】 82~91		명례 92. 계유대한 이혼 / 陽女 양력 1964년 ○월 ○일 유시 음력 갑진년 ○월 ○일 유시	奏書 咸池 小耗 【子女】 32~41
61戊旺辰			66癸養酉
台輔 擎羊 右弼 陷陷		【命局】 水二局 【命主】 貪狼 【身主】 文昌 【命式】 乙 乙 癸 甲 　　　　 酉 亥 酉 辰	天壽 天虛 八座 **天相**閑閑 **天紫**閑閑微
官府 息神 病符 【田宅】 92~			將軍 月煞 歲破 【夫妻】 22~31
60丁衰卯			67甲胎戌
旬空 解神 天哭 天馬 祿存 地空 **廉貞**廟旺陷廟祿	破碎 寡宿 陀羅 天魁 文曲 文昌 廟旺 廟廟	陰煞 **七殺**旺	大耗 封詰 天巫 紅鸞 火星 左輔 **天梁**平閑陷
博士 歲驛 弔客 【福德】	力士 攀鞍 天德 【父母】	青龍 將星 白虎 【命】 2~11	小耗 亡神 龍德 【兄弟】 12~21
59丙病寅	58丁死丑	57丙墓子	56乙絶亥

『실전자미두수』 1권(2017년), 288쪽에 나와 있는 명반이다.

　설령 살을 보지 않아도 인생에 몇 번의 큰 변화가 있기 쉽다는 칠살명이다. 게다가 화령협도 되어 있으니 변화가 심하고 고독하다. 선천 복덕궁과 부처궁에 각각 자미·천상과 염정이 있는데, 각기 천곡과 천허가 있어 서로가 서로에게 고독감을 느끼기 쉽다. 특히나 복덕궁의 염정은 양타협살이 되어서 매우 화가 난 상태인데, 이를

위로해줄 부처궁도 위신불충위자불효의 자파상이라 위로가 될 수 없다.

계유대한 록을 못 보는 살파랑이 록을 못 보는 대한으로 와서 불안정하다. 4번째 대한이라 대한의 앞은 자리가 자전선이니 자전 방면에서 불안정하다. 부관선은 부질선과 중첩이 되어(축미궁과 진술궁) 부처의 문서 관련된 일도 발생하기 쉬운 대한이다.

계유대한 부처궁은 일월양타 인리산재이면서, 복덕궁의 별들과 더불어 양양 별리 조합에 각기 영성과 화성까지 있으니 별리의 암시가 더욱 가강된다.

[명례] 93. 무오대한(42~51세) 무인년 처의 외도, 경진년 이혼

天天年鳳火天**巨** 福使解閣星鉞**門** 　　旺旺平　權	解天天陰文**天廉** 神官空煞曲**相貞** 　　　　　陷旺平	旬輩天天天**天** 空廉壽貴刑**梁** 　　　　　　旺	紅孤台文**七** 艷辰輔昌**殺** 　　　　旺廟
喜指太　52~61　73丁 神背歲【疾厄】　冠巳	飛咸晦　42~51　74戊 廉池氣【財帛】　帶午	奏月喪　32~41　75己 書煞門【子女】　浴未	將亡貫　22~31　76庚 軍神索【夫妻】　生申
寡封三天**貪** 宿誥台喜**狼** 　　　　　廟 　　　　　忌	명례 93. 무오대한 이혼 / 陰男 양력 1953년 ○월 ○일 인시 음력 계사년 ○월 ○일 인시		破龍恩地**天** 碎池光空**同** 　　　　廟平
病天病　62~71　72丙 符煞符【遷移】　旺辰			小將官　12~21　77辛 耗星符【兄弟】　養酉
天天天**太** 傷才魁**陰** 　　廟陷 　　　科	【命局】水二局 【命主】祿存 【身主】天機 【命式】甲癸甲癸 　　　　寅巳子巳		月天八紅**武** 德月耗座鸞**曲** 　　　　　廟
大災弔　72~81　71乙 耗煞客【奴僕】　衰卯			青攀小　2~11　78壬 龍鞍耗【命】　胎戌
金流天左**天紫** 輿霞巫輔**府微** 　　　　廟廟	截天地擎**天** 空哭劫羊**機** 　　陷廟陷	祿鈴右**破** 存星弼**軍** 旺陷旺廟 　　　祿	天天天天陀**太** 廚虛姚馬羅**陽** 　　　　平陷陷
伏劫天　82~91　70甲 兵煞德【身官祿】病寅	官華白　92~　69乙 府蓋虎【田宅】死丑	博息龍　　　68甲 士神德【福德】墓子	力歲歲　　　67癸 士驛破【父母】絕亥

『실전자미두수』 1권(2017년), 293쪽에 나와 있는 명반이다.

　선천 질액궁이 작사전도협이 되어 있는데, 무오대한에 그러한 복선궁이 현현 되었다. 선천 질액궁을 자세히 보면, 천이궁 탐랑·천희와 재백궁 염정·함지도 같이 협을 한다. 즉 작사전도의 뒤집어지는 도화협된 거일 문서의 액운에 대한 복선이 현현되어 드러나는 대한이다.

물론 록을 못 보는 재성인 무곡이 록을 보는 대한으로 오니 직업적으로는 안정되는 대한이다. 특히나 선천 천이궁이 괴월협, 록과협 되어 있어 천이상에서 기회가 있기 쉬운데, 마침 무오대한 천이궁에 선천에서 못 본 록을 보니 나쁘지 않다.

하지만 선천 부처궁의 문창이 대한 부처궁 탐랑화기를 만나 작사전도로(탐랑·문곡) 뒤집어져 빼앗기는49) 대한이 되어, 저 권과협 괴월협 받은 탐랑화기는 직업적으로는 길할 수 있어도 감정적으로는 절대 그렇게 볼 수 없다.

이 명반의 선천 명반에서의 배우자와의 관계를 알아보자. 부처궁 칠살이라 배우자가 정이 없어 담백하다. 칠살이 살파랑이라 록을 필요로 하는데 마침 복덕궁에 쌍록이 있어 마음이 맞을 것 같아 보이지만 그러한 복덕궁에 영성도 동궁하고 있어 고독한 별이라 불리우는 칠살 입장에서 더욱 고독해 질 수 있다. 이 영성으로 인한 칠살의 고독함은 어느 정도 수준일까? 영성에 록존이 동궁하니 양타협 살의 영성인데, 이 양타협은 단순한 양타협이 아니다. 경양엔 절공과 천허가 있고 타라엔 천마와 천허가 있어 절로공망과 곡허를 동반한 양타이다. 자궁은 감정적으로 좋을 수 없다.

남자가 돈을 잘 벌면 가정에 신경을 못 쓰게 되어 이혼을 하고, 돈을 못 벌면 못 벌어 온다고 이혼 당하기 쉽다. 이 명반은 전자이다. 그리고 후자로 다음 명반을 보자.

---

49) 탐랑화기는 '탈'의 암시가 있다.

명례 94. 갑오대한(33~42세) 계미년 돈 문제로 이혼

天破恩三祿鈴**太** 官碎光台存星**陽** 廟旺旺 廟	擎文破 羊曲軍 平陷廟	金流天右左**天** 輿霞空弼輔**機** 廟廟陷廟 權	孤天台陰天文**天紫** 辰傷輔煞馬昌**府微** 旺旺平旺 科
博亡病 23~32 60癸 士神符【福德】 病巳	力將太 33~42 61甲 士星歲【田宅】 死午	青攀晦 43~52 62乙 龍鞍氣【身官祿】 基未	小歲喪 53~62 63丙 耗驛門【奴僕】 絶申
截寡年封鳳天陀**武** 空宿解詰閣姚羅**曲** 廟廟	명례 94. 갑오대한 이혼 / 陽男 양력 1966년 ○월 ○일 인시 음력 병오년 ○월 ○일 인시 【命局】木三局 【命主】文曲 【身主】火星 【命式】庚 辛 甲 丙 　　　　 寅 丑 午 午		天八紅地天**太** 才座鸞空鉞**陰** 廟廟旺
官月弔 13~22 59壬 府煞客【父母】 衰辰			將息貫 63~72 64丁 軍神索【遷移】 胎酉
天天火**天** 貴喜星**同** 平廟 祿			解天龍**貪** 神使池**狼** 廟
伏咸天 3~12 58辛 兵池德【命】 旺卯			奏華官 73~82 65戊 書蓋符【疾厄】 養戌
紅旬蜚天**七** 艷空廉月**殺** 廟	天大地天 壽耗劫梁 陷旺	天天天天天**廉** 廚福虛哭刑**相貞** 廟平 忌	月天天**巨** 德巫魁**門** 旺旺
大指白 57庚 耗背虎【兄弟】 冠寅	病天龍 56辛 符煞德【夫妻】 帶丑	喜災歲 93~ 55庚 神煞破【子女】 浴子	飛劫小 83~92 54己 廉煞耗【財帛】 生亥

『실전자미두수』 1권(2017년), 298쪽에 나와 있는 명반이다.

　복덕궁의 양타협을 받은 록존과 동궁한 사궁 태양은 영성과 동궁하여 더욱 움츠러들어 그 빛을 발산하여 부처궁 천량을 따뜻하게 비추지 못하는 상황이다. 복덕궁 태양의 상황이 이러하니 이로 인해 부처궁 천량은 차갑다.

앞서 선천이 대한을 만날 때의 징험에서 언급했듯, 동월이 정파상 대한으로 오면 그 대한 내내 감정참상이 일어나기 매우 쉽다. 대한 명궁에 있는 파군은 '부처·노복·자녀'를 상징한다. 또한 대한 천이궁의 천상이 인감노출격이 되어 대한 복덕궁 천부는 허망해진다. 대한 천이 염정화기는 또한 봉염간무에 의해 대한 부처궁 무곡에 악영향을 준다(재여수구). 복덕-부처궁은 궁합에 매우 중요한 궁인데 이런 형상이 되니 이 대한 중에 이혼하기 쉽다.50)

갑오대한 염정화록으로 자오궁이 인동되었는데, 록기전도가 되었다. 대한 태양화기는 그래서 발생의 의미가 있다. 선천 천동화록과 발생의 의미가 있는 대한 태양화기로 인해 진술궁이 인동되었고, 이곳이 록기전도로 인한 일차발생선이다.

계미년은 이렇게 록기전도로 일차발생이 된 진술궁선에 대한 첩궁공명선이다.51) 대한에서 암시된 사안이 발현되기 쉽다.

유년이 좌한 미궁은 부관·부질선으로 협으로 창곡이 들어오니 부처와의 문서 문제가 있기 쉬운데, 유년 파군화록이 대한의 발생선을 수미동기로 명동하기 때문에 이 해에 일이 발생하기 쉽다. 대한에서 록기전도가 되면 유년에서 수미동기로 인동 될 때 해당 사안이 발생하기 쉽다.

---

50) 물론 선천의 복덕~부처궁의 관계가 좋다면 이런 대한에 이혼 위기가 올 뿐 쉽게 이혼한다고 얘기 못한다.
51) 진술궁이 대한의 부관선인데, 계미년이 앉은 자리인 미궁은 선천의 부관선이다.

[명례] 95. 갑오대한(53~62세) 무인년 남편의 사업 부도

天官 天壽 大耗 八座 紅鸞 祿存 **太陽** 廟旺	旬空 天使 擎羊 平 **破軍** 廟	金輿 流霞 天月 天寡宿 **天機** 陷 權	天哭 天姚 天馬 **紫微** 旺平 **天府** 旺
博士 亡神 龍德 63~72 【遷移】 80癸 病巳	官府 將星 白虎 53~62 【疾厄】 81甲 衰午	伏兵 攀鞍 天德 43~52 【身財帛】 82乙 旺未	大耗 歲驛 甲客 33~42 【子女】 83丙 冠申
截空 天傷 天虛 台輔 天刑 陀羅 廟 **武曲** 廟			天恩 三台 地劫 天鉞 **太陰** 平廟旺
力士 月煞 歲破 73~82 【奴僕】 79壬 死辰	명례 95. 갑오대한 남편부도 / 陽女 양력 1946년 ○월 ○일 술시 음력 병술년 ○월 ○일 술시 【命局】木三局 【命主】巨門 【身主】文昌 【命式】丙 乙 丁 丙 戌 未 酉 戌		病符 息神 病符 23~32 【夫妻】 84丁 帶酉
月德 右弼 陷 **天同** 廟 祿			**貪狼** 廟
青龍 咸池 小耗 83~92 【官祿】 78辛 墓卯			喜神 華蓋 太歲 13~22 【兄弟】 85戊 浴戌
紅艶 解神 龍池 **文曲** 平 **七殺** 廟	破碎 地空 鈴星 陷 **天梁** 陷旺	蜚廉 天廚 天福 年解 封誥 鳳閣 陰煞 文昌 **天相** 貞 旺廟平 科 忌	孤辰 天空 天貴 天巫 天喜 火星 天左輔 天魁 **巨門** 平旺閑旺
小耗 指背 官符 93~ 【田宅】 77庚 絶寅	將軍 天煞 貫索 76辛 胎丑 【福德】	奏書 災煞 喪門 75庚 養子 【父母】	飛廉 劫煞 晦氣 3~12 【命】 74己 生亥

『실전자미두수』 1권(2017년), 300쪽에 나와 있는 명반이다.

바로 앞의 명반과 유사하다. 역시 대한 명궁 파군은 '부처·노복·자녀'를 상징한다는 점과 대한 천이궁 인감노출의 천상이 대한 복덕 천부를 아프게 한다는 점, 그리고 대한 천이 염정화기가 대한 부처 무곡에 봉염간무로 재여수구를 준다는 점 등을 종합해야 한다.

명례 96. 경오대한(34~43세) 신사년 자식 사망

旬天天陀右 七紫 空虛馬羅弼 殺微 　平陷平　旺	流天祿 霞姚存 　　旺	天火擎 哭星羊 　閑廟	金天天天鈴天 興廚才巫星鉞 　　　　旺廟
力歲歲 44~53 67己 士驛破【身財帛】生巳	博息龍 34~43 68庚 士神德【子女】養午	官華白 24~33 69辛 府蓋虎【夫妻】胎未	伏劫天 14~23 70壬 兵煞德【兄弟】絕申
紅天天大台天陰紅 天天 艷使壽耗輔貴煞鸞 梁機 月　　　　　　　 旺廟 德　　　　　　　　 科	명례 96. 경오대한 자식사망 / 陰男 양력 1959년 ○월 ○일 술시 음력 기해년 ○월 ○일 술시 【命局】金四局 【命主】文曲 【身主】天機 【命式】甲 甲 辛 己 　　　　戌 辰 未 亥		截天破地左 破廉 空官碎劫輔 軍貞 　　　　　 平陷陷平
青攀小 54~63 66戊 龍鞍耗【疾厄】浴辰			大災弔 4~13 71癸 耗煞客【　命　】基酉
天龍 天 　月池 相 　　　 陷			寡天 宿喜
小將官 64~73 65丁 耗星符【遷移】帶卯			病天病 72甲 符煞符【父母】死戌
天孤天恩八天文 巨太 福辰傷光座刑曲 門陽 　　　　　　忌 平廟 　　　　　　　 旺	蜚地 貪武 廉空 狼曲 　陷 廟廟 　　 權祿	解天封三天文 太天 神空誥台魁昌 陰同 　　　　　　 旺旺廟旺	年鳳 天 解閣 府 　　 旺
將亡貫 74~83 64丙 軍神索【奴僕】冠寅	奏月喪 84~93 63丁 書煞門【官祿】旺丑	飛咸晦 94~ 62丙 廉池氣【田宅】衰子	喜指太 61乙 神背歲【福德】病亥

『실전자미두수』 1권(2017년), 303쪽에 나와 있는 명반이다.

　염파가 동월운으로 오면 감정참상이 있기 매우 쉽다. 묘궁 천상이 악사위천리 협으로 인해 인감노출이 되었는데, 경오대한(34~43세)에 이에대한 복선궁의 현현이 되었고, 대한의 자녀궁이다. 인감노출로 인해 선천 복덕 천부는 허망할 수 있는데, 그러한 선천 복덕은 대한 복덕 양령형기 궁으로 온다.

이 대한에선 노출된 천상이 자녀궁 천상이다. 대한 앉은 자리도 자녀궁 천동이고 록존은 육친에게 불리한 별이다. 물론 선천 명궁에 육친을 암시하는 염정이 파군 파쇄와 동궁하면서 악사위천리 협을 당한다는 점이 체이다. 그리고 선천 자녀궁에 정성이 없으면서 육친에게 불리하다는 록존이 있다는 점 역시 두 번째 체이다.

그런데 자세히 보면 선천 질액궁, 즉 액운궁 삼방에서 정승발탁 성계를 본다. 경오대한은 유사복선궁의 현현 대한이다.52) 자녀 사망으로 인해 무슨 보상금이나 보험금을 타게 되지 않았나 싶다.

신사년 첩궁공명 사안도 놓치면 안 된다.

---

52) 복선궁의 현현은 협으로 짝성이 구성된 상태에서, 그 짝성이 대한의 내궁으로 올 때를 말하는데 이렇게 협이 아닌 삼방에서 비추는 짝성 또한 유사 복선궁의 현현으로 볼 수 있다. 이는 격국 혹은 관법의 응용이다.

명례 97. 계유대한(26~35세) 계해년 이혼

天龍陀文**七紫** 哭池羅昌**殺微** 　　陷廟平旺 力指官　66~75　77己 士背符　【遷移】　絶巳	流月天大祿地左 霞德使耗存空輔 　　　　　旺廟旺 博咸小　56~65　78庚 士池耗　【疾厄】　墓午	旬天封擎 空虚誥羊 　　　廟 官月歲　46~55　79辛 府煞破　【財帛】　死未	金天恩天火天右 興廚光喜星鉞弼 　　　　陷廟平 伏亡龍　36~45　80壬 兵神德　【子女】　病申
紅天天八地**天天** 艷月傷座劫**梁機** 　　　　陷旺廟 　　　　　　　科 靑天貫　76~85　76戊 龍煞索　【奴僕】　胎辰	명례 97. 계유대한 이혼 / 陰男 양력 1949년 ○월 ○일 사시 음력 기축년 ○월 ○일 사시 【命局】 火六局 【命主】 巨門 【身主】 天相 【命式】 乙 丁 戊 己 　　　　 巳 亥 辰 丑		截蜚天年鳳文**破廉** 空廉官解閣曲**軍貞** 　　　　　　廟陷平 　　　　　　　　　忌 大將白　26~35　81癸 耗星虎　【身夫妻】　衰酉
天鈴**天** 姚星**相** 　　廟陷 小災喪　86~95　75丁 耗煞門　【官祿】　養卯			解寡天三陰 神宿壽台煞 病攀天　16~25　82甲 符鞍德　【兄弟】　旺戌
天孤天天紅**巨太** 福辰空巫鸞**門陽** 　　　　　廟旺 將劫晦　96~　74丙 軍煞氣　【田宅】　生寅	破**貪武** 碎**狼曲** 　　廟廟 　　權祿 奏華太　73丁 書蓋歲　【福德】　浴丑	天天天**太天** 才貴魁**陰同** 　　　旺廟旺 飛息病　72丙 廉神符　【父母】　帶子	台天**天天** 輔刑**馬府** 　　　平旺 喜歲弔　6~15　71乙 神驛客　【命】　冠亥

『실전자미두수』 1권(2017년), 304쪽에 나와 있는 명반이다.

선천 복덕과 부처가 재여수구, 작사전도에 무곡·문곡 불협화음이 형성되었다. 선천 부처궁 상황은 『실전자미두수』에 잘 나와 있다.

이 명은 신미대한(46~55) 경진년에 주식 3억 날렸다.

인생 후반부를 나타내는 身궁이 영창타무이면서 염정이 있어 봉염간무 원칙에 의해 무곡을 보니 투자궁인 복덕궁에 있다.

　신미대한의 오궁은 선천 부질 대한 형노선인데 피해궁이다. 또한 문창·탐랑 작사적도협 복선궁이 현현된 궁이기도 하다.
　이 때 대한의 질액궁을 보라. 인궁 거일 문서조합으로 영성·탐랑의 영탐격발로 복선궁이 현현된 곳이기도 하다. 문제는 그러한 현현된 영탐 중, 영성 때문에 대한 복덕궁(투자궁)에서 영창타무 격국이 완성된다.

명례 98. 계축대한(24~33세) 계유년(27) 결혼, 정축년(31) 이혼

天天恩三天陀左**七紫** 月廚光台馬羅輔**殺微** 平陷平平旺	天天封祿文 使才誥存昌 旺陷	紅天地擎 艷貴空羊 平廟	金流解孤天天紅文 輿霞神辰空巫鸞曲 平
官歲弔 64~73 59乙 府驛客【遷移】 生巳	博息病 74~83 60丙 士神符【疾厄】 浴午	力華太 84~93 61丁 士蓋歲【身財帛】帶未	青劫晦 94~ 62戊 龍煞氣【子女】 冠申
寡天**天** 宿傷**梁機** 旺廟 科	【명례 98. 계축대한 혼인불미 / 陰女 양력 1967년 ○월 ○일 진시 음력 정미년 ○월 ○일 진시 【命局】金四局 【命主】巨門 【身主】天相 【命式】丙 戊 癸 丁 辰 戌 卯 未		八天右**破廉** 座鉞弼**軍貞** 廟陷陷平
伏攀天 54~63 58甲 兵鞍德【奴僕】 養辰			小災喪 63己 耗煞門【夫妻】旺酉
旬截蜚年鳳地天 空空廉解閣劫**相** 平陷			台天 輔刑
大將白 44~53 57癸 耗星虎【官祿】 胎卯			將天貫 64庚 軍煞索【兄弟】衰戌
天天天鈴**巨太** 官壽喜姚星**門陽** 廟廟旺 忌	破天火**貪武** 碎虛星**狼曲** 旺廟廟	月大陰**太天** 德耗煞**陰同** 廟旺 祿權	天天龍天天 福哭池魁府 旺旺
病亡龍 34~43 56壬 符神德【田宅】 絕寅	喜月歲 24~33 55癸 神煞破【福德】 墓丑	飛咸小 14~23 54壬 廉池耗【父母】死子	奏指官 4~13 53辛 書背符【 命 】病亥

『실전자미두수』1권(2017년), 311쪽에 나와 있는 명반이다.

계축대한이 혼인불미인 것이 보여야 한다. 대한 복덕의 천상이 악사위천라협으로 인감노출이 되어 대한 부처인 천부가 빼앗긴다. 그런데 이에 대한 체는 대한 명궁에서 무곡·화성의 과수격이 형성된 점이다. 화탐으로 횡발을 할 수 있지만 무곡·화성의 형상은 그대로 드러난다. 아마도 화탐격발로 갑작스럽게 이혼했을 듯하다.

물론 선천 상에서 여명 천부가 남편이 무력하거나 혼인불미의 소지가 있다는 점과 선천 부처궁의 우필로 보아 이 명에게 결혼할 남자 혹은 이에 상응하는 애인이 일생 하나가 아니라는 점이 체이다.

그런데 남편의 바람이 아닌 자신의 바람이라고 보는 이유는 무엇인가? 선천 복덕궁의 협 상황을 보자. 화권·화기로 과강필절이 되었고, 그러한 과강필절은 각기 전택궁의 천요, 천희 그리고 부모궁의 대모, 함지와 같이 있어 도화적 과강필절이다. 물론 대중성계인 일월이 협하고 감정성계인 거동이 협하니 그러한 면은 가강된다. 결국 복덕궁 화탐은 도화적 격발이고 무곡·화성 고독은 역시나 도화적 상황에 의한 고독이다.

계축대한으로 오면 대한 복덕의 천상이 인감노출이 되어, 대한 부처궁 천부가 빼앗기게 된다. 부처궁 때문에 복덕에 문제가 생기는 게 아니라, 나의 복덕 때문에 부처에 문제가 생기는 대한이다.

명례 99. 갑인대한(35~44세) 갑술년(44) 아버지 사망

天年鳳天 福解閣鉞 廟廟　旺 喜指太　5~14　73丁 神背歲【命】冠巳	天天天封文天 官壽空詰昌機 　　　　陷廟 飛咸晦　　74戊 廉池氣【父母】帶午	旬輩天地火**破紫** 空廉月空星**軍微** 　　　平閑廟廟 　　　　　祿 奏月喪　　75己 書煞門【福德】浴未	紅孤天文 艶辰姚曲 　　　平 將亡貫　95~　76庚 軍神索【田宅】生申
寡三天天**太** 宿台喜刑**陽** 　　　　旺 病天病　15~24　72丙 符煞符【兄弟】旺辰	명례 99. 갑인대한 부망 / 陰男 양력 1953년 ○월 ○일 진시 음력 계미년 ○월 ○일 진시 【命局】土午局 【命主】武曲 【身主】天機 【命式】甲丁辛癸 　　　　辰卯酉巳		破龍天 碎池府 　　陷 小將官　85~94　77辛 耗星符【官祿】養酉
地天右**七武** 劫魁弼**殺曲** 平廟　陷陷 大災弔　25~34　71乙 耗煞客【夫妻】衰卯			月天天大台恩八紅**太** 德傷才耗輔光座鸞**陰** 　　　　　　　　旺 　　　　　　　　　科 青攀小　75~84　78壬 龍鞍耗【奴僕】胎戌
金流解鈴**天天** 輿霞神星**梁同** 　　　廟廟閑 伏劫天　35~44　70甲 兵煞德【子女】病寅	截天擎**天** 空哭羊**相** 　　廟廟 官華白　45~54　69乙 府蓋虎【身財帛】死丑	天天陰祿**巨** 使貴煞存**門** 　　　旺旺 　　　　權 博息龍　55~64　68甲 士神德【疾厄】墓子	天天天天陀左**貪廉** 廚虛巫馬羅輔**狼貞** 　　　平陷閑平陷 　　　　　　　忌 力歲歲　65~74　67癸 士驛破【遷移】絶亥

『실전자미두수』 1권(2017년), 317쪽에 나와 있는 명반이다.

선천에서부터 아버지에게 문제가 있는 것이 보인다면 이미 이 전에 돌아가셔야 한다. 일반적으로 인신사해궁 염탐이 동량운으로 혹은 동량이 염탐운으로 가면 자전 방면에서 뒤집어지는 일이 발생하기 쉽다.

특히나 공궁인 선천 전택이 역시나 공궁인 대한 전택으로 간다는

점, 그리고 그 별들을 보면 문곡이 탐랑을 만나 작사전도 된다는 점, 영성이 탐랑을 만나 영탐격발(육친 방면에서 격발은 안 좋다)이 된다는 점, 대한 명궁에 노인성인 천량이 있고 육친에게 안 좋은 영성이 있다는 점 등이 아버지 사망을 암시한다.

갑술년 메커니즘에 관해 『실전자미두수』에 있는 것 외의 이야기를 추가하자면, 사실 갑술년은 대한에서 인동된 궁선이기도 하고 이 대한에서 록기전도 된 사해궁을 수미동기로 인동시키는 유년이기는 하다. 하지만 어느 유년에서 발현되느냐하는 문제에 있어, 사망에 관련된 身궁이자 상문·백호가 있는 축미궁을 간과할 수 없다. 물론 축미궁은 대한의 태양화기로 인해 인동된 진술궁 형노·재복선과 동일 선으로 궁간공명 되어 있다. 대한에서 암동된 궁선이니 유년에서 명동될 때를 유심히 봐야한다.

이런 관점에서 보면 갑술년의 록기로는 축미궁을 명동시키지 못한다. 또 다시 암동시킬 뿐이다.[53]

그런데 유심히 보면 축미궁은 대한차원에서 궁간공명되어 있으면서 동시에 갑술년만큼은 거울공명되어 있다. 거울공명은 단순히 대한 차원에서 인동되지 않은 궁선을 어떻게 해석해야 하는가에 대한 답일 뿐 아니라 무언가 더 큰 의미가 있을 듯 하다. 더 많은 연구가 필요하다.

---

53) 물론 이런 경우 유월에서 이를 명동시킬 때 사안이 발현되기 쉽다.

명례 100. 병술대한(43~52세) 병자년 이혼 + 손재

孤恩天天火**天** 辰光巫刑星**梁** 旺陷	旬截天封龍文**七** 空空福詰池昌**殺** 陷旺	月天天地鈴陀天 德貴喜空星羅鉞 平旺廟旺	天天年鳳祿天文**廉** 才虛解閣存馬曲**貞** 廟旺平廟
大亡貫　　　76辛 耗神索【兄弟】病巳	伏將官　3~12　77壬 兵星符【命】死午	官攀小　13~22　78癸 府鞍耗【父母】墓未	博歲歲　23~32　79甲 士驛破【福德】絶申
流解天天**紫** 霞神壽哭**相微** 旺陷	명례 100. 병술대한 악재 / 陽男 양력 1950년 ○월 ○일 진시 음력 경인년 ○월 ○일 진시 【命局】木三局 【命主】破軍 【身主】天梁 【命式】戊 己 丙 庚 　　　　辰 卯 戌 寅		破大天擎 碎耗姚**羊** 陷
病月喪　　　75庚 符煞門【夫妻】衰辰			力息龍　33~42　80乙 士神德【田宅】胎酉
天地**巨天** 空劫**門機** 平廟旺			金紅輩台陰**破** 輿艷廉輔煞**軍** 旺
喜咸晦　93~　74己 神池氣【子女】旺卯			靑華白　43~52　81丙 龍蓋虎【官祿】養戌
天天八右**貪** 月廚座弼**狼** 廟平	寡天紅天**太太** 宿使鸞魁**陰陽** 旺廟陷 科祿	三左**天武** 台輔**府曲** 旺廟旺 權	天天**天** 官傷**同** 廟 忌
飛指太　83~92　73戊 廉背歲【身財帛】冠寅	奏天病　73~82　72己 書煞符【疾厄】帶丑	將災弔　63~72　71戊 軍煞客【遷移】浴子	小劫天　53~62　70丁 耗煞德【奴僕】生亥

『실전자미두수』 1권(2017년), 318쪽에 나와 있는 명반이다.

록을 보지 못하는 살파랑 칠살이 역시나 록을 보지 못하는 대한으로 와서, 매우 불안정하다. 다만 병술대한은 부처궁에서 록을 보니, 이런 경우 배우자 혹은 배우자 집안의 도움을 받으면 안정될 수 있다.54)

하지만 이는 일반적인 정황에서의 현상이고, 이 명반처럼 육친불리의 암시, 고독함의 암시가 배가 되는 각기 고신·과수와 동궁한 화성·영성의 협을 받은 칠살과, 양타뿐 아니라 공겁협도 받고 있는 복덕궁, 그리고 부처궁 천곡과 복덕궁 천허의 정신적 궁합 등을 종합해 보면 다른 결론에 이르게 된다. 병술대한엔 부처·노복·자녀를 암시하는 파군이 좌하면서 자파상 위신불충위자불효의 대한이라는 것을 볼 때, 혼인불미의 대한이 된다.

물론 록을 못 보는 살파랑이 역시나 록을 못 보는 대한으로 와서 불안정하다는 것이 체이다. 이 대한 중에 직업적으로는 해외나 지방으로 가서 대한 천이궁의 삼방에서 보이는 록을 취했을 것이다.

대한 삼방사정이 멀쩡해 보여도, 이러한 점들을 놓치면 운추론은 요원하다.

---

54) 물론 대한 천이궁의 삼방에서 록을 보니 지방이나 해외로 가거나 혹은 인터넷 관련 일을 하면 안정될 수 있다.

명례 101. 임인대한(26~35세) 임술년(26) 사법고시 합격

旬天破陀**七紫** 空廚碎羅**殺微** 　　陷平旺	封紅祿文 誥鸞存昌 　　旺陷	紅寡八三天地火擎 艷宿座台姚空星羊 　　　　　平閑廟	金流文 輿霞曲 　　　平
力指白　　　69乙 士背虎【父母】絶巳	博咸天　　70丙 士池德【福德】墓午	官月弔　96~　71丁 府煞客【田宅】死未	伏亡病　86~95　72戊 兵神符【官祿】病申
天右**天天** 貴弼**梁機** 　　廟旺廟 　　　　科	명례 101. 임인대한 고시합격 / 陰男 양력 1967년 ○월 ○일 진시 음력 정유년 ○월 ○일 진시 【命局】火六局 【命主】廉貞 【身主】天同 【命式】戊 己 丁 丁 　　　　辰 酉 未 酉		天天天**破廉** 傷壽哭鉞**軍貞** 　　　廟陷平
青天龍　6~15　68甲 龍煞德【命】胎辰			大將太　76~85　73己 耗星歲【奴僕】衰酉
截天天地**天** 空虛刑劫**相** 　　　　平陷			天台左 空輔輔 　　　廟
小災歲　16~25　67癸 耗煞破【兄弟】養卯			病攀晦　66~75　74庚 符鞍氣【遷移】旺戌
月解天大恩陰天鈴**巨太** 德神官耗光煞巫星**門陽** 　　　　　　　廟廟旺 　　　　　　　　　忌	天年鳳龍**貪武** 才解閣池**狼曲** 　　　　廟廟	天**太天** 喜**陰同** 　廟旺 　祿權	輩天天孤天天天**天** 廉月福辰使馬魁**府** 　　　　　平旺旺
將劫小　26~35　66壬 軍煞耗【夫妻】生寅	奏華官　36~45　65癸 書蓋符【子女】浴丑	飛息貫　46~55　64壬 廉神索【身財帛】帶子	喜歲喪　56~65　63辛 神驛門【疾厄】冠亥

『실전자미두수』 1권(2017년), 320쪽에 나와 있는 명반이다.

인궁에서 신궁으로 차성된 거문화기 덕분에, 자궁에서는 악사위 천리에 홍란·천희가 있는 대폭발격이 형성되었다. 임인대한 관록궁 이 이러한 대폭발격인 동월을 차성해서 쓴다. 물론 선천 명궁이 양 양곡록, 천이궁은 괴월협에 양양창록임이 체이다.

대폭발격이 형성된 궁이 또한 身궁이기도 하니 인생 후반부에 사

법고시 합격 이상의 폭발이 있을 것이다.

　임술년 록기메커니즘은 『실전자미두수』를 참고하라. 다만, 대단히 좋아 보이는 대한 부관선인 자오궁이 대한에서도 유년에서도 공명이 되었다. 이런 경우, 유월에서 명동을 시켜주면 사안이 발생하는 경우가 많다. 자오궁은 대한에서 공명이 된 궁선이지만, 특히나 임술년엔 거울공명도 된 점에 유의하라.

명례 102. 경신대한(32~41세) 갑술년(32) 결혼

旬輩天破孤封天天天**天** 空廉福碎辰詰巫鉞**府** 　　　　　　　　平旺平	天天天**太天** 官使喜**陰同** 　　　　陷陷 　　　　科	年鳳龍文文**貪武** 解閣池曲昌**狼曲** 　　　旺平廟廟 　　　　　　忌	月紅解天大地**巨太** 德艷神壽耗空**門陽** 　　　　　廟廟閑 　　　　　　　權
喜歲喪　62~71　63丁 神驛門【**身**遷移】　冠巳	飛息貫　52~61　64戊 廉神索【疾厄】　帶午	奏華官　42~51　65己 書蓋符【財帛】　浴未	將劫小　32~41　66庚 軍煞耗【子女】　生申
天天左 傷空輔 　　廟	명례 102. 경신대한 결혼　/　陰男 양력 1963년 ○월 ○일 묘시 음력 계묘년 ○월 ○일 묘시		天台天**相** 虛輔刑 　　　陷
病攀晦　72~81　62丙 符鞍氣【奴僕】　旺辰	【命局】水二局 【命主】巨門 【身主】天同 【命式】癸 丁 甲 癸 　　　　卯 亥 寅 卯		小災歲　22~31　67辛 耗煞破【夫妻】　養酉
天八天**破廉** 哭座魁**軍貞** 　　廟旺閑 　　　　祿			天右**天天** 月弼**梁機** 　　廟旺廟
大將太　82~91　61乙 耗星歲【官祿】　衰卯			青天龍　12~21　68壬 龍煞德【兄弟】　胎戌
金流天陰地 輿霞才煞劫 　　　　平	截寡天恩天鈴擎 空宿貴光姚星羊 　　　　　陷廟	紅祿火 鸞存星 　　旺平	天三陀**七紫** 廚台羅**殺微** 　　陷平旺
伏亡病　92~　60甲 兵神符【田宅】　病寅	官月弔　　　　59乙 府煞客【福德】　死丑	博咸天　　　　58甲 士池德【父母】　墓子	力指白　2~11　57癸 士背虎【命】　絶亥

『실전자미두수』 1권(2017년), 325쪽에 나와 있는 명반이다.

섭한량 선생의 관점에 의하면 아내는 태음과 홍란·천희로 봐야 하는데, 경신대한에 마침 그러한 오궁이 부처궁이 되었다. 물론 선천 복덕 경양과 명궁 자미·칠살의 자존심과 선천 부처 천형의 관리 감찰의 성질의 충돌을 피할 수 없으나, 그렇다고 결혼 못하는 명은 아니다.

갑술년이 대한의 문제궁선이라 대한에서 암시된 사안이 발생되기 쉽다는 것도 알겠고, 유년 록기가 인과기두가 되는 것도 알겠는데, 이 유년이 앉은 자리의 암시만으로는 결혼의 상이 보이지 않는다. 이 대한에서 결혼하는 것은 알겠는데, 이 유년이 결혼하기 매우 쉬운 연도 중의 하나라는 것은 어떻게 알 수 있을까?

대한의 경간 태양화록이 인궁으로 차성된 뒤, 자궁의 록존과 더불어 축미궁이 문제궁이 되면서 록기전도가 된다. 이렇게 록기전도가 된 궁의 암시는,55) 수미동기 되는 유년에 발현된다.

갑술년엔 축미궁선과 첩궁공명 되기는 하지만, 축미궁이 유년의 태양화기와, 대한 천동화기로 인하여 수미동기가 아닌 수미상접의 형식으로 인동되었다.

진정한 진술궁의 흉상이라기 보다는 유년 자전 방면에서의(축미궁이 유년 자전선) 형노·재복으로 돈 나가는 형상이다. 그 시작은 유년 염정화록으로 부처문서로 인한 것임을 알고, 그렇다면 축미궁은 결혼 비용으로 지출되는 돈이 된다.56) 유년에 앉아 있는 궁선 자체가 깨끗하고, 비록 축미궁을 인동시키지만 록기전도된 궁선을 수미동기가 아닌 수미상접으로 인동되니 큰 흉상으로 볼 수 없다.

유년 앉은 자리의 천기는 결혼식장 잡고 이리저리 알아보면서 결혼 계획 세우느라 바쁘고, 천량이 감독감찰의 성 답게 이리저리 부동산 매물 좋은 곳 나오는지 예의주시하는 상을 나타낸다. 그러한 것의 최종 결과가 축미궁 부동산 구입인 것이다.57)

---

55) 같은 형노·재복선이지만 축미궁은 흉상, 진술궁은 길상이다.
56) 아마도 결혼하면서 집을 장만하지 않았나 싶다.
57) 결혼의 상관 궁성이 몰려 있는 자오궁은 유년에서는 암동이 되었다. 이런 경우 유월에서 명동시키는 달이 유력하다.

[명례] 103. 기미대한(35~44세) 임오년(40) 돈 꿔줌. 못 받고 있음

天天破孤天台天天左**天** 月福碎辰壽馬輔**梁** 蜚旬　　　平旺平陷 廉空 奏歲喪　15~24　63丁 書驛門【父母】　絶巳	天天**七** 官喜**殺** 　　旺 飛息貫　25~34　64戊 廉神索【福德】　胎午	天年鳳龍 才解閣池 喜華官　35~44　65己 神蓋符【田宅】　養未	月紅解大天天火**廉** 德艷神耗貴巫星**貞** 　　　　　　陷廟 病劫小　45~54　66庚 符煞耗【官祿】　生申
天恩**紫** 空光**微** 　　旺陷 將攀晦　5~14　62丙 軍鞍氣【命】　墓辰	명례 103. 기미대한 돈문제 / 陰女 양력 1963년 ○월 ○일 해시 음력 계묘년 ○월 ○일 해시 【命局】 土五局 【命主】 廉貞 【身主】 天同 【命式】 己 丙 乙 癸 　　　　亥 辰 卯 卯		天天鈴右 傷虛星弼 　　陷陷 大災歲　55~64　67辛 耗煞破【奴僕】　浴酉
天八天文**巨天** 哭座魁曲**門機** 　　廟旺　廟旺 　　　　　　權 小將太　　　　61乙 耗星歲【兄弟】　死卯			天地**破** 刑劫**軍** 　　平旺 　　　　祿 伏天龍　65~74　68壬 兵煞德【遷移】　帶戌
金流天**貪** 輿霞姚**狼** 　　　平 　　　忌 青亡病　　　　60甲 龍神符【身夫妻】病寅	截寡封擎**太太** 空宿詰羊**陰陽** 　　　廟廟陷 　　　　　科 力月弔　95~　59乙 士煞客【子女】　衰丑	陰紅祿地**天武** 煞鸞存空**府曲** 　　旺平廟旺 博咸天　85~94　58甲 士池德【財帛】　旺子	天天三陀文**天** 廚使台羅昌**同** 　　　陷旺廟 官指白　75~84　57癸 府背虎【疾厄】　冠亥

『실전자미두수』 1권(2017년), 327쪽에 나와 있는 명반이다.

이 명반의 화두는 선천에서부터 암합되어 있는 身·부처궁과 질액궁이다. 그러한 身부처궁에 '탈'을 의미하는 탐랑화기가 좌한다.

기미대한 身·부처궁은 대한의 질액궁이 되었다. 여기서 대한 명궁 일월양타는 체이다. 이 명은 남편이 죽어 보상금(보험금)을 탔는

데, 그 돈을 주변에 꿔줬다가 못 받고 있다.

   돈을 꿔줬다가 못 받은 것은 기본적으로 꿔줄 돈이 있었다는 이야기이니 잘 간명해야 한다. 전택궁 록존이 깨져서 집안이 몰락하는 경우, 원래 몰락한 집안 출신이라기 보다는, 잘 나가는 집안이 살다가 몰락할 경우에 성립됨을 명심하라. 깨질 록존이 있다는 것, 깨질 돈이 생긴다는 것 등에 유의해서 간명해야 한다.

   이 대한 피해궁선이 자오궁 형노·재복선인 점도 간과하면 안 된다. 형노·재복선은 목숨선이면서 밥줄선이다. 대한 명궁이 인리산재인데, 인리와 산재 둘 다 발생했다.

[명례] 104. 정묘대한(32~41세) 을해년(37) 개업, 기묘년(41) 부도

旬天天天陀**太** 空傷虛馬羅**陰** 平陷陷	流封祿文左**貪** 霞詰存昌輔**狼** 旺陷旺旺 權	天天天地擎**巨天** 使壽哭空羊**門同** 平廟陷陷	金天天文右**天武** 輿廚鉞曲弼**相曲** 廟平平廟平 忌　　祿
官歲歲　52~61　67己 府驛破　【奴僕】　絕巳	博息龍　62~71　68庚 士神德　【遷移】　胎午	力華白　72~81　69辛 士蓋虎　【疾厄】　養未	青劫天　82~91　70壬 龍煞德　【**身**財帛】　生申
月紅天大天紅**天廉** 德艷月耗貴鸞**府貞** 　　　　　廟旺	명례 104. 정묘대한 부도 / 陰女		截天破**天太** 空官碎**梁陽** 　　　地閑 　　　科
伏攀小　42~51　66戊 兵鞍耗　【官祿】　墓辰	양력 1959년 ○월 ○일 진시 음력 기해년 ○월 ○일 진시		小災弔　92~　71癸 耗煞客　【子女】　浴酉
龍三天地 　池台姚劫 　　　　平	【命局】 水二局 【命主】 貪狼 【身主】 天機 【命式】 壬 辛 戊 己 　　　　 辰 巳 辰 亥		解寡台陰天**七** 神宿輔煞喜**殺** 　　　　　廟
大將官　32~41　65丁 耗星符　【田宅】　死卯			將天病　　　　72甲 軍煞符　【夫妻】　帶戌
天孤恩天鈴**破** 福辰光巫星**軍** 　　　　廟陷	輩火 廉星 　旺	天天**紫** 空魁**微** 　　旺平	天年鳳八天**天** 才解閣座刑**機** 　　　　　平
病亡貫　22~31　64丙 符神索　【福德】　病寅	喜月喪　12~21　63丁 神煞門　【父母】　衰丑	飛咸晦　2~11　62丙 廉池氣　【**命**】　旺子	奏指太　　　　61乙 書背歲　【兄弟】　冠亥

『실전자미두수』 1권(2017년), 329쪽에 나와 있는 명반이다.

선천 자미가 삼방에서 편사식으로 육길성을 다 보고 있다.

이 명에 있어 가장 아쉬운 곳은 재복선이다. 특히나 복덕궁엔 음적인 영성이 있고, 대궁에서 길성이긴 하지만 역시나 각종 음적인 기운이 강한 우필, 문곡화기, 천월 등을 보는 파조파가다노록하는 파군에 공겁협도 되어 있다. 또한 십이운의 병지에 병부까지 있으니

자칫 잘못하면 천무와 더불어 무언가에 홀리듯 씌어서 자충수를 두기 쉽다. 고신, 망신은 이러한 자충수 의미를 가강시킨다.

자충수를 대표하는 격국인 영창타무에서 타라 하나만을 안 보고 있으니 이러한 선천 복덕궁이 대한 복덕궁에서 타라를 보면 매우 유의해야 한다. 정묘대한이 바로 그러한 대한이다.58)

자미가 태양운으로 오면 남이 보기에 번지르르한 상황에 놓이게 된다. 실제로 입신양명하는 경우도 있고 빛 좋은 개살구가 되기도 한다. 백화점에 입점을 했으니 번지르르하기는 했다. 하지만 특히나 이 대한은 관록궁이 거화양이다.

을해년 사업 시작 부분은 『실전자미두수』에 잘 설명되어 있다. 병자년엔 인신궁이 거울공명이 되니 매우 상황이 안 좋았을 것이다. 기묘년에 사업을 접었는데, 『실전자미두수』에 나오듯 인과기미라는 것은 알겠다. 하지만 앉은 자리가 대한에서 인동된 궁선이 아니라서 대한에서 암시된 사안이 발현되기 쉬운 해는 아니다. 아마도 형식적으로 사업을 접은 것은 기묘년일지라도 이미 무인년에 사실상 접은 것 아닌가 하다.

---

58) 노파심에서 얘기하지만, 선천에서 자충수 분위기가 안 나는데, 영창이 타무를 보는 대한이라고 영창타무가 완성되었다라고 보는 게 아님을 명심하라. 체에서부터 재복선에 각종 음적인 별들이 있는 상황에서 그런 격국이 완성되는 대한에 해당 사안이 발생한다.

[명례] 105. 병진대한(44~53세) 무오년(46) 거액 소매치기 당함

天福 天破 天傷 天巫 火星 天鉞 **巨門** 旺 旺 平 權		天官 紅鸞 文曲 **天相** **廉貞** 陷 旺 平		寡宿 天使 八座 三台 **天梁** 旺		紅艶 解神 台輔 天貴 文昌 **七殺** 旺 廟	
奏書 指背 白虎 54~63 【奴僕】	93丁 生巳	飛廉 咸池 天德 64~73 【遷移】	94戊 浴午	喜神 月煞 弔客 74~83 【疾厄】	95己 帶未	病符 亡神 病符 84~93 【財帛】	96庚 冠申
封詰 左輔 **貪狼** 廟 廟 忌		명례 105. 병진대한 소매치기 / 陰女 양력 1933년 ○월 ○일 寅시 음력 계유년 1월 ○일 寅시				天才 天哭 天刑 地空 **天同** 廟 平	
將軍 天煞 龍德 44~53 【身官祿】	92丙 養辰					大耗 將星 太歲 94~ 【子女】	97辛 旺酉
天虛 天魁 **太陰** 廟 陷 科		【命局】 金四局 【命主】 貪狼 【身主】 天同 【命式】 戊 己 癸 壬 　　　　寅 未 丑 申				天月 恩光 右弼 **武曲** 廟 廟	
小耗 災煞 歲破 34~43 【田宅】	91乙 胎卯					伏兵 攀鞍 晦氣 【夫妻】	98壬 衰戌
金輿 流霞 月德 大耗 歲煞 **天府** **紫微** 廟 廟		截空 天壽 年解 鳳閣 龍池 天姚 地劫 擎羊 **天機** 陷 廟 陷				天喜 祿存 鈴星 **破軍** 旺 陷 廟 祿		旬空 蜚廉 孤辰 天馬 陀羅 **太陽** 平 陷
青龍 劫煞 小耗 24~33 【福德】	90甲 絶寅	力士 華蓋 官符 14~23 【父母】	89乙 墓丑	博士 息神 貫索 4~13 【命】	88甲 死子	官府 歲驛 喪門 【兄弟】	87癸 病亥

『실전자미두수』 1권(2017년), 334쪽에 나와 있는 명반이다.

선천 관록궁의 삼방에서 보이는 '영창무'가 대한 관록궁 대궁에서 타라를 보는 을축대한은 자신의 학업에서의 자충수로 피해를 입는 상황이 전개되었을 것이다.

자충수 얘기는 이 정도로 하고, 병진대한의 상황에만 집중하겠다. 선천 명궁 록존이 화기 운으로 와서 자신에게 있어 근본적인 변화

를 의미하는 대한으로 오게 되었는데, 기본적으로 저 록존은 영성으로 깨진 상태인데 탐랑화기 운으로 오니, 그러한 근본적인 변화는 영탐의 은근한 격발 형태로 그리고 무언가 빼앗기는 '탈'의 형태로 온다.

『전서』 등에서 탐랑화기가 나쁘지 않다고 말하는 이유는 권과의 협을 받는다는 점과 재백궁 파군화록을 본다는 점 때문이다. 그런 의미에서 재백궁 파군화록이 록존과 영성의 동궁으로 깨져 있음에 유의해야 한다. 봉부간상-봉상간부 혹은 『사회적 지위』에서 얘기하는 봉염간무-봉무간염처럼 봉탐간파 하지는 않는다. 하지만 '탐랑화기'는 '파군화록'의 상황을 봐줘야 한다.

『실전자미두수』에는 확인인동 이야기만 나오지만, 대한 염정화기로 선천탐랑화기도 공명되었다고도 볼 수 있다.

명례 106. 갑인대한(32~41세) 계축년(41) 남편 사망

天福 破碎 天鉞 **天相** 旺平	天官 天使 紅鸞 **天梁** 廟	寡宿 天姚 鈴星 **七殺 廉貞** 旺旺廟	紅艷 天才 地劫 廟
奏書 指背 白虎 62~71 【身遷移】 93丁絶巳	飛廉 咸池 天德 72~81 【疾厄】 94戊胎午	喜神 月煞 弔客 82~91 【財帛】 95己養未	病符 亡神 病符 92~ 【子女】 96庚生申
天傷 右弼 **巨門** 廟平權	명례 106. 갑인대한 상부 / 陰女 양력 1933년 ○월 ○일 유시 음력 계유년 ○월 ○일 유시 【命局】水二局 【命主】巨門 【身主】天同 【命式】己 壬 庚 癸 　　　　酉 戌 申 酉		天哭
將軍 天煞 龍德 52~61 【奴僕】 92丙基辰			大耗 將星 太歲 【夫妻】 97辛浴酉
天虛 天輔 天貴 恩光 天刑 天魁 **貪狼 紫微** 廟地旺 忌			天空 左輔 **天同** 廟平
小耗 災煞 歲破 42~51 【官祿】 91乙死卯			伏兵 攀鞍 晦氣 【兄弟】 98壬帶戌
流霞 月德 解神 天壽 大耗 陰煞 天巫 地空 **太陰 天機** 陷閑旺 科	截空 年解 鳳閣 八座 龍池 三台 擎羊 文曲 文昌 **天府** 廟廟廟廟	天喜 祿存 火星 **太陽** 旺平陷	旬空 蜚廉 天月 天廚 孤辰 封詰 天馬 陀羅 **破軍 武曲** 平陷平平 祿
青龍 劫煞 小耗 32~41 【田宅】 90甲病寅	力士 華蓋 官符 22~31 【福德】 89乙衰丑	博士 息神 貫索 12~21 【父母】 88甲旺子	官府 歲驛 喪門 2~11 【命】 87癸冠亥

『실전자미두수』 1권(2017년), 338쪽에 나와 있는 명반이다.

선천과 대한의 상황이 『실전자미두수』에 잘 설명되어 있다. 추가하자면, 선천 부모궁의 록존으로 나의 명궁에는 타라를 먹게 되어 절족마가 된 점이 눈에 띤다. 남편 외에 아버지의 영향으로 자신의 인생이 절족마로 호도되는 상도 있다. 그러한 화성으로 깨진 록존 부모궁이 대한에서 화기 운 부모궁으로 오는 갑인대한은 마침, 부질선과 부관선이 교차된다.

이 명의 남편운을 본다면 천형과 동궁한 탐랑화기는 절대 좋아보이지 않는다. 탐랑이 항상 갈구하는 화령의 위치 또한 묘하다. 화성은 양양 주별리 조합의 깨진 록존궁 태양 자리에 있고, 영성 또한 영창타무가 형성되는 노상매시 궁에 있으니, 저 천형과 동궁한 탐랑화기는 의지할 곳이 없다.

계축년은 책에 설명된대로 확인인동의 형식으로 상이 발현된 면도 있으나, 상관궁의 완성 측면에서 대한에서 인동되지 않은 상문·백호와 身궁이 유년에서 부처궁이 되면서 완성된다는 측면에서도 봐야 한다. 록존이 있는 자오궁이 이 해에 거울공명된 점도 의미심장하다. 다시 한번 얘기하지만 거울공명은 단순히 대한 차원에서 인동되지 않은 궁선을 어떻게 해석해야 하는가에 대한 답일 뿐 아니라 무언가 더 큰 의미가 있을 듯 하다.

[명례] 107. 경술대한(33~42세) 계유년(42) 남편 사망

孤天天恩天天**天** 辰才空光喜鉞**同** 旺廟	旬輩天天天天鳳天**武** 空廉月福傷解閣刑**府曲** 旺旺 忌	天八三**太太** 貴座台**陰陽** 平平	天龍陰天鈴**貪** 使池煞巫星**狼** 旺平
飛劫晦　83~92　74乙 廉煞氣【官祿】病巳	奏災喪　73~82　75丙 書煞門【奴僕】衰午	將天貫　63~72　76丁 軍煞索【遷移】旺未	小指官　53~62　77戊 耗背符【疾厄】冠申
解台**破** 神輔**軍** 旺 喜華太　93~　　73甲 神蓋歲【田宅】死辰	명례 107. 경술대한 상부 / 陽女 양력 1952년 ○월 ○일 술시 음력 임진년 ○월 ○일 술시 【命局】 木三局 【命主】 巨門 【身主】 文昌 【命式】 丙 乙 辛 壬 　　　　 戌 酉 亥 辰		月天地**巨天** 德廚劫**門機** 平廟旺 青咸小　43~52　78己 龍池耗【身財帛】帶酉
天 魁 廟 病息病　　　　72癸 符神符【福德】墓卯			天天天陀**天紫** 官虛姚羅**相微** 廟閑閑 權 力月歲　33~42　79庚 士煞破【子女】浴戌
截天天文**廉** 空哭馬曲**貞** 旺平廟	金破寡天地右左 輿碎宿壽空弼輔 陷廟廟 科	紅封火擎文**七** 艷詰星羊昌**煞** 平陷旺旺	流大紅祿**天** 霞耗鸞存**梁** 廟陷 祿
大歲弔　　　　71壬 耗驛客【父母】絕寅	伏攀天　3~12　70癸 兵鞍德【命】胎丑	官將白　13~22　69壬 府星虎【兄弟】養子	博亡龍　23~32　68辛 士神德【夫妻】生亥

『실전자미두수』 1권(2017년), 349쪽에 나와 있는 명반이다.

　명궁에서 태양을 깔고 있는 여명 태양 탈부권이 체이다. 부처궁에 육친궁에 있으면 안 좋다는 록존이 있다는 점 또한 불길하다. 선천 부관 동량이 대한 부관 염탐운으로 간 점도 유의해야 한다. 선천 부관은 홍란·천희 폭발의 암시가 있으면서 대한에서 부질선이자 피해 궁이 되었고, 대한 부관은 역시나 염탐 폭발의 암시와 탐곡 작사전

도의 암시가 있다.

계유년은 자오궁과 첩궁공명이 되는 유년이고, 계유년의 자오궁 선은 거울공명된다.

[명례] 108. 신축대한(33~42세) 정축년(37) 남편 사망

旬截天天天龍八文**太** 空空福使哭池座曲**陽** 　　　　　　　廟旺 　　　　　　　科權	月天天大天天**破** 德月廚耗刑魁**軍** 　　　　　　廟廟	天台天 虛輔機 　　陷	陰天天陀**天紫** 煞巫喜羅**府微** 　　　　陷平旺
病指官　73~82　65癸 符背符【疾厄】　　病巳	大咸小　83~92　66甲 耗池耗【財帛】　　死午	伏月歲　93~　　67乙 兵煞破【子女】　　墓未	官亡龍　　　　68丙 府神德【夫妻】　絕申
解恩火**武** 神光星曲 　　閑廟 喜天貫　63~72　64壬 神煞索【遷移】　　衰辰	명례 108. 신축대한 상부 / 陰女 양력 1961년 ○월 ○일 축시 음력 신축년 ○월 ○일 축시 【命局】木三局 【命主】祿存 【身主】天相 【命式】丁 乙 己 辛 　　　　丑 丑 亥 丑		紅蜚天年鳳三祿文**太** 艷廉官解閣台存昌**陰** 　　　　　　　旺廟旺 　　　　　　　　　忌 博將白　　　　69丁 士星虎【兄弟】　胎酉
流天封天 霞傷詰同 　　　廟 飛災喪　53~62　63辛 廉煞門【奴僕】　旺卯			寡天地擎貪 宿姚空羊狼 　　　陷廟廟 力攀天　3~12　70戊 士鞍德【　命　】養戌
孤天紅天**七** 辰空鸞鉞**殺** 　　　旺廟	破天右左天 碎壽弼輔梁 　　廟廟旺	天地**天廉** 貴劫**相貞** 　　陷廟平	金天天鈴**巨** 輿才馬星**門** 　　平廟旺 　　　　　祿
奏劫晦　43~52　62庚 書煞氣【官祿】　冠寅	將華太　33~42　61辛 軍蓋歲【田宅】　帶丑	小息病　23~32　60庚 耗神符【身福德】浴子	青歲弔　13~22　59己 龍驛客【父母】　生亥

『실전자미두수』 1권(2017년), 351쪽에 나와 있는 명반이다.

오살특수격의 조건을 다 갖추었으나 실제 삶은 특수격과는 거리가 멀다면 명·신궁에서 살을 많이 보는 것이 암시하는 '건강이상'과 '육친불리'의 상을 그대로 읽어줘야 한다. 특히나 부모궁으로 인해 나의 명궁엔 지공을 身·복덕궁엔 지겁을 먹는 구조이면서 그러한 부모궁에 영성이 있으니 그 피해가 매우 크다. 부모로 인한 인생에서의 공허함이 있는 명반이다.

또한 질액궁으로 인해 나의 천이궁엔 화성을 재백궁엔 천형을 먹는 구조이다. 형화상봉을 내가 얻게 되면 사실 좋을 수도 있다. 형제궁이 나에게 던져준 양타와 부모궁이 던져준 공겁이 없으면 말이다. 한 마디로 원국이 살을 너무 많이 본다.

질액궁에 있는 남성육친을 상징하는 태양은 사궁이라 강왕하나, 나에게 살을 많이 던져주는 역할을 하고 있는데, 마침 부처궁과 암합을 하고 있으니 묘하다. 이렇게 부질선과 부관선이 암합하는 구조의 명반인데, 신축대한은 부질과 부관이 중첩되는 대한이다.

차라리 사궁처럼, 협으로는 불길해도 궁 자체에 살성이 없으면 피해의식만 있을 뿐, 실제 피해는 없을 수 있다. 하지만 협으로 불길한 해궁엔 영성이 있고, 역시나 협으로 불길한 유궁엔 화기가 있으니 실제 피해가 있게 된다. 신축대한엔 그러한 실제 피해가 있는 궁이 내궁으로 들어오니 해궁과 유궁에 유의해서 간명해야 한다.

[명례] 109. 병신대한(32~41세) 계유년(38) 부인 유방암 사망

天破天天祿文**太** 官碎巫刑存昌**陰** 廟廟陷 科	天地火擎**貪** 貴空星羊**狼** 廟廟平旺	金流天封**巨天** 輿霞空詰**門同** 陷陷 祿	孤天鈴**天武** 辰馬星**相曲** 旺旺廟平
博亡病　2~11　60癸 士神符【命】　　絕巳	力將太　12~21　61甲 士星歲【父母】　胎午	青攀晦　22~31　62乙 龍鞍氣【福德】　養未	小歲喪　32~41　63丙 耗驛門【田宅】　生申
截解寡年鳳八地陀**天廉** 空神宿解閣座劫羅**府貞** 　　　陷廟廟旺 　　　　　　　　　　忌	명례 109. 부인 유방암 사망 / 陽男 양력 1966년 ○월 ○일 사시 음력 병오년 ○월 ○일 사시		天紅天天文**天太** 壽鸞姚鉞曲**梁陽** 廟廟地閑
官月弔　　　59壬 府煞客【兄弟】　墓辰 　　　　　　天 　　　　　　喜	【命局】 水二局 【命主】 武曲 【身主】 火星 【命式】 丁 戊 戊 丙 　　　　巳 辰 戌 午		將息貫　42~51　64丁 軍神索【官祿】　浴酉
			天龍三陰**七** 傷池台煞**殺** 廟
伏咸天　　　58辛 兵池德【身夫妻】死卯			奏華官　52~61　65戊 書蓋符【奴僕】　帶戌
紅旬蜚天恩右**破** 艷空廉月光弼**軍** 廟陷	大 耗	天天天天天左**紫** 廚福使虛哭輔**微** 旺平	月天台天**天** 德才輔魁**機** 旺平 權
大指白　92~　57庚 耗背虎【子女】病寅	病天龍　82~91　56辛 符煞德【財帛】衰丑	喜災歲　72~81　55庚 神煞破【疾厄】旺子	飛劫小　62~71　54己 廉煞耗【遷移】冠亥

『실전자미두수』1권(2017년), 353쪽에 나와 있는 명반이다.

　원국에서 태음과 천형을 깔고 있으며 록존 때문에 양타협이 되는데 그러한 양타는 각기 공겁과 동궁하여 들어오니 더욱 태음이 상징하는 여성 육친에게 불리한 명이다. 이럴 때 身부처궁의 양양은 진정한 주별리 조합이 된다.

형제궁의 염정화기와 동궁한 타라와 지겁도 음적인 살성이지만, 같은 궁에 있는 길성인 팔좌·봉각도 음적인 별들이다. 또한 과수, 절공, 조객 등도 같이 있으면서 이러한 형제궁이 십이운의 묘지인 점 또한 매우 불길하다. 이러한 형제궁 염정·칠살과 관록궁의 양양이 암합되니 양양 주별리의 암시가 가강되면서, 그러한 양양이 身·부처궁으로 차성안궁되는 점이 묘하다. 이 때 양양과 동궁한 천수는 '촉수'의 의미를 띠게 된다.[59]

　나와 소통을 하는 형제궁 때문에 명궁엔 태음과 문창화과를, 身·부처궁엔 태양과 문곡을 얻게 된다. 형제궁의 별들로 보건데, 일월, 창곡의 문서의 의미는 상례를 뜻하기 쉽다.

　병신대한(32~41세)에 선천 명궁과 암합되어 있는 선천 전택궁의 파조파가 운으로 오면서 사지와 맞먹는다는 십이운의 생지[60]에 육친에게 안 좋은 영성, 고신, 상문을 깔고 있다.
　선천 형제궁은 이 대한에서 형노·재복의 목숨선이 되고, 주별리 조합의 선천 身부처궁은 질액·身궁이 되었다.
　대한 명궁 천상은 봉상간부, 무곡은 봉무간염이기에, 진궁의 흉상은 단순히 재백만을 암시하지는 않는다. 또한 대한 명궁과 진궁이 영성-타라, 고신-과수, 천마-타라로 엮인 것도 의미 있다.
　그런데 애시당초 이는 선천 질액궁 삼방에서 비추는 조합인 바,

---

59) 양양은 또한 유방의 암시가 강하다.
60) 갓 태어난 아기는 연약한 상태에서 갑자기 익숙치 않은 주변 상황에 놓이게 되니 매우 위험하다. 실제 생지는 사지와 맞먹는다는 것은 오랜 임상 경험에 의한 이두문파 징험이다.

원국에서 공겁협과 양타협살이 된 여성 육친에게 불리한 함지태음을 깔고 있는 것을 체로 잡으면 해당 육친에게 자궁 질액궁은 절대 좋지 않다. 그러한 자궁 질액궁은 대한에서 부관선이 되었다.

만약 진궁이 선천 명궁이었으면 병신대한에서 무슨 일이 발생했을까? 『사회적 지위』 110쪽에 나오는 삼학사 홍익한 선생 명반이 그런 구조이다.

명례 110. 경진대한(36~45세) 임자년 교통사고 사망

天月 旺	破碎 平	鈴星 陷	**天梁**	截空	天福	天傷	文曲 陷	**七殺** 旺		天才	天空 廟	陀羅 旺	天鉞	解神	孤辰	天使	台輔	天巫	祿存 廟	天馬 旺	文昌 旺	**廉貞** 廟
大耗 亡神 病符	46~55 【身官祿】		96辛 冠巳	伏兵 將星 太歲	56~65 【奴僕】		97壬 旺午	官府 攀鞍 晦氣	66~75 【遷移】		98癸 衰未	博士 歲驛 喪門	76~85 【疾厄】		99甲 病申
流霞	寡宿	年解	封誥	鳳閣	八座	**天相** 旺陷	**紫微**										紅鸞	地空 陷	擎羊 陷	右弼 陷
病符 月煞 弔客	36~45 【田宅】		95庚 帶辰						명례 110. 경진태한 사망 / 陽男 양력 1930년 ○월 ○일 寅시 음력 경오년 ○월 ○일 寅시 【命局】 火六局 【命主】 巨門 【身主】 火星 【命式】 庚 丙 己 庚 　　　　 寅 寅 卯 午							力士 息神 貫索	86~95 【財帛】		10乙 死酉
天喜	火星 平	**巨門** 廟	**天機** 旺														金興	紅艶	旬空	龍池	三台	天貴	天刑	**破軍** 旺
喜神 咸池 天德	26~35 【福德】		94己 浴卯													青龍 華蓋 官符	96~ 【子女】		10丙 基戌
			貪狼 平	蜚廉	天廚	天姚		大耗	地劫 陷	天魁 旺	**太陰** 廟 科	**太陽** 陷 祿				天虛	天哭	恩光	陰煞	**天府** 廟	**武曲** 旺 權		月德	天官	天壽	**天同** 廟 忌
飛廉 指背 白虎	16~25 【父母】		93戊 生寅	奏書 天煞 龍德	6~15 【命】		92己 養丑	將軍 災煞 歲破		【兄弟】	91戊 胎子	小耗 劫煞 小耗		【夫妻】	90丁 絶亥

『실전자미두수』 1권(2017년), 372쪽에 나와 있는 명반이다.

선천 명·신궁에서 살을 많이 보는 점은 『실전자미두수』에 언급되어 있다.

"선천 천이궁에 타라가 있으니 좋지 않다." 정도로는 이른 나이에 교통사고로 죽는 명반에 대한 설명으로는 부족하다.

질액궁의 록존으로 인해 양타협이 되는데 동시에 공겁협도 되어 있다. 질액의 '액'은 '액운'61)이 되는데, 이 궁 때문에 나의 재백궁엔 경양과 지공을 얻고, 나의 천이궁엔 타라와 지겁을 얻게 된다고 봐야 한다. 이러한 질액궁은 교통통신수단궁인 노복궁의 절공과 더불어 천이궁을 마우공망협도 시켜준다.

선천 질액궁 록존이 경진대한 질액궁으로 와서 화기를 만나 질액의 근본적인 변화가 일어나기 쉽다. 선천 질액 염탐이 동량운으로 온 것도 보여야 한다.(동량은 身궁 자리이기도 하다) 이러한 염탐은 또한 작사전도도 형성되었음에 유의하라.

경진대한 명궁의 협으로 화령이 들어와 세상과 분리됨을 암시하는 점도 묘하다. 가뜩이나 원국이 살을 많이 보는 일월양타 인리산재이니 화령협 대한으로 온다는 점은 격외로 중요하다.

임자년은 대한에서 인동되지 않은 사망의 상관궁선인 형노·재복선 상에 오면서 유년 천량화록으로 수미상접을 시키면서, 유년 무곡 화기로 대한에서 움직이지 않던 형노·재복선을 움직였다.
　대한에서 형노·재복이 인동되지 않았으면 유년에서 아무리 건드려 줘봤자 인동이 안 되는 것 아닌가? 같은 형노·재복선인 묘유궁선을 보라. 이곳이 형노·재복선이면서 거화양이고, 홍란·천희까지 있으니 피 흘리는 모습이 보이는 궁선이다. 이 묘유궁선은 임자년에 거울공명이 이루어졌다.

---

61) 상황이 좋으면 '행운'으로 본다.

[명례] 111. 정묘대한(22~31세) 을해년 감옥감

天孤**太** 廚辰**陽** 旺 忌	紅天天龍天**破** 艷月傷池刑**軍** 廟 權	月天天天**天** 德官喜鉞**機** 旺陷	截天天年鳳陰天天**紫天** 空使虛解閣煞巫馬**府微** 旺平旺
小亡貫 42~51　52己 耗神索　【官祿】　絕巳	將將官 52~61　53庚 軍星符　【奴僕】　胎午	奏攀小 62~71　54辛 書鞍耗　【遷移】　養未	飛歲歲 72~81　55壬 廉驛破　【疾厄】　生申
金解天台**武** 輿神哭輔**曲** 廟 科	명례 111. 정묘대한 감옥감 / 陽男 양력 1974년 ○월 ○일 술시 음력 갑인년 ○월 ○일 술시		流天破大**太** 霞福碎耗劫**陰** 平旺
青月喪 32~41　51戊 龍煞門　【田宅】　墓辰	【命局】水二局 【命主】巨門 【身主】天梁 【命式】壬 癸 乙 甲 　　　　戌 酉 亥 寅		喜息龍 82~91　56癸 神神德　【身財帛】　浴酉
天天天擎**天** 才空貴羊**同** 陷廟			輩天貪 廉姚**狼** 廟
力咸晦 22~31　50丁 士池氣　【福德】　死卯			病華白 92~　57甲 符蓋虎　【子女】　帶戌
祿文**七** 存曲**殺** 廟平廟	寡恩紅地鈴陀天右左天 宿光鸞空星羅魁弼輔**梁** 陷陷廟旺廟廟旺	旬封文**天廉** 空詰昌**相貞** 旺廟平 祿	天八火**巨** 壽座星**門** 平旺
博指太 12~21　49丙 士背歲　【父母】　病寅	官天病　2~11　48丁 府煞符　【命】　衰丑	伏災弔　　47丙 兵煞客　【兄弟】　旺子	大劫天　　46乙 耗煞德　【夫妻】　冠亥

『실전자미두수』 1권(2017년), 382쪽에 나와 있는 명반이다.

　축미궁 기량은 살을 많이 보면 매우 불길하다. 부모궁의 녹존 때문에 나의 명궁은 타라를 복덕궁은 경양을 먹는다. 형제궁 때문에 나의 명궁은 영성을 부처궁은 화성을 먹는다. 주변의 상황이 나에게 해를 준다.

　물론 명궁협으로 창곡과 쌍록을 주고는 있지만, 그러한 길한 협

은 명궁의 삼살을 부추기기도 한다는 점이 문제다. 매우 묘하게 꼬여있다. 전형적인 도미노격이다.

> 부처궁 작사전도협 → 형제궁 화령협 → 명궁 쌍록창곡협 → 부모궁 양타협 → 복덕궁 록과협

복덕궁의 강왕한 경양은 자신이 생각한 것을 과감히 진행하기 쉬운데, 몸과 마음을 움직여 실행에 옮기는 것을 주하는 부처궁에 마침 화성이 있어 화양격발이 되니 더더욱 바로 실행하게 된다.
하지만 저 부처궁은 복덕궁의 경양과 더불어 거화양이 형성된 점이 불길하다. 과감한 실행은 종신액사가 되기 쉽다.

관록궁 태양화기도 문제다. 염정화기와 태양화기는 관재를 주한다. 기타 여러 주의할 점들은 『실전자미두수』에 잘 나와 있다.

명례 112. 을사대한(34~43세) 임오년 승진

『실전자미두수』 1권(2017년), 386쪽에 나와 있는 명반이다.
명신궁의 삼방사정에서 화령, 공겁, 양타와 천형을 보는 육살특수격이다. 을사대한 삼방사정이 깨끗하지만 대한 천기화록으로 인해 인동된 축미궁 때문에 진술궁의 무곡화기가 공명된 점은 불길하다. 그래서 이 대한 중에 돈 들어갈 일이 많을 것이지만, 직장 문제에 있어서는 묘유궁의 길상을 온전히 얻을 수 있다. 임오년은 묘유궁에 대한 첩궁공명선에 좌한다.

孤台天**太** 辰輔鉞**陽** 　　　旺旺	解天龍八**破** 神福池座**軍** 　　　　廟	月天天天**天** 德傷貴喜**機** 　　　　陷	天年鳳三天天**紫** 虛解閣台刑馬**府微** 　　　　　旺平旺 　　　　　　　權
飛亡貫　34~43　64乙 廉神索【田宅】　生巳	喜將官　44~53　65丙 神星符【官祿】　浴午	病攀小　54~63　66丁 符鞍耗【奴僕】　帶未	大歲歲　64~73　67戊 耗驛破【遷移】　冠申
旬天天陰**武** 空才哭煞**曲** 　　　　廟 　　　　忌	명례 112. 을사대한 승진 / 陽男 양력 1963년 ○월 ○일 해시 음력 임인년 12월 ○일 해시		天破天大**太** 廚碎使耗**陰** 　　　　旺
奏月喪　24~33　63甲 書煞門【福德】　養辰	【命局】金四局 【命主】祿存 【身主】天梁 【命式】己 丙 癸 壬 　　　　亥 辰 丑 寅		伏息龍　74~83　68己 兵神德【疾厄】　旺酉
天恩天文左**天** 空光魁曲輔**同** 　廟旺陷廟 　　　　科			輩天地陀**貪** 廉官劫羅**狼** 　　　平廟廟
將咸晦　14~23　62癸 軍池氣【父母】　胎卯			官華白　84~93　69庚 府蓋虎【財帛】　衰戌
截天天鈴**七** 空月壽星**殺** 　　　廟廟	金寡封紅**天** 輿宿誥鸞**梁** 　　　　旺 　　　　祿	紅天地火擎**天廉** 艷姚空星羊**相貞** 　　　平平陷廟平	流天祿文右**巨** 霞巫存昌弼**門** 　　　廟旺閑旺
小指太　4~13　61壬 耗背歲【命】　絶寅	青天病　　　　60癸 龍煞符【兄弟】　墓丑	力災弔　　　59壬 士煞客【身夫妻】死子	博劫天　94~　58辛 士煞德【子女】病亥

명례 113. 기사대한(26~35세) 병신년 승진

月天破台天**貪廉** 德廚碎輔巫**狼貞** 　　　　　陷陷 　　　　　祿	紅天天天八**巨** 艷虛哭貴座**門** 　　　　　　旺	天大天天 官耗鉞**相** 　　　　旺閑	截解蜚天三**天天** 空神廉傷台**梁同** 　　　　　　陷旺
小劫小　26~35　42己 耗煞耗　【福德】　冠巳	將災歲　36~45　43庚 軍煞破　【田宅】　旺午	奏天龍　46~55　44辛 書煞德　【官祿】　衰未	飛指白　56~65　45壬 廉背虎　【奴僕】　病申
金龍左**太** 輿池輔**陰** 　　　廟閑	명례 113. 기사대한 승진 / 陽男 양력 1984년 ○월 ○일 해시 음력 갑자년 ○월 ○일 해시 【命局】火六局 【命主】文曲 【身主】火星 【命式】丁 庚 丙 甲 　　　　　亥 午 寅 子		流天天天鈴**七武** 霞福喜刑星**殺曲** 　　　　陷閑旺 　　　　　　科
青華官　16~25　41戊 龍蓋符　【父母】　帶辰			喜咸天　66~75　46癸 神池德　【遷移】　死酉
天紅擎文**天** 才鸞羊曲**府** 　　陷旺平			旬天寡天年鳳地右**太** 空月宿使解閣劫弼**陽** 　　　　　　平廟陷 　　　　　　　　　忌
力息貫　6~15　40丁 士神索　【命】　浴卯			病月弔　76~85　47甲 符煞客　【疾厄】　墓戌
孤恩陰祿天 辰光煞存馬 　　　廟旺	天天封天火陀天**破紫** 壽空詰姚星羅魁**軍微** 　　　　旺廟旺旺廟 　　　　　　　　　權	地**天** 空**機** 平廟	文 昌 旺
博歲喪　　　39丙 士驛門　【兄弟】　生寅	官攀晦　　　38丁 府鞍氣　【身夫妻】　養丑	伏將太　96~　37丙 兵星歲　【子女】　胎子	大亡病　86~95　36乙 耗神符　【財帛】　絶亥

『실전자미두수』 1권(2017년), 388쪽에 나와 있는 명반이다.

명·천선에 경양·천형이 있어 검찰공무원이 된 것은 신의 한수다.

병신년 승진한 것은 알겠는데, 진술궁의 흉상은 무엇인가? 이 해에 차도 바꾸고 이사도 하는 등 돈 나갈 일이 많았을 것이다. 진술궁은 유년 재복선이다.

명례 114. 계해대한(23~32세) 무인년(26) 뇌종양 수술 후 계미년(31) 사망

天天封龍三天**破武** 福哭詰池台鉞**軍曲** 　　　　　旺閑平 　　　　　　　祿	月解天大陰火**太** 德神官耗煞星**陽** 　　　　　　廟廟	天天文文**天** 虛刑曲昌**府** 　　旺平廟	紅天地**太天** 艷喜空**陰機** 　　　廟閑 　　　　科
奏指官　83~92　53丁 書背符【財帛】　　病巳	飛咸小　93~　　54戊 廉池耗【子女】　死午	喜月歲　　　　55己 神煞破【夫妻】墓未	病亡龍　　　　56庚 符神德【兄弟】絶申
天天**天** 使壽**同** 　　　平 將天貫　73~82　52丙 軍煞索【疾厄】衰辰 　　　旬天 　　　空魁 　　　　廟 小災喪　63~72　51乙 耗煞門【身遷移】旺卯	명례 114. 계해대한 사망 / 陰女 양력 1973년 ○월 ○일 묘시 음력 계축년 ○월 ○일 묘시 【命局】木三局 【命主】文曲 【身主】天相 【命式】己 庚 甲 癸 　　　　卯 辰 子 丑		蜚年台鳳天恩八**貪紫** 廉解輔閣貴光座**狼微** 　　　　　　　　平平 　　　　　　　　　忌 大將白　3~12　　57辛 耗星虎【命】　　胎酉 天寡天**巨** 月宿才**門** 　　　旺 　　　權 伏攀天　13~22　58壬 兵鞍德【父母】養戌
金流孤天天天地左 輿霞辰傷空巫鸞劫輔 　　　　　　　平廟	截破鈴擎**七廉** 空碎星羊**殺貞** 　　　陷廟廟旺	祿右**天** 存弼**梁** 旺旺廟	天天天陀**天** 廚姚馬羅**相** 　　　平陷平
青劫晦　53~62　50甲 龍煞氣【奴僕】冠寅	力華太　43~52　49乙 士蓋歲【官祿】帶丑	博息病　33~42　48甲 士神符【田宅】浴子	官歲弔　23~32　47癸 府驛客【福德】生亥

『실전자미두수』 1권(2017년), 412쪽에 나와 있는 명반이다.
身궁에서 살을 많이 보는 단명한 명반이다.

책에 설명 되어 있지 않은 내용을 얘기해 보면, 일단 전택궁에 웃어른을 주하는 천량이 있으면서 록존이 있고, 하나 더를 의미하는

음적인 보좌단성인 우필이 있다. 병부도 있고 의기소침을 주하는 식신도 있으니, 집안에 병으로 돌아가신 분 중에 누군가 같이 사는 형상이 보인다.62)

이러한 전택궁 협의 양타와 영타를 주의깊게 보라. 전택궁으로 인해 복덕궁엔 타라를 먹는데, 마침 대궁의 무곡과 더불어 타무가 되었고, 관록궁엔 경양과 영성을 먹어 마침 대궁의 문창과 더불어 영창이 되었다.

선천 형제궁 협으로 천형과 화기가 각기 창곡 탐랑과 동궁하여, 작사전도를 동반한 형기협을 나의 명궁과 부처궁에 준다. 선천 부모궁 거문화권은 나의 명궁에 화기를 나의 복덕엔 타라를 준다.

선천 노복궁의 지겁·좌보는 나의 身궁에 탐랑화기를 나의 관록엔 영성을 주어 영탐 횡발횡파를 선사해 준다. 선천 자녀궁의 태양·화성은 나의 재백에 천곡을 나의 부처에 천허를 준다.

이런 상황에서 선천 질액궁의 복성인 천동과 천수(안 좋을 때는 명을 재촉한다)로 인해 들어오는 괴월협이 과연 반가울까?

계해대한(23~32세)은 양타협과 영타협을 당한 선천 전택궁 록존 우필이, 작사전도협 형기협 당한 신궁 기월과 지공을 차성하여 동궁한 지겁·좌보 전택으로 오는 대한이다. 선천 형제궁 작사전도협 형기협은 대한 형제궁 타라·화기협으로 온다. 선천 부모궁 화기·타라협은 대한 부모궁 양타협으로 온다. 선천 자녀궁 곡허협은 대한 자

---

62) 추측이긴 하지만 돌아가신 조상의 묘자리를 잘못 써서 십이운 목욕지의 물 있는 곳에 있는데, 여기 못 누워있겠다고 이 명반 주인과 같이 사는 것 아닌가 하다.

녀궁 작사전도협 형기협으로 온다.63)

계해대한은 내궁에 양타를 주는 록존이 피해궁이 되어 전택의 부모가 나에게 양타의 피해를 주는 대한이고, 작사전도를 동반한 형기협 당한 형제궁의 복선궁의 현현대한이다. 동시에 대한 삼방사정에서 그러한 형기를 보는 무파상 대한이다. 물론 곡허 복선궁 현현, 영탐 복선궁 현현, 타라·화기 복선궁 현현, 괴월 복선궁 현현 대한이기도 하다.

선천 재복 타무가 대한 재복 영창으로 오는 대한이기도 하다. 뇌종양은 왜 생긴 것인가? 질액궁 괴월의 복선궁 현현 대한임을 감안하라. 나이 들면 괴월은 고질병으로 의미가 변한다. 선천 전택궁의 물 있는 자리에 묘자리를 써서 괴로운 웃어른인 천량이 이 대한 전택에서 드디어 화과를 만나 드러나게 되는데, 추측컨대 돌아가신 어른의 고질병이 아마 뇌종양과 관련 있었을 것이다.64)

---

63) 선천 질액궁 괴월협은 대한 질액궁 곡허협으로 온다. 선천 노복 영탐협은 대한 노복 괴월협으로 온다.

64) 이 명반은 협상황이 매우 복잡하게 얽혀있다. 매 대한마다 정신없이 복선궁의 현현이 있다. 그래서 이런 명반을 뭐든 사안이 크게 발생한다는 도미노격이라 이름 붙인 것이다.

[명례] 115. 무오대한(25~34세) 신사년(34) 급격한 건강악화

流祿天 霞存**相** 　廟平	解天陰鈴擎天 神廚煞星羊**梁** 　　　廟平廟	金寡紅天地天**七廉** 輿宿鸞刑劫鉞**殺貞** 　　　平旺旺廟	
博劫天　15~24　58丁 士煞德【父母】　絶巳	力災弔　25~34　59戊 士煞客【福德】　胎午	青天病　35~44　60己 龍煞符【田宅】　養未	小指太　45~54　61庚 耗背歲【**身**官祿】　生申
紅蜚天陀**巨** 艷廉壽羅**門** 　　　廟平	명례 115. 무오대한 건강 / 陽男 양력 1969년 ○월 ○일 신시 음력 무신년 11월 ○일 신시		破天天 碎傷空
官華白　5~14　57丙 府蓋虎【命】　墓辰	【命局】土五局 【命主】廉貞 【身主】天梁 【命式】戊 丁 甲 戊 　　　　申 丑 子 申		將咸晦　55~64　62辛 軍池氣【奴僕】　浴酉
天天大三地**貪紫** 福官耗台空**狼微** 　　　　平地旺 　　　　　　祿			天天封火天 月哭詰星**同** 　　　　廟平
伏息龍　　　56乙 兵神德【兄弟】　死卯			奏月喪　65~74　63壬 書煞門【遷移】　帶戌
年台鳳恩天天文**太天** 解輔閣光巫馬昌輔**陰機** 天旬　　旺陷廟閑旺 虛空　　　　　　權忌	月天天天 德喜魁**府** 　　　旺廟	截天龍天文亡**太** 空才池貴曲彌**陽** 　　　　廟旺陷 　　　　　　科	孤八天**破武** 辰使座姚**軍曲** 　　　平平
大歲歲　　　55甲 耗驛破【夫妻】　病寅	病攀小　95~　　54乙 符鞍耗【子女】　衰丑	喜將官　85~94　53甲 神星符【財帛】　旺子	飛亡貫　75~84　52癸 廉神索【疾厄】　冠亥

『실전자미두수』 1권(2017년), 415쪽에 나와 있는 명반이다.

  身궁에서 살을 많이 보면 건강이상이 있다. 특히나 이 명반은 공겁협된 무정성 身궁이 록존과 암합되면서 화기를 차성해서 쓰고, 질액궁은 화기와 암합되면서 대궁에서 록존을 본다.

  선천 명천선의 거화타가 무오대한(25~34세)에서 영성과 경양을

보아, 거화양과 영타, 양타, 화령이 완성된다. 선천 身궁 공겁협의 공망함은 역시나 무오대한의 복덕이 되어 이로 인해 정신적으로도 지치게 된다.

대한에서 질병 암시가 있는데, 대한 록기로 질액·身궁 중 身궁이 인동 안 되면 유년이 身궁선에 좌하면서 이를 인동시키거나 身궁이 유년 질액궁이면서 이를 인동시키거나[65] 아니면 유년이 부질선에 좌하면서 身궁을 인동시키면 그 해에 질병이 발생하기 쉽다.

대한 록기로 身궁만 인동되면 마찬가지로 유년이 부질선에 좌하면서 이를 인동시키거나 유년 질액궁이 身궁이 되는 해에 이를 인동시키거나 아니면 유년이 身궁선에 좌하면서 질액궁을 인동시킬 때 질병이 발생한다.

---

65) 거울공명의 메카니즘과 동일하다.

[명례] 116. 정축대한(36~45세) 신사년(43) 교통사고

旬天天天天天陀**天** 空使壽虛巫馬羅**相** 　　　　　　平陷平	流封八祿文**天** 霞誥座存昌**梁** 　　　　旺陷廟 　　　　　　科	天地擎**七廉** 哭空羊**殺貞** 　　　平廟旺廟	金解天三天文 輿神廚台鉞曲 　　　　　廟平 　　　　　　忌
官歲歲　76~85　67己 府驛破　【疾厄】　冠巳	博息龍　86~95　68庚 士神德　【身財帛】旺午	力華白　96~　　69辛 士蓋虎　【子女】　衰未	青劫天　　　　　70壬 龍煞德　【夫妻】　病申
月紅大紅左**巨** 德艶耗鸞輔**門** 　　　　　廟平	명례 116. 정축대한 교통사고 / 陰女 양력 1959년 ○월 ○일 진시 음력 기해년 ○월 ○일 진시		截天破天恩天 空官碎才光刑
伏攀小　66~75　66戊 兵鞍耗　【遷移】　帶辰			小災弔　　　　　71癸 耗煞客　【兄弟】　死酉
天龍地**貪紫** 傷池劫**狼微** 　　　平地旺 　　　　　權	【命局】火六局 【命主】祿存 【身主】天機 【命式】甲 丁 丙 己 　　　　辰 丑 寅 亥		天寡台天右**天** 月宿輔喜弼**同** 　　　　　　廟平
大將官　56~65　65丁 耗星符　【奴僕】　浴卯			將天病　6~15　　72甲 軍煞符　【命】　　墓戌
天孤陰鈴**太天** 福辰煞星**陰機** 　　　　廟閑旺	蜚天火**天** 廉姚星**府** 　　　旺廟	天天**太** 空魁**陽** 　　旺陷	年鳳破**武** 解閣軍**曲** 　　　平平 　　　　祿
病亡貫　46~55　64丙 符神索　【官祿】　生寅	喜月喪　36~45　63丁 神煞門　【田宅】　養丑	飛咸晦　26~35　62丙 廉池氣　【福德】　胎子	奏指太　16~25　61乙 書背歲　【父母】　絶亥

『실전자미두수』 1권(2017년), 417쪽에 나와 있는 명반이다.

　선천 천이궁이 문제가 있지는 않다. 다만 선천 질액과 천이에 허모가 있어 그 교호관계가 심대하다. 정축대한 질액궁의 각종 음적인 별들이 있는 상황에서 삼태와 문곡화기가 있으니, 가마(삼태)의 의미와 뒤통수 맞는 형상(문곡화기)에 움직임 많은 자동차(기월)의 암시가 있다.

그러한 액운이 대한의 교통통신수단궁인 오궁 노복궁의 화과·문창·팔좌와 함께 천이궁을 창곡협, 악사위천리협, 삼태·팔좌협을 해주고 있다.

선천 자녀궁의 악사위천리협이 대한 자녀궁의 홍란·천희로 오니 유사대폭발격이 영성된 점 또한 의미심장한데, 자녀궁은 전택의 천이궁으로 역시나 자동차를 암시한다.

물론 정축대한은 노상매시 대한이기도 하다.

[명례] 117. 임신대한(36~45세) 정축년(39) 도박 일억 손재

旬天天陀天 空虛馬羅府 平陷平	流天天祿太天 霞使壽存陰同 旺陷陷	天天火擎貪武 月哭星羊狼曲 閑廟廟廟 權祿	金天天鈴天巨太 興廚姚星鉞門陽 旺廟廟閑
力歲歲 66~75 67己 士驛破【遷移】 絶巳	博息龍 56~65 68庚 士神德【疾厄】 墓午	官華白 46~55 69辛 府蓋虎【身財帛】死未	伏劫天 36~45 70壬 兵煞德【子女】 病申
月紅天大台紅天 德艷傷耗輔鸞刑	명례 117. 임신대한 도박 / 陰男 양력 1959년 ○월 ○일 술시 음력 기해년 ○월 ○일 술시 【命局】火六局 【命主】巨門 【身主】天機 【命式】丙 庚 癸 己 　　　　戌 子 酉 亥		截天破地天 空官碎劫相 平陷
青攀小 76~85 66戊 龍鞍耗【奴僕】 胎辰			大災弔 26~35 71癸 耗煞客【夫妻】 衰酉
龍八右破廉 池座弼軍貞 陷旺閑			寡天天天天 宿才喜梁機 旺廟 科
小將官 86~95 65丁 耗星符【官祿】 養卯			病天病 16~25 72甲 符煞符【兄弟】 旺戌
解天孤文 神福辰曲 平 忌	蜚天地 廉貴空 陷	天封陰天文 空誥煞魁昌 旺旺	年鳳恩三天左七紫 解閣光台巫輔殺微 閑平旺
將亡貫 96~ 64丙 軍神索【田宅】 生寅	奏月喪 63丁 書煞門【福德】浴丑	飛咸晦 62丙 廉池氣【父母】帶子	喜指太 6~15 61乙 神背歲【命】 冠亥

『실전자미두수』1권(2017년), 420쪽에 나와 있는 명반이다.

일단 이 명이 도박에 손을 댈 수 있는 명인지를 보는 게 먼저이다. 쌍중살파랑은 인생의 굴곡이 크다. 자미는 보필을 필요로 하는데, 身·재백궁 삼방에서 이를 본다. 보필에는 각기 삼태·봉각과 팔좌·용지가 있어 그 보필의 의미가 더해진다. 그러한 身·재백궁에 화양격발과 화탐횡발횡파의 암시는 매우 의미심장하다.

복덕궁은 투자궁인데, 횡발횡파인 미궁의 별들을 차성해서 쓴다. 문제는 복덕궁 자체에 지공이 있다는 점이고, 이의 삼방인 부처궁에서 지겁, 절공, 파쇄을 보아 복덕 화탐 횡발의 의미도 발현되겠지만, 여차하면 횡파의 의미도 유감없이 드러날 준비를 하고 있다.

복덕궁에는 '노력 없이 문서를 얻는' 정승발탁협이 되어 있어 투자에 있어 유리하다. 하지만 이보다는 주변에서 노력 없이 문서를 얻자고 꼬드기는 상황으로, 막상 나의 복덕은 공겁에 절족마, 파쇄 절공을 보는 화양과 화탐과 무곡·화성 과수격이니 결과가 안 좋을 수 있다.

이 명은 천이궁이 록과협, 관록궁이 악사위천리협과 형기협이 되어 있는 대인관계격이다. 사실 명궁 자미·칠살 자체는 나쁘지 않아 보인다. 록과협을 받으면서 천량·천수의 협도 받으니, 주변의 선배나 웃어른이 잘 보살펴 주어 행복하다. 하지만 문제는 이 명이 대인관계격이라 대외활동이 활발하다는 점인데, 천이궁이 절족마이면서 그러한 천이궁의 삼방에서 복덕궁과 부처궁의 살을 전부 보게 된다.

질액궁에 록존이 좌하기에 身·재백궁에 경양을 주어 기존에 있는 화성과 더불어 화양격발의 의미를 주게 되고, 천이궁에 타라를 주어 마침 기존의 천마와 더불어 절족마가 형성되는데 일조한다. 질액의 '질병' 문제가, 마침 질액궁과 身궁이 암합까지 되어 있으니, 身궁에 직접적인 갑작스러운 발병 등의 암시를 주기도 하고, 질액의 뒤 글자인 '액', 즉 '액운' 측면에서 본다면 역시나 천이궁 절족과 재백궁 횡발횡파를 각각 암시하는 타라와 경양을 주는 역할도 한다.

그러한 선천 질액궁은 임신대한 질액궁(묘궁)에서 악사위천리와 형기협이 되어, 나의 내궁에 각기 이를 준다. 대한 명궁에서 함지 태양이 있는 거일이 양령형기가 형성된 점을 체로 잡는다면, 이 대한에서의 문서적 일은 분명 액운이 닥치게 되어 있다. 함지 태양은 현대 사회에선 거의 재성으로 볼 수 있다. 재와 관련된 문서는 양령형기가 되는 게 이 대한의 체이다.

대한의 재복선에 홍란·천희가 오면 도박 혹은 주식을 많이 하게 된다.[66] 게다가 선천 복덕의 화양격발 화탐이 대한 복덕에서 화과를 만나 드러나게 되니, 뭔가 재적인 투자에 눈을 돌리기 쉽다. 선천 천이 절족이 대한 천이의 사기를 암시하는 문곡화기운으로 온 점도 의미심장하다.

---

[66] 물론 선천에서부터 그런 암시가 보여야 한다.

[명례] 118. 경신대한(32~41세) 임자 계축년(40~41) 발재

天福 破碎 天鉞 旺 **天府** 平		天官 天使 三台 紅鸞 **太陰** 陷 **天同** 陷科		寡宿 天姚 鈴星 旺 **貪狼** 廟 **武曲** 廟忌		紅艶 天才 天貴 恩光 八座 地劫 **巨門** 廟廟閑 **太陽** 權	
喜神 指背 白虎 62~71 **[身遷移]**	93 丁 冠 巳	飛廉 咸池 天德 52~61 **[疾厄]**	94 戊 帶 午	奏書 月弔 書煞客 42~51 **[財帛]**	95 己 浴 未	將星 亡神 病符 軍神符 32~41 **[子女]**	96 庚 生 申
天傷 **右弼** 廟		명례 118. 경신대한 발재 / 陰男				天哭 **天相** 陷	
病符 天煞 龍德 72~81 **[奴僕]**	92 丙 旺 辰	양력 1933년 ○월 ○일 유시 음력 계유년 ○월 ○일 유시				小耗 將星 太歲 22~31 **[夫妻]**	97 辛 養 酉
天虛 台輔 天刑 **破軍** 廟旺 **廉貞** 閑祿		【命局】 水二局 【命主】 巨門 【身主】 天同 【命式】 癸 己 辛 癸 　　　 酉 卯 酉 酉				天空 左輔 **天梁** 廟 **天機** 旺廟	
大耗 災煞 歲破 82~91 **[官祿]**	91 乙 衰 卯					青龍 攀鞍 晦氣 12~21 **[兄弟]**	98 壬 胎 戌
金輿 流霞 月德 天解 大耗 天巫 地空 陷		截空 年解 鳳閣 龍池 擎羊 廟 文曲 廟 文昌 廟		天喜 祿存 旺 **火星** 平		旬空 蜚廉 天月 天廚 孤辰 封詰 天馬 平陷 **陀羅** 陷 **七殺** 平 **紫微** 旺	
伏兵 劫煞 小耗 92~ **[田宅]**	90 甲 病 寅	官府 華蓋 官符 **[福德]**	89 乙 死 丑	博士 息神 貫索 **[父母]**	88 甲 基 子	力士 歲驛 喪門 2~11 **[命]**	87 癸 絶 亥

『실전자미두수』 1권(2017년), 422쪽에 나와 있는 명반이다.

선천 재백궁에서 영창타무가 보이는데, 어떻게 발재했는지 궁금할 수 있다. 무오대한을 보라. 대한 재백궁에서 함지 태양의 문서 거일과 공겁 그리고 대모가 있고, 특히나 무오대한은 선천 부모 록존·화성이, 대한 부모 화기 영성 탐랑 운으로 오니, 이 대한의 문서 상에서의 록존이 화기를 만나는 근본적인 변화, 화성이 영성과 탐랑

을 만나는 횡발횡파가 있을 운이다. 선천 재백 영창타무의 암시는 무오대한에서 발현되기 쉽다.

『실전자미두수』에서는 경신대한 상황만 나와 있는데, 자미가 태양운으로 오는 대한에선 때깔이 좋다. 실제로도 좋거나 아니면 자미 특유의 만족 못하는 성질 때문인지 제3자가 보기에 좋지만 만족을 못하는 경우도 있다.

명례 119. 결혼 후 8년간 아이가 없다가 정해대한(32~41세) 신사년(32)임신, 임오년(33)출산

『실전자미두수』 1권(2017년), 426쪽에 나와 있는 명반이다.
 물론 자녀궁에 영성과 천형이 있어 자식을 힘들게 얻겠다고 말할 수 있으나, 선천 명·신궁에서 살성을 보지 않으면 그 살성들은 자전, 형노, 부질로 쏠리기 마련이다. 명궁에서 천동화기를 깔고 앉은 것도 아닌데 자녀궁 상황만 보고 그렇게 얘기하는 것은 맞을 수도 있고 틀릴 수도 있다.

 자녀에 관한 흉상은 없는데, 다만 천동화기를 깔고 앉은 병술대한에 유독 자녀문제가 있을 수 있다는 식으로 봐야 한다. 이 명에 있어 이는 자녀를 갖고 싶은데 못 가진 것으로 발현되었다. 보통 이런 운에서(천동화기 대한) 자녀흉상이 나오기 쉬운데, 오히려 선천 명·신궁에서 자녀 관련된 별다른 암시가 없으니 그런 식으로 약하게 발현되었을 뿐이다.

大天紅天**鈴天**	截天天文**天**	寡陀天**七廉**	天台祿天文
耗巫鸞刑**星相**	空福才曲**梁**	宿羅鉞**殺貞**	哭輔存馬昌
旺平	陷廟	廟旺旺廟	廟旺旺
大亡龍 92~ 56辛	伏將白 57壬	官攀天 58癸	博歲弔 2~11 59甲
耗神德 【子女】 絕巳	兵星虎 【夫妻】 胎午	府鞍德 【兄弟】 養未	士驛客 【命】 生申

流解天封**三巨**		天天地擎
霞神虛誥**台門**	명례 119. 부인 암산 문제 / 陽男	貴姚空羊
平	양력 1970년 ○월 ○일 寅時	廟陷
病月歲 82~91 55庚	음력 경술년 ○월 ○일 寅時	力息病 12~21 60乙
符煞破 【財帛】 墓辰		士神符 【父母】 浴酉

月天火**貪紫**	【命局】 水二局	金紅天八陰**天**
德使星**狼微**	【命主】 廉貞	輿艷壽座煞**同**
平地旺	【身主】 文昌	平
	【命式】 壬 丁 乙 庚	忌
喜咸小 72~81 54己	寅 巳 酉 戌	青華太 22~31 61丙
神池耗 【疾厄】 死卯		龍蓋歲 【福德】 帶戌

旬天天龍右**太天**	破天地天**天**	蜚年鳳左**太**	天孤天恩天 **破武**
空月廚弼**陰機**	碎傷劫魁**府**	廉解閣輔**陽**	官辰空光喜 **軍曲**
廟閑旺	陷旺廟	旺陷	平平
科		祿	權
飛指官 62~71 53戊	奏天貫 52~61 52己	將災喪 42~51 51戊	小劫晦 32~41 50丁
廉背符 【遷移】 病寅	書煞索 【奴僕】 衰丑	軍煞門 【身官祿】 旺子	耗煞氣 【田宅】 冠亥

정해대한 자녀궁이 피해궁이 되기는 하나(녹존이 있으므로), 역시나 선천에서부터의 자녀 흉상의 암시가 있는 것이 아니니 이 대한 중에 아이 낳으면 큰일 난다는 식으로 말할 수 없다. 부인이 제왕절개나 고생 후에 낳는 것으로 발현될 뿐이다.

[명례] 120. 신미대한(24~33세) 임신년(29) 임신 및 출산

天孤天天**貪廉** 廚辰空喜**狼貞** 　　　　　陷陷 　　　　　　祿 大劫晦　44~53　62己 耗煞氣　【身財帛】生巳	紅解蜚年封鳳火**文巨** 艷神廉解誥閣星**昌門** 　　　　　　　廟陷旺 病災喪　34~43　63庚 符煞門　【子女】　養午	天地天**天** 官空鉞**相** 　　　平旺閑 喜天貫　24~33　64辛 神煞索　【夫妻】胎未	截龍天文**天天** 空池刑曲**梁同** 　　　　　平陷旺 飛指官　14~23　65壬 廉背符　【兄弟】絶申
金天陰**太** 輿使煞**陰** 　　　　閑 伏華太　54~63　61戊 兵蓋歲　【疾厄】浴辰	명례 120. 임신 출산 / 陽女 양력 1965년 O월 O일 진시 음력 갑진년 O월 O일 진시 【命局】金四局 【命主】文曲 【身主】文昌 【命式】庚 乙 丁 甲 　　　　　辰 丑 丑 辰		流月天天**七武** 霞德福壽**殺曲** 　　　　　閑旺 　　　　　　科 奏咸小　4~13　66癸 書池耗　【命】　基酉
天八地擎左**天** 貴座劫羊輔**府** 　　平陷陷平 官息病　64~73　60丁 府神符　【遷移】帶卯			天台**太** 虛輔**陽** 　　陷 　　忌 將月歲　　　　67甲 軍煞破　【父母】死戌
旬天天天祿天鈴 空月傷哭存馬星 　　　　廟旺廟 博歲弔　74~83　59丙 士驛客　【奴僕】冠寅	破寡天恩陀天**破紫** 碎宿才光羅魁**軍微** 　　　　廟旺旺廟 　　　　　　　　權 力攀天　84~93　58丁 士鞍德　【官祿】旺丑	天天 姚**機** 　廟 青將白　94~　　57丙 龍星虎　【田宅】衰子	大三天紅右 耗台巫鸞弼 　　　　　閑 小亡龍　　　　56乙 耗神德　【福德】病亥

『실전자미두수』 1권(2017년), 429쪽에 나와 있는 명반이다.

선천과 대한에서 자녀 흉상의 암시가 없으면 언제라도 부관·부질·身궁·화과·홍란·천희 등이 걸리면 임신할 수 있다.[67] 과거에는 많은 자식을 낳았으나 지금은 그렇지 않다. 다시 말해, 출산의 해는

---

67) 물론 선천과 대한에서 자녀 흉상의 암시가 매우 크면 낳다가 잘못 될 수도 있다.

'출산하기 쉬운 해'로 봐야 한다.

임신년은 『실전자미두수』에 언급된 메커니즘 외에 앉은 자리가 대한에서 인동된 궁선이기도 하고 천동을 깔고 있기도 하기에 임신을 했다. 하지만 이 외에도 대한에서 암동된 사궁 身궁에 홍란·천희가 있는데, 이 궁이 유년의 자녀궁이 된 점 또한 의미심장하다. 대한의 발생인 거문화록이 선천의 자녀궁이니, 임신년만큼은 사궁이 거울공명도 된 점이 특이하다. 거울공명에 관해선 연구하고 임상할 거리가 아직 많다.

명례 121. 계해대한(33~42세) 계미년(41) 이혼

天破孤天天地地天**七紫** 福碎辰巫馬劫空鉞**殺微** 輩旬　平閑廟旺平旺 廉空		天天 官喜		年鳳龍 解閣池		月紅解大封天 德艷神耗誥貴	
奏歲喪　93~　　63丁 書驛門【子女】病巳	飛息貫　　　64戊 廉神索【夫妻】死午		喜華官　　　65己 神蓋符【兄弟】基未		病劫小　3~12　66庚 符煞耗【**身　命**】絶申		
天鈴文左**天天** 空星昌輔**梁機** 　旺旺廟旺廟	명례 121. 계해대한 이혼 / 陰女				天天**破廉** 虛刑**軍貞** 　　陷平 　　　祿		
將攀晦　83~92　62丙 軍鞍氣【財帛】衰辰	양력 1963년 ○월 ○일 오시 음력 계묘년 ○월 ○일 오시				大災歲　13~22　67辛 耗煞破【父母】胎酉		
天天三火**天天** 使哭台星魁**相** 　　平　廟陷	【命局】水三局 【命主】廉貞 【身主】天同 【命式】庚己甲癸 　　　　午卯寅卯				天文右 月曲弼 　陷廟		
小將太　73~82　61乙 耗星歲【疾厄】旺卯					伏天龍　23~32　68壬 兵煞德【福德】義戌		
金流恩陰**巨太** 輿霞光煞**門陽** 　　　　廟旺 　　　　權	截寡天天擊**貪武** 空宿傷姚羊**狼曲** 　　　廟廟廟 　　　　　忌		台紅祿**太天** 輔鸞存**陰同** 　　旺廟旺 　　　科		天天天八陀天 廚壽才座羅府 　　　　陷旺		
青亡病　63~72　60甲 龍神符【遷移】冠寅	力月弔　53~62　59乙 士煞客【奴僕】帶丑		博咸天　43~52　58甲 士池德【官祿】浴子		官指白　33~42　57癸 府背虎【田宅】生亥		

『실전자미두수』 1권(2017년), 433쪽에 나와 있는 명반이다.

여명 태양 탈부권이다. 천형과 경양의 협을 받고 있는 명무정요인 점도 감정적으로 불길하다. 게다가 거문까지 있어 깐깐한데, 특히나 거문화권이면 형제궁엔 화기를 주게 되니 나의 독설로 인해 주변이 상처받는 꼴이다. 복덕궁 천량의 관리감찰의 성향은 화성·천마 전마협을 받으니 주변인들을 관리감찰 하는 것에 있어 얼마나 바쁘게

다그칠지 보인다.

영성으로 은근히 들들 볶을 수 있다. 만약 볶지 못하는 상황이라면 스트레스를 속으로 삭히다 터질 수 있는 구조이다. 그런 상태에서 부처궁은 부드러운 동월에, 그러한 부드러움이 소문까지 날 정도를 의미하는 화과와 같이 있고 홍란·천희 함지 등의 도화성들까지 보는데, 문제는 그러한 부처궁의 협으로 고신 과수가 들어온다는 점이다. 그리고 절공과 순공·지공의 협도 받고 있으니 배우자와 감정적으로 절대 좋을 수 없다. 이것이 이 명의 배우자와의 관계에 관한 체이다.

계해대한(33~42세) 인신궁이 전택의 거일 문서의 변화(명천)선인데 인동이 되지 않았다. 사는 집이 누구 명의로 되어 있는지는 모르겠지만 이혼 한다면 명의 변경도 이루어져야 하고, 만약 내가 살던 집을 나가게 되면 이사의 메커니즘이 이루어져 전택·천이궁과 더불어 身궁도 움직여야 하는데, 인신궁이 움직이지 않았다.

계미년에 그러한 身궁이 부모궁이 되어 그 궁이 문서를 암시하는 유년이 되었는데, 대한 파군화록으로 선천 부모궁이 인동되었으므로, 거울공명에 의해 신궁은 계미년만큼은 대한 차원에서도 인동된 것으로 본다. 계미년 유년 파군화록으로 그러한 신궁 역시 암동이 되었다. 이런 경우 유월에서 신궁을 명동 시킬 때 사안이 발생하기 쉽다. 음력 8월은 신월로 인신궁 거문화록으로 명동시킨다.

명례 122. 임자/신해대한 기사(43), 경오(44), 신미(45) 여자, 경마, 마작으로 10억 탕진

天天天陀文貪廉 廚虛馬羅昌狼貞 平陷廟陷陷 力歲歲　　　79乙 士驛破【福德】生巳	恩祿地巨 光存空門 旺廟旺 　　　忌 博息龍　94~　80丙 士神德【田宅】養午	紅旬天封天擎天 艶空哭詰姚羊相 　　　　　廟閑 官華白　84~93　81丁 府蓋虎【官祿】胎未	金流天天天 興霞傷梁同 　　　陷旺 　　　　權 伏劫天　74~83　82戊 兵煞德【奴僕】絶申
月大紅地右太 德耗鸞劫弼陰 　　　陷廟閑 　　　　　祿 青攀小　　　78甲 龍鞍耗【父母】浴辰	명례 122. 재산 탕진 / 陰男 양력 1947년 ○월 ○일 사시 음력 정해년 ○월 ○일 사시 【命局】金四局 【命主】文曲 【身主】天機 【命式】己 己 戊 丁 　　　　巳 巳 申 亥		破天文七武 碎鉞曲殺曲 　　廟廟閑旺 大災弔　64~73　83己 耗煞客【遷移】基酉
截龍天鈴天 空池刑星府 　　　　廟平 小將官　4~13　77癸 耗星符【命】帶卯			寡天天天左太 宿使貴喜輔陽 　　　　　廟陷 病天病　54~63　84庚 符煞符【疾厄】死戌
解天孤天八陰天火 神官辰才座煞巫星 　　　　　　　廟 將亡貫　14~23　76壬 軍神索【兄弟】冠寅	蜚破紫 廉軍微 　旺廟 奏月喪　24~33　75癸 書煞門【身夫妻】旺丑	天天三天 壽空台機 　　　廟 　　　科 飛咸晦　34~43　74壬 廉池氣【子女】衰子	天天年台鳳天 月福解輔閣魁 　　　　　旺 喜指太　44~53　73辛 神背歲【財帛】病亥

『실전자미두수』 1권(2017년), 439쪽에 나와 있는 명반이다.

身부처궁 권과협 → 형제궁명궁 화령 → 명궁 록권협 → 부모궁 영타협 영탐협 → 부모복덕궁 허모 → 복덕궁 공겁협 쌍록협 → 전택궁 양타협 → 관록궁 록권협, 도미노 8격이다.

뭐든 사안의 스케일이 크다. 벌 때도 왕창, 잃을 때도 왕창이다.

투자궁이라고 하는 복덕궁이 쌍록협이기는 하지만, 각기 공겁을 동반한 깨진 록들이다. 온전한 록이 아니다. 그러한 복덕궁에 작사 전도와 절족마가 있으니, 문제가 있다.

부질선 상황이 묘한데, 일월에 보필이 있어 부모 문제나 문서 문제에 있어선 다사다난한 명이다. 이에 더해 부모궁 태음화록은 나의 명궁과 복덕궁에 각기 영성과 타라를 주어 영탐과 영타 격발의 상황을 주는데, 질액궁 함지 태양은 나의 재백과 천이에 정승발탁협을 준다.

신해대한은 선천 영성이 탐랑과 타라를 만나, 영탐·영타 격발의 암시가 있다. 정승발탁협 복선궁의 현현도 이루어져서 나쁘지 않아 보이는데, 책에 언급 되었듯, 깨진 록존과 있는 거문화기 때문에 재백궁이 형기협인 되어 있는 점이 문제다.

만약 경양의 상황이 좋은 경우, 록존이 깨지고 나서야 길상한 경양의 상이 나타나는 경우가 많다. 일단 대한 초에 도박, 여자, 마작으로 탕진하여 록존이 깨졌다고 본다면 그 후에는 묘왕지 경양의 위권출중함이 나타날 수 있다.

하지만 이 명반에선 봉상간부에 따라 천부의 상황을 보니 천형과 영성이 있는 바, 관재에 얽힐 기미가 보인다. 정승발탁의 복선궁 현현으로 재산을 물려받을 수는 있지만 좋은 대한이 아니다.

참고로 『실전자미두수』에 나온 경오년 상관궁의 완성 추론은 정말 중요하니 잘 숙지해야 한다.

명례 123. 무인대한(26~35세) 기묘년(30) 바람피워 이혼

天傷 大耗 亡神 龍德	天巫	天紅鈴七紫 貴鸞星殺微 旺平旺	56~65 56辛 【奴僕】 冠巳	伏兵 將星 白虎	截天恩文 空福光曲 陷	66~75 57壬 【遷移】 旺午	官府 攀鞍 天德	寡天陀天 宿使羅鉞 廟旺 【疾厄】	76~85 58癸 衰未	博士 歲驛 弔客	解天台祿天文 神哭輔存馬昌 廟旺旺 【財帛】	86~95 59甲 病申
病符 月煞 歲破		流天封天左天天 霞虛誥貴輔梁機 廟旺廟 【身官祿】	46~55 55庚 帶辰		명례 123. 무인대한 바람 / 陽男 양력 1970년 ○월 ○일 인시 음력 경술년 ○월 ○일 인시 【命局】火六局 【命主】貪狼 【身主】文昌 【命式】戊 庚 戊 庚 寅 辰 寅 戌					力士 息神 病符 【子女】	天擎破廉 地刑空羊軍貞 廟陷陷平 金紅天天右 輿艷月才弼 廟	96~ 60乙 死酉
喜神 咸池 小耗		月三火天 德台星相 平陷 【田宅】	36~45 54己 浴卯							青龍 華蓋 太歲 【夫妻】	天孤天八天天 官辰空座喜府 旺	61丙 墓戌
飛廉 指背 官符		旬天天龍陰巨太 空廚壽池煞門陽 廟旺 祿 【福德】	26~35 53戊 生寅	奏書 天煞 貫索	破天地天貪武 碎姚劫魁狼曲 陷旺廟廟 權 【父母】	16~25 52己 養丑	將軍 災煞 喪門	蜚年鳳太天 廉解閣陰同 廟旺 科忌 【命】	6~15 51戊 胎子	小耗 劫煞 晦氣 【兄弟】	天喜	62丁 絶亥

『실전자미두수』 1권(2017년), 443쪽에 나와 있는 명반이다.

이혼에 관한 사안은 『실전자미두수』에 잘 설명 되어 있다. 그렇다면, 이 명이 바람 핀 이유는 어디에 있을까?

선천 복덕궁을 전택궁 목욕지에 있는 함지와 부모궁 탐랑·천요가 협하고 있기 때문이다. 그냥 도화협이 아닌 화탐을 동반한 도화협이고 무곡·화성 과수격을 동반한 도화협이다. 부처궁은 차성되기 전

화령협 받은 기량이 되므로, 이러한 고독한 기량에 의지하느니 갑작스럽게(화탐) 자신에게 접근하는(협) 이성과 도화가 일어났을 확률이 높다.

무인대한(26~35세) 부처궁에 악사위천리가 있으니, 내가 숨겨둔 애인이 있다는 것이 들통나기 쉽다.

기묘년은 대한에서 차성이차결과궁선인 사해궁과 첩궁공명되는 자리이다. 앉은 자리는 부질·자전이고 사해궁은 자전·형노이니, 자전을 체로 놓고 용은 부질·형노가 되어, 집안 문제에 있어서의 문서의 변화가 일어나기 쉽다. 물론 유년 앉은 자리가 천상이니 역시나 문서문제, 그런데 대궁에 염정·천상이 있으니 감정참상을 동반하는 문서의 변화이다.

4) 『실전자미두수』 2권 명례

명례 124. 정해대한(32~41세) 정축무인년 주식 2억 손실

月破 巨 德碎門 平 大劫小 92~ 66辛 耗煞耗 【子女】 絶巳	截天天天台**天廉** 空福虛哭輔**相貞** 旺平 伏災歲 67壬 兵煞破 【夫妻】 胎午	大天陀天**天** 耗姚羅鉞**梁** 廟旺旺 官天龍 68癸 府煞德 【兄弟】 養未	蜚天天祿**七** 廉壽才存**殺** 廟廟 博指白 2~11 69甲 士背虎 【身 命】 生申
流旬龍天文右**貪** 霞空池貴曲弼**狼** 廟廟廟 病華官 82~91 65庚 符蓋符 【財帛】 基辰	명례 124. 정해대한 주식 / 陽男 양력 1960년 ○월 ○일 자시 음력 경자년 ○월 ○일 자시		天擎**天** 喜羊**同** 陷平 忌 力咸天 12~21 70乙 士池德 【父母】 浴酉
天八紅天**太** 使座鸞刑**陰** 陷 科 喜息貫 72~81 64己 神神索 【疾厄】 死卯	【命局】 水二局 【命主】 廉貞 【身主】 火星 【命式】 庚 丁 乙 庚 　　　　子 未 酉 子		金紅寡年鳳恩鈴文左**武** 輿艶宿解閣光星昌輔**曲** 廟陷廟廟 權 青月弔 22~31 71丙 龍煞客 【福德】 帶戌
解天孤封陰天天火**天紫** 神廚辰詰煞巫馬星**府微** 旺廟廟廟 飛歲喪 62~71 63戊 廉驛門 【遷移】 病寅	天天天**天** 傷空魁**機** 旺陷 奏攀晦 52~61 62己 書鞍氣 【奴僕】 衰丑	**破** **軍** 廟 將將太 42~51 61戊 軍星歲 【官祿】 旺子	天天三地地**太** 月官台劫空**陽** 旺陷陷 祿 小亡病 32~41 60丁 耗神符 【田宅】 冠亥

『실전자미두수』 2권(2017년), 17쪽에 나와 있는 명반이다.

칠살이 투기에 불리한데 화성이나 영성을 보면 투기적 성향이 있다는 것은 『실전자미두수』에 설명되어 있다. 또한 책에 언급된 대로 록존 때문에 양타가 협하니 더욱 투기에 불리한데, 타라에는 천

요·대모와 동궁하고, 경양은 십이운성의 목욕지에 천희·함지가 동궁하고 있으니 그러한 양타는 각기 도화적 성향이 있다.

무엇이건 이 명반 록존을 탐하는 것은 이성에 의해서이다. 부인이 주식을 하라고 해서 시작했다고 한다.

특히나 형제궁의 천요는 권모술수 혹은 꾀를 암시하기에 예의 주시해야 하는데, 동궁한 정성이 천량이니 음덕을 바라는 마음에서의 꾀이다. 역시나 동궁한 천월도 기회를 암시하니 한 방의 기회를 잡고 싶어하는 주식과 같은 투기적 성향을 띠기에 충분하다. 대모는 그러한 것으로 계속 신경 쓰여 정신이 소모되는 바를 암시하는데, 이러한 성향의 천요와 대모가 같은 도화성인 유궁의 천희·함지·목욕지와 함께 양타로 명궁을 협한다.

내친김에 유궁 도화성들의 성격도 세부적으로 파악해 보자. 일단 홍란·천희와 악사위천리의 대폭발격 궁선이다. 라이터만 갖다 대면 폭발할 기세이다. 역시나 투기적 성향이 다분한 도화성들이다. 선천 명궁 칠살 자체가 '본인 변화'를 암시하니 이러한 형제궁과 부모궁의 별들의 협이 칠살 변화의 암시를 더해준다. 주위에서 부추기면 다 넘어 간다.

원래 칠살과 록존이 동궁하면 양타협 때문에 남자도 여자 성격을 갖게 되는 등, 칠살의 성질이 180도 바뀌어 매우 조심스러워지는데, 이 명반은 그러한 양타에 도화가 가득하니 매우 특이한 명반이다. 투기를 해서는 안 되는 명인데, 투기를 할 수밖에 없다.

체를 이렇게 잡고, 투자궁인 복덕궁의 상황을 보면 '영창무'가 형성되어 있다. 대한 복덕궁이 타라를 보는 운에 오면 영창타무가 형성된다. 정해대한이 그러하다.

  매번 이야기 하지만, 대한 복덕궁 하나의 상황으로만 이리 간명해서는 안 된다. 정해대한은 『실전자미두수』에 설명되어 있듯, 대한 명궁에 겁공이 있고 삼방에서 대모·천형 등의 투자에 불리한 별들이 비춘다는 것이, 이 대한의 복덕궁을 보기 전의 체이다. 그리고 대한 명궁에 함지 태양이 있는데, 함지태양은 위군자 혹은 불명예를 암시한다. 요즘은 특히나 돈은 벌지만 그 반대급부로 불명예를 안게 되는 경우가 많고. 혹은 돈을 잃게 되어 명예도 같이 실추되기도 하니 함지 태양은 그러한 돈을 의미하기도 한다.

[명례] 125. 무술대한(35~44세) 정사년(42) 남편 사망

月天破天天祿**天** 德官碎巫刑存**梁** 　　　　　　廟陷 博劫小　85~94　90癸 士煞耗　【官祿】　冠巳	天天天天恩三**擎七** 傷虛哭貴光台**羊殺** 　　　　　　平旺 官災歲　75~84　91甲 府煞破　【奴僕】　帶午	金流天大鈴 輿霞壽耗星 　　　　旺 伏天龍　65~74　92乙 兵煞德　【身遷移】　浴未	旬蜚天八地**廉** 空廉使座劫**貞** 　　　　廟廟 　　　　　忌 大指白　55~64　93丙 耗背虎　【疾厄】　生申
截解龍陀**天紫** 空神池羅**相微** 　　　　廟旺陷 力華官　95~　89壬 士蓋符　【田宅】　旺辰	명례 125. 무술대한 상부 / 陰女 양력 1936년 ○월 ○일 유시 음력 병자년 ○월 ○일 유시 【命局】 土五局 【命主】 巨門 【身主】 火星 【命式】 辛 戊 戊 丙 　　　　酉 子 戌 子		天天天鉞 喜姚 　　　廟 病咸天　45~54　94丁 符池德　【財帛】　養酉
台紅**巨天** 輔鸞**門機** 　　　廟旺 　　　　權 青息貫　　　88辛 龍神索　【福德】　衰卯			寡年鳳陰**破** 宿解閣煞**軍** 　　　　　旺 喜月弔　35~44　95戊 神煞客　【子女】　胎戌
紅天孤地右**貪** 艷月辰空弼**狼** 　　　　旺陷廟平 小歲喪　　　87庚 耗驛門　【父母】　病寅	天天文文**太太** 才空昌曲**陰陽** 　　廟廟廟陷 　　　　　科 將攀晦　5~14　86辛 軍鞍氣　【命】　死丑	天天左**天武** 廚福輔**府曲** 　　　旺廟旺 奏將太　15~24　85庚 書星歲　【兄弟】　墓子	封火天**天** 詰星魁**同** 　　平旺廟 　　　　祿 飛亡病　25~34　84己 廉神符　【夫妻】　絕亥

『실전자미두수』 2권(2017년), 20쪽에 나와 있는 명반이다.

여명 태양 탈부권이다. 身궁에 대한 설명과 부처궁에 대한 설명이 『실전자미두수』에 자세히 나와 있다. 이에 하나 더 추가 하자면, 뭐든 사안이 크게 발생한다는 도미노격이다.

> 형제궁 록과협 → 명궁 보필협 → 부모궁 권과협 → 복덕궁 절족

> 마협 → 전택궁 록권협 → 관록궁 양타협 → 노복궁 록과협

무술대한이 좌하는 선천 자전선 파군은 '부처·자녀·노복'을 암시하고, 사궁이 대한 질액궁으로 피해궁이 되었다. 그러한 피해궁이 된 록존은 대한 부처궁인 염정화기와 암합하는 점도 매우 유의미하다.

정사년은 공명된 궁선으로 선천 부관선이다. 대한에서 공명된 궁선은 유년에서 명동이 될 때 해당 사안이 발생하는 경우가 많은데, 유년이 앉은 자리도 그 궁선이고 유년 태음화록은, 대한의 록기전도로 발생의 의미가 있는 유궁으로 차성된 천기화기와 더불어 록존궁을 명동시킨다.

[명례] 126. 정유대한(34~43세) 경신년(41) 남편 사망

截天天年封鳳 空福壽解誥閣 　　　　廟	天天火天天 廚空星魁機 　　廟廟廟	輩天文文破紫 廉月曲昌軍微 　　旺平廟廟 　　　　科忌	孤天恩天地陀 辰貴光姚空羅 　　　　　廟陷
病指太　　85癸 符背歲【兄弟】生巳	大咸晦　4~13　86甲 耗池氣【命】浴午	伏月喪　14~23　87乙 兵煞門【父母】帶未	官亡貫　24~33　88丙 府神索【福德】冠申
寡天天太 宿喜刑陽 　　　旺 　　　權			紅旬天破龍祿天 艶空官碎輔池存府 　　　　　　旺陷
喜天病　　84壬 神煞符【夫妻】養辰	명례 126. 정유대한 상부 / 陰女 양력 1941년 ○월 ○일 묘시 음력 신사년 ○월 ○일 묘시		博將官　34~43　89丁 士星符【田宅】旺酉
流右七武 霞弼殺曲 　陷陷陷	【命局】金四局 【命主】破軍 【身主】天機 【命式】乙 戊 戊 辛 　　　　卯 戌 戌 巳		月大紅擎太 德耗鸞羊陰 　　　　廟旺
飛災弔　94~　83辛 廉煞客【子女】胎卯			力攀小　44~53　90戊 士鞍耗【官祿】衰戌
解地天天天 神劫鉞梁同 　　平旺廟閑	天天八三鈴天 使哭座台星相 　　　　陷廟	陰巨 煞門 　旺 　祿	金天天天天天左貪廉 輿傷才虛巫馬輔狼貞 　　　　　平閑平陷
奏劫天　84~93　82庚 書煞德【財帛】絕寅	將華白　74~83　81辛 軍蓋虎【疾厄】墓丑	小息龍　64~73　80庚 耗神德【身遷移】死子	青歲歲　54~63　91己 龍驛破【奴僕】病亥

『실전자미두수』 2권(2017년), 24쪽에 나와 있는 명반이다.

선천 명반에 대한 설명이 『실전자미두수』에 잘 나와 있다. 추가하자면 뭐든 사안이 크게 발생한다는 도미노격이다.

> 부처궁 보필협 → 형제궁 형화협 → 명궁 탐창탐곡협 → 부모궁
> 괴월협 → 복덕궁 록과협 → 전택궁 양타협 → 관록궁 록마협 →

| 관록·노복궁 허모 → 천이궁 영탐협 |

도미노격이 되면 정성이 없는 복덕궁의 타라·공겁·고신의 고독함도 배가 된다.

앞서 대한을 보는 법에서 언급했듯, 선천에서부터 배우자 질병 내지 사망의 문제가 있는 경우 보통 네 번째 대한에서 그 사안이 발현되기 쉽다. 우리나라 40대 사망률이 매우 높기 때문이기도 하겠지만, 어느 명반에서건 네 번째 대한은 선천 자전선이 되면서 선천 부처는 대한 부질이 되고, 선천 질액은 대한 부관선이 되기 때문이다.

정유대한 전반적 상황도 『실전자미두수』에 잘 설명되어 있다.
대한의 록기로 부관·부질·자전·身궁에 상문·백호까지 인동이 되었으니, 상관궁의 완성은 감안 안 해도 되는가?
그렇지 않다. 이차발생으로 선천 형노, 대한 재복선인 사해궁이 인동되었다. 그렇다면 공명으로 인신궁 형노·재복도 인동된 것인가? 인신궁에 사화가 없으니 이를 공명으로 볼 수는 없다. 하지만 선천 복덕의 문제가 도미노격이라 격외로 공망하다고 했는데, 이 대한의 록기로 그러한 선천 복덕은 인동시키지 않아도 되는 것인가?
또한 대한 거문화기로 자오궁이 인동 되었는데, 이것으로 인해 같은 자전·명천선인 묘유궁이 공명된 것으로 보는가? 역시나 묘유궁선에 선천 사화가 없기에 공명으로 보기는 어려울 수 있다. 정유대한 앞은 자리가 전택궁이면서 근본적인 변화를 주하는 록존이 있는데 대한에서 인동이 안 되고 사안이 발생할 수 있을까?

갑인년(34)이나 경신년(40)이 되면 사해궁선과 첩궁공명이 된다. 또한 거울공명이론으로 묘유궁선이 대한 차원에서도 인동된 것으로 본다.68)

두 해 중, 경신년을 보면 앞은 자리가 선천 복덕인데 유년 태양화록 발생으로 선천 거문화록과 더불어 인신궁 선천 복덕을 명동시키고, 역시나 대한에서 공명되었던 축미궁을 명동시키며 (유년 천동화기와 대한 거문화기로 인한 이차결과로 인동), 이로 인해 유년 천동화기가 역시나 록기전도가 되어 발생의 의미가 있는데 신궁으로 차성되어 대한의 태음화록과 더불어 묘유궁 록존도 인동시킨다.

---

68) 대한 발생 태음화록은 대한 부모궁이므로 갑인년이나 경신년엔 유년 부모궁인 묘유궁선이 대한차원에서도 인동된 것으로 본다.

[명례] 127. 경술대한(23~32세) 임오년 남편 사업 투자

月破天天天文 德碎傷貴鉞昌 旺廟 飛劫小　73~82　54乙 廉煞耗【奴僕】　病巳	天天天地**天** 福虚哭空**機** 廟廟 奏災歲　63~72　55丙 書煞破【遷移】　衰午	天大封火右左**破紫** 使耗詰星弼輔**軍微** 閑廟廟廟 科　權 將天龍　53~62　56丁 軍煞德【疾厄】　旺未	輩陰 廉煞 小指白　43~52　57戊 耗背虎【財帛】　冠申
龍三天地**太** 池台姚劫**陽** 陷旺 喜華官　83~92　53甲 神蓋符【官祿】　死辰	명례 127. 경술대한 투자 / 陽女 양력 1972년 ○월 ○일 사시 음력 임자년 ○월 ○일 사시 【命局】木三局 【命主】貪狼 【身主】火星 【命式】丁癸乙壬 　　　　巳丑巳子		天天文**天** 廚喜曲**府** 廟陷 青咸天　33~42　58己 龍池德【子女】　帶酉
紅鈴天**七武** 鸞星魁**殺曲** 廟廟陷陷 忌 病息貫　93~　52癸 符神索【田宅】　基卯			解天寡天年鳳八陀**太** 神官宿壽解閣座羅**陰** 廟旺 力月弔　23~32　59庚 士煞客【**身**夫妻】浴戌
旬截天孤天**天** 空空月辰梁**同** 旺廟閑 祿 大歲喪　　　51壬 耗驛門【福德】絕寅	金天恩**天** 輿空光**相** 廟 伏攀晦　　　50癸 兵鞍氣【父母】胎丑	紅天天擎**巨** 艷才刑羊**門** 陷旺 官將太　3~12　49壬 府星歲【**命**】養子	流台天祿**貪廉** 霞輔巫存**狼貞** 廟平陷 博亡病　13~22　48辛 士神符【兄弟】生亥

『실전자미두수』 2권(2017년), 30쪽에 나와 있는 명반이다.

선천 명천선의 경양·지공이 대한 명천선 타라·지겁운으로 오는 대한이다. 선천 명궁은 자궁 거문으로 석중은옥격이다. 이 격은 형노선의 향배를 봐야 한다.[69]

---

69)『사회적 지위』183쪽 석중은옥격 참고

선천 노복궁으로 차성된 록존이 경술대한 노복 화기운으로 온다. 노복에 있어서의 근본적인 변화가 일어나는 대한이다.

또한 선천 형제궁 삼방에서 악사위천리가 보이는데, 대한 형제궁에서 천희가 있으니 이 대한에 유사대폭발격이 형성되었다. 그리고 해궁 록존은 피해궁이 되었다. 분명 이 대한 중에 묘유궁 형노·자전상의 흉상이 있었을 것이다.

그렇다면 이 대한의 배우자 사업운은 어떠할까? 선천 형제궁 록존 때문에 나의 명궁엔 경양을 나의 복덕궁엔 타라를 준다. 명궁 삼방에서 태양·경양이 보이는데, 부처궁에 태음·타라가 있으니 결혼을 하면 인리산재가 형성된다. 이 모든 원흉은 형제궁 록존이다.70) 경술대한의 명궁엔 타라가 부처궁엔 천마가 있어, 이 대한 중에 남편과 관련해선 절족마가 형성된다. 그 원흉은 복선궁의 현현 이론으로 보자면 대한 형제궁 천부·문곡이다.

선천과 대한의 명궁-부처궁 관계에 있어서의 원흉궁을 분석해 보자. 선천 형제궁 염탐은 모순이 매우 심하다. 탐랑은 화령을 좋아하고 창곡을 싫어 하지만, 염정은 창곡을 좋아하고 화령을 싫어하기 때문이데, 이러한 염탐이 대한 형제궁으로 오면 문곡을, 대궁에선 영성을 본다.

선천 형노선의 염정이 대한 형노선에서 무곡화기를 보아 재여수구가 완성되는 꼴이다. 남편이 사업한다고 큰 돈을 투자했다하는데 분명 부추기는 형노가 있었을 것이다.

---

70) 일반적으로 해석하자면, 이런 경우 어머니나 형제의 반대로 결혼에 난관이 있다.

사실 경술대한 형노상의 문제 외에 남편의 사업 투자 사안은 알기 힘들다. 하지만 『실전자미두수』에 설명되었듯 대한의 록기 궤적을 보면(인자궁 포함) 남편 일에 대한 사안이 더 선명하게 보인다. 대한 록기 돌리기 전, 전반적인 상황을 보는 것이 체이고 대한 록기는 용이지만, 이처럼 두 가지 다 감안해야 정확한 간명이 나오는 경우도 꽤 있다.

어느 유년일까? 임오년은 인신궁(부관·재복)과 첩궁공명되면서 화탐협된 천기가 재백에 있는 자리이니, 남편의 갑작스러운 재적인 계획이 발현되기 쉬운 해이다. 그리고 나서 유년 록기는 『실전자미두수』에 나와있는 대로 돌리면 된다.

명례 128. 무오대한(42~51세) 계미년 자녀납치

天天年台鳳恩天**七紫** 福使解輔閣光鉞**殺微** 　　　　　　　旺平旺	天天三 官空台	旬輩天 空廉月	紅孤八天 艷辰座姚
喜指太　52~61　73丁 神背歲　【疾厄】　冠巳	飛咸晦　42~51　74戊 廉池氣　【財帛】　帶午	奏月喪　32~41　75己 書煞門　【子女】　浴未	將亡貫　22~31　76庚 軍神索　【身夫妻】　生申
寡天天**天天** 宿喜刑**梁機** 　　　旺廟	명례 128. 자녀 납치 / 陰男 양력 1953년 ○월 ○일 해시 음력 계사년 ○월 ○일 해시		破龍天鈴**破廉** 碎池貴星**軍貞** 　　　　陷平 　　　　祿
病天病　62~71　72丙 符煞符　【遷移】　旺辰	【命局】 水二局 【命主】 祿存 【身主】 天機		小將官　12~21　77辛 耗星符　【兄弟】　養酉
天天天文右**天** 傷才魁曲弼**相** 　　廟旺陷陷	【命式】 乙 己 辛 癸 　　　　亥 巳 酉 巳		月大紅地 德耗鸞劫 　　　平
大災弔　72~81　71乙 耗煞客　【奴僕】　衰卯			青攀小　2~11　78壬 龍鞍耗　【命】　胎戌
金流解火**巨太** 輿霞神星**門陽** 　　　　廟廟旺 　　　　　　權	截天天封擎**貪武** 空壽哭詰羊**狼曲** 　　　　廟廟廟 　　　　　　　忌	陰祿地**太天** 煞存空**陰同** 　　旺平廟旺 　　　　　　科	天天天陀文左**天** 廚虛巫羅昌輔**府** 　　　平陷旺閑旺
伏劫天　82~91　70甲 兵煞德　【官祿】　病寅	官華白　92~　69乙 府蓋虎　【田宅】　死丑	博息龍　　　　68甲 士神德　【福德】　基子	力歲歲　　　　67癸 士驛破　【父母】　絶亥

『실전자미두수』 2권(2017년), 33쪽에 나와 있는 명반이다.

> 자녀궁 록권과협 → 身·부처궁 영탐 재여수구협 → 身·부처궁·형제궁 화령 → 형제궁 형화협 → 명궁 영타 록마협 → 명궁·부모궁 허모 → 부모궁 공겁협 → 복덕궁 양타 탐창협 → 전택궁 록권과협 → 관록궁 탐곡협 → 노복궁 형화협 → 천이궁 괴월협

뭐든 사안이 크게 발생한다는 도미노격이다. 사궁과 오궁을 제외하고 도미노 타일이 10개 궁에 깔려 있다.

이렇게 도미노가 형성되면, 선천 복덕 무슨 별들이 대한 복덕 무슨 별로 가고, 선천 자녀가 대한 자녀로 오면 어떻게 되는 것 등이 매우 복잡하고 복선궁의 현현을 따지는 것도 매우 복잡하다. 모든 궁이 폭발하듯 유기적으로 움직이니 정신이 없다. 무오대한 자녀를 의미하는 천동에 육친에게 좋지 않은 록존이 있는 궁으로 오니, 자녀에 관한 사안은 당연히 발현되는 대한이다. 그리고 나서 책에 나온대로 록기를 돌린다.

임오년이 아닌 왜 계미년인가? 임오년도 일단 앉은 자리가 진술궁, 인신궁과 첩궁공명되어 대한에서 암시된 사안이 발생하기 쉬운 데다, 록존의 근본적인 변화에 천동이 있으니 아이와 관련된 일이 발생하기 쉽다. 이 두 유년 사이엔 여러 차이가 있겠지만, 그 중 하나는 임오년보다는 계미년의 인신궁 상황이 더 부합되기 때문 아닌가 하다. 자녀가 납치되려면 자녀궁, 돈을 요구했고 이 일로 스트레스가 많았으니 재복선, 몸이 납치된 것이니 身궁에, 여러 부자 자식들 중에 내 자식이 타겟이 된 것이니 액운을 의미하는 질액궁이 걸려야 한다.

계미년에 인신궁이 마침 身궁인데 유년 부질선이 되어 있다. 물론 대한에서 인신궁이 인동 안 된 것은 아니지만, 계미년에 이 궁선이 거울공명된 점이 공교롭다.71) 그리고 상관궁의 완성에 해당되지는 않지만, 상관궁 완성 질병 발생 세 가지 케이스 중의 하나와 메커니즘이 매우 유사한 점 또한 공교롭다. 이렇게 보고 난 뒤, 책에서처럼 유년 록기를 돌려 봐야 한다.

---

71) 무오대한 탐랑화록이 대한의 부질선에 있으니, 계미년 유년 부질선인 인신궁이 거울공명된다.

명례 129. 갑진대한(33~42세) 임오년 자녀 교통사고

天天陀**破武** 廚馬羅**軍曲** 平陷閑平 官歲弔 43~52 59乙 府驛客 【官祿】 病巳	解天台祿**太** 神傷輔存**陽** 旺廟 博息病 53~62 60丙 士神符 【奴僕】 死午	紅擎**天** 艷羊**府** 廟廟 力華太 63~72 61丁 士蓋歲 【遷移】 墓未	孤天天天恩紅天**太天** 辰使壽才空光鸞刑**陰機** 流金 平閑 霞輿 祿科 青劫晦 73~82 62戊 龍煞氣 【疾厄】 絕申
寡陰文**天** 宿煞曲**同** 廟平 權 伏攀天 33~42 58甲 兵鞍德 【田宅】 衰辰	명례 129. 갑진대한 자녀 / 陰女 양력 1968년 ○월 ○일 자시 음력 정미년 ○월 ○일 자시 【命局】木三局 【命主】巨門 【身主】天相 【命式】庚 壬 癸 丁 　　　　 子 辰 丑 未		火天**貪紫** 星鉞**狼微** 陷廟平平 小災喪 83~92 63己 耗煞門 【財帛】 胎酉
旬截蜚年鳳左 空空廉解閣輔 陷 大將白 23~32 57癸 耗星虎 【福德】 旺卯			鈴文**巨** 星昌**門** 廟陷旺 忌 將天貫 93~ 64庚 軍煞索 【子女】 養戌
天天封天三天 月官誥貴台喜 病亡龍 13~22 56壬 符神德 【父母】 冠寅	破天**七廉** 碎虛**殺貞** 廟旺 喜月歲 3~12 55癸 神煞破【身　命】 帶丑	月大八天天 德耗座姚**梁** 廟 飛咸小 54壬 廉池耗【兄弟】浴子	天天龍天地天地天右**天** 福哭池巫空魁彭弼**相** 旺陷旺閑平 奏指官 53辛 書背符【夫妻】生亥

『실전자미두수』2권(2017년), 36쪽에 나와 있는 명반이다.

자녀의 교통사고는 해당 대한에서 자녀의 천이궁인 전택궁을 유심히 봐야한다. 물론 선천에서 자녀의 흉상이 어느 정도 보여야 한다.

선천 명궁 육친을 상징하는 염정이 살을 많이 보고 있고, 칠살은 본인변화와 육친불리를 의미하는데, 자녀궁의 거문이 화기를 맞

앉고, 명궁 염정·칠살이 싫어하는 육친에게 불리한 영성이 역시나 자녀궁에 동궁한다. 그러한 거문화기는 갑진대한 선천 자녀의 대한 천이궁이 되었다. 물론 대한 명궁에 자녀를 상징하는 천동을 깔고 있는 점도 불길하다.

선천 노복궁에 록존이 있어 나에게 양타를 주는데, 대한 노복은 신궁과 술궁에 악사위천리를 주고 특히나 유궁·술궁의 화령으로 대한 천이궁과 교호관계가 있다(화령의 의미답게 부주의의 교호관계). 이 때의 대한 천이궁의 괴월협이 있는데, 상황이 안 좋을 때의 괴월은 오히려 사태를 악화시킨다.

이러한 상태에서 대한 발생 염정화록이 자녀몸의 천이궁선에 노상매시이니 암시가 더욱 확실하다.

그렇다면 어느 유년일까? 대한의 록기에서 교통통신 수단궁인 노복궁의 인동 상황을 살펴보라. 대한 태양화기로 선천 노복궁의 록존은 인동 되었는데, 이로 인해 대한 노복인 묘유궁선이 공명되었다고 볼 수 있는가? 선천의 사화가 그 궁선에 없으니 그렇게 보기 힘들다. 그렇다면 이 궁선이 대한 차원에서 인동된 것으로 보는 유년이 어느 해인가? 다시 말해 묘유궁선이 거울공명되는 유년은 어느 궁선인가? 자오궁으로 오는 유년이다! 묘하게도 임오년엔 축궁 자녀의 천이의 身궁이 유년의 질액궁이 되기도 한다.

그리고 나서 『실전자미두수』에서처럼 유년 록기로 확인해 봐야한다. 책에 나온 유월 전실 이야기도 매우 중요하니 놓치지 말아야 한다.72)

[명례] 130. 계축대한(34~43세) 계미년 자녀 교통사고

天天天天天天陀天 廚使壽才巫刑馬羅機 　　　　　　平陷平 　　　　　　　　科	台祿紫 輔存微 　　旺廟	紅八三擎 艶座台羊 　　　　廟	金流孤天紅破 輿霞辰空鸞軍 　　　　　　陷
官歲弔　74~83　　59乙 府驛客　【疾厄】　生巳	博息病　84~93　60丙 士神符　【財帛】　浴午	力華太　94~　　61丁 士蓋歲　【子女】　帶未	靑劫晦　　　　　62戊 龍煞氣　【夫妻】　冠申
解寡恩文七 神宿光曲殺 　　　　廟旺	명례 130. 계축대한 자녀 / 陰女 양력 1967년 ○월 ○일 자시 음력 정미년 ○월 ○일 자시		天火天 姚星鉞 　　陷廟
伏攀天　64~73　58甲 兵鞍德　【遷移】　養辰			小災喪　　　　　63己 耗煞門　【兄弟】　旺酉
旬截蜚天年鳳天太 空空廉傷解閣梁陽 　　　　　　廟廟	【命局】金四局 【命主】祿存 【身主】天相 【命式】丙庚庚丁 　　　　子申戌未		天陰鈴文天廉 貫煞星昌府貞 　　　　廟陷廟旺
大將白　54~63　57癸 耗星虎　【奴僕】　胎卯			將天貫　4~13　　64庚 軍煞索　【身 命】　衰戌
天天封天右天武 月官詰喜弼相曲 　　　　　廟廟閑	破天巨天 碎虛門同 　　　旺陷 　　　忌權	月大左貪 德耗輔狼 　　　旺旺	天天龍地地天太 福哭池劫空魁陰 　　　　旺陷旺廟 　　　　　　　祿
病亡龍　44~53　56壬 符神德　【官祿】　絶寅	喜月歲　34~43　55癸 神煞破　【田宅】　墓丑	飛咸小　24~33　54壬 廉池耗　【福德】　死子	奏指官　14~23　53辛 書背符　【父母】　病亥

『실전자미두수』 2권(2017년), 40쪽에 나와 있는 명반이다.

신기하게도 선천과 대한의 상황이 바로 앞의 명반과 매우 유사하다. 비슷한 명반을 접했을 때, 예전 공부했던 명반의 상황이 상기되

---

72) 노파심에 얘기하자면, 아무리 거울공명을 감안해서 유년을 추론하더라도 유년의 앉은 자리가 체임을 잊어서는 안 된다. 앉은 자리가 어느 궁선인지, 깔고 앉은 별들이 암시하는 것은 무엇인지부터 봐야 한다.

면서 쌓이는 게 실력이다.

왜 하필 계미년인가? 계축대한 파군화록으로 대한 질액궁이 인동 되었다. 이 파군은 협으로 나의 재백엔 화성을 천이엔 경양을 주는 존재이다(화양격발 복선궁의 현현). 대한 명궁 거문 입장에서 거화양이 되게끔 만들어주는 원흉이다. 그렇다면 이의 체인 선천 질액은 어떠한가? 협상황이 별 것 없지만 궁 자체에 절족마에 의료성인 천형에 자동차를 암시하는 천기가 있고, 조객이 있으며, 사지와 비슷하게 안 좋다는 십이운의 생지이니, 이곳도 어떤 식으로건 인동이 되어야 한다. 계축대한의 록기로 인동 되었는가? 그렇다. 파군화록 발생에 대한 궁간공명으로 제대로 인동 되었다.

사망의 문제라면 상문·백호가 있는 묘유궁이 인동 안 된 점을 유심히 봐야 하지만, 그 정도의 상황은 아니다. 다만 대한 자녀의 천이상의 身궁인 진술궁에 주목해야한다.

계미년 유년파군화록은 대한에서 록기전도되어 발생의 의미가 있는 자궁 탐랑화기와 함께 진술궁을 이차발생시킨다.[73] 그래서 계미년이다.

물론 이렇게 유년의 록기를 돌리기 전에 앉은 자리 자체가 자녀

---

73) 대한 파군화록으로 인해 인신궁이 인동되었는데, 인궁은 축궁의 거문화기에 의해 형기협인을 받는 자리이다. 이런 상황에서 인신궁이 인동되면, 마치 축미궁이 인동되면 인신궁이 특수이차별생이나 결과가 되듯, 축미궁이 인동된다. 그 결과, 발생에서 거문화기를 건드려 록기전도가 되고, 이에 대한 탐랑화기는 발생의 의미를 띠게 된다.

의 천이궁이면서 형극성인 경양이 있으며 자동차를 암시하는 삼태도 있고 자녀를 의미하는 천동도 있으면서 유년 천이궁에서 천동이 거화양을 보고 있다는 점이 체인 점을 명심해야 한다.

【명례】 131. 기해대한(13~22세) 신사년 갑상선 수술

天官 孤辰 天使 天巫 祿存 火星 **太陽** 廟旺旺	封誥 龍池 擎羊 文昌 **破軍** 平陷廟 科	金輿 流霞 月德 天喜 地空 鈴星 **天機** 平旺陷 權	解神 天壽 天虛 年解 鳳閣 天馬 天曲 **天紫 府微** 旺平平旺
博士 亡神 貫索 73~82 【疾厄】 40癸巳病	力士 將星 官符 83~92 【身財帛】 41甲死午	青龍 攀鞍 小耗 93~ 【子女】 42乙基未	小耗 歲驛 歲破 【夫妻】 43丙絶申
截空 天哭 陀羅 左輔 **武曲** 廟廟廟	명례 131. 거해대한 수술 / 陽男 양력 1986년 ○월 ○일 진시 음력 병인년 ○월 ○일 진시 【命局】 木三局 【命主】 祿存 【身主】 天梁 【命式】 戊 甲 庚 丙 辰 辰 寅 寅		破碎 大耗 天刑 天鉞 **太陰** 廟旺
官府 月煞 喪門 63~72 【遷移】 39壬衰辰			將軍 息神 龍德 【兄弟】 44丁胎酉
天傷 天空 天貴 地劫 **天同** 平廟祿			旬空 蜚廉 天月 天台 右弼 **貪狼** 廟廟
伏兵 咸池 晦氣 53~62 【奴僕】 38辛旺卯			奏書 華蓋 白虎 3~12 【命】 45戊義戌
紅艶 八座 陰煞 **七殺** 廟	寡宿 恩光 紅鸞 天姚 **天梁** 旺	天廚 天福 三台 **天廉 相貞** 廟平 忌	天魁 **巨門** 旺旺
大耗 指背 太歲 43~52 【官祿】 37庚冠寅	病符 天煞 病符 33~42 【田宅】 36辛帶丑	喜神 災煞 弔客 23~32 【福德】 35庚浴子	飛廉 劫煞 天德 13~22 【父母】 34己生亥

『실전자미두수』 2권(2017년), 49쪽에 나와 있는 명반이다.

질액궁 록존이 십이운의 병지에 있고 화성과 동궁하여 깨져있다. 깨진 록존으로 인해 천이궁엔 타라를 주는데, 언뜻 보면 타라가 쌍록협이 되어 길한 듯 보이지만, 복덕궁 염정화기로 인해 재여수구가 형성되었다.

역시나 깨진 록존으로 인해 身궁엔 경양을 얻어 마두대전이 된듯싶으나, 이러한 경양은 화령협이 되면서 대궁에서 염정화기를 보니 매우 안 좋다. 특히나 복덕궁 천상은 악사위천리가 되어 인감노출격이 되니, 부처궁 천부는 위험하다.

부처궁은 몸과 마음을 움직여 실행에 옮겨주게 하는 정기를 의미하니, 질액궁 깨진 록존에서 시작하는 불운이 나의 정기를 갉아 먹는 지경에까지 이르게 된다. 물론 질액궁과 부처궁은 암합도 되어있다. 질병 문제로 정기가 상하기 쉬운 명이다.

> 천이궁 쌍록협 → 질액궁 양타협 → 身재백궁 화령 록권협 → 자녀궁 창곡협 → 부처 형제궁 허모 → 형제궁 탐곡협 → 명궁 괴월협.

뭐든 사안이 크게 발생한다는 도미노 7격이다.

기해대한엔 身궁이 대한의 질액궁이 된다. 거문은 관을 의미하여 보통 위나 장 등의 소화기관을 의미하는데, 갑상선도 포괄적 의미의 관이라 볼 수 있다.

중주파에서는 여명 축미궁 일월 중 태양이 화기이면 갑상선 암에 많이 걸린다는 징험이 있다. 그래서 갑상선은 태양의 상황과 관련이 있는 듯 한데, 선천 질액 태양이 화성·록존과 동궁하고 천무가 있으니 집안 내력일 확률이 높다. 그런데 중주파에서 얘기하는 그러한 태양화기는 염정화록에서 오는 바(갑 염파무일), 염정의 상황을 간과할 수 없다. 염정은 보통 피를 주하는데, 피도 흐르는 것이고 호르몬도 흐르는 것이니 염정에도 갑상선의 의미가 있을 듯 한데, 임상이 더 필요하다.

기해대한 부질선이 염정화기에 파군이 있고 경양이 있어 호르몬의 흐름이 파군으로 조각나고 경양으로 난도질 당하는 상이다. 용지의 '지'는 연못이니 액체 상태의 무언가 흐를 만한 것이고, 봉고의 '봉' 또한 기다란 것을 의미하니 호르몬이 흐르는 관에 이상이 온 듯 하다.

기해대한은 오궁 身질액궁 화령협에 대한 복선궁의 현현 대한이기도 한 점 또한 간과해서는 안 된다.

어느 유년일까? 신기하게도 대한 록기로 질액·身궁이 걸리지 않는다. 그럼 당연히 질액궁에 좌하면서 身궁이 부질선이 되면서 인동되는 신사년이 답이다. 유년 거문화록으로 선천 부질선을, 특수이차발생으로 대한 질액·身궁선을 건드리니, 일타이피 형국이다.

그런데 문제는 계미년이 아닌가 하다. 계미년이 되면 자오궁이 유년의 형노선이 되어 이 유년에서 만큼은 자오궁이 대한차원에서도 인동된 것으로 보는 거울공명이 이루어지면서 유년 파군화록으로 유년에서도 인동되기 때문이다.

물론 『실전자미두수』에 언급된대로, 대한 차원에서 이차결과의 인자궁이 자궁이 되어 자오궁도 어느 정도 인동된 것으로 볼 수 있다. 하지만 확실하게 자오궁이 거울공명이 되는 유년이 더 위험하지 않을까하다.

명례 132. 무술대한(35~44세) 정묘년 화재로 사망

天天大紅祿鈴左天 月官耗鸞存星輔相 　廟旺平平	旬天天三擎文天 空傷貴台羊曲梁 　　　　平陷廟	金流寡**七廉** 輿霞宿**殺貞** 　　　旺廟 　　　　忌	解天天台恩八天天文 神使哭輔光座巫馬昌 　　　　　　　旺旺 　　　　　　　　科
博亡龍　85~94　80癸 士神德【身官祿】冠巳	官將白　75~84　81甲 府星虎【奴僕】帶午	伏攀天　65~74　82乙 兵鞍德【遷移】浴未	大歲弔　55~64　83丙 耗驛客【疾厄】生申
截天封陀**巨** 空虛詰羅**門** 　　　廟平	명례 132. 무술대한 사망 / 陽女 양력 1946년 ○월 ○일 寅시 음력 병술년 ○월 ○일 寅시		地天右 空鉞弼 廟廟陷
力月歲　95~　79壬 士煞破【田宅】　旺辰			病息病　45~54　84丁 符神符【財帛】養酉
月天火**貪紫** 德壽星**狼微** 　　　平地旺	【命局】 土五局 【命主】 巨門 【身主】 文昌 【命式】 戊 庚 辛 丙 　　　　寅 寅 卯 戌		天天 刑同 　平 　祿
青咸小　　　78辛 龍池耗【福德】衰卯			喜華太　35~44　85戊 神蓋歲【子女】胎戌
紅龍**太天** 艷池姚**陰機** 　　　閑旺 　　　　權	破地天 碎劫府 　陷廟	蜚天天年鳳陰**太** 廉廚福解閣煞**陽** 　　　　　　陷	孤天天天**破武** 辰才空喜魁**軍曲** 　　　　　旺平平
小指官　　　77庚 耗背符【父母】病寅	將天貫　5~14　76辛 軍煞索【　命　】死丑	奏災喪　15~24　75庚 書煞門【兄弟】墓子	飛劫晦　25~34　74己 廉煞氣【夫妻】絶亥

『실전자미두수』 2권(2017년), 53쪽에 나와 있는 명반이다.

身궁과 질액궁이 암합되면서 身궁 록존이 깨진 전형적으로 건강이 안 좋은 명이다. 화재로 사망했으니 질액 중 질병 보다는 액운

문제가 화두가 되는 명반이다.

　전택의 거문으로 인해 복덕엔 화성을, 身궁엔 영성을 얻어, 身궁 록존이 깨지는 원흉은 전택궁이다. 이 명반은 전택의 화재로 몸에 사단이 났다.74)

　체부터 차근차근 접근해보자.

　선천 명궁 천부는 삼방사정에서 공겁을 보아 공고가 되었고 봉부 간상의 원칙에 따라 천상을 보니 깨진 록존이 있다. 게다가 삼방에서 보필을 보는데, 보필에는 각각 영성 화성이 있어 누군가의 도움을 받는다면 갑작스럽게 받게 되는 정도로 길하게 해석할 수 있지만, 이렇게 살성을 많이 보는 상황에선 화령이 주가 되어 화령의 엄습이 보필을 업고 자주 발생한다고도 해석할 수 있다, 마치 불이 도움을 받아 바람(보필)을 만나면 더 잘 번지듯이.

　그러한 천부가 무술대한에서 천형과 양타를 보는 운으로 오니 천형 + 육살이 완성되는 대한이다. 또한 身궁이 대한의 질액궁이 되면서 피해궁이 되는 점도 묘하다. 여기까지 보면 이 대한에 건강의 문제가 있는 것으로 보인다.

　선천 천이궁 염정화기는 노상매시로 무곡과 더불어 재여수구도 형성되었다. 염정화기에 과수가 무곡에 고신이 있으니 이 재여수구는 매우 불길하다. 무술대한 천이궁엔 화령협 영탐협이 되어 있는 타라가 있으니, 여기까지 보면 사고 문제로 보인다.

---

74) 물론 身궁과 전택궁간에 이런 관계가 형성된 경우 유전병이 있을 확률이 높다. 그래서 이 명반 주인은 질병 문제에 있어 집안 내력이 고스란히 전해지기 쉽다, 확인할 길은 없지만.

선천 전택궁 거문은 화령협에 영탐협을 받고 있다. 대한 전택궁은 앞서 언급한 공고이면서 바람(보필)과 함께 오는 불(화령)이 비추는 천부이다. 여기까지 보니 드디어 전택의 화재 문제가 보인다.

이제 록기를 돌려 어느 유년이 유력할지 파악해보자.75)

대한의 록기로 상문·백호가 있는 형노·재복선인 자오궁이 인동되었는가? 탐랑화록 발생으로 형노·재복이 움직였지만, 자오궁선엔 사화가 없기에 공명되었다고 보기 힘들다. 질액·身궁인 사해궁은 인동되었는가? 대한 차원에서 인자궁의 역할을 했고 천기화기로 인신궁이 인동되어 공명되었다고도 볼 수 있지만, 역시나 사해궁에 선천 사화가 있지 않으니 반드시 공명되었다고 보기 힘들다.

정묘년은 앉은 자리가 대한의 발생선이기에 대한에서 암시된 사안이 발현되기 쉬운 유년이면서, 화탐이 있는 자리이고 형노·재복과 천수, 즉 목숨이 걸린 문제의 암시가 있다.

이 유년엔 질액·身궁 사해궁이 유년 재복선이 되는데, 대한의 탐랑화록이 선천 재복선상에 있으니 이 유년에서 만큼은 사해궁이 대한차원에서 거울공명되었다고 볼 수 있다.

---

75) 선천-대한의 전반적인 상황에 대해서 대한의 록기까지 돌려야 그 대한의 상황이 명확히 보인다는 관점이 맞을까? 아니면 사안의 대강이 대한 록기 돌리기 전에 상세히 나와야 한다는 관점이 맞을까? 둘 다 맞다. 실제로는 선천-대한의 상황만으로는 이렇게 선명하게 나오지 않는 경우가 있으니 대한 록기까지 돌려봐야 하는 경우도 있고, 굳이 록기를 돌리지 않고도 대한의 상황이 상세히 나오는 경우도 있기 때문이다. 한 가지 확실한 것은 어느 유년에 해당 사안이 발생할지는 대한의 사화를 토대로 봐야 한다는 점이다.

유년 태음화록이 대한 천기화기를 수미상접으로 인동시키고 선천 천동화록과 더불어 상문·백호가 있는 자오궁 또한 인동시킨다. 유년 특수이차결과로 사해궁이 인동되면서, 대한의 천기화기가 신궁으로 차성된 뒤 유년 거문화기와 더불어 상문·백호가 있는 자오궁을 다시 한 번 명동시킨다.

　자오궁은 하지만 대한에서 인동 되지 않은 궁선 아닌가? 대한 문제궁으로 진술궁 선천 자전이 인동 되었으니, 정묘년만큼은 유년 자전선인 자오궁이 거울공명으로 대한 차원에서 인동된 것으로 볼 수 있다.

명례 133. 무오대한(33~42세) 계미년 누전 화재

輩天破孤天天天天文**太** 廉福碎辰巫刑馬鉞曲**陽** 旬 平旺廟旺 空 陷	天八天**破** 官座喜**軍** 廟 祿	年台鳳龍天 解輔閣池**機** 陷	月紅大三天**紫** 德艷耗台**府微** 平旺
喜歲喪 43~52 63丁 神驛門【財帛】 病巳	飛息貫 33~42 64戊 廉神索【子女】 衰午	奏華官 23~32 65己 書蓋符【夫妻】 旺未	將劫小 13~22 66庚 軍煞耗【兄弟】 冠申
解天天恩**武** 神使空光**曲** 廟			天天文**太** 虛姚昌**陰** 廟旺 科
病攀晦 53~62 62丙 符鞍氣【疾厄】 死辰			小災歲 3~12 67辛 耗煞破【命】 帶酉
天封天天**天** 哭詰魁**同** 廟廟			陰地火貪 煞空星**狼** 陷廟廟 忌
大將太 63~72 61乙 耗星歲【遷移】 墓卯			青天龍 68壬 龍煞德【父母】 浴戌
金流天天天右**七** 輿霞月傷壽弼**殺** 廟廟	截寡擎**天** 空宿羊**梁** 廟旺	天天紅祿地左**天廉** 才貴鸞存劫輔**相貞** 旺陷旺廟平	天鈴陀**巨** 廚星羅**門** 廟陷旺 權
伏亡病 73~82 60甲 兵神符【奴僕】 絕寅	官月弔 83~92 59乙 府煞客【官祿】 胎丑	博咸天 93~ 58甲 士池德【田宅】 養子	力指白 57癸 士背虎【身福德】 生亥

명례 133. 무오대한 화재 / 陰男

양력 1963년 ○월 ○일 축시
음력 계묘년 ○월 ○일 축시

【命局】 木三局
【命主】 文曲
【身主】 天同
【命式】 癸 癸 壬 癸
        丑 丑 戌 卯

『실전자미두수』 2권(2017년), 55쪽에 나와 있는 명반이다.

명궁 태음이 부동산을 주하는데, 전택궁 록존이 깨진 게 눈에 먼저 들어온다. 보통의 경우 전택궁 록존으로 인해 관록궁에서 경양을 얻으면 집안의 도움으로 혹은 문제로 인해 관록에 있어서의 위권출중(음서, 인사청탁) 혹은 형극의 문제가 발생한다. 하지만 근무처에서의 화재라는 사안만을 고찰한다면, 이웃궁인 전택과 관록이 각기 근

무처와 직업을 의미한다고 봐야한다.

　이러한 '근무처 화재' 사안만을 본다면 이 명반 선천의 경우 자궁 선천 전택이 근무하는 업장을 의미하고, 축궁 선천 관록은 이로 인해 자신의 직업이 각기 천량·경양의 상황에 놓이게 된 꼴이다.
　무오대한 전택궁 태음화과와 노복궁 거문화권으로 인해 관록은 권기협을 받아 길해 보이나, 이는 대한 관록의 지공이 동궁한 화탐·화기의 흉을 더하는 역할을 할 뿐이다. 특히나 교통통신 수단궁인 해궁의 대한 노복궁은 대한 관록궁과 화령으로 연결되어 그 교호관계가 큰데다가 영성(전기)과 타라(은근) 거문(어두워 안 보이는 관) 등이 누전의 암시가 크다. 게다가 이러한 노복궁 때문에 선천 전택과 대한 관록에 각기 지겁과 지공을 주니, 누전 때문에 허탈해지는 암시가 잘 보인다. 만약 선천 노복궁 마저 이런 형태였다면 사안은 더 크게 발현되었을 것이다.

　어느 유년인가? 대한의 록기가 묘하게도 자전선을 인동시키지 않았다. 질병관련 상관궁의 완성을 다시 상기해 보자.

　"대한에서 질병 암시가 있는데, 대한 록기로 질액·身궁 중 질액궁만 인동되면 (1)유년이 身궁선에 좌하면서 이를 인동시키거나, (2)身궁이 유년 질액궁이면서 이를 인동시키거나, (3)유년이 부질선에 좌하면서 身궁을 인동시키면 그 해에 질병이 발생하기 쉽다.
　대한 록기로 身궁만 인동되면 마찬가지로 (1)유년이 부질선에 좌하면서 이를 인동시키거나, (2)유년 질액궁이 身궁이 되는 해에 이를 인동시키거나, (3)유년이 身궁선에 좌하면서 질액궁을 인동시킬 때 질병이 발생한다."

자전과 부관이 인동되어야 하는데, 부관만 인동이 된 경우, (1) 유년이 자전선에 좌하면서 이를 인동시키거나, (2) 유년 자전이 (선천 혹은 대한의) 부관이 되는 해에 이를 인동시키거나, (3) 유년이 부관선에 좌하면서 자전선을 인동시킬 때 사안이 발생한다.

계미년은 이 중 (2)와 (3)의 조건을 만족시킨다. 상관궁의 완성은 희대의 발견이다. 물론 이 유년은 대한의 결과선이기도 하면서 진술궁과의 첩궁공명선이기도 하다.

계미년 거울공명 되는 사해궁선은 무엇인가? 부관의 문제가 일어나기 쉽다고 해석해야 하는가? 아니다. 그런 식이라면 이 대한의 모든 유년엔 부관의 문제가 일어나기 쉽다고 해석해야 한다. 물론 대한 발생이 부관이니 그런 식의 해석도 완전히 틀린 말은 아닐 것이다. 하지만 그 보다도 해궁은 누전의 상이 있는 궁이라는 점이 의미심장하다. 거울공명에 관한 연구는 이제 한창 진행 중이다.

명례 134. 을미대한(32~41세) 계미년 영업장 화재

天破天天祿鈴**天** 官碎巫姚存星**府** 　廟旺平　　廟旺平	陰擊文右**太天** 煞羊曲弼**陰同** 　平陷旺陷陷 　　　　　　祿	金流天天**貪武** 輿霞月空**狼曲** 　　　　　廟廟	孤台天文左**巨太** 辰輔馬昌輔**門陽** 　　旺旺平廟閑 　　　　　　科
博亡病　12~21　60癸 士神符【父母】　絶巳	力將太　22~31　61甲 士星歲【福德】　胎午	青攀晦　32~41　62乙 龍鞍氣【田宅】　養未	小歲喪　42~51　63丙 耗驛門【身官祿】生申
截寡年封鳳陀 空宿解詰閣羅 　　　　　廟	명례 134. 을미대한 화재 / 陽男 양력 1966년 ○월 ○일 寅時 음력 병오년 ○월 ○일 寅時		天紅地天天 傷鸞空鉞**相** 　　　廟廟陷
官月弔　2~11　59壬 府煞客【命】　墓辰	【命局】水二局 【命主】廉貞 【身主】火星 【命式】 甲 戊 乙 丙 　　　　　寅 辰 未 午		將息貫　52~61　64丁 軍神索【奴僕】　浴酉
三天火**破廉** 台喜星**軍貞** 　　平旺閑 　　　　忌			天龍**天天** 才池**梁機** 　　旺廟 　　　權
伏咸天　　　58辛 兵池德【兄弟】死卯			奏華官　62~71　65戊 書蓋符【遷移】　帶戌
紅旬蜚天恩 艷空廉壽光	大天地 耗刑劫 　　陷	解天天天天天 神廚福虛哭貴	月天八天**七紫** 德使座魁**殺微** 　　　旺平旺
大指白　　　57庚 耗背虎【夫妻】病寅	病天龍　92~　　56辛 符煞德【子女】衰丑	喜災歲　82~91　55庚 神煞破【財帛】　旺子	飛劫小　72~81　54己 廉煞耗【疾厄】　冠亥

『실전자미두수』 2권(2017년), 59쪽에 나와 있는 명반이다.

화령협 명궁이 대한 명궁에서 탐랑을 만난다.『실전자미두수』에 언급된 내용 외의 얘기를 추가하자면, 선천 형제궁의 화성·염정화기가 전택궁의 무곡과 더불어 재여수구가 형성되어 있는데, 그러한 선천 형제궁이 을미대한 형제궁으로 와서 외궁의 마두대전이 되어 불길하다.

문제는 문곡과 우필 그리고 음살도 음적인 별들인데, 선천 형제궁 화성이 대한 형제궁에서 경양을 만나니 격발이 일어난다. 이는 마치 거화양격처럼 거문의 어두운 곳에서 화양격발이 일어나 퀴퀴 냄새가 사방에 퍼지는 꼴인데, 그러한 오궁의 별들이 자궁으로 차성되어, 노복궁 즉 교통통신수단궁에 좌하게 되었다. 화재는 여기에서 시작되었다. 염파가 동월운으로 오는 형제이니 감정참상의 암시는 덤으로 추가된다.

『실전자미두수』에서 언급한대로 대한 명궁이 전택궁이면서 탐랑이 삼방에서 화성을 보는 등이 체가 되는 것은 물론이다. 이런 상태에서 대한의 록기를 보니 역시나 언급된대로 화재의 암시가 있다.

어느 해 일까? 돈을 잃게 되는 묘유궁선은 대한에서 공명이 되었으니, 이곳이 명동되는 유년이 유력하고, 영업장의 일이니 자전선 혹은 부관선 유년이 유력하다. 계미년이 조건에 부합한다.

명례 135. 정축대한(36~45세) 기묘년 투자착오

天廚 孤辰 天使 恩光 天巫 天喜 天姚 **七殺** 平旺 **紫微** 旺	紅艶 蜚廉 天壽 年解 鳳閣 陰煞 鈴星 廟 右弼 旺		天月 天官 地劫 天鉞 平旺		截空 龍池 左輔 平
小耗 劫煞 晦氣 76~85 【疾厄】	62己 冠巳 將軍 災煞 喪門 86~95 【財帛】	63庚 旺午	奏書 天煞 貫索 96~ 【子女】	64辛 衰未	飛廉 指背 官符 【夫妻】 65壬 病申
	金輿 **天機 天梁** 旺廟	명례 135. 정축대한 투자 / 陽男 양력 1964년 〇월 〇일 신시 음력 갑진년 〇월 〇일 신시 【命局】火六局 【命主】祿存 【身主】文昌 【命式】庚 戊 辛 甲 　　　　申 午 未 辰			流霞 月德 天福 **破軍 廉貞** 陷平 權祿
青龍 華蓋 太歲 66~75 【遷移】	61戊 帶辰				喜神 咸池 小耗 【兄弟】 66癸 死酉
	天傷 天貴 地空 擎羊 **天相** 平陷陷				天虛 封誥 火星 廟
力士 息神 病符 56~65 【奴僕】	60丁 浴卯				病符 月煞 歲破 6~15 【命】 67甲 墓戌
旬空 天才 天哭 台輔 八座 祿存 天馬 文昌 **巨門 太陽** 廟旺陷廟旺 忌	破碎 寡宿 天刑 陀羅 天魁 **貪狼 武曲** 廟旺廟廟 科		解神 三台 文曲 **太陰 天同** 廟廟旺		大耗 紅鸞 **天府** 旺
博士 歲驛 弔客 46~55 【身官祿】 59丙 生寅	官府 攀鞍 天德 36~45 【田宅】 58丁 養丑		伏兵 將星 白虎 26~35 【福德】 57丙 胎子		大耗 亡神 龍德 16~25 【父母】 56乙 絕亥

『실전자미두수』 2권(2017년), 61쪽에 나와 있는 명반이다.

　기월동량이 살파랑운으로 오면, 무리하게 일을 벌이는 경우가 많다. 기본적으로 천기가 괴월운으로 오니 기회를 잡는 대한인데, 그 기회는 화성이 탐랑·천형운으로 가는 화탐과 형화 운이기도 하다. 무언가 폭발할 기세다.

대한 부모궁이 피해궁이 되어 대한 명궁엔 경양과 천형을, 대한 복덕궁(투자궁)엔 경양을 준다. 선천 부모궁 천부가 원래 삼방에서 공겁을 보아 공고, 즉 비어 있는 금고인 점이 체이기에 대한 부모궁인 피해궁 인궁의 상황이 매우 안 좋아 보인다.

선천과 대한의 상황이 『실전자미두수』에 상세히 설명되어 있다. 대한과 유년 록기에 관해서도 자세히 설명되어 있다. 특히나 무엇이 발생이고 무엇이 결과인지에 관한 추론은 록기법으로 매우 잘 보인다. 다만 『실전자미두수』 책 출간 이후에 발견한 추론의 또 다른 붓칠인 인궁이 피해궁이 되면서 기묘유년에 거울공명이 된다는 점은 **빠져있다**.[76]

---

[76] 대한의 록기가 관련된 모든 궁을 다 움직이기에 상관궁의 완성은 이 대한에선 해당사항이 없다.

[명례] 136. 을해대한(36~45세) 을축년 사기당함

天天龍鈴陀**七紫** 壽哭池星羅**殺微** 旺陷平旺	流月大八祿地 霞德耗座存劫 旺廟	旬天天天擎 空月傷虛貴羊 廟	金天三天天 輿廚台喜鉞 廟
力指官　96~ 士背符【田宅】　77己 絶巳	博咸小　86~95 士池耗【官祿】　78庚 基午	官月歲　76~85 府煞破【奴僕】　79辛 死未	伏亡龍　66~75 兵神德【遷移】　80壬 病申
紅天地**天天** 艷刑空**梁機** 陷旺廟 科			截蜚天天年封鳳**破廉** 空廉官使解詰閣**軍貞** 陷平
青天貫　　　76戊 龍煞索【身福德】胎辰	명례 136. 을해대한 사기 / 陰男 양력 1949년 ○월 ○일 미시 음력 기축년 ○월 ○일 미시		大將白　56~65 耗星虎【疾厄】　81癸 衰酉
天文右**天** 才昌弼**相** 平陷陷	【命局】火六局 【命主】祿存 【身主】天相 【命式】辛 甲 癸 己 　　　　未 子 酉 丑		寡火 宿星 廟
小災喪　　　75丁 耗煞門【父母】養卯			病攀天　46~55 符鞍德【財帛】　82甲 旺戌
解天孤天紅**巨太** 神福辰空鸞**門陽** 廟旺	破台**貪武** 碎輔**狼曲** 廟廟 權祿	陰天**太天** 煞魁**陰同** 旺廟旺	恩天天文左**天** 光巫馬曲輔**府** 平旺閑旺 忌
將劫晦　6~15　74丙 軍煞氣【命】　生寅	奏華太　16~25　73丁 書蓋歲【兄弟】　浴丑	飛息病　26~35　72丙 廉神符【夫妻】　帶子	喜歲弔　36~45　71乙 神驛客【子女】　冠亥

『실전자미두수』 2권(2017년), 68쪽에 나와 있는 명반이다.

선천과 대한의 상황이 매우 잘 설명되어 있다. 추가하자면, 피해궁이 오궁 대한의 질액궁이라는 점이다. 선천 질액궁에서 영창타무가 형성되었는데, 대한의 질액궁이 피해궁이 되니 매우 심각하다.[77]

---

77) 선천 명·신궁에서 살을 보지 않으면 부질, 형노, 자전선에 살이 몰려 있기 마련

어느 유년인가? 을축년은 진술궁과 첩궁공명이 되어 있고, 피해궁선인 자오궁이 거울공명이 되면서 엄밀하게 얘기해서 묘유궁선도 거울공명이 되어 있다(대한 천기화록은 형노·재복선에 좌함). 『실전자미두수』에 나와 있는 을축년 상황에 관한 이야기도 꼭 읽어야한다.

이다. 그래서 체를 잘 잡아야 한다. 이 명반은 선천 명·신궁에서 살을 이렇게 보면서도, 선천 질액궁이 영창타무이니 이 명반의 액운은 항상 영창타무의 형태로 오게 된다는 점이 중요하고, 그러한 선천 질액궁이 대한 질액궁에서 피해궁이 된다는 점이 중요하다.

[명례] 137. 무술대한(13~22세) 계해년 어머니 사망

天破天祿文天 官碎才存曲同 廟廟廟祿	解天三陰擎天武 神使台煞羊府曲 　　　平旺旺	金流天天台天太太 輿霞壽空輔刑陰陽 　　　　　平平	孤天八天貪 辰貴座馬狼 　　　旺平
博亡病　63~72　60癸 士神符　【遷移】　病巳	官將太　53~62　61甲 府星歲　【疾厄】　衰午	伏攀晦　43~52　62乙 兵鞍氣　【財帛】　旺未	大歲喪　33~42　63丙 耗驛門　【子女】　冠申
截寡天年鳳鈴陀破 空宿傷解閣星羅軍 　　　　　旺廟廟	명례 137. 무술대한 어머니 / 陽女 양력 1967년 ○월 ○일 축시 음력 병오년 11월 ○일 축시		紅天文巨天 鸞鉞昌門機 　廟廟廟旺 　　　科　權
力月弔　73~82　59壬 士煞客　【奴僕】　死辰	【命局】木三局 【命主】巨門 【身主】火星 【命式】癸　癸　辛　丙 　　　　丑　酉　丑　午		病息貫　23~32　64丁 符神索　【夫妻】　帶酉
			天龍地天紫 月池空相微 　　陷閑閑
青咸天　83~92　58辛 龍池德　【官祿】　基卯			喜華官　13~22　65戊 神蓋符　【兄弟】　浴戌
紅旬輩天火左廉 艷空廉巫星輔貞 　　　　廟廟廟 　　　　　　忌	大 耗	天天天天恩地右七 廚福虛哭光劫弼殺 　　　　　陷旺旺	月天天天 德姚魁梁 　　　旺陷
小指白　93~　57庚 耗背虎　【田宅】　絶寅	將天龍　　　　56辛 軍煞德　【身福德】　胎丑	奏災歲　　　　55庚 書煞破　【父母】　養子	飛劫小　3~12　54己 廉煞耗　【命】　生亥

『실전자미두수』 2권(2017년), 81쪽에 나와 있는 명반이다.

　어머니가 이렇게 일찍 돌아가시는 게 선천 명반상으로 보이는가? 일단 명궁은 공겁협, 천이궁의 화록은 양타협, 부처궁에서 차성해서 쓰는 관록궁의 화권·화과는 화령협이 되어 있다. 전형적인 피해의 식격이다. 삼방에서 살은 身·복덕으로 차성되어 오는 천형 뿐이다.

명궁과 암합하는 전택궁에 육친을 상징하는 염정이 화기를 맞았고, 역시나 육친궁에 있으면 안 좋다는 화성이 있으니 육친 문제에 있어서는 좋지 않다. 하지만 그것만 가지고는 무술대한 어머니 사망이 보이지 않는다. 선천 명·신궁에서 살을 거의 안 보면 선천 명·신궁의 암합으로 들어오는 별들은 모두 안 좋을 수밖에 없기 때문이다.

무술대한에서의 어머니 사망의 가장 큰 원인은 대한 자체에서 살을 많이 보는 것 외에 복선궁의 현현과 피해궁 때문이다. 살들이 선천명·신궁 삼방을 제외한 궁들에 여기저기 흩어져 있는 게 아니라 묘하게 협을 해주는 명반, 그런 명반인 경우 그러한 살들의 복선궁 현현이 되는 대한에 문제가 생길 수밖에 없다.

구체적으로 설명해 보자면, 무술대한엔 명궁 공겁협, 관록궁 화령협, 천이궁 양타협의 복선궁 현현이 된다. 특히나 양타협으로 인한 피해궁 록존이 대한 질액궁에 있다는 점이 치명적이다. 대한 명궁이 형제궁인 것을 체로 놓고 본다면, 선천 대한의 화권이 각각 외궁인 대한 형제궁과 전택궁에 좌한 점도 의미심장하다.[78] 물론 대한의 록기가 록기전도로 인해 발생이 선천 형제궁이고, 최종결과가 인신궁 전택 육친 염정화기의 상문·백호가 되는 점도 물론 감안해야 한다.

어느 유년인가? 록기전도가 되었으니 이를 수미동기 시키는 유년인가? 공명된 사해궁 록존을 명동으로 인동시키는 유년인가? 아니

---

78) 외궁의 화권은 육친에게 매우 불리하다.

면 거울공명시키는 유년인가? 상관궁의 완성 측면을 고찰해야하는 가? 록기전도로 발생의 의미가 있는 대한 천기화기와 선천 천동화록으로 인해 축미궁 재복선과 身궁도 인동되어 움직일 건 다 움직였으니 상관궁의 완성에 대한 고찰은 빼야한다.

외궁의 화권은 육친에게 매우 불리하다는 점은 이두문파 징험이다. 유년이 외궁 자리에 좌하면서 길성을 다 보는 경우 매우 안 좋다는 점도 이두문파 징험이다. 계해년 외궁 자리인데 삼방에서 각종 길성이 비추면서 역시나 외궁의 쌍화권마저 쌍비호접으로 비춘다. 외궁의 화과가 비추는 유년엔 문서를 남이 가져가고, 외궁의 화권이 비추는 유년엔 육친에게 안 좋은 일이 발생하기 매우 쉽다.[79]

---

[79] 『사회적 지위』, 411쪽. 이건희 회장 무술대한 상황도 비슷하니 참고 바란다.

[명례] 138. 경진대한(36~45세) 임자년(43) 교통사고 사망

天破鈴左**天** 月碎星輔**梁** 　　旺平陷	截天天文**七** 空福傷曲**殺** 　　　陷旺	天天陀天 才空羅鉞 　　廟旺	解孤天台天祿天文**廉** 神辰使輔巫存馬昌**貞** 　　　　廟旺旺廟
大亡病　46~55　96辛 耗神符【身官祿】冠巳	伏將太　56~65　97壬 兵星歲【奴僕】旺午	官攀晦　66~75　98癸 府鞍氣【遷移】衰未	博歲喪　76~85　99甲 士驛門【疾厄】病申
流寡年封鳳八**天紫** 霞宿解詁閣座**相微** 　　　　　旺陷	명례 138. 경진태한 사망 / 陽男 　　　　양력 1930 ○월 ○일 인시 　　　　음력 경오 월 ○일 인시 　　　　【命局】火六局 　　　　【命主】巨門 　　　　【身主】火星 　　　　【命式】庚 丙 己 庚 　　　　　　　　寅 寅 卯 午		紅地擎右 鸞空羊弼 　　廟陷陷
病月弔　36~45　95庚 符煞客【田宅】帶辰			力息貫　86~95　10乙 士神索【財帛】死酉
天火**巨天** 喜星**門機** 　　平廟旺			金紅旬龍天三天**破** 輿艷空池貴台刑**軍** 　　　　　　　旺
喜咸天　26~35　94己 神池德【福德】浴卯			青華官　96~　10丙 龍蓋符【子女】基戌
蜚天天**貪** 廉廚姚**狼** 　　　平	大地天**太太** 耗劫魁**陰陽** 陷旺廟陷 　　　科祿	天天恩陰**天武** 虛哭光煞**府曲** 　　　　廟旺 　　　　　權	月天天**天** 德官壽**同** 　　　廟 　　　忌
飛指白　16~25　93戊 廉背虎【父母】生寅	奏天龍　6~15　92己 書煞德【命】養丑	將災歲　　　91戊 軍煞破【兄弟】胎子	小劫小　　　90丁 耗煞耗【夫妻】絶亥

『실전자미두수』2권(2017년), 83쪽에 나와 있는 명반이다.

身궁과 질액궁이 암합되어 있다. 특히나 질액궁의 록존으로 인해 재백궁엔 경양을 천이궁엔 타라를 얻게 되는데, 그러한 양타는 각기 공겁과 함께 있으니 매우 불길하다. 전택궁이 화령협 당하는 것 또한 의미심장하다. 상황이 좋으면 전택궁 화령협은 평소 이사를 자주 하는 것으로만 나타나지만, 상황이 안 좋으면 사는 집이건 이동하는

집이건 주변에서 화령의 부주의로 건드려주는 의미가 있어 교통사고의 암시도 갖게 된다.

선천 질액 록존이 대한 질액 화기 운으로 오는 것 또한 유의해야 한다. 이 대한 중 질병에 관한 혹은 액운에 관한 근본적인 변화가 있기 쉽다. 물론 身궁이 대한에서 부질선이 된 점도 중요하다.
대한 천이궁 천형은 삼태와 동궁하고 있어 자동차를 암시한다.

어느 유년인가? 대한 사회를 보면 태양화록 발생으로 자전명천선, 천동화기 결과로 부관·부질身궁이 인동 되었다. 사망의 상관궁인 형노·재복은 아예 인동이 되지 않았다. 이 때, 질병 발현에서의 상관궁의 완성 세 가지를 다시 상기해 보라. 그 중 (1)번에 해당되는 사안으로 임자년에 사안이 발생했다. 즉 대한에서 인동이 되지 않은 형노·재복선 상에 유년이 좌하면서 형노·재복선을 유년 록기로 인동되는 해가 임자년이다.
특히나 유년 천량화록으로 선천과 대한의 태양화록과 더불어 자오궁 형노·재복 뿐 아니라 묘유궁 형노·재복 또한 인동시키니 일석이조이다.
아무리 그래도 자오궁이나 묘유궁은 대한 차원에서 인동 안 된 것 아닌가? 아니다, 임자년에는 묘유궁선이 거울공명 되었다.

좀 더 깊게 관찰해보자. 선천 질액궁이자 상문·백호가 있는 인신궁은 사화가 좌하는 자리가 아니라서, 사해궁 부관·부질이 인동되었지만, 공명되었다고 보기 힘들다. 엄밀히 얘기하면 그렇다. 미스테리이다. 하지만 임자년 기준으로 대한의 발생은 태양화록으로 유년 부질선이다. 이 유년에서만큼은 같은 부질선인 인신궁이 공명된 것으로 봐야하지 않을까? 역시나 많은 임상이 필요한 부분이다.

  보통은 이런 경우 유월에서 인신궁을 인동시킬 때 사안이 발현하기 쉽다. 실제 상관궁의 완성이 유년에서 안 끝나고 유월로 넘어가는 경우도 심심찮게 볼 수 있다. 다른 명반 연구가 받쳐줘야 할 사안이다.

명례 139. 을유대한(25~34세) 무오년(29) 정식 이혼

破天天**天** 碎壽才**機** 平	截天天天台**紫** 空月福使輔刑**微** 廟	天陀天 空羅鉞 廟旺	孤陰天天祿**天破** 辰煞巫馬存**軍** 廟旺陷
小亡病 65~74 96辛 耗神符【遷移】 冠巳	青將太 55~64 97壬 龍星歲【疾厄】 帶午	力攀晦 45~54 98癸 士鞍氣【財帛】 浴未	博歲喪 35~44 99甲 士驛門【子女】 生申
流解寡天年鳳文**七** 霞神宿傷解閣曲**殺** 廟旺	명례 139. 을유대한 이혼 / 陽女 양력 1930년 ○월 ○일 자시 음력 경오년 ○월 ○일 자시 【命局】土五局 【命主】巨門 【身主】火星 【命式】 壬 戊 戊 庚 　　　　 子 戌 子 午		恩紅擎 光鸞羊 陷
將月弔 75~84 95庚 軍煞客【奴僕】 旺辰			官息貫 25~34 10乙 府神索【夫妻】 養酉
天天鈴**天太** 貴喜星**梁陽** 廟廟廟 祿			金紅旬龍天文**天廉** 輿艷空池姚昌**府貞** 陷廟旺
奏咸天 85~94 94己 書池德【官祿】 衰卯			伏華官 15~24 10丙 兵蓋符【兄弟】 胎戌
輩天封**天武** 廉廚詰**相曲** 廟閑 權	大八三火天右左**巨天** 耗座台星魁弼輔**門同** 旺旺廟廟旺陷 忌	天天**貪** 虛哭**狼** 旺	月天地地**太** 德官劫空**陰** 旺陷廟 科
飛指白 95~ 93戊 廉背虎【田宅】 病寅	喜天龍 92己 神煞德【福德】 死丑	病災歲 91戊 符煞破【父母】 墓子	大劫小 5~14 90丁 耗煞耗【身 命】 絕亥

『실전자미두수』 2권(2017년), 86쪽에 나와 있는 명반이다.

선천 명·신궁에서 기량·타라를 본다. 부처궁에 경양이 있으니, 이 명은 결혼을 하면 혹은 천이궁으로 가면 기량회양타가 완성된다.

복덕궁 화성과 부처궁 경양으로 처음 만남에선 격발하듯 서로에게 끌렸겠지만, 결혼 생활이 좋게 끝나기 힘들다. 복덕궁과 부처궁에서 형성되는 거화양은 어찌할 것인가? 게다가 이 명은 전택궁이 무파상 파조파가 다노록이면서 화령협이 되어 있으니 전택의 상황이 급변하기 쉽다.

을유대한은 홍란·천희가 있는 선천 부처궁이고 양양주별리 조합이 있으며, 선천 관록궁 화성이 영성운으로, 선천 부처궁 경양이 타라운으로 오는 대한이기도 하다. 인신궁이 선천 자전의 대한 부질선이 되면서 화령 복선궁의 현현 대한이기도 하고 피해궁선이기도 하다. 전택의 문서에 관한 피해가 매우 심할 수밖에 없다. 그러한 전택의 문서는, 대한 명궁 앞은 자리와 별들을 체로 보건데 분명 이혼이다.

홍란·천희가 있고 양양주별리 조합이 있는 선천 부관선 묘유궁은 대한 차성이차발생인 축미궁의 인동으로 공명되었다. 인신궁은 진술궁 이차발생으로 공명되었다. 대한에서 공명되면 유년에서 이를 명동시키는 해에 사안이 발생하기 쉽다.

어느 유년인가? 임오년은 대한의 록기전도로 인한 일차발생궁선이면서, 남이 문서를 가져간다는 외궁의 화과 자리이다(대한 자미화과). 집안의 문서에 있어 자탐공망되는 암시가 있는 자리이면서, 피해궁인 인신궁과 첩궁공명이 되고 그러한 인신궁은 임오년에 거울공명도 된다. 유년 탐랑화록으로 인신궁이 또 공명되었다. 이런 경우, 유월에서 인신궁을 움직이는 때에 사안이 발생하기 쉽다.

[명례] 140. 임술대한(46~55세) 기묘년(47) 주식 5억 이득

天福 天壽 年解 封詰 鳳閣 天鉞 天相 旺平		天官 天空 火星 天梁 廟廟		旬空 蜚廉 天月 文曲 文昌 七殺 廉貞 旺平旺廟		紅艷 孤辰 天貴 恩光 天姚 地空 廟	
奏書 指背 太歲 【兄弟】	73丁 冠巳	飛廉 咸池 晦氣 【命】	6~15 74戊 旺午	喜神 月煞 喪門 【父母】	16~25 75己 衰未	病符 亡神 貫索 【福德】	26~35 76庚 病申
寡宿 天喜 天刑	巨門 平權	명례 140. 임술대한 발재 / 陰女 양력 1953년 ○월 ○일 묘시 음력 계사년 ○월 ○일 묘시 【命局】火六局 【命主】破軍 【身主】天機 【命式】乙 戊 辛 癸 　　　　卯 子 酉 巳				破碎 台輔 龍池	
將軍 天煞 病符 【夫妻】	72丙 帶辰					大耗 將星 官符 【田宅】	36~45 77辛 死酉
	天魁 右弼 貪狼 紫微 廟陷 地旺 忌						月德 大耗 紅鸞 天同 平
小耗 災煞 弔客 【子女】	96~ 71乙 浴卯					伏兵 攀鞍 小耗 【官祿】	46~55 78壬 墓戌
金輿 流霞 解神 地劫 天機 陰 平閑旺 科		截空 天使 天哭 八座 三台 鈴星 擎羊 天府 陷廟廟		陰煞 祿存 太陽 旺陷		天廚 天傷 天才 天虛 天巫 陀羅 七殺 破軍 武曲 平陷閑 平平 祿	
青龍 劫煞 天德 【財帛】	86~95 70甲 生寅	力士 華蓋 白虎 【疾厄】	76~85 69乙 養丑	博士 息神 龍德 【身遷移】	66~75 68甲 胎子	官府 歲驛 歲破 【奴僕】	56~65 67癸 絶亥

『실전자미두수』 2권(2017년), 88쪽에 나와 있는 명반이다.

　삼살특수격이다. 천량 자체가 음덕의 별이기에 록을 보면 힘들이지 않고 돈을 벌기 쉽다. 그래서 주변에서의 시기질투를 받을 수 있다[80]. 또한 身궁에 함지 태양이 있는데, 함지 태양은 위군자 식의

---

[80] 『전서』에는 천량이 재성이라는 해석이 있다.

혹은 일반적이지 않은 방식으로 돈을 벌어 사람들의 구설에 오르는 경향이 있다. 용덕이 있는데, 이는 보험금 등을 타기 쉬운 별이다.

임술대한은 천동이 좌하니 상황이 좋을 경우 향수를 누릴 수 있다. 홍란·천희가 있으니 투기에 관심을 갖게 된다. 대한 발생이 천량 재백궁에서 시작되니 투기를 안 할 수 없다.

[명례] 141. 임인대한(42~51세) 신사년(50) 남편 사망

孤天封八天火天天 辰空誥座喜星鉞機 　　　　　旺旺平	旬輩天年鳳紫 空廉福解閣微 　　　　　　權 　　　　　廟	天文文 月曲昌 　旺平	龍天地破 池姚空軍 　　　廟陷
飛劫晦　12~21　74乙 廉煞氣【兄弟】　冠巳	奏災喪　2~11　75丙 書煞門【命】　帶午	將天貫　　　　76丁 軍煞索【父母】浴未	小指官　　　　77戊 耗背符【福德】生申
天天恩天七 壽貴光刑殺 　　　　旺	명례 141. 임인대한 상부 / 陽女 양력 1952년 ○월 ○일 묘시 음력 임진년 ○월 ○일 묘시 【命局】水二局 【命主】破軍 【身主】文昌 【命式】乙 戊 己 壬 　　　　卯 寅 酉 辰		月天台三 德廚輔台
喜華太　22~31　73甲 神蓋歲【夫妻】　旺辰			青咸小　92~　78己 龍池耗【田宅】　養酉
天右天太 魁弼梁陽 廟陷廟廟 　　　　祿			天天天陀天廉 官才虛羅府貞 　　　　廟廟旺
病息病　32~41　72癸 符神符【子女】　衰卯			力月歲　82~91　79庚 士煞破【官祿】　胎戌
截解天天地武 空神哭馬劫相曲 　　　　旺平廟閑 　　　　　　　忌	金破寡天鈴巨天 輿碎宿使星門同 　　　　陷旺陷	紅陰擎貪 艷煞羊狼 　　陷旺	流天大天紅祿左太 霞傷耗巫鸞存輔陰 　　　　　廟閑廟 　　　　　　　　科
大歲弔　42~51　71壬 耗驛客【財帛】　病寅	伏攀天　52~61　70癸 兵鞍德【疾厄】　死丑	官將白　62~71　69壬 府星虎【身遷移】墓子	博亡龍　72~81　68辛 士神德【奴僕】　絶亥

『실전자미두수』 2권(2017년), 89쪽에 나와 있는 명반이다.

육친에게 안 좋다는 화성·영성이 협을 한 명궁임이 제일 먼저 보여야한다. 이렇게 협이건 삼방사정이건, 살을 많이 보는 상태에서 만약 명궁의 별이 자미가 아닌 남성육친을 의미하는 태양이었으면 더 일찍 상부했을 것이다.

임인대한 파조파가다노록 대한 천상·무곡화기·지겁운으로 왔다. 여러 집안의 문제 중에서 남편이 사망하는 것을 찝어내기는 힘들다. 다만, 집안이 뒤집어지는 일이 발생한다는 정도는 알 수 있어야 한다. 그런 사안이라면 집안 웃어른의 사망 정도로는 부족하다. 일단 이것만으로도 사업이 망하거나 이혼 아니면 사별까지 생각해야 한다.

선천 부처궁이 대한의 복덕이 되면서 대한의 질액궁과 암합을 하고, 대한 부처궁은 身궁과 중첩이 된 점을 보면 이혼이 아닌 사별이라고 볼 수도 있겠지만, 역시나 자신있게 찝기는 힘들다. 이때 대한의 발생과 결과를 보는 록기법이 필요하다.

발생은 천량화록으로 자전·부질인데, 집안의 문서문제 혹은 질병문제로 볼 수 있다. 양양주별리이고 쌍병부가 있으니 집안의 질병문제일 확률이 높다. 문제궁으로 선천의 질액궁을 인동시키고 차성이 차문제궁으로 진술궁 부관·재복 노상매시를 인동시키면서 자오궁 身궁이자 대한 부관을 암동시키니 남편의 질병문제라는 것을 알 수 있고, 최종결과는 인신궁 재복선 상의 무곡화기 결절이다. 이 대한 남편 상망은 록기까지 돌려봐야 정확한 사안이 나온다.

사해궁이 피해궁선인데 대한의 문제궁인 축미궁이 인동되면서 형노-형노로 암동되었다. 대한의 부관선이면서 身궁과 상문·백호가 있는 자오궁도 진술궁 차성문제궁위 발생으로 부관-부관으로 공명이 된 상태이다.

어느 유년인가? 신사년은 피해궁선 자리인데, 임상에 의하면 피해궁선에 유년이 온 것만으로도 손에 땀나는 일이 발생한다.

또한 유년 앉은 자리 대궁에 육친불리의 화성이 있고, 전택의 변화궁에 앉아 있다. 마침 자궁 身궁이 유년의 질액궁이면서 거울공명도 되어 있으며, 유년의 문제궁으로 명동이 되기까지 한다.

유년 발생 거문화록이 매우 절묘한데, 이로 인해 자궁을 문제궁 위화 하는 동시에 특수이차발생으로 인신궁을 수미상접시키고 있다. 또한 그러한 거문화록이 미궁으로 차성되면 차성이차발생으로 대한에서 공명된 피해궁선인 사해궁을 명동시켜준다. 일타삼피적인 거문화록이다.

어느 유년인지를 찝어내는 일은 수학공식처럼 정리된 게 있는 것은 아니지만, 이처럼 여러 붓칠을 해 보면 알 수 있다. 이 대한의 경우, 대한 록기인동 상황을 보고, 유년에서 거문화록 혹은 천동화록이 되면 일타삼피인 점이 보여야 한다. 그래서 신년 아니면 병년인 것을 알아내야 한다 그 중 병년은 병자년(45)으로, 천동화록으로 같은 일타삼피이고 앉은 자리가 대한 부처의 身궁이기는 하다. 하지만, 신사년처럼 피해궁선 자리에 앉은 것도 아니고, 자오궁이 유년의 부질선이 되는 것도 아니고, 동시에 그러한 자오궁이 거울공명되는 자리도 아니고, 대한 외궁에서 길성을 몽땅 보는 유년 자리인 것도 아니다. 그래서 두 유년 중 신사년이 적합하다.

노파심에서 매번 얘기하지만, 선천에서 살을 많이 보면 육친불리라는 것이 체이다(특히나 화령협). 다행이 명궁이 태양이 아니라서 아주 이른 나이에 사별한 것은 아니다. 그리고 이 대한 중에 '남편 사망'이라는 간명이 나오는 여러 붓칠이 있었는데, 이두식록기법이 그러한 붓 중의 하나로 매우 중요한 역할을 한 점도 의미심장하다.

대한 록기의 목적은 어느 유년인지 보기 위한 전제적인 수단일 뿐 아니라, 이렇게 대한의 사안을 가늠하는 붓칠 중의 하나인 점에 유의해야 한다.

참고로 어느 유년인지를 보는 '반복된 붓칠의 원리' 적용 순서를 아래에 정리해 보았다.

유년운을 보는 순서

1. 대한에서 인동된 궁선인지 여부 (첩궁공명 포함), 그러한 궁선에 유년이 좌한 경우 대한에서 암시된 사안이 발생하기 쉬움.
2. 유년 앉은 자리의 궁과 별들의 성질을 파악하여, 그 해의 화두를 파악.
3. 외궁의 길성이 몰려 있는 유년인지 여부 파악. (외궁의 화과는 남이 문서를 가져가고, 외궁 화권은 남이 권리를 가져가거나 육친에게 안 좋다)
4. 거울공명 되는 궁선이 어디인지 확인. 만약 그 궁선이 대한에서 인동되지는 않았지만 매우 의미심장한 궁선이라면, 이 해에 해당 사안이 발현되기 쉬움.
5. 유년 록기를 돌린 뒤,
6. 대한에서 봤던 사안 중 상관궁의 완성이 필요한 경우, 이 유년이 그것에 해당되는지, 즉 상관궁의 완성 (1), (2), (3) 케이스인지 확인.
7. 수미상접 혹은 수미동기 (특히나 대한에서 록기전도된 경우에 해당), 인과기미 혹은 인과기두가 형성되는지 확인.
8. 대한에서 암동된 궁선을 명동시키는지 확인.

[명례] 142. 무진대한(32~41세) 병진년(38) 남편 병으로 사망

蜚破孤天鈴陀天 廉碎辰馬星羅相 　平旺陷平 官歲喪　42~51　87己 府驛門　【官祿】　絶巳	流天天恩天祿地天 霞傷壽光喜存劫梁 　旺廟廟　科 博息貫　52~61　88庚 士神索　【奴僕】　胎午	年鳳龍天擎七廉 解閣池姚羊殺貞 　廟旺廟 力華官　62~71　89辛 士蓋符　【遷移】　養未	金月天天大天 輿德廚使耗鉞 　　　　廟 青劫小　72~81　90壬 龍煞耗　【疾厄】　生申
紅天天地火右巨 艷才空空星弼門 　陷閑廟平 伏攀晦　32~41　86戊 兵鞍氣　【田宅】　墓辰	명례 142. 무진태한 상부 / 陰女 양력 1939년 ○월 ○일 미시 음력 기묘년 ○월 ○일 미시 【命局】 水二局 【命主】 巨門 【身主】 天同 【命式】 己 戊 壬 己 　　　　　未 子 申 卯		旬截天天封 空空官虛詁 小災歲　82~91　91癸 耗煞破　【財帛】　浴酉
天天文貪紫 哭刑昌狼微 　　平地旺 　　　　權 大將太　22~31　85丁 耗星歲　【身福德】　死卯			左天 輔同 廟平 將天龍　92~　92甲 軍煞德　【子女】　帶戌
解天天三陰天太天 神福貴台煞巫陰機 　　　　　　閑旺 病亡病　12~21　84丙 符神符　【父母】　病寅	寡台天 宿輔府 　　廟 喜月弔　2~11　83丁 神煞客　【命】　衰丑	八紅天太 座鸞魁陽 　　　旺陷 飛咸天　　　82丙 廉池德　【兄弟】　旺子	天文破武 月曲軍曲 　　旺平平 　　忌　祿 奏指白　　　81乙 書背虎　【夫妻】　冠亥

『실전자미두수』 2권(2017년), 90쪽에 나와 있는 명반이다.

남편이 무력하다는 여명 천부명이다. 부처궁이 영창타무를 보는 무파상 파조파가 다노록의 화기인데, 특히나 부처궁의 대궁인 천상은 절족마에 영타격발과 함께 있는데 공겹협도 당하고 있어 매우 흉하다. 이러한 부처궁이 부처궁의 전택궁인 인궁과 암합을 하는데, 이곳은 병지의 쌍병부가 있는 자리로 음살과 천무 그리고 무언가

풀어준다는 해신도 같이 있어 분명 남편의 집안 내력으로 병을 얻었을 확률이 매우 높다.81)

4번 째 대한인 무진대한을 보면(4번 째 대한은 자전선 상에 놓이면서 부관이 부질과 중첩된다), 선천에서 록을 못 보는 주성 천부가 역시나 록을 못 보는 대한으로 온다. 매우 불안정한 운이다. 특히나 2, 3번 째 대한은 삼방사정에서 록을 보았는데, 4번 째 대한에서 못 보니 불안정의 충격이 클 수 있다. 대한 명궁은 영탐협이 되어 있는데, 이는 지공·천공화성과 동궁하는 거문의 감정참상을 더욱 가강시킬 뿐이다.

그러한 감정참상이 무엇인지 무간 탐랑화록을 보니 身궁·형노·재복 외궁의 화권을 건드려서 육친의 사망사임을 알 수 있다. 특히나 외궁의 탐랑화권은 '탈'의 암시가 매우 강하다. 원래 이 명의 선천 형노선 함지태양의 양양주별리인 점이 형노 측면에 있어 체이니, 자신과 소통하는 형노선 상의 문제가 일어난다.

결과를 보니 인신궁 부질·부관선 병지의 쌍병부이다. 선천 부처궁이 매우 흉한 점을 체로 잡으면 이 대한 중에 남편 사망이 일어나기 쉽다. 상문·백호가 있는 영창타무 선천 부처궁은 공명되었다.

왜 하필 병진년인가? 유년 문제궁으로 대한의 화기(특히나 진기임)를 물고, 유년 이차결과로 대한의 발생을 물어 전형적인 수미상접이 되었다.

---

81) 이 모든 것은 '여명 천부 남편 무력'이라는 점이 체이다.

정사년의 록기 또한 수미상접이 된다. 게다가 정사년은 문제의 묘궁이 유년 부처궁이 되기도 하니, 정사년이 사실 더 유력하다. 이런 경우 병진년이 고비이고, 설령 그 고비를 넘겨도 정사년엔 심각하다는 간명이 최선이다.

[명례] 143. 병신대한(14~23세) 계미년(23) 아버지 사망

截空 天福 破碎 八座 文曲 廟 天梁 陷 科	天廚 天壽 紅鸞 天魁 七殺 廟旺	寡宿 台輔 恩光 天姚	陀羅 陷 廉貞 廟
病符 指背 白虎 45癸 [夫妻] 生巳	大耗 咸池 天德 46甲 [兄弟] 浴午	伏兵 月煞 弔客 4~13 47乙 【命】 帶未	官府 亡神 病符 14~23 48丙 [父母] 冠申
天才 火星 右弼 閑 天相 廟 紫微 旺陷	명례 143. 병신대한 아버지 / 陰女 양력 1981년 ○월 ○일 축시 음력 신유년 ○월 ○일 축시 【命局】 金四局 【命主】 武曲 【身主】 天同 【命式】 己 辛 丙 辛 　　　　丑 酉 申 酉		紅艷 天官 天哭 三台 祿存 旺 文昌 廟 忌
喜神 天煞 龍德 94~ [子女] 44壬 養辰			博士 將星 太歲 24~33 [身福德] 49丁 旺酉
流霞 天虛 封誥 天刑 巨門 廟旺 祿			天空 地空 擎羊 左輔 陷廟 破軍 廟旺
飛廉 災煞 歲破 84~93 [財帛] 43辛 胎卯			力士 攀鞍 晦氣 34~43 [田宅] 50戊 衰戌
月德 解神 天使 大耗 陰煞 天巫 天鉞 貪狼 旺平	旬空 年解 鳳閣 龍池 太陰 廟陷 太陽 權	天傷 天喜 地劫 武曲 天府 陷廟旺	金輿 蜚廉 天孤 孤辰 鈴星 天馬 廟廟 天同 平
奏書 劫煞 小耗 74~83 [疾厄] 42庚 絕寅	將軍 華蓋 官符 64~73 [遷移] 41辛 基丑	小耗 息神 貫索 54~63 [奴僕] 40庚 死子	青龍 歲驛 喪門 44~53 [官祿] 39己 病亥

『실전자미두수』 2권(2017년), 92쪽에 나와 있는 명반이다.

명·신궁의 삼방에서 양령형기격이 형성되었다. 양령형기는 남성 육친, 질병, 관재의 암시가 있다.

태어난지 몇 개월 만에 사망한 『사회적 지위』 198쪽의 영친왕 첫째 아들 이진의 명반과 매우 유사하다.[82] 미묘한 차이를 찾자면 이진의 명반과는 다르게 이 명반에선 은광·천귀와 삼태·팔좌를 본다. 그리고 이진의 명반은 身·복덕궁이 묘지인데, 이 명반의 身·복덕궁은 왕지이다.

하지만 가장 중요한 것은 태어난 시대가 다르다는 점이다. 분명 이 명반 주인도 태어난 지 몇 개월 되지 않았을 때 죽을 뻔한 고비가 있었을 것이다. 다만 현대 의학 기술로 해결이 되지 않았나 싶다. 결혼의 해, 사망의 해 등은 결혼하기 쉬운 해, 사망하기 쉬운 해여야 한다. 시대와 장소에 따라 늦춰지기도 한다.

병신대한은 선천 부모궁에 좌하는데, 염정이 있으니 육친의 문제가 있기 쉽다. 마침 대한의 부모궁을 보니 피해궁이 되면서, 묘궁의 양령형기를 보는 초선종악 기거에다가 천형을 끌어다 쓴다. 대한 전택궁도 『실전자미두수』에 설명되어 있는 것 외에 공겁협의 복선궁 현현이 된 점도 의미심장하다. 외궁에 쌍화권과 쌍화과가 좌한 것도 불길하다.

왜 하필 계미년인가? 일단 대한 부모궁은 초선종악의 기거를 끌어다 쓰기에 이 대한의 후반부에 해당 사안이 발생할 확률이 높다.

---

82) 1921 신유년 음력 7월 15일 축시.

계미년은 특히나 외궁의 쌍화권을 삼방에서 편사식으로 본다. 물론 대한의 이차발생궁선이기도 하다. 유월 록기로 대한의 록기를 수미 동기 시켜주고 있다.

명례 144. 신묘대한(34~43세) 임오년(37) 간암으로 남편 사망

天破封祿**七紫** 官碎誥存**殺微** 廟平旺 博亡病 14~23 60癸 士神符 【兄弟】 生巳	天天恩鈴擎 壽貴光星羊 廟平 官將太 4~13 61甲 府星歲 【命】 養午	金流天天文文 輿霞月空曲昌 旺平 科 伏攀晦 62乙 兵鞍氣【父母】胎未	孤天天地 辰姚馬空 旺廟 旺 大歲喪 63丙 耗驛門【福德】絕申
截寡年鳳火陀**天天** 空宿解閣刑星羅**梁機** 閑廟旺廟 權 力月弔 24~33 59壬 士煞客【夫妻】浴辰	명례 144. 신묘대한 상부 / 陽女 양력 1966년 ○월 ○일 묘시 음력 병오년 ○월 ○일 묘시 【命局】金四局 【命主】破軍 【身主】火星 【命式】辛 辛 戊 丙 　　　　卯 丑 戌 午		台紅天**破廉** 輔鸞鉞**軍貞** 廟陷平 忌 病息貫 94~ 64丁 符神索【田宅】墓酉
八天右**天** 座喜弼**相** 陷陷 青咸天 34~43 58辛 龍池德【子女】帶卯			龍 池 喜華官 84~93 65戊 神蓋符【官祿】死戌
紅旬解蜚地**巨太** 艷空神廉劫**門陽** 平廟旺 祿 小指白 44~53 57庚 耗背虎【財帛】冠寅	天大**貪武** 使耗**狼曲** 廟廟 將天龍 54~63 56辛 軍煞德【疾厄】旺丑	天天天天陰**太天** 廚福才虛哭煞**陰同** 廟旺 祿 奏災歲 64~73 55庚 書煞破【身遷移】衰子	月天三天天左**天** 德傷台巫魁輔**府** 旺閑旺 飛劫小 74~83 54己 廉煞耗【奴僕】病亥

『실전자미두수』 2권(2017년), 97쪽에 나와 있는 명반이다.

동월이 염파운으로 오면 감정참상이 매우 심하다. 술궁 대한 질액궁의 괴월협 복선궁의 현현이 되는 대한이고(괴월은 고질병을 암시), 유궁 전택궁 염정화기는 대한에서 부처의 질액인 축궁과 재여수구가 형성되었다. 공겁과 고신이 있던 선천 복덕이 양타협, 화령협, 형화협, 천수·천량협 당한 복덕으로 오는 대한이다. 기타 대한의 암시와 대한 록기 궤적의 암시는 『실전자미두수』를 참고하라.

왜 하필 임오년인가? 일단 신묘대한 록기를 돌려보면, 록존이 있는 대한의 복덕이 있는 사해궁이 인동되지 않았다.[83] 그리고 身궁선인 자오궁은 공명되었다.

사해궁을 명동시키면서 동시에 자오궁도 명동시키는 해가 유력한데, 천량화록이 되는 임년 혹은 천기화록이 되는 을년이 유력하다. 진궁으로 유년화록이 오면 대한 태양화록과 더불어 록기전도된 묘유궁을 수미동기 시킬 뿐 아니라 선천 천동화록과 더불어 인신궁 상문·백호도 인동시키고, 차성으로 사해궁도 명동 시킨다.

을년 천기화록이나 임년 천량화록이 되는 유년이 유력하다. 그 중 을유년은 앉은 자리가 전택의 천이에 염정화기가 있으니 유력해 보인다. 감정참상이 있기 매우 쉽다. 하지만 육친 사망이 을유년이 아닌 임오년에 발생한 이유는 물론 묘유궁과 첩궁공명되는 자리이기도 하고, 대한에서 인동 안된 사해궁이 거울공명되는 자리이기도 하지만, 외궁의 삼방에서 쌍화권을 보는 자리이기도 하기 때문이다.

---

[83] 사실 사해궁에는 록기가 붙을 수 있는 정성이 없는 자부살이기에 인동 여부에 대해 매우 조심해야 한다.

누누이 얘기하지만 유년 추론도 '반복된 붓칠의 원리'를 따라야 한다.

그렇다면 록존궁에 오는 것만으로도 근본적인 변화가 있다는 신사년은 어떤가? 유년 신간 거문화록과 선천 천동화록으로 축미궁이 이차발생이 되는 바, 축미궁 부처·질액의 쌍화과로 보건데, 남편의 간암이 발견된 해가 아닌가 하다.

명례 145. 계묘대한(26~35세) 무인년(27) 결혼

月破天天天天文**天** 德碎才巫刑鉞昌**相** 旺廟平	天天天地**天** 福虛哭空**梁** 廟廟祿	大封火**七廉** 耗詰星**殺貞** 閑旺廟	蜚恩 廉光
飛劫小 6~15 54乙 廉煞耗 【命】 絶巳	奏災歲 55丙 書煞破【父母】基午	將天龍 56丁 軍煞德【福德】死未	小指白 96~ 57戊 耗背虎【田宅】病申
解龍三地**巨** 神池台劫**門** 陷平			天天天文 廚喜姚曲 廟
喜華官 16~25 53甲 神蓋符【兄弟】胎辰	명례 145. 계묘대한 혼인 / 陽女 양력 1972년 ○월 ○일 사시 음력 임자년 ○월 ○일 사시 【命局】火六局 【命主】武曲 【身主】火星 【命式】乙 丁 庚 壬 　　　　 巳 亥 戌 子		青咸天 86~95 58己 龍池德【官祿】衰酉
天紅鈴天**貪紫** 壽鸞星魁**狼微** 廟廟地旺 　　　　　權			天寡天年鳳八陰陀**天** 官宿傷解閣座煞羅**同** 廟平
病息貫 26~35 52癸 符神索【身夫妻】養卯			力月弔 76~85 59庚 士煞客【奴僕】旺戌
旬截天孤天右**太天** 空空月辰馬弼**陰機** 旺廟閑旺	金天**天** 輿空**府** 廟	紅天天擎左**太** 艶使貴羊輔**陽** 陷旺陷 　　　　　科	流台祿**破武** 霞輔存**軍曲** 廟平平 　　　忌
大歲喪 36~45 51壬 耗驛門【子女】生寅	伏攀晦 46~55 50癸 兵鞍氣【財帛】浴丑	官將太 56~65 49壬 府星歲【疾厄】帶子	博亡病 66~75 48辛 士神符【遷移】冠亥

『실전자미두수』 2권(2017년), 100쪽에 나와 있는 명반이다.

선천과 대한 설명은 생략한다.

왜 하필 무인년인가? 상관궁의 완성 (1)에 해당되는 사안이다. 즉 대한에서 인동되지 않는 자전선에 좌하면서 이를 인동시킨다. 결혼하기 쉬운 해이다.

명례 146. 갑술대한(56~65세) 신묘년 남편이 친구에게 피습

天天破左 月廚碎輔 　　　平	紅台天 艷輔機 　　廟	天天天**破紫** 官空鉞**軍微** 　　旺廟廟 　　　　權	截解孤天天天 空神辰傷巫馬 　　　　　旺
大亡病　　　72己 耗神符【福德】絶巳	病將太　96~　73庚 符星歲【田宅】基午	喜攀晦　86~95　74辛 神鞍氣【官祿】死未	飛歲喪　76~85　75壬 廉驛門【奴僕】病申
金旬寡年鳳恩文**太** 輿空宿解閣光曲**陽** 　　　　　　廟旺 　　　　　　　忌	명례 146. 갑술대한 남편피습 / 陰女 양력 1954년 ○월 ○일 자시 음력 갑오년 ○월 ○일 자시		流天天天紅右**天** 霞福壽才鴛弼**府** 　　　　　　陷陷
伏月弔　　　71戊 兵煞客【父母】胎辰			奏息貫　66~75　76癸 書神索【遷移】衰酉
天鈴擎**七武** 喜星羊**殺曲** 廟陷陷陷 　　　　科	【命局】火六局 【命主】文曲 【身主】火星 【命式】庚 丁 丁 甲 　　　　子 卯 卯 午		天龍天天文**太** 使池貴刑昌**陰** 　　　　陷旺
官咸天　6~15　70丁 府池德【身 命】養卯			將華官　56~65　77甲 軍蓋符【疾厄】旺戌
蜚封八天祿**天天** 廉詰座姚存**梁同** 　　　　　廟廟閑	大火陀天天 耗星羅魁相 　旺廟旺廟	天天三陰**巨** 虛哭台煞**門** 　　　　旺	月地地**貪廉** 德劫空**狼貞** 旺陷平陷陷 　　　　　祿
博指白　16~25　69丙 士背虎【兄弟】生寅	力天龍　26~35　68丁 士煞德【夫妻】浴丑	青災歲　36~45　67丙 龍煞破【子女】帶子	小劫小　46~55　66乙 耗煞耗【財帛】冠亥

『실전자미두수』 2권(2017년), 104쪽에 나와 있는 명반이다.

남편이 칼 맞은 것까지의 추론은 힘들다. 하지만 상관궁의 완성을 연습하기 매우 좋은 완성이니 잘 숙지하기 바란다.

명례 147. 경술대한(42~51세) 신묘년 친구에게 피습

孤天天天**太** 辰巫姚鉞**陰** 旺陷	天台龍三陰右**貪** 福輔池台煞弼**狼** 旺旺	月天恩天**巨天** 德月光喜**門同** 陷陷	天天天年鳳八天左**天武** 壽才虛解閣座馬輔**相曲** 旺平廟平 科 忌
飛亡貫　　　64乙 廉神索【兄弟】絕巳	喜將官 2~11 65丙 神星符【身　命】胎午	病攀小 12~21 66丁 符鞍耗【父母】養未	大歲歲 22~31 67戊 耗驛破【福德】生申
旬天文**天廉** 空哭曲**府貞** 廟廟旺	명례 147. 경술대한 피습 / 陽男 양력 1962년 ○월 ○일 자시 음력 임인년 ○월 ○일 자시 【命局】水二局 【命主】破軍 【身主】天梁 【命式】壬 癸 丙 壬 　　　　子 巳 午 寅		天破大**天太** 廚碎耗**梁陽** 地閑 祿
奏月喪　　　63甲 書煞門【夫妻】基辰			伏息龍 32~41 68己 兵神德【田宅】浴酉
天鈴天 空星魁 廟廟			輩天陀文**七** 廉官羅昌**殺** 廟陷廟
將咸晦 92~ 62癸 軍池氣【子女】死卯			官華白 42~51 69庚 府蓋虎【官祿】帶戌
截封**破** 空詰**軍** 陷	金寡天天紅天火 輿宿使貴鸞刑星 旺	紅解擎**紫** 艶神羊**微** 陷平 權	流天祿地地**天** 霞傷存劫空**機** 廟旺陷平
小指太 82~91 61壬 耗背歲【財帛】病寅	青天病 72~81 60癸 龍煞符【疾厄】衰丑	力災弔 62~71 59壬 士煞客【遷移】旺子	博劫天 52~61 58辛 士煞德【奴僕】冠亥

『실전자미두수』 2권(2017년), 107쪽에 나와 있는 명반이다.

칼 맞은 명반을 많이 보지 못해 정확한 이야기는 할 수 없으나, 선천 형노선이 의미심장하다는 점은 보인다. 일단 형제궁은 명·신 궁에 탐랑을 부처궁에 문곡을 주어 작사전도협을 나에게 준다. 특히 나 부처궁 염정은 복덕궁 무곡화기와 더불어 재여수구이고, 부처궁 천부는 복덕궁 천상이 악사위천리가 되어 인감노출격으로 남에게

빼앗기는 형상인데, 문곡마저 동궁하니 되니 역시나 복덕궁 무곡화기와 더불어 무곡문곡 불협화음이 형성되었다.

부처궁이 나의 몸과 마음을 움직여 행동에 옮기게 하는 정기임을 감안할 때, 형제궁에 의해 나의 정기가 손상을 입는 꼴이다. 몸은 작사전도로 마음은 재여수구, 인감노출, 불협화음으로 이를 실행에 옮기기 쉽지 않게 만든다. 모든 원흉은 형제궁이다.

노복궁 깨진 록존은 나의 천이에 경양을 나의 관록에 타라를 준다. 양타 각각은 형제궁이 나에게 준 탐랑과 문곡을 삼방에서 보게 되니 작사전도로 뒤집어지는 양타이다. 양타를 주는 록존이 경술대한 부질선이 되면서 피해궁이 되었다.

여기서 잠시 선천 재백궁을 보자. 화령협이 되어 있는 파군인데, 그냥 파군이 아니라 대궁에서 무곡천상을 보는 파조파가다노록하는 파군이다. 고군분투하는 모습이 보인다.

이를 협하는 화성과 영성 각기 홍란·천희와 대모함지를 끼고 있다.[84] 감정을 주하는 거동과 별리를 주하는 양양의 협도 받는다.

문제는 축궁의 천형인데, 이로 인해 유궁에서 묘궁으로 차성되는 천량과 더불어 형형협인이 아닌 형형협파가 되었다. 언뜻 보면 그냥 파군인데 협을 보니 사연 많은 선천 재백 파군이다.

이러한 선천 재백이 경술대한 재백으로 오면서 身궁과 겹쳐지게 되었고 대한의 질액궁인 사궁으로 인해 천이궁 문곡과 더불어 작사

---

[84] 재백궁을 도화가 협한다는 건, 이성의 관심이 집중된다는 점도 있지만 주위에 내 돈을 타겟으로 홀리는 사람들도 있다는 의미. 물론 상황이 좋으면 대중을 상대로 돈을 번다.

전도를 암시하는 탐랑을 얻게 된 점이 의미심장하다.

정리하자면, 선천 질액궁과 재백궁의 내 돈을 먹으려 홀리는 겁나는 관계가, 대한 질액궁과 身궁(재백궁)의 관계가 되면 작사전도를 선사하는 관계가 되었다. 그리고 선천 재백 화령협이 대한 재백 탐랑을 향해오는 운이 되었는데 공교롭게도 이러한 대한 재백궁이 身궁이 되었고, 身궁 자체에 별다른 살이 없으니 목숨을 잃지는 않았다.

물론 대한 앉은 자리에 칠살이 있는데 쌍록협을 받고는 있지만 그 중 하나인 록존은 공겁과 동궁하고 또 다른 하나인 화록도 절족마협으로 쌍록의 상태가 정상이 아니다. 겉으로는 쌍록협으로 안정되어 보이나(제3자의 입장) 그 내면을 살펴보면 그렇지 못하다(실제 쌍록의 상태를 아는 본인 입장).

대한 부모궁 록존은 공겁이 동궁하여 그 자체로 깨져 있으니 의존하기 힘든 궁인데, 그러려니 할 수 있다. 하지만 대한 형제궁 화록은 나의 명궁엔 타라를, 부처궁엔 천마를 주어 절족마가 형성되게끔 하는 궁이다. 선천 형제궁은 나에게 작사전도를, 대한 형제궁은 나에게 절족을 선사한다.

이 대한 중에 친구한테 칼 맞는다는 추론을 하기는 힘들지만, 적어도 형제궁 때문에 나에게 남 모르는 피해가 온다는 점은 말할 수 있어야 한다. 그리고 조금 더 실력이 된다면, 이것이 돈 때문이라는 점도 알 수 있어야 한다. 그러한 점이 설령 잘 안 보인다 할지라도, 『실전자미두수』에 나온 록기법의 설명대로 록기를 돌리고 나서는 어느 정도 보여야 한다.

[명례] 148. 을묘대한(46~55세) 계사년 형제 불상사

流天三祿左**破武** 霞月台存輔**軍曲** 廟平閑平	天鈴擎**太** 廚星羊**陽** 廟平廟	金寡天紅地天**天** 輿宿壽鸞劫鉞**府** 平旺廟	解天**太天** 神巫**陰機** 平閑 權忌
博劫天　26~35　58丁 士煞德　【夫妻】　絶巳	官災弔　16~25　59戊 府煞客　【兄弟】　墓午	伏天病　6~15　60己 兵煞符　【 命 】　死未	大指太　　　　61庚 耗背歲　【父母】　病申
紅輩陀**天** 艶廉羅**同** 廟平	명례 148. 을묘대한 형제 // 陽女 양력 1968년 ○월 ○일 신시 음력 무신년 ○월 ○일 신시 【命局】 火六局 【命主】 武曲 【身主】 天梁 【命式】 庚 戊 甲 戊 　　　　 申 辰 寅 申		破天八右**貪紫** 碎空座弼**狼微** 陷平平 科祿
力華白　36~45　57丙 士蓋虎　【子女】　胎辰			病咸晦　　　　62辛 符池氣　【福德】　衰酉
天天天天大地 福官才耗空 　　　　　　平			天封天火**巨** 哭誥刑星**門** 廟旺
青息龍　46~55　56乙 龍神德　【財帛】　養卯			喜月喪　96~　63壬 神煞門　【田宅】　旺戌
旬天天年台鳳天天文 空使虛解輔閣姚馬昌 　　　　　　　　旺陷	月恩天天**七廉** 德光喜魁**殺貞** 旺廟旺	截天龍陰文**天** 空傷池煞曲**梁** 廟廟	孤天**天** 辰貴**相** 平
小歲歲　56~65　55甲 耗驛破　【疾厄】　生寅	將攀小　66~75　54乙 軍鞍耗　【遷移】　浴丑	奏將'官'　76~85　53甲 書星符　【奴僕】　帶子	飛亡貫　86~95　52癸 廉神索　【身官祿】　冠亥

『실전자미두수』 2권(2017년), 110쪽에 나와 있는 명반이다.

자신에겐 길상, 형제들에겐 흉상의 대한이다. 외궁이라도 선천의 화기를 건드리면 나에게 안 좋다. 을묘대한 형노선의 이 정도의 흉상은 명반 주인에게도 타격이 있다. 이는 두 가지로 해석할 수 있는데, 1) 형제들의 흉상으로 매우 마음이 아픈 경우,[85] 2) 선천 명반이 살성을 많이 보지 않아, 체를 매우 좋게 봐야하니 을묘대한 인신

궁의 흉상이 이 정도로만 드러난 것인 경우인데, 이 명반 상황은 둘 다로 보인다.

명례 149. 무진대한(26~35세) 신사년(33) 상가투자 손재

破天陀**七紫** 碎巫羅**殺微** 陷平旺 官指白 36~45 57己 府背虎 【田宅】 冠巳	流台恩紅祿 霞輔光鸞存 旺 博咸天 46~55 58庚 士池德 【官祿】 旺午	寡天擎 宿傷羊 廟 力月弔 56~65 59辛 士煞客 【奴僕】 衰未	金解天天 輿神廚鉞 廟 青亡病 66~75 60壬 龍神符 【遷移】 病申
紅文左**天天** 艷曲輔**梁機** 廟廟旺廟 忌 科 伏天龍 26~35 56戊 兵煞德 【福德】 帶辰	명례 149. 무진대한 손재 / 陰女 양력 1969년 ○월 ○일 자시 음력 기유년 ○월 ○일 자시 【命局】 火六局 【命主】 祿存 【身主】 天同 【命式】 庚 壬 丙 己 　　　　 子 申 寅 酉		截天天天**破廉** 空官使哭刑**軍貞** 陷平 小將太 76~85 61癸 耗星歲 【疾厄】 死酉
旬天火**天** 空虛星**相** 平陷 大災歲 16~25 55丁 耗煞破 【父母】 浴卯			天天鈴文右 月空星昌弼 廟陷廟 將攀晦 86~95 62甲 軍鞍氣 【財帛】 基戌
月天大封陰**巨太** 德福耗誥煞**門陽** 廟旺 病劫小 6~15 54丙 符煞耗 【身 命】 生寅	年鳳龍八三天**貪武** 解閣池座台姚**狼曲** 廟廟 權祿 喜華官 53丁 神蓋符 【兄弟】 養丑	天天天**太天** 貴喜魁**陰同** 旺廟旺 飛息貫 52丙 廉神索 【夫妻】 胎子	蜚孤天天天地地**天** 廉辰壽才馬劫空**府** 平旺陷旺 奏歲喪 96~ 51乙 書驛門 【子女】 絶亥

---

85) 이 대한의 복덕 록존과 대한 노복궁 화기가 암합되어 있다.

『실전자미두수』 2권(2017년), 114쪽에 나와 있는 명반이다.

무진대한에 선천 재복 악사위천리가 대한 재복 홍란·천희 운으로 오는 유사대폭발격이 형성되었다. 적지 않은 발재를 맛보기도 하고 파재도 하는 등, 재적으로 폭발하는 대한이다.

상가 투자 손해는 왜 신사년인가? 일단 축미궁선과 첩궁공명되는 자리이다. 대한의 부모궁이면서 선천의 전택궁이니 전택을 깔고 있는 문서에서의 자미·칠살 위권출중하려는 상이 보인다. 게다가 인신궁이 거울공명되면서 유년 발생으로 인동시키니, 유년 자전의 거일 문서가 움직인다. 유년 전택궁의 천월은 기회라고 생각했을 것이다.

유년 거문화록은 매우 의미심장한 게, 특수이차발생으로 묘유궁 대한 형노선도 인동시키고, 문제궁으로 유년 형노선인 진술궁도 인동시키고 차성 문제궁으로 선천 형노인 축미궁도 인동 시킨다. 형노에 의해 사기 당했다.

[명례] 150. 경인대한(44~53세) 임오년(47) 이혼

天祿天 官存梁 　　廟陷	天三擎文七 壽台羊曲殺 　　平陷旺	金流寡紅天 輿霞宿鸞姚	台八文廉 輔座昌貞 　　旺廟 　　科忌
博劫天　14~23　70癸 士煞德　【兄弟】　　生巳	官災弔　4~13　71甲 府煞客　【命】　　養午	伏天病　　　　72乙 兵煞符　【父母】　胎未	大指太　　　　73丙 耗背歲　【福德】　絕申
旬截輩封火陀右**天紫** 空空廉詰星羅弼**相微** 　　　　閑廟廟旺陷			破天地天 碎空空鉞 　　　　廟廟
力華白　24~33　69壬 士蓋虎　【夫妻】　　浴辰	명례 150. 경인대한 이혼 / 陽女 양력 1956년 ○월 ○일 寅시 음력 병신년 ○월 ○일 寅시		病咸晦　94~　74丁 符池氣　【田宅】　基酉
大恩天**巨天** 耗光刑**門機** 　　　廟旺 　　　　權	【命局】 金四局 【命主】 破軍 【身主】 天梁 【命式】 戊 乙 丙 丙 　　　　　寅 丑 申 申		天左**破** 哭輔**軍** 　　　廟旺
青息龍　34~43　68辛 龍神德　【子女】　　帶卯			喜月喪　84~93　75戊 神煞門　【身官祿】　死戌
紅解天天年鳳陰天天**貪** 艷神才虛解閣煞巫馬**狼** 　　　　　　　　旺平	月天天天地**太太** 德使貴喜劫**陰陽** 　　　　　陷廟陷	天天龍鈴**天武** 廚福池星**府曲** 　　　　　陷廟旺	天孤天天**天** 月辰傷魁**同** 　　　　旺廟 　　　　　祿
小歲歲　44~53　67庚 耗驛破　【財帛】　冠寅	將攀小　54~63　66辛 軍鞍耗　【疾厄】　旺丑	奏將官　64~73　65庚 書星符　【遷移】　衰子	飛亡貫　74~83　64己 廉神索　【奴僕】　病亥

『실전자미두수』 2권(2017년), 116쪽에 나와 있는 명반이다.

　록을 보지 못하는 칠살이 록을 보지 못하는 대한으로 온다. 매우 불안정한 대한이다. 선천 복덕 공겁협된 염정화기와 대한 부처 무곡이 재여수구 되어 있고, 대한 전택궁 록존이 피해궁이 되면서 대한 부처에서 편사식으로 양타를 보게 해준다.

　『실전자미두수』에 나온대로, 대한의 록기를 보니 이것이 배우자

와의 문제임이 좀 더 명확히 드러난다. 이렇게 명확히 드러나면 오히려 상관궁의 완성을 적용하지 못하니 해당 유년을 찾기 힘들 수 있다.

임오년은 앉은 자리가 대한에서 발생으로 인동된 궁선이라는 점, 칠살이 본인변화와 육친불리의 암시가 있다는 점, 유년 록기가 대한 록기를 수미상접으로 움직인다는 점, 등을 참고해야 한다. 다만 전해인 신사년은 록존궁으로 유년이 록존궁으로 오는 것만으로도 '피치못할 일'이 발생하기 쉬운데, 아마도 이혼 결정은 신사년에 이미 이루어진 것 아닌가 하다.

명례 151. 경오대한(36~45세) 신사년 부동산투자 1억 날림

天孤天天右**天** 廚辰空喜弼**同** 　　　　　平廟 小劫晦　26~35　62己 耗煞氣【福德】冠巳	輩年封鳳恩天火文**天武** 廉解誥閣光姚星昌**府曲** 　紅　　　　　廟陷旺旺 　艷　　　　　　　　　科 將災喪　36~45　63庚 軍煞門【田宅】　　旺午	天天地天**太太** 官才空鉞**陰陽** 　　　　平旺平平 　　　　　　　　忌 奏天貫　46~55　64辛 書煞索【官祿】　　衰未	截天龍天天文**貪** 空傷池貴巫曲**狼** 　　　　　　平平 飛指官　56~65　65壬 廉背符【奴僕】　　病申
金八陰**破** 輿座煞**軍** 　　　　旺 　　　　權 青華太　16~25　61戊 龍蓋歲【父母】帶辰	명례 151. 경오대한 파재 / 陽男 양력 1964년 ○월 ○일 진시 음력 갑진년 ○월 ○일 진시 【命局】火六局 【命主】文曲 【身主】文昌 【命式】戊 甲 辛 甲 　　　　辰 申 未 辰		流月天左**巨天** 霞德福輔**門機** 　　　　陷廟旺 喜咸小　66~75　66癸 神池耗【遷移】死酉
天天地擎 月壽劫羊 　　　　平陷 力息病　6~15　60丁 士神符【命】浴卯			天天台三**天紫** 使虛輔台**相微** 　　　　　閑閑 病月歲　76~85　67甲 符煞破【疾厄】墓戌
旬天天祿天鈴**廉** 空哭刑存馬星**貞** 　　　　廟旺廟廟 　　　　　　　　祿 博歲弔　　　　59丙 士驛客【兄弟】生寅	破寡陀天 碎宿羅魁 　　廟旺 官攀天　　　　58丁 府鞍德【夫妻】養丑	解**七** 神**殺** 　　旺 伏將白　96~　57丙 兵星虎【子女】胎子	大紅天 耗鸞**梁** 　　　陷 大亡龍　86~95　56乙 耗神德【身財帛】絶亥

『실전자미두수』2권(2017년), 118쪽에 나와 있는 명반이다.

선천 명반이 일월양타 인리산재이다. 『실전자미두수』에 언급되지 않은 내용을 말하자면, 대한 재백 인신궁이 양타협살이 되었는데, 대한 록기로 공명되었을 뿐이다. 신사년에 유년 거문화록과 대한 태양화록으로 인해 그러한 인신궁이 명동 되었으며, 역시나 유년 거문화록과 록기전도로 발생의 의미가 있는 대한 천동화기로 인해 유년

재복선인 축미궁이 인동된 것이 치명적이다.

명례 152. 무술대한(35~44세) 임오년 투자사기 당함

旬截天天台龍天 空空福哭輔池府 　　　　　　平	月解天天陰天太天 德神廚傷耗煞魁陰同 　　　　廟　　陷陷	天天貪武 虛刑狼曲 　　廟廟	天天陀巨太 使喜羅門陽 　　陷廟閑 　　　祿權
將指官　85~94　65癸 軍背符【官祿】　冠巳	小咸小　75~84　66甲 耗池耗【奴僕】　帶午	青月歲　65~74　67乙 龍煞破【遷移】　浴未	力亡龍　55~64　68丙 士神德【疾厄】　生申
	명례 152. 무술대한 사기 / 陰男 양력 1961년 ○월 ○일 해시 음력 신축년 ○월 ○일 해시		紅蜚天年鳳祿鈴天 艷廉官解閣存星相 　　　　　　旺陷陷
奏天貫　95~　　64壬 書煞索【田宅】　旺辰			博將白　45~54　69丁 士星虎【財帛】　養酉
流天三文破廉 霞貴台曲軍貞 　　　　旺旺閑 　　　　科	【命局】土五局 【命主】巨門 【身主】天相 【命式】己　丙　庚　辛 　　　　亥　子　子　丑		天寡地擎天天 月宿劫羊梁機 　　平廟旺廟
飛災喪　　　　63辛 廉煞門【福德】　衰卯			官攀天　35~44　70戊 府鞍貴【子女】　胎戌
孤天天天紅火天左 辰才空巫鸞星鉞輔 　　　　　廟旺廟	破封 碎詰	天地右 壽空弼 　　平旺	金恩八天天文七紫 輿光座姚昌曲殺微 　　　　平旺平旺 　　　　　　忌
喜劫晦　　　　62庚 神煞氣【父母】　病寅	病華太　5~14　61辛 符蓋歲【命】　死丑	大息病　15~24　60庚 耗神符【兄弟】　基子	伏歲弔　25~34　59己 兵驛客【身夫妻】絶亥

『실전자미두수』 2권(2017년), 120쪽에 나와 있는 명반이다.

무술대한 앞은 자리가 자전인데, 유궁이 형노·재복이 되면서 피해궁이 되는 것과 해궁이 대한의 부모궁이 되면서 공겁협 복선궁의 현현이 되기 때문에 전택의 문서와 관련한 돈 문제는 절대 좋을 수 없다. 특히나 해궁의 문창화기는 문서적 흉상을 암시하는데, 동궁한 외궁 자미는 노기주이고, 역시나 동궁한 외궁 천요는 남의 권모술수이다. 협하는 공겁이 각기 천수·천량과 동궁하니 그러한 공망함은 오래되고 묵은 문서에 의함이 보인다.

왜 임오년인가? 대한 록기를 보면 상관궁인 형노·재복선이 인동되지 않았다. 임오년엔 상관궁 완성 메커니즘 (1), (2), (3) 중 (1)에 해당하는 형노·재복선에 유년이 좌한다. 유년 천량화록과 선천 거문화록으로 이차발생이 묘유궁이 되어, 형노·재복에 앉아 형노·재복을 인동시키는 (1)번 케이스에 정확하게 부합 되었다. 묘유궁선은 대한 차원에서 인동되지 않은 궁선 아닌가? 아니다. 거울공명된다.

6장. 왕족 삼대 - 영조, 사도세자, 정조

1) 조선시대 태실

    조선왕조실록이나 승정원일기를 보면 왕가 자녀들이 태어날 때 그 생시가 일부 기록되어 있지만 그 양이 많지 않다.

    왕족이 태어나면 태항아리를 만들어 탯줄을 보관한다. 이 때 태지석에 태주(탯줄 주인)의 생년월일시가 적혀져 있는 경우가 많다. 여러 자료가 있는데, 강원대학교 사학과 홍성익 교수는 2014년 산재해 있는 자료를 통합해서 논문을 내었고,[86] 국립고궁박물관에서 2018년에 전시한 '조선왕실 아기씨의 탄생' 특별전의 도록 등도 있다. 그 중 주요인물을 살펴보면,

예종 (1450 경오년) 1월 1일 유시 (이하 모두 음력)
성종 (1457 정축년) 7월 30일 술시
중종 (1488 무신년) 3월 5일 축시
인종 (1515 을해년) 2월 25일 술시
명종 (1534 갑오년) 5월 22일 인시
광해군 (1575 을해년) 4월 26일 묘시
효종 (1619 기미년) 5월 22일 해시
현종 (1641 신사년) 2월 4일 축시
숙종 (1661 신축년) 8월 15일 묘시
경종 (1688 무진년) 10월 28일 유시
영조 (1694 갑술년) 9월 13일 인시
사도세자 (후에 장조로 추존) (1735 을묘년) 1월 21일 축시
정조 (1752 임신년) 9월 22일 축시
순조 (1790 경술년) 6월 18일 신시

---

[86] 「조선시대 태실의 역사고고학적 연구」

헌종 (1827 정해년) 7월 18일 신시
철종 (1831 신묘년) 6월 17일 오시

그 밖에도 왕위를 물려받지 못한 왕자나[87] 옹주[88] 등의 생년월일시도 많이 있고, 심지어 일찍 사망하여 실록 등의 기록에도 없는 옹주들도 많다.

시대와 문화에 따라 다르게 볼 사안이 있다. 조선시대엔 결혼도 일찍 하고 많은 자식을 낳아 역시나 많은 자식을 일찍 잃기도 했다. 요즘은 강한 출산과 사망의 암시가 있어야 그러한 사안이 발생하지만 예전엔 달랐다.
하지만 인간사에 있어 동서건 고금이건 공통적인 면이 있다. 왕족이라면 자신의 세력을 모아야 하고 반대세력은 견제해야 하므로 주변 이합집산의 영향을 심대하게 받는데, 이는 요즘의 고위공직자나 하다못해 작은 기업체의 임원 심지어 직원들조차 마찬가지이다. 나라를 세운 왕이 있고 이를 물려받는 아들이 있듯, 요즘은 창업주가 있고 이를 물려받는 자식이 있다. 이런 역사 속의 명반도 자주 접해야 폭 넓은 시야를 가질 수 있다.

잠시 조선후기 왕족의 삶으로 빠져 들어보자.

---

87) 예: 사도세자의 맏아들 의소세손 (1750 경오년) 8월 27일 축시.
88) 예: 영조가 제일 사랑했던 화완옹주 (1738 무오년) 1월 19일 축시.

2) 영조

가. 영조 간략 연보

1세 (1694 갑술년) 음력 9월 13일 인시, 숙종과 무수리 출신 숙빈 최씨 사이에서 출생

　　　　갑 무 갑 갑
　　　　인 인 술 술

12세 (1704 년) 서종제의 딸과 혼인 (정성왕후)

26세 (1719 기해년) 맏아들 효장세자 출생

27세 (1720 경자년) 경종 즉위. 숙종은 죽기전 경종의 후임으로 연잉군(후에 영조)을 지목했기에 (정유독대) 경종 즉위 후, 연잉군을 비호한 노론과 이를 반대한 소론 사이 당쟁이 격화되어 연잉군 목숨이 위태롭게 됨.

28~29세 (1721~1722 신축~임인년) 김일경이 주도한 신임옥사로 연잉군을 비호하던 노론 4대신이 (김창집, 이이명, 조태채, 이건명) 처형당함. 하지만 자식을 낳지 못하는 이복 형인 경종의 비호로 연잉군은 살아 남음.

31세 (1724 갑진년) 경종 급서로 왕위에 오름 (음력 8월 30일) 경종 독살설과 영조가 숙종의 아들이 아닌 김춘택의 아들이라는 설이 조직적으로 유포됨.

35세 (1728 무신년) 3월 소론 강경파인 이인좌의 난 발발. 보름만에 진압되지만 경종 독살설과 김춘택 아들설이 계속 유포됨. 11월 맏아들 효장세자 사망.

37세 (1730 경술년) 소론이 사람의 뼛가루를 세자와 옹주의 음식에 타먹인 증거 발견. 이인좌의 난과 효장세자 독살의 배후로 의심 받은 경종비인 선의왕후 사망.

42세 (1735 을묘년) 음력 1월 사도세자 출생

47~48세 (1740~41 경신~신유년) 경신처분과 신유대훈을 통해 정통성 확립
55세 (1748 무진년) 총애하던 화평옹주 사망
57세 (1750 경오년) 사도세자 첫째 아들 의소세손 출생
58세 (1751 신미년) 11월 며느리인 효장세자 배우자 현빈조씨 사망
59세 (1752 임신년) 3월 의소세손 사망. 음력 9월 사도세자 둘째 아들 정조 출생
62세 (1755 을해년) 나주벽서 사건 발발. 이후 노론 일당독재
67세 (1760 경진년) 8월 사도세자 온양행차. 이후 사도세자와의 사이 더욱 안 좋아짐
68세 (1761 신사년) 음력 1월 사도세자를 옹호한 영의정 이천보 사망. 음력 2월 사도세자를 옹호한 우의정 민백상 사망. 음력 3월 사도세자를 옹호한 좌의정 이후 사망. 음력 4월 사도세자 비밀리에 평양행차, 소론들 만남
69세 (1762 임오년) 음력 윤5월 사도세자 뒤주에 가둬 죽임
83세 (1776 병신년) 음력 3월(임진월) 5일(병자일) 사망

경기도 화성에 있는 융건릉으로 사도세자와 정조의 묘이다.

나. 선천 명반 분석

명례 153. 영조

天大天天紅天鈴巨 廚耗貴巫鸞刑星門 　　　　　　　旺平	紅天文天廉 艷才曲相貞 　　陷旺平祿	天寡恩天天 官宿光鉞梁 　　　　旺旺	旬截天台天文七 空空哭輔馬昌殺 　　　　旺旺廟
小亡龍　94~　　32己 耗神德【子女】　生巳	將將白　　　　33庚 軍星虎【夫妻】　浴午	奏攀天　　　　34辛 書鞍德【兄弟】　帶未	飛歲弔　4~13　35壬 廉驛客　【命】　冠申
金解天封貪 輿神虛詰狼 　　　　　廟	명례 153. 영조 / 陽男 양력 1694년 음력 갑술년 9월 13일 인시 【命局】金四局 【命主】廉貞 【身主】文昌 【命式】甲　戊　甲　甲 　　　　寅　寅　戌　戌		流天天地天 霞福姚空同 　　　　廟平
青月歲　84~93　31戊 龍煞破【財帛】　養辰			喜息病　14~23　36癸 神神符【父母】　旺酉
月天火擎太 德使星羊陰 　　　平陷陷			天陰武 壽煞曲 　　廟 　　科
力咸小　74~83　30丁 士池耗【疾厄】　胎卯			病華太　24~33　37甲 符蓋歲【福德】　衰戌
天龍八祿右天紫 月池座存弼府微 　　　廟廟廟廟	破天地陀天天 碎傷劫羅魁機 　　　陷廟旺陷	輩年鳳三左破 廉解閣台輔軍 　　　　　旺廟 　　　　　　權	孤天天太 辰空喜陽 　　　陷 　　　忌
博指官　64~73　29丙 士背符【遷移】　絶寅	官天貫　54~63　28丁 府煞索【奴僕】　墓丑	伏災喪　44~53　27丙 兵煞門【身官祿】死子	大劫晦　34~43　38乙 耗煞氣【田宅】　病亥

　평생 한두 번의 큰 변화를 겪는다는 칠살명이다. 살파랑은 안정을 취하기 위해 록을 필요로 하는데 록존이 천이궁에 있다. 그리고 또 하나의 록인 화록은 오궁 부처궁에 있는데, 이는 매우 의미심장하다.

두 번째 대한은 천동이 명궁으로 천동은 자녀를 주관하는데, 대한의 자녀궁이 바로 이 오궁이다.

세 번째 대한은 무곡운으로 무곡은 재백을 주관하는데, 대한 재백궁이 오궁이다.

네 번째 대한은 태양으로 아버지를 주관하는데, 부모궁의 대궁이 오궁이다.

다섯 번째 대한은 오궁의 대궁인 자궁이다.

다음 천기대한의 천기는 형제를 주관하는데, 대한 형제궁의 대궁이 오궁이다.

다음 자미·천부 대한의 자미는 관록을 주관하는데, 대한 관록궁이 오궁이다.

오궁의 상황이 매우 좋다.[89] 명궁 칠살은 록을 필요로 하는데, 화록이 오궁에 있고, 문창의 짝성인 문곡 또한 오궁에 있으며, 명궁 천마와 오궁 화록이 록마가 된다.

부처궁은 몸과 마음을 움직여 행동을 취하게 만드는 '정기'를 주한다. 복덕궁 무곡은 행동을 주하고, 그러한 행동이 주변에 다 드러남을 암시하는 화과가 붙는다. 복덕과 부처궁을 함께 해석하자면, 자신의 생각을(복덕궁) 표출하면(화과) 이를 움직이게 하는 충만한 정기(부처궁)가 이를 도와 실행에 옮기게 한다. 생각이 다 드러나고 그것을 다 이룬다.

명반 배치상 보통 길성은 진술축미궁으로 집중된다. 영조의 명반

---

[89] 『사회적 지위』 323쪽 백범 김구 선생 명반은 오궁에 염정화기가 대조가 된다.

은 축미궁 협이 유달리 좋다. 형노선 덕분에 명·천선과 부관선에 각종 길성을 얻는다고도 말할 수 있다. 형제궁 덕분에 명궁-부처궁은 창곡과 록마를 얻고, 노복궁 덕분에 천이궁-身관록궁은 록권, 보필, 삼태·팔좌, 용지·봉각을 얻는다. 이렇게 각종 길성을 주는 궁선이 형노선이고 이는 영조를 왕으로 만든 노론이다.90)

언뜻 보면, 이것이 왕의 명반인가 생각할 수도 있으나, 초년엔 왕이 될 수 있는 것이 불확실한 상태로 살다가 갑술대한(24~33세)이 되면, 삼방에서 천부·천상이 각기 록존·화록을 이끌고 비추는 상황이 된다. 거기에 선천 전택궁이자 대한 부모궁 태양화기가 양령형기로 전형적인 집안의 아버지 역할을 하는 분의 사망이 예상된다.

이 대한 중에 아버지 숙종이 죽고 이복형인 경종이 즉위하는데, 경종의 정적인 노론은 연잉군(후에 영조)을 등에 없고 끊임없이 경종을 공격한다. 하지만 자식을 낳을 수 없던 경종은 연잉군을 비호해준다. 몇 년 뒤 경종이 죽고 연잉군이 왕위를 이어 받게 된다. 이것이 모두 갑술대한의 상황이다.

선천 자전선이 묘하다. 일단 양령형기격이 형성되었다. 원래 명·신궁 삼방사정으로 길성이 많이 보일수록 자전, 부질, 형노선으로는 흉성이 운집하기 마련이다. 그래서 명·신궁을 체로 놓고 자전선을 용으로 본다면, 이렇게 자전선에 양령형기가 보여도 이를 매우 흉하게 볼 수는 없다. 하지만 이 명반은 칠살명이다.

---

90) 만약 이런 명반 구조에서 오궁이 명궁이라면 부질선이 길성을 주는 역할을 하고, 오궁의 염정·천상은 관록을 주니 직장 내에서의 문서가 길하거나 상사의 도움을 받게 되는 명반으로 볼 수 있다.

칠살은 크게 두 가지로 해석해 볼 수 있는데, '본인 변화'와 '육친 불리'이다. 그것이 체이다. 체부터 따져보니 자전선의 양령형기의 흉은 그대로 읽어 줘야함을 알 수 있다.

전택궁의 태양화기는 집안의 남성 육친에게 좋지 않다. 하지만 그러한 태양화기를 권과가 협을 해주니 집안일을 처리하는 데 있어 주변의 도움을 받기는 한다. 혹은 전택궁 태양화기에 힘입어 자신은 권과를 얻게 된다고도 볼 수 있다. 여기서의 태양화기는 영조에겐 자신의 이복 형인 경종의 죽음이다. 자녀궁은 좀 더 상황이 심각한데, 형극을 주하는 천형과 분리를 암시하는 영성이 있다는 것 외에도 탐랑·문곡의 작사전도협이 이루어져서 전택궁 태양화기의 협상황과 대조된다. 물론 다시 한번 강조하지만, 자전선을 이렇게 안 좋게 해석하는 이유는 칠살명이기 때문이다.

자미가 인궁에 오는 명반은 태양이 해궁 함지에 있기 때문에 명반 자체가 매우 어두워진다. 특히나 이 명반에선 그러한 태양에 화기가 붙으면서 대궁의 천형·영성과 더불어 양령형기격이 되었다. 태양 빛에 민감한 정성으로 태음, 거문, 천량이 있는데, 이 명반에선 각기 질액, 자녀, 형제궁에 좌한다.

형제궁으로 보는 어머니 숙빈 최씨는 무수리 출신이라 영조에게 트라우마로 남았고, 자녀궁으로 보는 사도세자는 뒤주에 가둬 죽였으며, 질병과 액운을 주하는 질액궁 묘궁의 천간은 정간으로 정간 거문화기로 전택궁 태양화기를 충한다.[91] 공교롭게도 사도세자는

---

91) 이것은 북파식으로 사화를 본 것이다.

을묘년 생으로 태세입괘궁이 묘궁이 된다.

명·신궁 삼방사정에서 살성을 보지 않는 멀쩡해 보이는 명반인데 전택궁 태양화기에서 출발한 기운이 명반 전체를 휘감는 모습이 무섭기까지 하다. 그러한 태양화기가 천이궁과 암합하는 것 또한 놓치면 안 된다. 모든 암합을 중요시 여길 수는 없지만, 사화와 록존이 있는 궁끼리의 암합은 매우 유의해야 한다. 특히나 록존과 화기간의 암합은 격외로 흉상이 많다.

앞서 얘기한 전택궁 태양화기가 협으로 복덕궁엔 화과를 身관록궁엔 화권을 주는 점은 길하게 보인다. 하지만 자세히 살펴보면 화권·화과의 길함에 숨겨져 있는 것이 있다.

양타가 양이라면 형기는 이에 해당하는 음이다. 그래서 경양과 천형도 짝성의 성질이 있고 타라와 화기도 서로 짝성으로서의 성질이 있다. 전택궁 화기는 노복궁 타라와 더불어 身관록궁을 협하여 화권의 권위가 집안의 문제와(전택궁) 커뮤니케이션의 문제의(노복궁) 지체, 지연(타라·화기)이 그 배경에 있음을 암시한다.

또한 부모궁과 전택궁에서 복덕궁 화과를 협하는 별들을 보면, 각기 지공·천공, 식신·고신, 천요·천희, 병부·병지가 있다. 복덕궁 자체의 무곡화과와 천수는, 각기 생각의 실행이 다 드러나지만 능숙함을 암시한다. 하지만 같이 동궁한 음살과 병부는 협으로 들어오는 공망성과 질병성 그리고 도화성의 영향을 받아, 무언가에 병적으로 집착하게 만든다.

특히나 질액궁과 암합하는 복덕궁에선 이러한 경향이 배가 된다. 만약 복덕궁에 살성 몇 점이 더 있었으면 정신적으로 크게 문제가 있을 수 있다. 하지만 복덕궁 자체와 이 정도 상황만으로는 약간의 피해의식이 있는 정도이다. 문제는 그런 피해의식이 언제 발현되느냐이다.92)

다. 경종 독살설

경종은 33세(1720 경자년) 즉위 후, 몇 년 지나지 않은 37세의 나이에(1724 갑진년) 갑작스럽게 죽었다. 그래서 영조와 그를 추종하는 노론이 독살시켰다는 소문이 퍼졌다.

잠시 경종의 명반으로 당시 상황을 고찰해본 뒤, 영조 명반으로 돌아가 보자.

경종의 사주는 무진년 계해월 정묘일 기유시이다.

> 형제궁 천마절공협 → 명궁 작사전도협, 록과협 → 부모궁 절족마협 → 복덕궁 쌍록협 → 전택궁 양타협. 사안의 규모가 크다고 하는 도미노격이다.

명궁은 자미와 천부의 협을 받고 있는 인궁 기월이다. 부모궁 자미와 동궁한 탐랑은 삼방에서 탐랑이 좋아하는 화령을 보고 은광·천귀가 동궁하여 지위가 상당한 부모임을 알 수 있다.

---

92) 병인대한 명궁에 록존이 있어 양타협을 당하여 위축된다. 같은 대한 복덕궁을 보면 화령과 형화 그리고 천형·경양의 협을 받는다. 사도세자를 죽인 대한이다.

형제궁에서는 5길성이 있으니 역시나 어머니도 상당한 분임을 알겠다. 그러한 부모궁과 형제궁이 각기 화록과 화과로 명궁을 협해주니, 좋은 가문 출신인 점을 알 수 있다. 전택궁 록존 또한 복덕궁엔 집중력의 타라를 그리고 관록궁엔 위권출중의 경양을 주니, 역시나 가문이 출중함의 의미는 배가 된다. 알다시피 아버지는 숙종이고 어머니는 장희빈이다.

명례 154. 경종

流孤天天祿天 霞辰空喜存相 廟平	蜚天天天年鳳天擎天 廉月廚才解閣刑羊梁 平廟	金天鈴天七廉 輿傷星鉞殺貞 旺旺旺廟	龍陰天地 池煞巫劫 廟
博劫晦 32~41 38丁 士煞氣 【田宅】 絶巳	力災喪 42~51 39戊 士煞門 【官祿】 胎午	青天貫 52~61 40己 龍煞索 【奴僕】 養未	小指官 62~71 41庚 耗背符 【身遷移】 生申
紅解三陀巨 艷神台羅門 廟平	명례 154. 경종 / 陽男 양력 1688년 음력 무진년 10월 28일 유시 【命局】 水二局 【命主】 祿存 【身主】 文昌 【命式】 己 丁 癸 戊 　　　　酉 卯 亥 辰		月天 德使
官華太 22~31 37丙 府蓋歲 【福德】 基辰			將咸小 72~81 42辛 軍池耗 【疾厄】 浴酉
天天台天恩貪紫 福官輔貴光狼微 地旺 祿			旬天八天天 空虛座姚同 平
伏息病 12~21 36乙 兵神符 【父母】 死卯			奏月歲 82~91 43壬 書煞破 【財帛】 帶戌
天天地太天 哭馬空陰機 旺陷旺旺 權忌	破寡天文文右左天 碎宿魁曲昌弼輔府 旺廟廟廟廟 科	截天太 空壽陽 陷	大封紅火破武 耗詰鸞星軍曲 平平平
大歲弔 2~11 35甲 耗驛客 【命】 病寅	病攀天 34乙 符鞍德 【兄弟】 衰丑	喜將白 33甲 神星虎 【夫妻】 旺子	飛亡龍 92~ 44癸 廉神德 【子女】 冠亥

문제는 그러한 주위의 유력함을 내가 다 받을 수 있느냐이다. 명궁의 협을 보면 자미·천부와 록과 뿐아니라 작사전도 역시나 명궁을 협하는데, 그러한 명궁은 부러짐을 암시하는 화권화기의 과강필절이다. 또한 부모궁은 협으로 나의 명궁과 복덕궁에게 각기 천마와 타라를 주어 절족마를 선사하고, 형제궁은 협으로 나의 명궁과 부처궁에 각기 천마와 절공을 주어 마우공망을 선사하니, 주변의 강함이 나에겐 매우 큰 부담임을 알 수 있다.

　또한 기존 선천 관록궁에 있는 천량과 천형이 형극성인데 전택궁 록존 때문에 관록궁에 경양까지 오게 되니 관록의 형극성은 가강된다. 그러한 관록의 상황을 체인 명궁이 감당할 수 있어야 하는데, 인궁 기월의 천기화기로는 힘들다.

　정사대한에 즉위를 하고 죽었다. 이 대한은 선천 전택궁 록존이 대한 전택궁 화기운으로 와서 전택에 있어 근본적인 변화를 겪는 운이다. 특히나 대한 전택궁이 身궁이기도 하기에 자신의 몸의 근본적인 변화도 같이 겪을 수 있다.

　원국 전택궁 록존과 身궁 화기는 암합이 되기에 집안 내력이 그대로 이 명에게 전달될 확률이 높다. 특히나 身궁엔 물려받음을 암시하는 천무도 있고 음적인 기운이 강한 음살도 동궁하고 있으니 더욱 그러하다. 질병을 물려받기도 하겠지만 가업 혹은 가문의 업보도 물려받는다. 하지만 결과적으로 그것이 록존과 화기의 암합이기에 길하지 않다.[93]

---

93) 일반적으로 身궁과 전택궁이 이처럼 화기와 록존 등으로 좋지 않게 암합이 되면, 자식이 없거나 있다하더라도 딸만 있고, 여성의 경우 생리불순을 겪는다.

大大流孤天天祿天 曲陀霞辰空喜存**相** 廟平	大蜚天天天年鳳天擎**天** 祿廉月廚才解閣刑羊**梁** 平廟	大金天鈴天七廉 羊輿傷星鉞**殺貞** 旺旺旺廟	龍陰天地 池煞巫劫 廟
博劫晦 32~41 38丁 士煞氣【田宅】 絕巳 【大命】	力災喪 42~51 39戊 士煞門【官祿】 胎午 【大父】	青天貫 52~61 40己 龍煞索【奴僕】 養未 【大福】	小指官 62~71 41庚 耗背符【**身**遷移】生申 【大田】
紅解三陀**巨** 艷神台羅**門** 廟平 忌			大大月天 昌鉞德使
官華太 22~31 37丙 府蓋歲【福德】 墓辰 【大兄】			將咸小 72~81 42辛 軍池耗【疾厄】 浴酉 【大官】
天天台天恩**貪紫** 福官輔貴光**狼微** 地旺 祿	명례 154. 정사대한 경종 / 陽男 양력 1688년 음력 무진년 10월 28일 유시 【命局】水二局 【命主】祿存 【身主】文昌 【命式】己 丁 癸 戊 　　　　酉 卯 亥 辰		旬天八天天 空虛座姚同 平 權
伏息病 12~21 36乙 兵神符【父母】 死卯 【大夫】			奏月歲 82~91 43壬 書煞破【財帛】 帶戌 【大奴】
天天地**太天** 哭馬空**陰機** 旺陷閑旺 權忌 祿科	破寡天文文右左天 碎宿魁曲昌弼輔府 旺廟廟廟廟廟 科	截天**太** 空壽**陽** 陷	大大大封紅火**破武** 馬魁耗誥鸞星**軍曲** 平平平
大歲弔 2~11 35甲 耗驛客【**命**】 病寅 【大子】	病攀天 34乙 符鞍德【兄弟】衰丑 【大財】	喜將白 33甲 神星虎【夫妻】 旺子 【大疾】	飛亡龍 92~ 32癸 廉神德【子女】冠亥 【大遷】

　　정사대한 명궁 천상은 주변의 영향에 휘둘리기 쉬운 별이고, 동궁한 록존 또한 양타협으로 자신은 손 쓸 수 없는 운을 맞는 대한이다. 선천 명궁 기월의 유약함이 이 시기에 극에 달한다.
　　대한 관록인 유궁은 이미 삼방에서 화령을 보는 자탐을 차성해서 쓴다. 문제는 이 자탐이 묘궁에서 이미 절족마협을 받고 있는데, 차성한 뒤에는 곡허의 협과 지공 순공의 협을 받는다는 것이다. 즉위 직후인 신축년과 임인년에 신임옥사로 영인군을 옹호하는 노론 4대신을 포함한 노론 숙청이 단행된다. 그리고 2년 뒤엔 자신이 죽는다.

33세(1720 경자년) 즉위 상황부터 고찰하기 위해 정사대한 록기부터 돌려보자. 정간 태음화록이 선천의 천기화기를 물고, 대한 거문화기로 인한 특수이차결과 사해궁이 인동 되었는데, 록기전도를 감안하면 일차발생은 사해궁, 이차발생은 진술궁, 최종결과는 인신궁이다.

경자년의 앉은 자리는 부관·부질선으로 대한에서 록기전도를 감안하지 않은 이차결과로 인동된 묘유궁과 첩궁공명되어 있다. 관록의 성인 태양이 있고 부관·부질선이기도 하니 관록의 문서문제가 있기 쉬운 유년이다. 또한 태양은 남성 육친을, 천수도 웃어른을 상징하고, 백호가 있으며, 대궁엔 천량, 경양, 천형, 등의 형극성도 있으니 웃어른의 사망도 있을 수 있다.

특히나 유년 용에 대한 체인 대한에서 전택궁이 의미심장하게 안 좋았으니 더욱 그러한 암시는 강하다. 유년 록기를 돌려보면 그러한 태양·천수가 발생이고 록기전도로 록의 의미가 있는 대한 거문화기와 더불어 인신궁이 인동되었다. 유년 천동화기로 유년 부관선, 천동화기와 선천 천기화기로 자오궁인 선천 부관선, 선천 천기화기가 신궁으로 차성되면 유년 천동화기와 더불어 묘유궁 대한 부관선도 인동된다.

37세(1724 갑진년) 급서된 상황을 보자. 유년 앉은 자리는 대한에서 인동된 형노·재복선상에 있다. 앉은 자리 자체가 매우 고약하다. 대한 외궁에 있으면서 쌍화권을 삼방에서 편사식으로 본다.[94] 이런 경우 권위, 권력, 주도권은 남이 다 가져간다. 특히나 대한 노복궁의 천동화권은 천요와 동궁하고 있어서 남의 권모술수에 더욱 힘이 실린다. 또한 쌍화권에 각기 곡허와 지공·순공도 동궁하고 있음에 유의해야 한다. 앞서 고찰했던 대한 관록궁의 협으로 안 좋은 별들이 들어오는 것을 갑진년에 삼방에서 본다.

외궁에 있는 선천과 대한의 화권을 삼방에서 보는 유년은 매우 흉하다. 주변에서 주도권을 가져가고 육친 사망도 많다.

그렇다면 임인년에도 외궁 화권을 삼방에서 보는데, 이 해에 사망하지 않은 이유는 무엇인가? 유년 록기에 답이 있다. 임인년의 록기로는 공교롭게도 선천대한유년의 형노선이 인동되지 않는다. 반면에 갑진년은 대한 형제궁에 좌하면서 유년 발생 염정화록은 선천 노복궁이고 유년 결과인 자궁의 태양화기는 인궁의 선천 천기화기와 더불어 선천 형제궁인 축궁을 이차결과화 시킨다. 『실전자미두수』에 나오듯, 형노선은 재복선과 더불어 사망과 관련된 상관선이다.

그렇다면, 임인년 앞은 자리인 대한 자녀궁 기월의 천기화기는 어떤 암시를 띠는가? 이 전 해와 이 해에 신임옥사가 일어나서 노론에 대한 대숙청이 단행되었는데, 노론이 추대하려고 하는 연잉군(영조)을 안 죽인 것이 천기화기의 계획 착오였다. 경종 자신이 자식이 없어 이복동생인 연잉군을 옹호했다. 이 대한의 자녀궁은 연잉군이었다.95) 연잉군까지 죽였어야 노론 입장에서는 옹립하려고 했던

---

94) 신궁으로 차성된 선천 태음화권과 술궁의 대한 천동화권
95) 『사회적 지위』를 보면 자녀궁은 자신이 그 미래를 걱정해주는 대상이다.

왕족이 사라지게 되어 경종에 대한 독살을 실행하지 않았을 것이다. 아니면 적어도 노론 편을 들어줄 다른 왕족을 찾을 때까지는 경종을 독살하지 않았을 것이다.

정사대한의 명궁 천상·록존 입장에서 자신(己)의 마음(心)이 가는 화기(忌)는 자녀궁의 연잉궁에 있었다. 하지만 그러한 화기는 대한의 身·전택궁으로 차성되어 천상·록존과 암합하여 가문의 내력인 권력 암투에 휘말리는 상황을 그대로 물려받게 되었다 (천무).

라. 갑술대한(24~33)

> 26세 (1719 기해년) 맏아들 효장세자 출생
> 27세 (1720 경자년) 경종 즉위. 숙종은 죽기전 경종의 후임으로 연잉군을 지목했기에 (정유독대) 경종 즉위 후, 연잉군을 비호한 노론과 이를 반대한 소론 사이 당쟁이 격화되어 연잉군 목숨이 위태로울 정도였음.
> 28~29세 (1721~1722 신축~임인년) 김일경이 주도한 신임옥사로 연잉군을 비호하던 노론 4대신 (김창집, 이이명, 조태채, 이건명) 처형당함. 하지만 자식을 낳지 못하는 이복 형인 경종의 비호로 살아 남음.
> 31세 (1724 갑진년) 경종 급서로 왕위에 오름 (음력 8월 30일) 경종 독살설과 영조가 숙종의 아들이 아닌 김춘택의 아들이라는 설이 조직적으로 유포됨.

이번엔 다시 영조의 입장에서 아버지 숙종의 사망으로 인한 경종 즉위와, 4년 뒤 경종 즉사로 인한 자신의 즉위 당시의 상황을 고찰해 보자. 경종의 명반은 기월로 부모궁, 형제궁, 전택궁으로부터 자신의 명궁, 부처궁, 복덕궁, 관록궁 등에 각종 부담스러운 협을 받게 된다. 반면, 영조의 명반은 주변 협상황이 거칠기는 해도 명궁 삼방 사정이 깨끗해서 견딜 수 있다.

갑술대한의 상황을 살펴보자.

선천 명궁 칠살이 대한 명궁 무곡화과로 오니 인생의 변화를 꾀하려는(칠살) 생각이(복덕궁) 본격적 행동으로(무곡) 드러나는(화과) 운이다. 천수가 있으니 노숙하게, 그리고 음살이 있으니 음적으로 행동한다. 음살로 의도를 숨기고 싶어 할 수 있으나 화과로 세상 사람들이 다 알게 된다. 그런데 삼방에서 묘왕지의 천상과 천부가 각기

화록과 록존을 끼고 비추니 무곡이 행동을 함에 있어 매우 길하다.

　이 대한 중에 가장 문제가 되는 궁은 양령형기의 태양화기인 해궁으로 자전부질선이다. 대한 명궁 무곡은 고독한 별로 선천 명궁 칠살이 육친 불리의 성이니 대한이 무곡운으로 온 것만으로도 육친 불리의 암시가 있는데, 대한의 부모궁이 태양화기이니 이 대한 중에 부모 사망이 있기 쉽다. 대한의 록기를 보면 사망의 상관궁성 중, 선천 형노선인 축미궁과 대한 형노선인 묘유궁이 인동되지 않았다.

巨門 旺平	天相 廉貞 陷旺平 祿祿	天梁 旺旺	七殺 旺旺廟
小亡龍 94~ 32己 耗神德【子女】 生巳 【大疾】	將將白 33庚 軍星虎【夫妻】 浴午 【大財】	奏攀天 34辛 書鞍德【兄弟】 帶未 【大子】	飛歲弔 4~13 35壬 廉驛客【命】 冠申 【大夫】
貪狼 廟	명례 153. 갑술대한 영조 / 陽男 양력 1694년 음력 갑술년 9월 13일 인시 【命局】金四局 【命主】廉貞 【身主】文昌 【命式】甲 戌 甲 甲 　　　　寅 寅 戌 戌		天同 廟平
青月歲 84~93 31戊 龍煞破【財帛】 養辰 【大遷】			喜息病 14~23 24癸 神神符【父母】 旺酉 【大兄】
太陰 平陷			武曲 廟 科
力咸小 74~83 30丁 士池耗【疾厄】 胎卯 【大奴】			病華太 24~33 25甲 符蓋歲【福德】 衰戌 【大命】
紫微 天府 廟廟廟	天機 陷廟旺陷 權	破軍 旺權	太陽 陷忌忌
博指官 64~73 29丙 士背符【遷移】 絶寅 【大官】	官天貫 54~63 28丁 府煞索【奴僕】 墓丑 【大田】	伏災喪 44~53 27丙 兵煞門【身官祿】 死子 【大福】	大劫晦 34~43 26乙 耗煞氣【田宅】 病亥 【大父】

경자년에는 유년 태양화록이 해궁의 태양 쌍화기를 물어 전형적인 수미상접이 되는 해인데, 마침 이곳이 유년의 형노선이다. 유년의 앉은 자리 궁선도 정파상으로 염정 육친의 身궁, 몸에 있어 파군의 소모적인 일이 있기 쉽다. 물론 십이운의 사(死)지에 상문이 있는 것도 의미심장하다.

이 해에 아버지 숙종이 승하하고, 이복형 경종이 즉위했다.

갑진년에 경종이 죽고 왕위에 오른다. 일단 진궁 앉은 자리가 화령협을 받은 탐랑이라 화탐·영탐격이 형성되었는데, 단순한 화령이 아니라 화성은 경양과 동궁하고 영성은 천형과 동궁하여 형화상봉 격발의 의미도 있는 화령협이다. 또한 위권출중한 경양과 천형의 협도 되기에 매우 유력한 주변에 의해 내가 격발을 받는 상황이다. 자신은 가만히 있기만 해도 상황이 유리하게 급변한다. 만약 그러한 위권출중한 격발의 협을 소화해내지 못한다면 이로 인해 흉상을 맞을 수도 있지만, 탐랑이 앉은 궁과 삼방에서 살 한점 보이지 않는다.

유일한 걱정거리는 이 해에 화기가 세 개나 겹친 해궁 태양인데, 『실전자미두수』에서 언급되어 있듯 쌍화기의 흉상이 제대로 발현되려면 이를 수미상접으로 인동시키는 유년이 유력하다. 경자년에는 유년 태양화록으로 이를 수미상접시키고, 신축년에도 거문화록으로 수미상접이 되며, 임인년에는 유년 천량화록으로 인한 궁간공명으로 태양쌍화기가 록기전도로 수미상접이 된다.

경자년는 숙종 승하로 경종이 집권하여 목숨이 위험했으며, 신축년과 임인년에는 신임옥사로 인해 자신들을 지지하던 노론이 노론

4대신을 포함하여 형장의 이슬로 사라졌다. 역시 영조 자신의 목숨도 경각에 달렸으나 경종의 비호로 겨우 건질 수 있었다.

하지만 체가 되는 대한의 상황을 보면 분명 축궁 지겁·타라와 묘궁 화성·경양의 협을 받는 대한 관록궁이 그 궁 자체와 삼방에서 살을 보지 않으므로 위태위태하면서도 자부살의 갑작스러운 길상이 발현되기 쉽다. 이를 체로 잡고 보면 이 대한 후반부 길상이 보인다.

갑진년 음력 8월은 대한의 부질선이자 선천 자전선인 사궁에 좌한다. 유월 계간 파군화록과 선천 록존으로 인해 선천 형노선인 축미궁이 문제궁선이 되는데, 이로 인해 사해궁이 공명된다. 공명되어 록기전도가 되어 계간 탐랑화기는 발생의 성질을 띠는데, 이러한 탐랑화기와 역시나 선천 록존으로 인해 대한 형노선인 묘유궁이 인동된다.

이렇듯 엄밀히 얘기하면, 형노선은 유년 록기로 인동되지 않고, 유월에 가서야 인동 되었다. 분명 이복형제이긴 하지만 형제인 경종의 사망이 이 해에 확연하게 드러나지 않는다. 다만 자신의 길상은 확연하다.

경종은 독살되었는가? 그리고 연잉군이 이를 알고 있었을까?

언급했듯, 대한이 선천 복덕궁 자리로 오면서 여기에 화과가 있으니 자신의 생각이 다 드러나는 대한이다. 경종 독살설은 정사로 인정되는 바는 아니나, 그 2년 전의 노론이 경종을 실제 독살하려고 했던 음모에 대해 국가안위를 위했던 일이라며 연잉군을 두둔한 적이 있다. 자신이 노론을 등에 업고 국왕이 되려는 희망은 굳이 감추지 않았던 듯하다.

선천 천이궁의 록존은 내 주변에 양타의 피해를 주게 된다. 록존은 상황이 좋은 경우 양타의 호위를 받을 수도 있으나, 이 명반의 경양은 화성과 동궁하고 타라는 지겁과 동궁하니 그렇게 볼 수는 없다. 오히려 경양·화성과 타라·지겁이 나의 천이궁 록존을 탐하며 위협을 가한다고도 볼 수 있다. 하지만 천이궁 자체에 살이 없고 삼방도 깨끗하니 실제 피해를 입지는 않는다. 피해의식만 생길 수 있다.96)

그러한 선천 천이궁이 갑술대한 천이궁으로 오면 역시나 화령협을 받게 되는데 공교롭게도 그 협을 받는 정성이 화령을 반기는 탐랑이다. 운이 좋다.

영조 명반을 보면 협으로 들어오는 주변이 매우 왕하다. 스스로가 주도한다기보다는 주변 상황으로 내가 길한 구조이다. 그래서 이복형인 경종을 연잉군이 주도해서 독살을 추진했을 리는 없다. 다만 노론이 알아서 추진했고 이를 잘 알았을 것이다. 그러한 노론은 역으로 즉위 후에는 오히려 여차하면 자신의 안위도 위태롭게 할 수 있다고 생각했을 것이다. 영조 명반에서 보여지듯, 주변이 강왕하다.

이에 대한 경계가 이 인생 평생의 화두였을 듯 싶다. 어쩌면 사도세자를 죽인 것도 이러한 명반 상으로 나타나는 피해의식 때문 아닐까?

---

96) 『사회적 지위』 158쪽 피해의식격 참고.

마. 을해대한 (34~43세)

> 35세 (1728 무신년) 3월 소론 강경파인 이인좌의 난 발발. 보름만에 진압되지만 경종 독살설과 김춘택 아들설이 계속 유포됨. 11월 맏아들 효장세자 사망.
> 37세 (1730 경술년) 소론이 사람의 뼛가루를 세자와 옹주에게 음식에 타먹인 증거 발견. 이인좌의 난과 효장세자 독살의 배후로 의심 받은 경종 비인 선의왕후 사망.
> 42세 (1735 을묘년) 음력 1월 사도세자 출생

선천 전택궁 운으로 양령형기격이 형성되는 태양화기 대한이다. 집안의 남성육친에 흉사가 예견되어 있다. 하지만 열 살 난 맏아들의 사망만 발생한 게 아니었다. 영조 자신의 안위를 걱정해야 할 정도의 이인좌의 난과 궁궐 내 자객 침입 등이 끊이지 않았고, 이의 배후인 소론을 향한 견제가 시작되어 애써 진행한 탕평책은 막을 내렸다.

왜 무신년에 맏아들이 사망했는가?

일단 을해대한 록기인 천기화록과 태음화기를 보면, 형노·재복 발생 부관·부질 결과이다. 문제의 양령형기인 사해궁 명천·자전 그리고 피해궁인 인신궁 명천·자전선이 인동되지 않았다. 자식 사망의 메커니즘 중, 자녀궁을 제외한 사망궁선이 전부 인동되었다.[97] 이런 경우 상관궁선의 완성 측면에서 보면 어느 유년에 사안이 발생하는지 파악할 수 있다.[98]

---

97) 身궁과 상문·백호가 있는 자오궁선은 대한 결과인 태음화기로 인해 공명되었음.

大天大大天紅天鈴巨 馬廚耗貴天巫鸞刑星門 　　　　　　　　旺平	大紅天文天廉 昌艷才曲相貞 　　　陷旺平 　　　　　祿	天寡恩天天天 官宿光鉞梁 　　　　旺旺 　　　　　　權	大大旬截天台天文七 曲鉞空空哭輔馬昌殺 　　　　　　旺旺廟
小亡龍　94~　　44己 耗神德【子女】　生巳 【大遷】	將將白　　　45庚 軍星虎【夫妻】浴午 【大疾】	奏攀天　　　34辛 書鞍德【兄弟】帶未 【大財】	飛歲弔　4~13　35壬 廉驛客【　命　】冠申 【大子】
大金解天封貪 羊輿神虛詰狼 　　　　　　廟	명례 153. 을해대한 영조 / 陽男 양력 1694년 음력 갑술년 9월 13일 인시 【命局】金四局 【命主】廉貞 【身主】文昌 【命式】甲 戊 甲 甲 　　　　寅 寅 戌 戌		流天天地天 霞福姚空同 　　　　廟平
青月歲　84~93　43戊 龍煞破【財帛】　養辰 【大奴】			喜息病　14~23　36癸 神神符【父母】　旺酉 【大夫】
大月天火擎太 祿德使星羊陰 　　　　平陷陷 　　　　　　　忌			天陰武 壽煞曲 　　廟 　　科
力咸小　74~83　42丁 士池耗【疾厄】　胎卯 【大官】			病華太　24~33　37甲 符蓋歲【福德】　衰戌 【大兄】
大天龍八祿右天紫 陀月池座存弼府微 　　　　　　廟廟 　　　　　　　科	破天地陀天天 碎傷劫羅魁機 　　　陷廟旺陷 　　　　　　　祿	大輩年鳳三左破 魁廉解閣台輔軍 　　　　　旺廟 　　　　　　　權	孤天天太 辰空喜陽 　　　　陷 　　　　忌
博指官　64~73　41丙 士背符【遷移】　絶寅 【大田】	官天貫　54~63　40丁 府煞索【奴僕】基丑 【大福】	伏災喪　44~53　39丙 兵煞門【身官祿】死子 【大父】	大劫晦　34~43　38乙 耗煞氣【田宅】病亥 【大命】

무신년 앉은 자리가 대한의 자녀궁이다. 정성은 본인변화와 육친에 불리한 칠살이다. 동궁한 절공, 순공, 천곡, 조객이 문창의 의미를 상례로 만든다.[99]

---

98) 대한에서 자전선을 제외한 상관궁선이 인동되면, 유년이 자전선 자리로 가면서 유년 록기로 자전선을 인동시키는 해에 사안이 발생하기 쉽다.

99) 노파심에서 얘기하자면, 위처럼 보는 이유는 선천이 육친에게 불리한 칠살명이고, 선천 자녀궁이 양령형기이면서 선천 명궁과 암합을 하고, 대한이 선천 전택궁

다시 무신년으로 돌아와서 유년 록기를 돌려보자. 유년 탐랑화록으로 선천 록존과 더불어 대한 태음화기를 문제궁으로 인동시키고, 유년 천기화기로 대한 천기화록을 인동시킨다. 전형적인 수미상접이다. 유년 천기화기는 또한 대한 태음화기와 더불어 대한 자전선인 인신궁을 이차결과화한다. 상관궁선의 완성이 이루어졌다. 그리고 이때 사해궁이 공명된다. 이런 경우 공명된 사해궁을 전실시키는 유월에 사단이 난다.100)

음력 11월은 자궁 유월로 파군이 좌하고, 파군은 '부처, 자녀, 노복'을 상징한다. 유월 갑간 염정화록과 유년 탐랑화록으로 인한 이차발생으로 유년 자전선인 사해궁이 인동되어 전실되고, 유월 태양화기로 다시 한번 인동된다. 이 달에 맏아들 효장세자가 사망한다.

42세인 을묘년 사도세자가 태어난다. 대한 앉은 자리가 선천 자전의 홍란·천희이고 대한 록기로 부관·부질 그리고 身궁도 인동시켰으니 자녀가 태어나기 쉬운 대한인 것을 알 수 있다.

을묘년은 부관·부질선에 아내를 상징하는 태음이 좌하고 경양의 수술성계도 있으면서 십이운의 태지이기도 하다. 이 해의 사해궁은 유년 재복선으로, 대한 천기화록이 대한 재복선임을 감안하면 이 해에 사해궁은 거울공명된다. 또한 유년 천기화록으로 인해 사해궁이

의 남성육친에게 불리한 태양화기이면서 대한 화록이 형노·재복을 인동시키고, 대한 화기로 인해 자오묘유궁 공명으로 질액身궁에 상문·백호를 인동시켰기 때문이다. 이러한 체를 제대로 보지 않으면 칠살 자리로 유년이 가기만 하면 가족 중에 누구라도 사망한다고 잘못 볼 수 있다.

100) 전실은 『실전자미두수』 1권 p.264 참고.

유년에서도 공명으로 인동된다.[101]

사도세자의 생모 영빈 이씨의 원묘 자리인 수경원의 정자각과 향나무. 오른쪽으로 광혜원도 보인다. 현재 연세대학교 신촌 캠퍼스 내에 있다.

---

101) 이렇게 공명되면 앞서 얘기했듯 유월에서 전실될 때 사안이 발생한다.

바. 병자대한 (44~53세)

> 47~48세 (1740~41 경신~신유년) 경신처분과 신유대훈을 통해 정통성 확립

이 대한은 선천 명천 록존이 대한 명천에서 화록을 만나고, 문창이 문곡을 만나며, 우필이 좌보를 만나고, 칠살이 화권을 만나는 대한이다. 자신의 뜻이 이루어지는 운이다.

실제로 47세(1740년) 경신처분으로 경종 때 자신을 비호하다 숙청된 노론4대신의 신원과 신임옥사가 소론에 의해 조작된 것임을 선언하고, 다음 해 이를 천명하는 신유대훈을 반포했다.

보통은 쿠데타로 집권한 독재자에게 정통성 문제가 화두가 되기 마련인데, 영조도 경종의 독살설에 시달리고 무수리 출신 어머니에 대한 콤플렉스가 있어서 그런지 정통성 인정에 사활을 걸었고, 그것이 이루어진 때가 병자대한이다.

경신년 앉은 자리는 대한 재복선으로 대한에서 암동된 선천 재복선인 진술궁과 첩궁공명 되어 있다. 유년 태양화록으로 유년 자전선인 사해궁이 인동되고 대한 천동화록과 더불어 이차발생으로 진술궁이 인동되는데 이 궁선은 대한의 부관선이다.

이 해의 사해궁에 관한 사안은 발생 안 했는가? 그렇지 않다. 후궁인 귀인 조씨에게서 화유옹주가 태어났다.

사해궁을 보면 함지의 태양화기를 보는 양령형기이므로, 선천 명궁 칠살을 체로 놓고 볼 때 무자명이다. 즉 자식이 없는 명이라고 할 수 있다. 자미두수에서 말하는 무자명은 아들이 없거나, 있다고

해도 문제가 있는 자식이 태어난다. 영조는 딸부자였다. 아들이 매우 귀하여 둘 밖에 없었는데, 맏아들은 10살 때 사망하고 두 번째 아들은 사도세자로 자신이 죽였다.

大天大天天紅天鈴**巨** 祿廚耗貴巫鸞刑星**門** 　　　　　　　　旺平	大大紅天文**天廉** 曲羊艷才曲**相貞** 　　　陷旺平 　　　　　祿 　　　　　忌	天寡恩天天 官宿光鉞**梁** 　　　　旺旺	大旬截天台天文**七** 昌空空哭輔馬昌**殺** 　　　　　旺旺廟 　　　　　　　科
小亡龍　94~　　44己 耗神德【子女】　生巳 　　　【大奴】	將將白　　　45庚 軍星虎【夫妻】浴午 　　　【大遷】	奏攀天　　　46辛 書鞍德【兄弟】帶未 　　　【大疾】	飛歲弔　4~13　47壬 廉驛客【　命　】冠申 　　　【大財】
大金解天封**貪** 陀輿神虚詰**狼** 　　　　　廟	명례 153. 병자대한 영조 / 陽男		大流天天地**天** 鉞霞福姚空**同** 　　　　　廟平 　　　　　　祿
青月歲　84~93　55戊 龍煞破【財帛】　養辰 　　　【大官】	양력 1694년 　　　음력 갑술년 9월 13일 인시		喜息病　14~23　48癸 神神符【父母】　旺酉 　　　【大子】
月天火擎**太** 德使星羊**陰** 　　　平陷陷	【命局】金四局 【命主】廉貞 【身主】文昌 【命式】甲 戊 甲 甲 　　　　寅 寅 戌 戌		天陰**武** 壽煞**曲** 　　　廟 　　　科
力咸小　74~83　54丁 士池耗【疾厄】　胎卯 　　　【大田】			病華太　24~33　49甲 符蓋歲【福德】　衰戌 　　　【大夫】
大天龍八祿右**天紫** 馬月池座存弼**府微** 　　　　　廟廟廟廟	破天地陀天天 碎傷劫羅魁**機** 　　陷廟旺陷 　　　　　權	蜚年鳳三左**破** 廉解閣台輔**軍** 　　　　　旺廟 　　　　　權	大孤天天**太** 魁辰空喜**陽** 　　　　陷 　　　　忌
博指官　64~73　53丙 士背符【遷移】　絶寅 　　　【大福】	官天貫　54~63　52丁 府煞索【奴僕】基丑 　　　【大父】	伏災喪　44~53　51丙 兵煞門【身官祿】死子 　　　【大命】	大劫晦　34~43　50乙 耗煞氣【田宅】　病亥 　　　【大兄】

사. 정축대한 (54~63세)

> 55세 (1748 무진년) 총애하던 화평옹주 사망
> 57세 (1750 경오년) 사도세자의 첫째 아들 의소세손 출생
> 58세 (1751 신미년) 11월 효장세자 배우자(며느리) 현빈조씨 사망
> 59세 (1752 임신년) 3월 의소세손 사망. 음력 9월 사도세자 둘째 아들 정조 출생
> 62세 (1755 을해년) 나주벽서 사건 발발. 이후 노론 일당독재

축미궁 기량이 살을 보면 매우 안 좋다. 선천 명·신궁 삼방에서 살을 안 보기는 하지만 육친에게 안 좋은 칠살명이라는 점과 자식을 포함 친족이 많은 왕인 점을 고려하면, 이 대한 역시 육친형극이 있을 수밖에 없다.

정축대한 대한의 내궁에서 화령을 보는데 이러한 화령 복선궁의 현현이 되는 궁은 대한 전택궁이다. 다시 말해, 대한 내궁으로 들어오는 화령의 피해는 대한 전택궁 때문이다. 물론 그 궁에는 탐랑이 있어 화탐 영탐 격발의 의미도 있지만, 육친 면에 있어 격발은 좋지 않다. 가뜩이나 선천 전택궁이 양령형기격이 형성되어 있어 대한 전택의 이러한 암시는 불길하다.

자식을 편애하기로 유명한 영조가 55세 되던 해, 총애하던 화평옹주가 딸을 출산하다가 갑자기 사망하여 잃었고, 58세엔 자신의 맏며느리로 들어왔지만 맏아들이 요절하여 일찍 과부가 되어 애처롭게 여겼던 현빈조씨가 사망한다. 59세엔 세살박이 손자인 의소세손을 갑자기 잃었다. 이렇게 집안 흉상의 갑작스러운 점은 대한 전택궁 화탐영탐 격발의 성질로 비추어 보아 충분히 짐작할 수 있다.

大大天大大天紅天鈴巨 曲陀廚耗貴巫鸞刑星門 　　　　　　　　　旺平 　　　　　　　　　　忌 小亡龍　94~　　　56己 耗神德【子女】　　生巳 　　　【大官】	大紅天文**天廉** 祿艶才曲**相貞** 　　　　陷旺平 　　　　　　祿 將將白　　　　　57庚 軍星虎【夫妻】　　浴午 　　　【大奴】	大天寡恩天天 羊官宿光鉞梁 　　　　　旺旺 奏攀天　　　　　58辛 書鞍德【兄弟】　　帶未 　　　【大遷】	旬截天台天文**七** 空空哭輔馬昌**殺** 　　　　　旺旺廟 飛歲弔　4~13　　59壬 廉驛客【　命　】　冠申 　　　【大疾】
金解天封**貪** 輿神虛詰**狼** 　　　　　廟 青月歲　84~93　55戊 龍煞破【財帛】　　養辰 　　　【大田】	명례 153. 정축대한 영조 / 陽男 양력 1694년 음력 갑술년 9월 13일 인시 【命局】金四局 【命主】廉貞 【身主】文昌 【命式】甲　戊　甲　甲 　　　　寅　寅　戌　戌		大大流天天地天 昌鉞霞福姚空同 　　　　　　廟平 　　　　　　　權 喜息病　14~23　60癸 神神符【父母】　　旺酉 　　　【大財】
月天火擎**太** 德使星羊**陰** 　　　平陷陷 　　　　　祿 力咸小　74~83　54丁 士池耗【疾厄】　　胎卯 　　　【大福】			天陰**武** 壽煞**曲** 　　廟 　　科 病華太　24~33　61甲 符蓋歲【福德】　　衰戌 　　　【大子】
天龍八祿右**天紫** 月池座存弼**府微** 　　　　　廟廟廟 博指官　64~73　65丙 士背符【遷移】　　絕寅 　　　【大父】	破天地陀天天 碎傷劫羅魁**機** 　　　陷廟旺陷 　　　　　　科 官天貫　54~63　64丁 府煞索【奴僕】　　墓丑 　　　【大命】	蜚年鳳三左**破** 廉解閣台輔**軍** 　　　　　旺廟 　　　　　　權 伏災喪　44~53　63丙 兵煞門【身官祿】死子 　　　【大兄】	大大孤天天**太** 馬魁辰空喜**陽** 　　　　　陷 　　　　　　忌 大劫晦　34~43　62乙 耗煞氣【田宅】　　病亥 　　　【大夫】

　선천 부질선 대한 재복선의 묘궁 태음화록 발생으로, 선천 재복선인 진술궁 전택의 화령협 받은 탐랑과 대궁의 무곡화과가 궁간공명 되었다. 대한 거문화기로 선천 자전선의 양령형기를 인동시키고 특수이차결과로 상문·백호가 있는 身궁선인 대한의 형노선 자오궁을 인동시킨다.

　집안의 사망과 관련된 상관궁과 상관성이 전부 인동되었다.

55세 무진년 상황을 보면, 앉은 자리가 대한의 자전선으로 화탐영탐의 격발이 일어나기 쉬운 해이다. 그리고 대한에서 일차결과화된 선천 자전선인 사해궁과 첩궁공명 되었다.

유년 탐랑화록 발생으로 묘궁이 문제궁이 되어 대한의 태음화록을 문다. 또한 유년 탐랑화록과 선천 염정화록은 사해궁을 이차발생시키면서 대한의 거문화기를 문다. 결국 해궁의 선천 태양화기는 대한과 유년에서 인동이 되었고, 특히 유년의 질액궁이 되어 사해궁선의 양령형기는 이 해에 질병의 의미가 더 강해졌다.

유년 천기화기로 유년 자녀궁인 축궁이 움직이면서 선천 태양화기와 더불어 身궁이자 유년 재복선 그리고 상문·백호가 있는 자오궁선을 인동한다. 이 해에 총애하던 화평옹주가 딸 출산 중 갑자기 사망한다. 영조의 슬픔이 많았던 해였다.

이 대한 중에 위의 간략 연보에 나타난 사안 외에도 다른 옹주들도 많이 태어나는 등 본격적인 딸부자가 되는 시기였다. 현대의 일반인이라면 갑작스런 임신으로 배우자가 중절수술을 많이 할 수 있다.

아. 병인대한 (64~73세)

> 67세 (1760 경진년) 8월 사도세자 온양행차. 이후 사도세자와의 사이 더욱 안 좋아짐
> 68세 (1761 신사년) 음력 1월 사도세자를 옹호한 영의정 이천보 사망. 음력 2월 사도세자를 옹호한 우의정 민백상 사망. 음력 3월 사도세자를 옹호한 좌의정 이후 사망. 음력 4월 사도세자 비밀리에 평양행차, 소론들 만남
> 69세 (1762 임오년) 음력 윤5월 사도세자 뒤주에 가둬 죽임

사도세자를 뒤주에 가둬 죽인 운명의 대한이다. 선천이 전형적인 피해의식격인 점, 무자명이라 아들이 없고, 아들을 낳는다면 문제가 생길 수 있다는 것도 알겠는데, 어떤 매커니즘으로 인해 아들을 죽이게 한 것일까? 명반을 들여다보자.

대한 명궁, 앉은 자리의 록존은 육친에게 좋은 별이 아니다. 천부가 양타협을 받기에 노고가 되었고, 자미가 양타협을 받기에 고군이 되었다. 하지만 삼방사정이 깨끗하여 그러한 피해의식만 있을 뿐 실제 피해는 없다.

선천 복덕궁 무곡이 대한 복덕궁 화령협을 만나니 고독격이 형성된다. 특히나 그러한 정신적 고독의 원인은 천형과 동궁한 영성이고 경양과 동궁한 화성이다. 정신적으로 위협적이라고 느낄 수 있다. 하지만 대한 복덕궁과 그 삼방사정에서 살을 보지 않으므로 피해의식만 있을 뿐 실제 피해는 없다.

선천 명궁과 암합하는 자녀궁의 작사전도 협(탐랑·문곡)을 받은 천형·영성이, 대한 자녀궁으로 와서 함지 태양화기를 만나 자녀궁에

는 양령형기가 완성되었다.

大天大天天紅天鈴巨 祿廚耗貴巫鸞刑星門 　　　　　　　旺平 小亡龍　94~　　68己 耗神德【子女】　生巳 　　　【大田】	大大紅天文**天廉** 曲羊艶才曲**相貞** 　　　　　陷旺平 　　　　　　　祿 　　　　　　　忌 將將白　　　69庚 軍星虎【夫妻】浴午 　　　【大官】	天寡恩天天 官宿光鉞**梁** 　　　　旺旺 奏攀天　　70辛 書鞍德【兄弟】帶未 　　　【大奴】	大大旬截天台天文**七** 馬昌空空哭輔馬昌**殺** 　　　　　　　旺旺廟 　　　　　　　　　科 飛歲弔　4~13　71壬 廉驛客【　命　】冠申 　　　　【大遷】
大金解天**貪** 陀興神虛詰**狼** 　　　　　廟 青月歲　84~93　67戊 龍煞破【財帛】養辰 　　　【大福】	명례 153. 병인대한 영조 / 陽男 양력 1694년 음력 갑술년 9월 13일 인시 【命局】金四局 【命主】廉貞 【身主】文昌 【命式】甲 戊 甲 甲 　　　　寅 寅 戌 戌		大流天天地天 鉞霞福姚空**同** 　　　　　廟平 　　　　　　祿 喜息病　14~23　72癸 神神符【父母】旺酉 　　　【大疾】
月天火擎太 德使星羊**陰** 　　　平陷陷 力咸小　74~83　66丁 士池耗【疾厄】胎卯			天陰**武** 壽煞**曲** 　　廟 　　科 病華太　24~33　73甲 符蓋歲【福德】衰戌 　　　【大財】
天龍八祿右**紫** 月池座存弼**府微** 　　　　廟廟廟廟 博指官　64~73　65丙 士背符【遷移】絶寅 　　　【大命】	破天地陀天天 碎傷劫羅魁**機** 　　　陷廟旺陷 　　　　　　權 官天貫　54~63　64丁 府煞索【奴僕】基丑 　　　【大兄】	輩年鳳三左**破** 廉解閣台輔**軍** 　　　　　旺廟 　　　　　　權 伏災喪　44~53　75丙 兵煞門【**身**官祿】死子 　　　【大夫】	大孤天天**太** 魁辰空喜**陽** 　　　　陷 　　　　忌 大劫晦　34~43　74乙 耗煞氣【田宅】病亥 　　　【大子】

명반상 묘한 구석이 있다. 앞서 언급 했듯 태양 빛에 영향을 받는
정성은 태음, 거문, 천량이다. 그러므로 대한 자녀궁 함지 태양화기
의 흉의는, 대한 부모궁 태음과 대한 전택궁 거문에 끼친다. 대한
자녀궁 태양의 지대한 영향을 받는 거문과 태음의 협을 대한 복덕
궁이 받는 것이다. 즉 앞서 대한 복덕궁이 피해의식을 갖게 된다고

한 상황은 자녀궁 태양화기 때문임을 알 수 있다.

"영조는 이처럼 세자가 자신에게 복종하고 있음을 반복해서 확인했다. 그리고 세자가 자신에게 다른 마음을 품지 않았음을 확인한 후에야 안심했다. 영조는 왜 이렇게 세자를 의심했을까? … (중략) … 영조는 세자가 신하들과 결탁할까 안절부절 못했으며, 겉으로는 신하들에게 세자를 잘 섬기라고 말하면서도 속으로는 끊임없이 세자를 견제했다. … (중략) … 세자에게 관대히 대하라는 말 한 마디에 영의정 이천보를 파직시켜 버렸다. 영의정 이천보가 60번 이상이나 사직단자를 올렸으나 허락하지 않던 것이 불과 1년 전이었다. 영조와 세자 사이를 중재하려던 이천보의 말은 거꾸로 둘 사이에 긴장감을 조성했다."102)

위는 65세 (1758년)의 상황이다. 사도세자의 존재 자체가 자신의 안위에 악영향을 끼친다고 영조는 생각했다. 이런 상황 중에 1760년 사도세자가 온양에 행차하는데, 이것이 영조가 사도세자를 멀리하게 된 결정적 이유가 된다.

"실제로 세자는 천여 명에 가까운 행렬이 창덕궁을 떠나 다시 돌아올 때까지 한 치의 실수도 없이 능숙하게 지휘했다. 지역을 지날 때마다 번번이 궁관 이수봉을 시켜 고장을 돌아다니며 주민들을 위로하고 타이르게 하는 한편 농사 현황을 살펴보게 했으며, 더운 여름날이었으므로 약원에게 미리 약을 조제하도록 명해 더위 먹은 장

---

102) 『사도세자의 고백』. 휴머니스트, 이덕일 p. 234~235

수와 병사들을 구제했다. 그 결과 긴 행차 후에도 천여 명의 사람 중 한 사람도 앓는 자가 없었다. 그야말로 완벽한 행차였던 것이다. 이는 세자가 탁월한 지휘능력을 지녔음을 뜻하는 것이다. 온양행차는 세자의 위의를 만천하에 알리는 계기가 되었다. 또한 소문이 거짓임을 밝히는 계기도 되었다. 세자의 온궁행이 가져온 결과가 이렇게 되자 다급해진 것은 노론이었다."[103]

온양행차에서의 사도세자의 모습은 영조에게 큰 위협이 되었다. 이후 같은 대궐에서 사는 부자는 8개월간 단 한 번도 만나지 않는다. 영조가 거부했다. 이 때문에 사도세자는 권력은 부자간에도 나눌 수 없다는 것을 깨닫고 사실상의 정계은퇴를 한다.

세자는 자신을 죄어 오는 음모의 무게를 알고 있었다. 세자를 지지해주던 소론 대신들이 잇달아 사망하고, 그 자리를 노론이 메우는 상황은 세자에게 본능적인 공포로 다가왔다.[104]

온양행궁 다음해 초, 자신을 옹호해주던 삼정승이 한 달 간격으로 연달아 죽고, 그 다음 해 사도세자는 영조와 노론에 의해 뒤주에 갇혀 최후를 맞이하게 된다.

사실 위에 발췌한 이덕일 작가의 주장은 기존 사학계에서 정설로 받아들여지지 않고 있다. 영조의 사도세자에 대한 피해의식 보다는

---

103) 앞의 책, p. 246~247
104) 앞의 책, p. 255

사도세자 자신의 정신병 등의 문제가 영조로 하여금 어쩔 수 없이 자식을 죽이게끔 만들었다는 것이 기존 설명이다. 하지만 영조의 명반을 보면 피해의식격에 잘 부합되는 명반이고, 병인대한 그러한 피해의식이 극에 달한다는 점이 명백히 보인다. 일반적으로 그러한 격국이 형성되면 대한 명·신궁 삼방에서 길성을 많이 보는 대한에 괜한 피해의식에 남을 해치기도 한다.

대한의 록기를 보면 병간이다. 천동화록과 염정화기인데, 천동은 아이를 상징하고 염정은 육친의 정성으로 자식에 관한 암시가 매우 크다는 것을 알 수 있다. 물론 어느 명반이건 병간 대한이 그러하다는 얘기가 아니다. 영조의 병인대한 록기 돌리기 전의 상황이 체임을 간과하면 안 된다.

대한 발생 천동화록으로 부질선이 인동되고 염정화기로 身부관선, 상문·백호가 인동된다. 가장 큰 문제가 되는 사해궁 자전선은 대한에서 인동되지 않는다. 그리고 사망의 상관궁 중에 형노·재복선이 인동되지 않았다는 점도 기억해야 한다. 이런 경우 유년 추론 시 상관궁의 완성이 적용된다.

경진년 사도세자가 온양에서 멋진 군주의 모습을 보였던 일로, 돌이킬 수 없을 정도로 관계가 틀어진 상황을 보자. 경진년은 앞서 고찰한 어두운 태양 빛을 받은 거문과 태음의 협이 각기 화령과 형화를 끌고 들어오는 유년이다. 피해의식이 고조될 만한 자리이다. 이 유년에서의 태양화기가 있는 사해궁은 유년 부질선으로, 병인대한 천동화록이 대한의 부질선임을 감안하면, 이 해에서 만큼은 사해궁이 거울공명 된다. 유년 태양화록으로 그러한 사해궁을 정확하게 인동시킨다. 이러한 유년은 절대 놓쳐서는 안 된다.

신사년에 들어서자 사도세자를 옹호하던 삼정승이 석연찮은 이유로 자결한다. 유년 앉은 자리를 보면 전택의 양령형기, 형극의 상황이 탐곡 작사전도 협으로 갑자기 닥치는 상이 보인다.

임오년 앉은 자리는 대한 결과궁인 화기 맞은 염정·천상인데[105] 염정은 혈육을 상징하고 천상은 약속 그리고 문곡은 동궁한 백호와 같이 보면 상례를 나타낸다. 대한 록기로는 사망의 상관궁 중 형노·재복이 인동되지 않았는데, 유년 천량화록으로 선천·대한의 형노선을, 유년 무곡화기로 선천·대한의 재복선을 인동시킨다. 유년 앉은 자리가 身궁선이니 유년십이사항궁을 다 읽어 줄 수 있는데, 유년 형노선은 천량화록으로 인해 공명되고 유년 재복선은 이차발생이자 이차결과선으로 인동된다.

이런 경우 암동된 사해궁을 발생으로 명동시키는 유월이 유력한데, 음력 윤달 5월 21일은 사궁으로 유월 정간 태음화록과[106] 유년 천량화록으로 사해궁이 이차발생되고 유월 거문화기로 결과화도 된다.

병인대한 자녀의 흉상은 사실 경진년도 유력해 보일 수 있다. 사해궁이 거울공명이 되기 때문이다. 하지만 아마도 상관궁의 완성 차원에서 형노·재복이 인동되야 하는데, 경진년 유년 이차발생으로

---

105) 대한 록기 중 화록은 외궁으로 화기는 내궁으로 오면 그러한 화기는 흉하다.
106) 자미두수에서 윤달 5월 전반부는 5월로(병오월), 후반부는 6월(정미월)로 봄

진술궁 재복선은 인동되지만 형노선이 인동되지 않은 것 때문에[107] 경진년에 해당 사안이 발생한 것이 아니라 임오년에 발생한 듯하다. 임오년은 앉은 자리가 대한의 결과궁이면서 유년 발생과 결과에서 각기 형노선과 재복선을 정확하게 인동시킨다.

게다가 물론 경진년 앉은 자리는 피해의식이 극에 달하는 암시가 있고 임오년 앉은 자리는 육친과의 약속 혹은 상례의 문제가 암시되는 자리라는 점도 차이가 있다.

---

107) 유년 천동화기인 묘유궁은 유년 형노선이 아니다. 유년십이사항궁으로 읽어 줄 수 없다. 『실전자미두수』 2권, 7장 유년편 참고.

자. 정묘대한 83세 (1776 병신년) 음력 3월(임진월) 5일(병자일) 사망

영조가 장수한 명이라는 것은 명·신궁 삼방사정에서 살성을 보지 않는다는 점, 身궁에 면면함을 의미하는 화권이 있다는 점, 선천 복덕궁에 천수가 있다는 점 등으로 알 수 있다.

大大天大天天紅天鈴巨 曲陀廚耗貴巫鸞刑星門 大　　　　　　　旺平 馬　　　　　　　　　忌 小亡龍　94~　　80己 耗神德【子女】　生巳 　　　【大福】	大紅天文天廉 祿艷才曲相貞 　　　陷旺平 　　　　　祿 將將白　81庚 軍星虎【夫妻】浴午 　　　【大田】	大天寡恩天天 羊官宿光鉞梁 　　　　旺旺 奏攀天　82辛 書鞍德【兄弟】帶未 　　　【大官】	旬截天台天文七 空空哭輔馬昌殺 　　　　旺旺廟 飛歲弔　4~13　83壬 廉驛客【　命　】冠申 　　　【大奴】
金解天封貪 輿神虛誥狼 　　　　廟 青月歲　84~93　79戊 龍煞破【財帛】　養辰 　　　【大父】	명례 153. 영조 / 陽男 양력 1694년 음력 갑술년 9월 13일 인시		大大流天天地天 昌鉞霞福姚空同 　　　　　　廟平 　　　　　　　權 喜息病　14~23　84癸 神神符【父母】　旺酉 　　　【大遷】
月天火擎太 德使星羊陰 　　平陷陷 　　　　祿 力咸小　74~83　78丁 士池耗【疾厄】　胎卯 　　　【大命】	【命局】金四局 【命主】廉貞 【身主】文昌 【命式】甲戊甲甲 　　　　寅寅戌戌		天陰武 壽煞曲 　　廟 　　科 病華太　24~33　85甲 符蓋歲【福德】　衰戌 　　　【大疾】
天龍八祿右天紫 月池座存弼府微 　　　廟廟廟 博指官　64~73　77丙 士背符【遷移】　絶寅 　　　【大兄】	破天地陀天天 碎傷劫羅魁機 　　陷廟旺陷 　　　　　科 官天貫　54~63　76丁 府煞索【奴僕】　墓丑 　　　【大夫】	輩年鳳三左破 廉解閣台輔軍 　　　　旺廟 　　　　　權 伏災喪　44~53　75丙 兵煞門【身官祿】死子 　　　【大子】	大孤天天太 魁辰空喜陽 　　　　陷 　　　　忌 大劫晦　34~43　74乙 耗煞氣【田宅】　病亥 　　　【大財】

하지만 정묘대한은 앉은 자리가 질액궁이면서 각종 살을 보고 대

한의 발생이 태음화록 질액궁에 결과 거문화기로 인한 특수이차결과가 身궁선의 상문·백호가 되니, 이 대한에서의 사망은 피할 수가 없었다. 하지만 대한 명궁이 끈질김을 의미하는 태음이라서 그런지 이 대한의 마지막 해인 83세 병신년에 가서야 승하하게 된다.

3) 사도세자

가. 사도세자 간략 연보

> 1세 (1735 을묘년) 음력 1월 21일 축시 출생
>   신 임 무 을
>   축 진 인 묘
> 15세 (1749 기사년) 대리청정 시작. 이후 사도세자가 죽기 전까지 형식적으로는 대리청정이었으나, 알아서 하면 왜 그렇게 일처리 했냐고 혼나고, 영조에게 물으면 그런 것도 혼자 못하냐면서 혼나기를 반복함.
> 16세 (1750 경오년) 음력 8월 맏아들 의소세손 출생
> 18세 (1752 임신년) 3월 맏아들 의소세손 사망, 둘째 아들 정조 출생, 형인 효장세자 배우자 현빈조씨 사망
> 21세 (1755 을해년) 나주벽서 사건 발발. 이 때 사도세자는 소론 옹호. 하지만 이 일로 노론의 일당독재가 되면서 노론은 영조 이후 사도세자가 집권하는 것을 필사적으로 막음.
> 26세 (1760 경진년) 온양행차. 이후 아버지 영조와의 관계가 더욱 안 좋아짐
> 27세 (1761 신사년) 음력 1월 사도세자를 옹호한 영의정 사망. 음력 2월 사도세자를 옹호한 우의정 사망. 음력 3월 사도세자를 옹호한 좌의정 이후 사망. 음력 4월 자신을 봐줄 노론 인사를 찾아 평양원행.
> 28세 (1762 임오년) 음력 윤5월 21일 뒤주에서 사망

    영조는 늦둥이인 사도세자를 키우는 데 있어 조급증이 있었는지 4살 때부터 구박하기 시작하더니 급기야 9살 무렵부터 사도세자는 아버지 영조를 만나는 것을 두려워했다. 15세 때 대리청정을 하게 되면서 이러한 관계는 더욱 악화됐다.

[명례] 155. 사도세자

金蜚破孤天天文**巨** 輿廉碎辰巫馬曲**門** 　　　　　平廟平	天天天天**天廉** 廚傷壽喜**相貞** 　　　　旺平	截年台鳳龍天 空解輔閣池**梁** 　　　　　旺 　　　　　權	月紅解天天大天**七** 德艷神福使耗鉞**殺** 　　　　　　廟廟
伏歲喪　86~95　51辛 兵驛門【官祿】　絶巳	大息貫　76~85　52壬 耗神索【奴僕】　墓午	病華官　66~75　53癸 符蓋符【遷移】　死未	喜劫小　56~65　54甲 神煞耗【疾厄】　病申
天天天恩擎左**貪** 官才空光羊輔**狼** 　　　廟廟廟	명례 155. 사도세자 / 陰男 양력 1735년 음력 을묘년 1월 21일 축시 【命局】火六局 【命主】巨門 【身主】天同 【命式】辛壬戊乙 　　　　丑辰寅卯		天天文**天** 虛刑昌**同** 　　廟平
官攀晦　96~　50庚 府鞍氣【田宅】　胎辰			飛災歲　46~55　55乙 廉煞破【財帛】　衰酉
天封祿**太** 哭詰存**陰** 　　　旺陷 　　　　忌			流天地火右**武** 霞月空星弼**曲** 　　　陷廟廟廟
博將太　　　49己 士星歲【身福德】養卯			奏天龍　36~45　56丙 書煞德【子女】　旺戌
八陰陀**天紫** 座煞羅**府微** 　　陷廟廟 　　　　　科	旬寡天天 空宿姚**機** 　　　陷 　　　祿	天三紅地天**破** 貴台鸞劫魁**軍** 　　　陷旺廟	鈴**太** 星**陽** 　廟陷
力亡病　　　48戊 士神符【父母】　生寅	青月弔　6~15　47己 龍煞客【　命　】浴丑	小咸天　16~25　46戊 耗池德【兄弟】　帶子	將指白　26~35　57丁 軍背虎【夫妻】　冠亥

나. 선천 명반 분석

부모궁에 항상 자미를 두고 있는 명궁 천기인데, 천기 중에서도 살성을 조금만 봐도 인생이 힘들어 진다는 축미궁 기량의 천기이다. 감성적인 별 태음이 있는 身·복덕궁은 양타협기가 되어 부모궁 타라와 전택궁 경양의 침탈을 온 마음과 온 몸으로(身궁+복덕궁) 받고 있다.

설상가상으로 부처궁 태양 영성과 재백궁 천형때문에 양타협기의 화기는 삼방에서 양령형기격이 형성되었다. 양령형기 중 특히나 태양과 영성은 부처궁에 있다. 태양은 원래 발산의 별이지만, 이 명반의 태양은 해궁 함지인데다 공겁의 협을 받고 있으며 음적인 영성이 동궁하고 있으니 삼방의 태음·거문·천량에게 빛을 주기는커녕 오히려 어두운 기운만을 전달한다.

부인인 혜경궁 홍씨는 자신의 정적인 노론 가문 출신이고, 특히나 장인인 홍봉한은 영조에게 사도세자가 스스로 자결하라해도 주위 신하들이 자결을 못하게 막게 되니 뒤주에 가두는 것이 좋겠다고 조언해준 인물이다.

쌍록협을 받고 있는 부모궁 타라와 록마협을 받고 있는 전택궁 경양의 압박을 받는 복덕궁 록존은 잘나가는 가문의 도련님 명반에서 많이 보인다. 문제는 이 명반에선 양령형기를 보는 화기가 동궁하여 단순히 주눅 든 것을 넘어 실제 피해를 입게 된다는 점이다.

명천선의 순공, 과수, 절공, 관록궁의 비렴, 파쇄, 고신, 재복선의 천곡, 천허가 있어 공망의 기운이 왕한데, 가장 센 공망성인 공겁은 협으로 부처궁에 있다. 부처로 인해 공망이 완성된다.

복덕궁에서 보이는 양령형기 중, 양령(태양·영성)은 공겁협을 받고 있고, 화기는 양타협을 받고 있다. 나머지 하나의 별인 재백궁의 천형은 별다른 협을 없어 보이나 자세히 보면 병지에 위치한 질액궁과 허모로 서로 소모적인 관계가 성립되고 자녀궁 천월과 더불어 질병성과 질액궁의 협이 형성된다.

그러한 협을 받는 천형 역시 질병성인데, 이 별이 복덕궁의 현실투영궁인 (『사회적 지위』 53쪽 참고) 재백궁에 있는 것은 의미심장하다. 일반적으로 재백궁을 보면 그 사람의 취미가 뭔지를 파악하기 쉬운데, 사도세자가 많은 사람들을 죽이는 것으로 양령형기가 발현되기도 한 점은 명반으로 이해된다. 특히나 앞서 언급했듯 복덕궁과 이의 현실투영궁인 재백궁에 각기 곡허가 있는 것도 놓치면 안 된다.

그래도 이 명반이 왕족인 것은, 부모궁이 협으로 쌍록을 주고 전택궁이 협으로 록마를 명·신궁 삼방사정에 주는 것으로 알 수 있다. 왕위를 제대로 물려받은 삼성 이건희 회장의 명반과 (『사회적 지위』 참고) 비교해 보자면, 이회장은 身·관록궁 쌍록권협, 천이궁 록마협, 재백궁 록마협, 부처궁 쌍록권협을 받고, 사도세자는 전택궁이 身·복덕·관록에 록마를 부모궁이 명신·복덕궁에 쌍록을 준다. 그런데 두 명반의 가장 다른 점은 부하와 가신을 상징하는 노복궁과 자녀궁의 명반 전체에서의 역할이다.

명례 156. 이건희 회장

截空 天福 年解 鳳閣 太陰陷	解神 天廚 天空 陰煞 鈴星 天魁廟 貪狼廟旺	輩廉 天刑 地劫 巨門平陷 天同陷祿	孤辰 陀羅 天相廟 武曲平
將軍 指背 太歲 【父母】 85癸 冠巳	小耗 咸池 晦氣 【福德】 86甲 帶午	青龍 月煞 喪門 【田宅】 92~ 87乙 浴未	力士 亡神 貫索 82~91 【身官祿】 88丙 生申
寡宿 天喜 天府廟 廉貞旺	명례 156. 이건희 회장 / 陰男 양력 1942년 1월 9일 申時 음력 신사년 11월 23일 申時 【命局】水二局, 長流水 【命主】廉貞 【身主】天機 【命式】戊 壬 辛 辛 申 戌 丑 巳		旬空 紅艷 天官 破碎 天傷 天才 龍池 祿存 天梁陽 旺地閑權
奏書 天煞 病符 2~11 【命】 84壬 旺辰			博士 將星 官符 72~81 【奴僕】 89丁 養酉
流霞 地空平			月德 天月 大耗 封詰 紅鸞 擎羊 七殺廟廟
飛廉 災煞 弔客 12~21 【兄弟】 83辛 衰卯			官府 攀鞍 小耗 62~71 【遷移】 90戊 胎戌
台輔 八座 天巫 天鉞 文昌 破軍 左輔 旺陷廟陷科 忌	天壽 天哭	三台 文曲 右弼 紫微 廟旺平 科	金興 天使 天虛 恩光 天姚 天馬 火星 天機 平平平
喜神 劫煞 天德 22~31 【夫妻】 82庚 病寅	病符 華蓋 白虎 32~41 【子女】 81辛 死丑	大耗 息神 龍德 42~51 【財帛】 80庚 基子	伏兵 歲驛 歲破 52~61 【疾厄】 91己 絶亥

 이 회장의 노복궁 록존은 전택궁 화록과 더불어 관록궁을 쌍록협 해주고 천이궁엔 위권출중의 경양까지 던져주면서 질액궁 천마와 더불어 이를 록마협해준다. 하지만 사도세자 노복궁은 노회함을 상징하는 천수가 있으나 관록궁과 천이궁에 협으로 각각 천마와 절공을 주어 마우공망종신분주를 만들어 줄 뿐이다.
 이 회장의 자녀궁의 차성안궁한 화록은 형제궁의 록존, 화권과

더불어 부처궁을 쌍록협, 록권협하고 질액궁 천마와 더불어 재백궁을 록마협해주는 중간에서의 주요 역할을 담당한다. 하지만 사도세자 자녀궁은 형제궁의 별과 더불어 부처궁에 공겁협을 주고, 질액궁과 더불어 재백궁에 질병성계의 협을 해주는 중간에서의 주요 역할을 한다.

그나마 자신을 보호해줄 삼정승이 한 달 간격으로 시원찮은 이유로 사망하여 다른 소론 인사를 만나러 평양원행을 해 보지만, 뒤주에서 아버지에게 죽임을 당한다. 자신을 보호해줄 배우자도 없었고, 부하도 없었으며, 가신도 없었다.

보면 볼수록 이 분의 인생이 태어날 때 이미 정해져 있음에 숙연해진다.

융릉. 사도세자와 혜경궁홍씨가 묻혀 있다.

다. 무자대한 (16~25세)

> 16세 (1750 경오년) 음력 8월 맏아들 의소세손 출생
> 18세 (1752 임신년) 3월 의소세손 사망, 둘째 아들 정조 출생, 형인 효장세자 배우자 현빈조씨 사망
> 21세 (1755 을해년) 나주벽서 사건 발발. 이 때 수렴청정 중인 사도세자는 소론 옹호. 하지만 이 일로 노론의 일당독재가 되면서 노론은 영조 이후 사도세자가 집권하는 것을 필사적으로 막음.

선천 부처궁의 공겁협 받은 영성과 함지 태양이 무자대한 부처궁에서 화성과 지공 무곡을 만난다. 부처궁은 나의 몸과 마음을 움직여 실행에 옮기게 하는 역할을 하는데, 그러한 궁에 문제가 있다. 실제 이 기간 중에 대리청정을 했지만, 알아서 일처리를 하면 아버지 영조가 화를 냈고 아버지께 여쭙고 일처리를 하려하면 그것도 혼자 못하냐고 핀잔을 들었다.

선천 명반에서 어두운 부분이 부질선과 부관선이다. 부질선엔 명궁 함지 천기가 감당하기 쉽지 않은 강왕한 자부살이 화과와 함께 있는데,[108] 동궁한 타라, 음살, 대모가 어두우면서 심지어 길성인 팔좌와 천월도 음적인 별이다.

선천 부처궁 역시 공겁협 받은 영성이 있는 함지 태양이라 발산이 아닌 수렴성이 강한데, 대궁인 관록궁 마저 수렴성 강한 태양빛을 받는 거문이고, 동궁한 고신, 파쇄, 상문, 비렴, 복병 등의 별이 매우 어둡다. 길성인 문곡 또한 음적인 별이다.

---

108) 실제 축미궁 기량은 부질선 자부살 때문인지 엄한 부모님을 두는 경우가 많다.

大金蜚破孤天天文巨 祿輿廉碎辰巫馬門 平廟平	大大天天天天廉 曲羊廚傷壽喜相貞 旺平旺權	大截年台鳳龍天 鉞空解輔閣池梁 旺權	大月紅解天天大天七 昌德艷神福使耗鉞殺 廟廟
伏歲喪 86~95 27辛 兵驛門【官祿】 絕巳 【大奴】	大息貫 76~85 16壬 耗神索【奴僕】 墓午 【大遷】	病華官 66~75 17癸 符蓋符【遷移】 死未 【大疾】	喜劫小 56~65 18甲 神煞耗【疾厄】 病申 【大財】
大天天天恩擎左貪 陀官才空光羊輔狼 廟廟廟 祿	명례 155. 무자대한 사도세자 / 陰男 양력 1735년 음력 을묘년 1월 21일 축시 【命局】火六局 【命主】巨門 【身主】天同 【命式】辛 壬 戊 乙 　　　 丑 辰 寅 卯		天天文天 虛刑昌同 廟平
官攀晦 96~ 26庚 府鞍氣【田宅】 胎辰 【大官】			飛災歲 46~55 19乙 廉煞破【財帛】 衰酉 【大子】
天封祿太 哭誥存陰 旺陷 忌權			流天地火右武 霞月空星弼曲 陷廟廟廟 科
博將太 25己 士星歲【身福德】養卯 【大田】			奏天龍 36~45 20丙 書煞德【子女】旺戌 【大夫】
大八陰陀天紫 馬座煞羅府微 陷廟廟 科	大旬寡天天 魁空宿姚機 陷 祿 忌	天三紅地天破 貴台鸞劫魁軍 陷旺廟	鈴太 星陽 廟陷
力亡病 24戊 士神符【父母】生寅 【大福】	青月弔 6~15 23己 龍煞客【命】浴丑 【大父】	小咸天 16~25 22戊 耗池德【兄弟】帶子 【大命】	將指白 26~35 21丁 軍背虎【夫妻】冠亥 【大兄】

　문제는 이 어두운 부처궁이 역시나 어두운 부모궁과 암합을 한다는 것이고, 그러한 선천 부처궁 영성이 무자대한 부처궁 화성으로 와서 대한 전택궁의 양타협기 당한 깨진 록존과 암합을 한다는 것이다.

　어둡고 각종 음적인 별들이 있는 선천 관록궁이 대한 관록궁으로 와서 록마협을 받은 경양을 맞이하게 된다. 언뜻 좋아 보일 수 있으나 그러한 경양이 삼방사정에서 화성과 공겁을 보니 좋다고만은 할 수 없다. 형식적으로는 수렴청정으로 나라를 통치하는 듯 보이나 아버지인 영조와 집권당인 노론의 영향력 아래에서 벗어나지 못했다.

오히려 주눅 드는 일이 잦았다. 원국 기월동량이 살파랑 운으로 오면 분수에 맞지 않게 일을 추진하는 경우가 많은데, 여기선 자신이 원해서가 아닌 아버지 영조의 명에 의해 어쩔 수 없이 겉으로만 나라를 통치하는 듯 보이는 상으로 나타났다.

기월동량이 살파랑 운으로 온 것이 체이다. 체를 잘못 보면 이 대한의 관록궁을 좋게만 보기 쉽다.

대한 명궁을 살펴보자. 각종 공망성을 보는 원명이 감정에 좋지 않은 염파상으로 오면서 역시나 감정성인 홍란, 함지, 등을 보는 운으로 왔다. 공망성 중 선천 명·신궁 삼방사정에서 보지 않던 공겁이 이 대한 중에 내궁으로 들어와서 공망의 완성이 되었는데, 대한 형제궁을 협을 하는 공겁의 복선궁의 현현이 되는 대한이기도 하다.

선천 명궁 천기는 괴월을 제일 반긴다. 이 대한 삼방에서 이를 편사식으로 보고, 대한 관록궁을 쌍비호접으로 비춘다. 일반적 정형하에선 원국 천기에게 관록적으로 매우 길한 운이나, 그 속내를 들여다 보면 관록궁 삼방사정을 비추는 천괴와 천월은 각기 파군 지겁 그리고 칠살·대모와 동궁하면서 관록궁을 비추고 대궁에선 지공까지 비춰준다.

이런 상황에서의 화탐횡발 화양격발은 오히려 상황을 크게 만들고 보필은 여러 번 그런 일이 있을 수 있음을 암시한다.

다시 한 번 얘기하지만, 기월동량이 살파랑운으로 온다는 점이 체이다.

무자대한 탐랑화록으로 양타협기인 대한 전택궁이 공명되었다. 이로 인한 록기전도로 대한 천기화기는 발생의 의미를 띠게 된다. 이 궁은 대한 부모궁으로, 외궁으로 빠지면 남의 권모술수를 의미한다는 천요가 있다. 영조의 선위파동으로 몸도 마음도 지쳐버린 대한 임이 읽힌다.

물론 선천 부모궁이 자부살에 각종 어두운 별들이 있다는 게 체이다.

을해년 영조를 등에 업은 노론과 완전히 척을 지게 되는 나주벽서 사건이 발생한다. 유년 앉은 자리는 선천 분석에서 봤듯 수렴성이 강한 해궁으로, 대한에서 인동된 진술궁과 같은 선인 부관선으로 첩궁공명된다. 유년 록기로는 대한의 록기전도를 감안하면 수미동기되는 해이다. 문제의 양타협기 묘궁은 유년 관록궁이다.

라. 정해대한 (26~35세)

> 26세 (1760 경진년) 온양행차. 이후 아버지 영조와의 관계가 더욱 안 좋아짐
> 27세 (1761 신사년) 음력 1월 사도세자를 옹호한 영의정 사망. 음력 2월 사도세자를 옹호한 우의정 사망. 음력 3월 사도세자를 옹호한 좌의정 이후 사망. 음력 4월 자신을 봐줄 노론 인사를 찾아 평양원행.
> 28세 (1762 임오년) 음력 윤5월21일 뒤주에서 사망

사도세자의 정해대한이다. 해궁은 공겁협 받은 함지 태양과 영성이 있는 궁으로, 원국 천기가 좋아하는 괴월도 못 보고 오히려 천기가 가장 싫어하는 화령 중 영성이 있는 대한이다.

대한 명궁이 매우 어두운데 마침 암합되는 인궁도 전택의 부모궁이면서 어둡다. 선천 전택궁 경양은 대한 전택에서 타라를 만나 양타가 완성되고, 선천 형제궁 지겁은 대한 형제에서 지공을 만나 공겁이 완성된다. 선천 부관선의 태양·영성은 대한 부관선에서 천형·화기를 만나 양령형기도 완성되는 대한이다. 매우 불길하다.

사도세자라는 걸 모르는 상태에서 이 명반의 정해대한만 본다면 대한 명궁이 함지의 태양을 깔고 앉으니 남성육친에게 불리하고 동궁한 영성 역시 육친불리의 별이라 남성육친의 사망을 가늠해 볼 수 있다. 또한 태양은 관록의 별인데 대한 관록궁은 양령형기에 양타협기로 깨져있어 관재의 암시가 강한데 마침 이 궁이 身궁이면서 대한 일차발생으로 인동되고, 대한 이차발생으로는 인신궁, 전택의 질액궁이 인동되니 감옥에 가는 메커니즘이 완성되었다. 현대인이라

면 감옥가는 대한이다.

大大金輩破孤天天文巨 曲陀輿廉碎辰巫馬曲門 大　　　　平廟平 馬　　　　　　　忌 伏歲喪　86~95　27辛 兵驛門【官祿】絕巳 　　　【大遷】	大天天天天天廉 祿廚傷壽喜相貞 　　　　　旺平 大息貫　76~85　28壬 耗神索【奴僕】墓午 　　　【大疾】	大截年台鳳龍天 羊空解輔閣池梁 　　　　　　旺 　　　　　　　權 病華官　66~75　29癸 符蓋符【遷移】死未 　　　【大財】	月紅解天天大天七 德艷神福使耗鉞殺 　　　　　　廟廟 喜劫小　56~65　30甲 神煞耗【疾厄】病申 　　　【大子】
天天天恩擎左貪 官才空光羊輔狼 　　　　　廟廟廟 官攀晦　96~　　26庚 府鞍氣【田宅】胎辰 　　　【大奴】	명례 155. 정해대한 사도세자 / 陰男 양력 1735년 음력 을묘년 1월 21일 축시 【命局】 火六局 【命主】 巨門 【身主】 天同 【命式】 辛 壬 戊 乙 　　　　 丑 辰 寅 卯		大大天天文天 昌鉞虛刑昌同 　　　　　廟平 　　　　　　權 飛災歲　46~55　31乙 廉煞破【財帛】衰酉 　　　【大夫】
天封祿太 哭詰存陰 　　旺陷 　　忌祿 博將太　　　　37己 士星歲【身福德】養卯 　　　【大官】			流天地火右武 霞月空星弼曲 　　　陷廟廟廟 奏天龍　36~45　32丙 書煞德【子女】旺戌 　　　【大兄】
八陰陀天紫 座煞羅府微 　　陷廟廟 　　　　科 力亡病　　　　36戊 士神符【父母】生寅 　　　【大田】	旬寡天天 空宿姚機 　　陷 　　祿 　　　科 青月弔　6~15　35己 龍煞客【 命 】浴丑 　　　【大福】	天三紅地天破 貴台鸞劫魁軍 　　　陷旺廟 小咸天　16~25　34戊 耗池德【兄弟】帶子 　　　【大父】	大鈴太 魁星陽 　　廟陷 將指白　26~35　33丁 軍背虎【夫妻】冠亥 　　　【大命】

만약 중국 등의 국가에서 태어난 현대인이라면, 선천에서부터 身·복덕궁이 양령형기면서 양타협기인 점까지를 체로 보아 사형선고 받는다고 간명할 듯하다.

대한 태음화록으로 선천 화기를 물어 대한 관록이자 선천 身·복덕궁 양령형기를 최종 결과화시키고, 록기전도로 대한 부질선 염파상이 일차발생이 된다.

이 명이 왕족이라는 것을 안다면, 대한 일차발생인 자궁 부모궁을 국가기관으로 볼 것 없이 국왕이라고 얘기할 수 있다.

여기서 매우 심오한 얘기를 할까한다. 사도세자의 전택궁은 조정이고 부모궁은 영조다. 다시 말해 전택궁 경양과 부모궁 타라는 격외로 그 힘이 매우 크다. 결과적으로 이의 침탈을 받는 身·복덕궁의 양타협기의 피해는 역시나 격외로 크다.

만약 이 명반 주인의 부모와 집안의 권세가 그 정도는 아니라고 치자. 身·복덕궁 양타협기의 피해가 사도세자 만큼이나 클까? 오히려 두 번째 대한에서 주위의 압박은 있지만 좋은 교육을 잘 받아 변호사가 되었다면 사형수 변호하다가 정신적으로 번뇌하는 것으로 나타나지 않았을까?

왕이나 왕족의 명반이라고 한 눈에 보는 것이 가능할까? 오히려 자미두수에서는 록존 옆에 양타를 두어, 돈이 많으면 많을수록 양타가 더 호시탐탐 록존을 노리는 '변수'를 심어 놓았다.

이 명반에선 절묘하게도 양타가 각기 전택궁과 부모궁에 좌하여, 아버지와 집안의 권세가 있을수록 身·복덕궁의 피해가 더 가도록 변수가 심어져있다.

현대 사회에서 왕과 왕족은 없다. 하지만 중국을 보면 집안이 부자일수록 공산당에게 밉보일 때 소리소문없이 사라질 수 있다. 우리나라에도 재벌 가문이 있다. 이런 경우 특히나 록존과 양타의 강도를 다르게 봐야하지 않을까.

아래 명반을 보자.

명례 157. 미술하는 아이

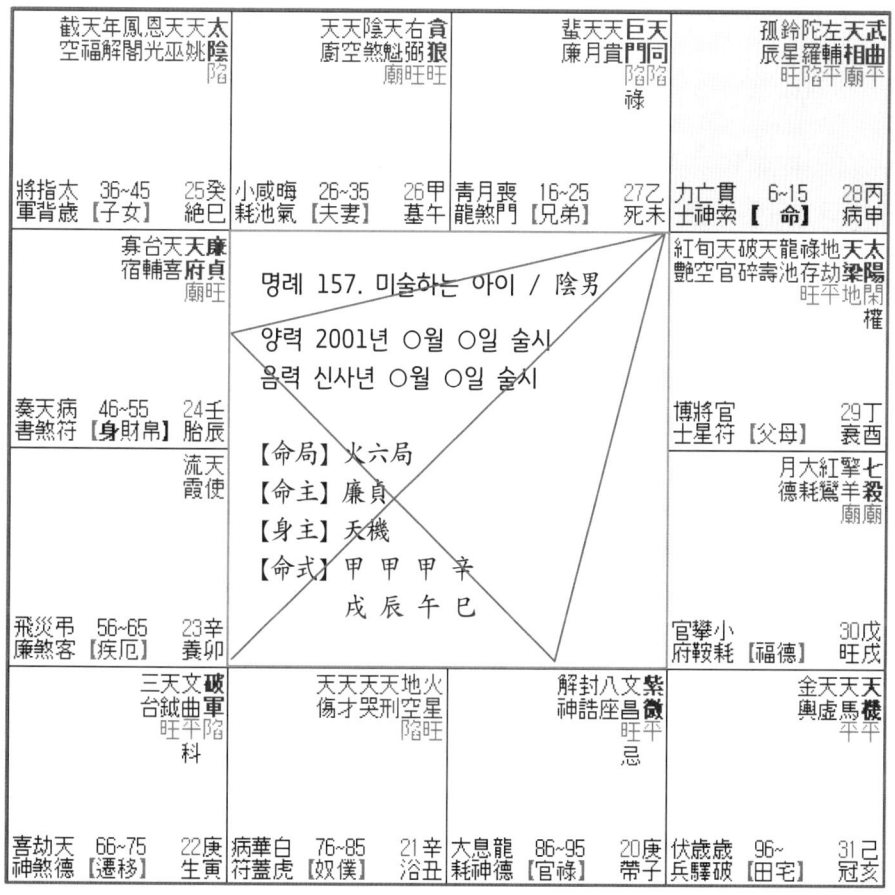

이 명반에 대한 첫인상은 '왕족'이라는 점이었다. 명궁은 재음협 쌍록협 록권협, 복덕궁은 록마협, 관록궁도 록마협, 천이궁은 쌍록협으로 어딜 가나 비서가 따라다니면서 수발 들어줄 것 같은 명반이

다. (이건희 회장의 명반과 유사하다.)

하지만 영창타무인 점이 걸렸고 록존에 지겁이 동궁한 점과 화록이 축궁으로 차성되면 지겁과 동궁하여 자녀궁을 삼방에서 비추는 점이 걸렸다.

물어보니 아버지 직장을 따라 시카고에서 고등학교 다니면서 그림을 공부 중이라고 했다. 그 말을 듣고 천만다행이라고 생각했다. 그렇다면 자녀궁은 자신의 작품이고 그 곳으로 삼방에서 쌍록이 비추는데 거기에 낀 공겁은 미술 작품의 창의성을 얘기해 주는 것이다.

각종 길한 협들과 복덕궁 록마협 받은 경양과 홍란·천희 등을 보고 나중에 자신의 작품이 엄청나게 인정 받을 거라고 얘기해줬더니 그렇지 않아도 이미 시카고 시장이 자기 그림 사갔다고 자랑했다. 이 학생한테 간단한 스케치라도 하나 받아 놓을 걸, 나중에 후회했다.

이 명반 주인이 왕족이나 후계를 이어받아야 하는 재벌이라고 해보자. 공겁과 영창타무는 그 의미 그대로의 형상, 아니 록존이 매우 커서 양타가 격외로 힘이 세다고 본다면, 그 이상으로 발현될 것이다.

네 사주는 왕족사주로, 실제 왕족이라는 얘기가 아니라 집안에서 엄마 아빠가 다 알아서 해주는 복 받은 인생이니 나중에 감투에 연연하지 말고 (명궁과 관록궁의 영창타무) 작품 활동에만 전념하라고 조언했다.

마. 경진, 신사, 임오년

대한이 시작되자마자 경진년 온양행차 직후 아버지와의 관계가 더욱 안 좋아지고, 신사년 자신을 옹호하던 삼정승이 석연찮게 자결을 하고, 임오년엔 급기야 아버지에 의해서 사형을 당한다.

경진년 앉은 자리는 전택의 형노선으로 변화가 있는 해이다. 신사년은 관록의 천이 상에서의 거일 문창 문서가 상문·백호로 인해 상례를 주하는 의미가 된다. 임오년은 염정 육친과의 홍란·천희 감정의 파군 참상, 혹은 염정 관재의 문제 암시가 있다.

선천 身·복덕궁의 상황, 대한에서의 관재의 상황, 대한 록기의 감옥 가는 혹은 사형 당하는 암시 등을 놓고 볼 때, 2~3년 동안의 이러한 앉은 자리로 보는 암시는 이처럼 심상치 않다는 것을 알 수 있다.

경진년 유년 록기는 대한에서 록기전도 된 것을 수미상접 시키고[109], 신사년 유년 록기도 대한의 록기를 수미상접 하고 있다. 임오년 유년 천량화록 발생이 대한 재복선이라 선천 재복선의 대한 태음화록을 공명시키고, 유년 무곡화기는 대한 형노 유년 부관선이라 유년 형노 선천 부관선인 사해궁 대한 거문화기를 공명시킨다. 결국 대한 록기전도를 유년에서 수미동기시키는 해는 임오년이다.

임오 유년에서 암동된 묘유궁을 발생으로 명동시키는 유월이 유

---

[109] 대한 록기전도 된 것은 유년에서 수미상접 보다는 수미동기 될 때 해당 사안이 발생하기 쉽다. 『실전자미두수』 참고.

력한데, 음력 윤달 5월 21일은 정미월이고 태음화록이 발생이 되어 묘궁을 명동시킨다.110)

    강왕한 집안이나 부모 혹은 직장 내 상사의 압박을 많이 받으면서 그러한 압박을 견디기 힘들어하는 身·복덕궁을 가져, 관재에 시달리고 급기야 사형까지 당하게 되는 명반이다. 노복에 기대기 힘들며, 자녀나 가신들에게도 의존할 수 없으며, 배우자는 오히려 나에게 해가 되는 안타까운 명반이다.
    이 명이 현대 사회에서 태어났다면, 관재를 승화시키게끔 법조계에 종사하면서 결혼은 보류하고 종교 등에 심취하는 인생이 적합하다.

---

110) 자미두수에서 윤달 5월 전반부는 5월로(병오월), 후반부는 6월(정미월)로 봄.

바. 삼정승의 자결 그리고 세손

사도세자의 온양행차 다음 해이면서 뒤주에서 죽기 일 년 전인 신사년에 영의정 이천보, 우의정 민백상, 좌의정 이후는 한 달 간격으로 자결한다.[111] 세 분 모두 세자의 스승이었기에, 노론이었으나 세자와 영조의 관계 개선에 최선을 다했다. 자신들의 자결로 그러한 관계가 더 악화되지 않기를 바란 것일까? 그 정도 명분으로 자결할 수 있을까 의문이었는데, 최근 사실에 상당히 기초하여 만든 '사도'라는 영화에서 그럴싸한 해석을 한 바 있다.

그 해석에 따르면 세자와의 관계가 극도로 악화되는 시점에서 영조는 삼정승을 찾아 세자를 폐하는 상소를 올리라고 명한다. 만약 이를 거부하면 한 번 찍히면 영원히 저주를 퍼붓는 왕의 명을 거역하는 것이고, 명한 대로 하자니 영조가 70이 가까워 언제라도 갑자기 죽을 수 있으니 혹여 세자가 즉위한다면 그 즉시 삼족을 멸하라는 명이 떨어질 판이었다. 결국 세 사람은 자결을 선택했다.

실제 삼정승을 모아 놓고 그런 명을 내렸는지 각기 따로 불러 그리했는지 알 수 없지만 실제 과연 영조가 그 정도로 했을까? 했으리라 본다. 다음 해 벌어진 일을 보면 알 수 있다.

이듬 해, 중인 출신 나경언의 고변이라는 사건이 터진다. 나경언은 세자의 악행을 고발하는 고변서를 친국 와중에 영조 앞에서 내

---

111) 삼정승 모두 『고금명성도』에 명반이 실려 있다. 당시 상황이 사면초가인 것이 보인다.

놓는다. 왕의 친국 전 나경언을 조사하고 고변서를 뺏어 미리 왕에게 이를 알린 게 아니다. 이를 의심한 한익모가 나경언의 배후를 캐야한다고 간언했으나 되려 한익모를 파직시킨다. 영조는 짜고 치는 판에서 각본대로 움직인 것이다. 나경언 고변 한 달 뒤 사도세자는 죽는다. 영조에게 있어 세자는 아들이기 이전에 정적이었다. 세손이 있으니 종사를 이을 수 있기에 제거해도 되는 정적일 뿐이었다.

문제는 이제 세손이다. 자신의 존재로 인해 할아버지가 아버지를 죽일 수 있었고, 이는 세손에게 아버지에 대한 부채의식을 갖게 만들었다. 그리고 이로 인해 목숨 바쳐 영조를 즉위하게 만들고 목숨 걸고 세자를 죽이기까지 한 노론은 또 한 번 목숨을 걸어 세손을 죽여야 했다.

"어찌하여 너와 나는 이승과 저승의 갈림길에 와서야 이런 이야기를 나눌 수밖에 없더냐? 나는 자식을 죽인 아비로 기록될 것이다. 너는 임금을 죽이려한 역적이 아니라 미쳐서 아비를 죽이려한 광인으로 기록될 것이다. 그래야 니 아들이 산다. 내가 임금이 아니고 네가 임금의 아들이 아니라면 어찌 이런 일이 있겠느냐? 이것이 우리의 운명이다."

영화 '사도'에서 영조 역으로 나온 송강호의 대사이다.

4) 정조

가. 정조 간략 연보

1세 (1752 임신년) 음력 9월 22일 축시 출생
　　을 기 경 임
　　축 묘 술 신

11세 (1762 임오년) 2월 김시묵의 딸과 결혼 (효의왕후). 윤5월 21일, 아버지 사도세자 뒤주에서 사망. 이후 어머니인 혜경궁 홍씨를 떠나 사도세자 생모이자 친할머니인 영빈 이씨 곁에서 성장.

15세 (1766 병술년) 의빈성씨에게 승은을 내리려했으나 중전이 후사가 없으니 그럴 수 없다고 거절

18세 (1769 기축년) 기축별감 사건. 효의왕후와 소원해지고 사랑하는 의빈성씨는 중전이 자식이 없어 승은을 안 받겠다고 거부하니 기생집에서 방황

24세 (1775 을미년) 대리청정 시작

25세 (1776 병신년) 음력 3월 영조 사망으로 왕위 계승. 하지만 집권 초기는 반란과 역모, 시해 시도의 연속.

26세 (1777 정유년) 존현각 암살미수사건 발생. 창덕궁으로 이어.

28세 (1779 기해년) 공신 홍국영 쳐냄

31세 (1782 임인년) 장남 문효세자 탄생

35세 (1786 병오년) 5월 맏아들 문효세자 홍역으로 사망. 7월 정순왕후 오라비 김귀주 귀양지에서 사망. 문효세자 모친 의빈성씨 출산을 앞두고 사망 (음력 9월 14일). 11월 조카 함계군 의문사.

36세 (1787 정미년) 사도세자 묘 이장

39세 (1790 경술년) 차남 순조 탄생

43세 (1794 갑인년) 수원 화성 축조 지시

44세 (1795 을묘년) 수원행차. 장용영 군사훈련 지위

49세 (1800 경신년) 음력 6월 사망

나. 선천 명반 분석

　복덕궁에 공겁을 동반한 양타협기가 있다. 실제 신해대한 내내 반란, 역모, 시해 시도에 시달려 잠도 못 잘 지경이었다.
　복덕궁 무곡화기는 부처궁 염정과 더불어 재여수구격이 형성되었다. 특히나 무곡화기에는 고신이, 염정엔 과수가 동궁하고 있어, 그 감정참상은 심하다. 그나마 재여수구 중 염정이 록마협된 묘왕지이기에 버틸 수 있지 않았나싶다.

　명궁엔 차성안궁된 자미화권도 있지만 탐랑과 대모 또한 차성된다. 기존 명궁이 십이운의 목욕지인데 천요, 함지까지 있다. 탐랑은 교제의 별이다. 탐랑은 평소 주변 사람들의 생일이나 경조사를 잘 챙기지만 결정적 순간에 주변인들을 이용할 줄도 안다. 여기에 도화성들이 같이 보이니 교제의 귀재가 될 수 있다.
　만약 이 궁이 복덕궁이라면 바람 피우기 쉬울텐데, 명궁이기에 삶이 막후 정치와 천요의 권모술수 내지는 꾀를 내는 것으로 발현되었다. 실제, 불리한 정국을 돌파하기 위해 문체반정 등을 화두로 끌어오는 등 프레임전환의 귀재였으며, 아무도 모르게 정적인 노론 영수 심환지와 밀서를 주고 받았다.[112] 정조의 비밀편지를 보면 정적인 심환지에게 지시한대로 심환지는 조정에서 간언을 하고 상소를 올린 상황이 드러난다. 놀랍게도 정조의 시나리오에 맞춰 심환지는 어명에 불복하고 정승직에서 쫓겨 났으며 다시 복귀했다. 정승을 파직시킴으로써 그 이상의 저항을 못하게 하여 정조는 자신의 뜻을

---

[112] 심환지의 후손이 그 편지들을 최근 공개했다.

관철시켰고, 파직 당할 정도로 당론에 충실함을 보여줌으로써 심환지는 노론 영수 자리를 유지할 수 있었다. 평소 심환지 처의 질병, 자식의 과거 시험 등에 있어 정조가 살뜰히 배려했음이 그 편지에서 드러났다. 정조 자탐 중 탐랑의 성질이 십분 발휘된 셈이다.

[명례] 158. 정조

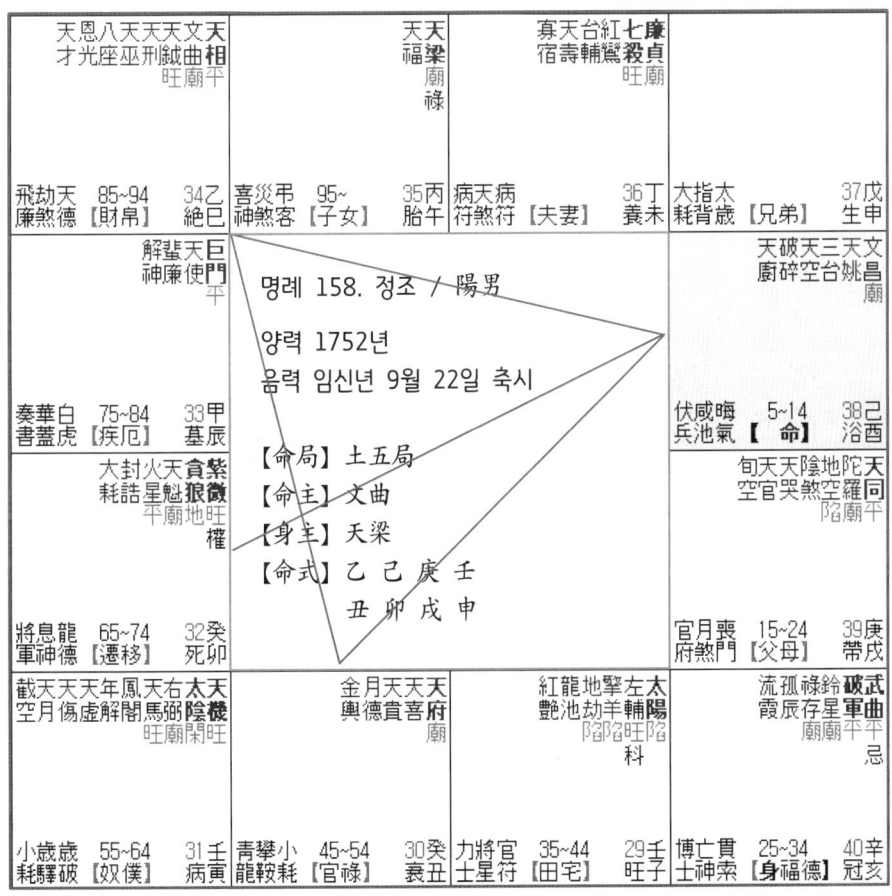

명궁 상황에서 보이는 것처럼, 실제 처신의 귀재였기에 복덕궁의

불리함, 무수한 압박과 암살 시도로부터 그나마 버틸 수 있었던 것 아닌가 하다. 물론 하지만 복덕궁의 상은 그 상대로 언젠가 드러나기 마련이다.

> 身·복덕궁 공겁협 양타협 → 부모궁 화령협 권기협 록권협 영탐협 → 명궁 절족마협 → 형제궁 명궁 차성한 천허 대모 → 부처궁 록마협

인생 사안의 스케일이 크다는 도미노격이다. 여기에 더해 부처궁 자녀궁에 각기 천수와 천량이 있으면서 암합이 된 것도 의미심장하다.

관록궁이 무척 길하다. 보필협과 용지·봉각협이 이루어져 있는 천부이다. 삼방에서 창곡이 각기 괴월을 끼고 비추고 있어 노력을 하지 안 해도 문서를 얻는다는 정승발탁격이 형성되었는데, 폭발을 의미하는 홍란·천희가 부관선에 있는 상황에서 삼방서 비추는 정승발탁격의 별들이 각기 높은 지위를 상징하는 삼태·팔좌를 끼고 있고, 화성·천형의 형화상봉 격발도 같이 비추니 왕이 되었다.
관록궁이 단순히 협과 삼방으로 육길성이 다 비추는 것 이상으로 폭발적이다.[113]

---

113) 명반을 볼 때, 이처럼 창곡이 삼태·팔좌와 동궁, 괴월도 삼태·팔좌와 동궁하고, 보필이 용지·봉각과 동궁하는 등, 길성의 중첩이 있는 경우 사회적 지위가 높다. 또한 복권에 당첨되는 명반의 재복선에 폭발을 암시하는 홍란·천희가 있기 쉬운데, 이 명반에선 부관선에 홍란·천희가 있음에 유의해야 한다.

부모궁이 화령협 되었다. 일반적으로 이런 경우 부모와 인연이 없다. 물리적으로 떨어져 살거나, 나와 부모가 생각이 매우 다르다고 할 수 있다. '체'가 되는 명궁을 보니 육친에 불리한 화성이 있고 身·복덕궁에 역시나 육친에게 불리한 영성에 파조파가의 무파상 조합이니 11살에 아버지 사도세자가 돌아가신 게 이해된다.

명궁 탐랑은 화령협이 되어 있는 부모궁으로 마음이 향한다. 하지만 또 다른 명궁 자미는 부모궁으로 가봤자 고립된 고군의 성질이 강화될 뿐이고, 보필협된 관록궁으로 가야 길하다. 하지만 관록궁의 삼방에서는 탐랑이 싫어하는 창곡이 있으니 딜레마이다.

이러한 사실은 정조 인생의 상황을 그대로 보여준다. 돌아가신 자신의 아버지를 위하는 행보를 하면 할수록, 사도세자를 죽음으로 몰고간 노론과는 척을 두게 되고, 실제 이로 인해 역모와 시해의 위험으로 평생을 시달렸다.

현대 사회에서 이는 어떻게 발현될까. 부모궁이 상징하는대로 부모뿐 아니라 스승, 상사, 부처님이나 하느님 또한 해당되니, 종교에 빠지거나 상사만 믿고 가다가는 관록적 성취에 문제가 생기는 딜레마를 안고 있는 인생이 되기 쉽다.

부모궁과 전택궁에서 身·복덕궁으로 협하는 공겁과 양타는 물론 안 좋지만, 이 두 궁에는 묘한 구석이 있다.

전택궁의 좌보화과는 친가의[114] 두드러지는 인물이 있다는 것이고 (이 명반에서는 왕가를 상징) 노복궁의 우필과 더불어 관록궁을 길하

---

114) 우필이면 외가 내지는 처가댁.

게 만드는데 일조한다. 전택궁 용지 역시 노복궁 봉각과 더불어 관록궁을 길하게 한다.

반면 부모궁 타라는 형제궁 천마와 더불어 명궁을 절족마협을 한다. 정조의 형제궁인 어머니는 혜경궁 홍씨로 정적인 노론 가문 출신이다. 어머니가 노론 견제에 대한 제동을 많이 걸었다.

정조는 또한 이복동생인 은언군과 은진군을 옹호하느라 정순왕후로 대표되는 노론의 계속되는 공격을 받았다. 이처럼 이웃궁끼리의 협상황을 꼼꼼하게 보지 못하면 세밀하게 파악하기 어렵다.

명반 상, 정조는 병사했는가 독살 되었는가? 일단 身·복덕궁으로 들어오는 살들 때문인지 재위 전후로 그리고 그 이후에도 계속 피습의 위험에 노출되었고, 이 때문에 노이로제에 걸릴 정도였다. 정조 명반을 사회적으로는 잘나가지만 어떤 식으로건 주변의 압박과 공격을 당하기 쉬운 명이라고 볼 수 있다.

그래서 그러한 선천 명반 상의 상황이 정조 사망 당시에도 그대로 적용되는가 아니면 그 해에는 단순히 병으로 사망하는 매커니즘만 보이는가? 해당 운추론 부분에서 다뤄 보겠다.

건릉. 정조와 효의왕후가 묻혀 있다

융건릉 입구 재실 옆에 있는 수령 110년의 향나무. 누가 심었는지는 모르지만 아버지를 향한 정조의 마음이 이 향나무처럼 오래가지 않았을까 한다.

다. 기유대한 (5~14세)

> 11세 (1762 임오년) 2월 김시묵의 딸과 결혼 (효의왕후). 윤5월 21일, 아버지 사도세자 뒤주에서 사망. 이후 어머니인 혜경궁 홍씨를 떠나 사도세자 생모인 영빈 이씨 곁에서 성장.

선천 부모궁이 화령협이면서 대한 명궁에서 자미를 깔고 있으니 이 대한 중에 아버지 사망이 있을 수 있다. 동궁한 화성 역시 육친에게 불리하다. 물론 부모궁 화령협의 복선궁 현현 대한이기도 하다.

이렇게 대한에서 아버지 사망의 암시가 있는데 대한 록기로는 身·재복선만 인동시킨다. 첫 대한이나 천이궁 대한 혹은 차성안궁이 많이 이루어지지 않는 명반에서 이런 경우가 많다. 이럴수록 대한 전체의 상황을 체로 잡아 유년을 볼 때 상관궁의 완성을 응용해야한다.

아버지 문제이니 부질선, 집안 문제이니 자전선, 그리고 사망 궁선 중 하나인 형노선이 인동되어야 한다. 물론 상문·백호도 동해야 한다.

임오년에 나머지 필요한 상관궁선 중 하나인 자전선에 좌하면서 웃어른을 암시하는 천량이 있으며 사망을 암시하는 조객도 있으니 동궁한 대한 천량화과는 상례를 의미한다. 유년 천량화록으로 이러한 자전선이 인동되고 무곡화기로 유년 형노선이 인동되었다.

여전히 부질선과 상문·백호가 인동되지 않았는데, 윤5월 하순, 유월이 선천 대한 부질선인 진궁에 좌하면서 유월 정간 태음화록으로 유년 천량화록과 더불어 이차발생으로 선천 대한 부질선인 진술궁을 인동시킨다. 또한 유월 태음화록이 신궁으로 차성되면 유년 천량화록과 더불어 유월 자전선인 축미궁이 인동된다.

大大天恩八天天天文**天** 曲陀才光座巫刑鉞曲**相** 旺廟平 忌	大天天 祿福梁 廟 祿 科	大寡天台紅**七廉** 羊宿壽輔鸞**殺貞** 旺廟	大 鉞 廟
飛劫天 85~94　10乙 廉煞德【財帛】絕巳 　　　【大財】	喜災弔 95~　11丙 神煞客【子女】胎午 　　　【大子】	病天病　　 12丁 符煞符【夫妻】養未 　　　【大夫】	大指太　　13戊 耗背歲【兄弟】生申 　　　【大兄】
解輩天**巨** 神廉使**門** 　　　平 奏華白 75~84　9甲 書蓋虎【疾厄】墓辰 　　　【大疾】	명례 158. 기유대한 정조 / 陽男 양력 1752년 음력 임신년 9월 22일 축시 【命局】土五局 【命主】文曲 【身主】天梁 【命式】乙 己 庚 壬 　　　 丑 卯 戌 申		大天破天三天文 昌廟碎空台姚昌 　　　　　　廟 伏咸晦　5~14　14己 兵池氣【命】浴酉 　　　【大命】
大封火天**貪紫** 耗詰星魁**狼微** 　平廟地旺 　　　　權 權 將息龍 65~74　8癸 軍神德【遷移】死卯 　　　【大遷】			旬天天陰地陀天 空官哭煞空羅同 　　　　　陷廟平 官月喪 15~24　15庚 府煞門【父母】帶戌 　　　【大父】
截天天天年鳳天右**太天** 空月傷虛解閣馬弼**陰機** 　　　　　　　旺廟閑旺	金月天天天 輿德貴喜府 　　　　廟	大紅龍地擎左**太** 魁艷池劫羊輔**陽** 　　　　陷陷旺陷 　　　　　　　　科	大流孤辰鈴**破武** 馬霞辰存星**軍曲** 　　　　廟廟平平 　　　　　　　忌 　　　　　　　祿
小歲歲 55~64　7壬 耗驛破【奴僕】病寅 　　　【大奴】	青攀小 45~54　6癸 龍鞍耗【官祿】衰丑 　　　【大官】	力將官 35~44　5壬 士星符【田宅】旺子 　　　【大田】	博亡貫 25~34　16辛 士神索【身福德】冠亥 　　　【大福】

하지만 임오년 아버지의 사망은 이해되지 않는 면이 있다. 유년 차원에서 부모궁과 상문·백호가 인동되지 않았기 때문이다. 유월에 가서야 겨우 보인다. 이는 정조에게 있어 이 해의 화두가 아버지의 사망이 아니었다는 얘기다.

영조로부터 구박만 받던 사도세자는 자식들에게 살갑게 대하지 못했다. 『한중록』을 보면 사도세자는 세손 남매가 문안드릴 때, "부모를 모르는 것이 자식을 알겠느냐. 물러가라!"며 호통을 쳤다고 한다. 세손이 존재함으로 인해 아버지 영조가 자신의 목숨을 언제라도 앗아갈 수 있다는 생각을 가진 사도세자가 세손 정조를 사랑할 수 있었을까.[115]

임인년 정조의 화두인 천량은 아버지가 아니라 영조였다. 그리고 앉은 자리이면서 유년 천량화록으로 인동된 자전선으로 볼 때, 집안이 뒤집어지는 해이다. 유년 무곡화기가 선천 身·복덕궁으로 떨어지기 때문에 분명 이 일로 트라우마가 남는 것으로 볼 수 있다.[116]

아버지가 할아버지를 무서워 한다는 것은 알고 있었지만, 할아버지는 자신을 유달리 총애하였기에 피부에 와 닿지 않다가, 이 해에 들어서 할아버지 영조의 무서움을 알게 되었고, 이후 그 기대를 저버리지 않기 위해 더욱 공부에 매진해야 했다.

아버지 사망 직후엔, 친모인 혜경궁 홍씨를 떠나 친할머니인 영빈 이씨 손에서 길러지기 시작했다.[117] 세손이 할아버지보다 친모를 더 좋아하게 되면 할아버지가 질투할까봐 취한 조치였다. 영조의 그

---

115) 아무리 부모나 형제일지라도 평소 많은 교류가 없으면, 해당 육친의 사망이 명반에 명확하게 보이지 않는다. 특히나 서로 교류가 없는 형제들끼리의 사망 암시는 거의 나타나지 않는다. 역으로 형제의 사망이 확연한 경우 여러 형제들 중 제일 친한 형제의 사망일 확률이 높다.

116) 이 모두는 선천과 대한 차원에서 身·복덕궁을 흉하게 협하는 전택·부모궁의 공겁과 양타가 있다는 점이 체이다.

117) 유년이 앉은 자리이자 유년 발생으로 인동된 자오궁선은 자전의 천이선으로 이사가는 조건이 형성된다.

간의 일로 보아 충분히 가능한 일이었다.

  문제는 친할머니 영빈 이씨는 자신의 아들인 사도세자를 고발하여 죽음에 이르게 한 장본인이라는 점이다. 기록에 의하면 정조는 이러한 할머니를 평생 미워했다고 하는데, 엄마 품을 떠나 그 할머니 처소에서 자라게 된다. 아버지 사망보다도, 할아버지의 무서움을 알게 되고 그 직후 엄마 곁을 떠나 미워하는 할머니 손에 키워지기 시작한 게 11살난 이산 정조의 임오년 화두였다.

라. 경술대한 (15~24세)

> 18세 (1769 기축년) 기축별감사건. 효의왕후와 소원해지고 사랑하는 의빈성씨는 중전이 자식이 없어 승은을 안 받겠다고 거부하니 기생집에서 방황
> 24세 (1775 을미년) 대리청정 시작
> 25세 (1776 병신년) 음력 3월 영조 사망으로 왕위 계승. 하지만 집권 초기는 반란과 역모, 시해 시도의 연속.

영조가 승하한 때는, 정조 나이 25세 3월의 일로 생일 이전이므로 경술대한으로 본다. 자미명은 대한이 바뀌는 전후로 주변 상황이 바뀌기 쉽다. 정조 역시 마찬가지다.

영조 명반에서 경종이 승하해서 왕위를 물려받은 것과, 정조 명반에서 영조 승하로 왕위 물려받은 것이 매우 유사하다.

선천 명궁 탐랑이 좋아하는 화령의 협을 받는 대한이고, 선천 자미가 보필과 록을 보지 못하는데, 이 대한에서 록마를 보고 대한 내궁에서 선천 관록을 협하는 보필 복선궁의 현현이 되는 대한이면서, 왕을 상징하는 부모궁이 피해궁으로 깨지는 대한이다.

대한 태양화록으로 자오궁이 인동되는데 재복의 자전이다. 이로 인해 선천 재복선인 사해궁이 공명되어 록기전도가 되었다.

을미년 대리청정이 시작되었다. 물론 정조를 탐탁치 않게 여기는 노론의 무수한 공격도 거세어졌다. 을미년 앉은 자리의 삼방에서 쌍화권이 들어온다. 이런 해는 유년 록기를 돌리기 전에, 권력이 남에게 있어 괴롭거나 육친 사망이 있기 쉬운 해임을 짐작할 수 있다.

앉은 자리를 봐도 염정의 육친, 칠살의 육친 불리와 본인 변화의 상이 읽힌다.

天恩八天天天文天 才光座巫刑鉞曲相 　　　　　旺廟平	天天 福梁 　廟 　祿	大大寡天台紅七廉 鉞陀宿壽輔鸞殺貞 　　　　　　旺廟	大大 馬祿
飛劫天　85~94　22乙 廉煞德【財帛】　絶巳 　　　【大疾】	喜災弔　95~　　23丙 神煞客【子女】　胎午 　　　【大財】	病天病　　　　　24丁 符煞符【夫妻】　養未 　　　【大子】	大指太　　　　25戊 耗背歲【兄弟】　生申 　　　【大夫】
解輩天巨 神廉使門 　　　平	명례 158. 경술대한 정조 / 陽男 양력 1752년 음력 임신년 9월 22일 축시 【命局】土五局 【命主】文曲 【身主】天梁 【命式】乙 己 庚 壬 　　　　丑 卯 戌 申		大天破天三天文 羊廟碎空台姚昌 　　　　　　廟
奏華白　75~84　21甲 書蓋虎【疾厄】　墓辰 　　　【大遷】			伏咸晦　5~14　26己 兵池氣【　命　】浴酉 　　　【大兄】
大大封火天貪紫 曲耗詰星魁狼微 　　　平廟地旺 　　　　　　權			旬天天陰地陀天 空官哭煞空羅同 　　　　　陷廟平 　　　　　　　忌
將息龍　65~74　20癸 軍神德【遷移】　死卯 　　　【大奴】			官月喪　15~24　15庚 府煞門【父母】　帶戌 　　　【大命】
截天天天年鳳天右太天 空月傷虛解閣馬弼陰機 　　　　　　　旺廟閑旺 　　　　　　　　　　科	大金月天天天 魁輿德貴喜府 　　　　　廟	紅龍地擎左太 艷池劫羊輔陽 　　　陷陷旺陷 　　　　　　科 　　　　　　祿	大流孤祿鈴破武 昌霞辰存星軍曲 　　　廟廟平平 　　　　　　忌 　　　　　　權
小歲歲　55~64　19壬 耗驛破【奴僕】　病寅 　　　【大官】	青攀小　45~54　18癸 龍鞍耗【官祿】　衰丑 　　　【大田】	力將官　35~44　17壬 士星符【田宅】　旺子 　　　【大福】	博亡貫　25~34　16辛 士神索【身福德】冠亥 　　　　　【大父】

하지만 대한에서 공명된 문제의 사해궁이 유년에서 명동이 되어 발현되지는 못했다. 다음 해인 병신년에 가서야 유년 천동화록과 대한 태양화록으로 인한 이차발생으로 유년 전택궁이자 대한 부모궁인 해궁이 명동된다. 물론 유년 앉은 자리도 대한 부관의 선천 형노 변화선인데 기월도 변화를 주관하니 관록상의 변화가 읽힌다.

마. 신해대한 (25~34세)

> 26세 (1777 정유년) 존현각 암살미수사건 발생. 창덕궁으로 이어.
> 28세 (1779 기해년) 공신 홍국영 쳐냄
> 31세 (1782 임인년) 장남 문효세자 탄생
> 35세 (1786 병오년) 5월 맏아들 문효세자 홍역으로 사망. 7월 정순왕후 오라비 김귀주 귀양지에서 사망. 문효세자 모친 의빈성씨 출산을 앞두고 사망 (음력 9월 14일). 11월 조카 함계군 의문사.

즉위 직후 대한이 바뀐다. 양타와 공겁의 협을 받고 있는데다가 화기까지 있으니 주변의 위협을 받는 것은 물론이고, 실제 그 피해가 있을 수밖에 없다. 수많은 즉위 초의 정조 시해 시도 중에는 환관, 호위무사, 궁녀 등이 조직적으로 정조 암살에 가담한 사건도 있었다. 명궁 탐랑이 그 꾀를 이용하지 않으면 목숨이 위험하다.

정조는 즉위 직후 자신의 안위를 세손 때부터의 측근인 홍국영에게 맡긴다. 홍국영은 정조의 정적인 노론이었으나 정조에게 충성을 다하기로 다짐한다. 그 댓가는 자신이 노론의 영수가 되는 것이었다. 그래서 노론인 그는 사도세자가 억울하게 죽었다고 말하는 소론은 물론이고 사도세자의 죽음은 어쩔 수 없었다고 말하는 노론들조차도 가차 없이 쳐내는데 앞장선다.

정조 자신도 이러한 홍국영에게 무한정의 힘을 실어준다. 즉위 직후 정조가 정후겸과 홍인한을 처결할 때 그 사유가 '세손의 대리청정을 막았다'는 것 뿐 아니라 '홍국영을 제거하려 했다'는 것이었을 정도로 홍국영을 일등공신 중의 일등공신으로 천명했다.

만약 정조가 정무 감각이 없고 단순히 아버지의 억울함을 푸는 것을 지상 목표로 삼은 효자 이상도 이하도 아닌 인물이었다면, 사도세자의 죽음을 막으려한 소론들도 쳐내는 홍국영을 중용했을까.

大天恩八天天天文天 馬才光座巫刑鉞曲相 　　　　　　　旺廟平 　　　　　　　　　科 飛劫天　85~94　34乙 廉煞德【財帛】　絶巳 【大遷】	大天天 鉞福梁 　廟廟 　　祿 喜災弔　95~　35丙 神煞客【子女】胎午 【大疾】	寡天台紅七廉 宿壽輔鸞殺貞 　　　　旺廟 病天病　　　　36丁 符煞符【夫妻】養未 【大財】	大陀 大指太　　　　25戊 耗背歲【兄弟】生申 　　　【大子】
解蜚天巨 神廉使門 　　　平 　　　祿 奏華白　75~84　33甲 書蓋虎【疾厄】墓辰 【大奴】	명례 158. 신해대한 정조 / 陽男 양력 1752년 음력 임신년 9월 22일 축시 【命局】土五局 【命主】文曲 【身主】天梁 【命式】乙己庚壬 　　　丑卯戌申		大天破天三天文 祿廚碎空台姚昌 　　　　　　廟 　　　　　　　忌 伏咸晦　5~14　26己 兵池氣【命】浴酉 【大夫】
大封火天貪紫 耗詰星魁狼微 　　　平廟地旺 　　　　　　權 將息龍　65~74　32癸 軍神德【遷移】死卯 【大官】			大旬天陰地陀天 羊空官哭煞空羅同 　　　　　　陷廟平 官月喪　15~24　27庚 府煞門【父母】帶戌 【大兄】
截天天天年鳳天右太天 空月傷虛解閣馬弼陰機 大大　　　　　旺廟閑旺 魁曲 小歲歲　55~64　31壬 耗驛破【奴僕】病寅 【大田】	金月天天天 輿德貴喜府 　　　　廟 青攀小　45~54　30癸 龍鞍耗【官祿】衰丑 【大福】	大紅龍地擎左太 昌艷池劫羊輔陽 　　　陷陷旺陷 　　　　　　科 　　　　　　　權 力將官　35~44　29壬 士星符【田宅】旺子 【大父】	流孤祿鈴破武 霞辰存星軍曲 　　　廟廟平平 　　　　　　　忌 博亡貫　25~34　28辛 士神索【身福德】冠亥 　　　【大命】

즉위 3년째인 1779년 정조는 홍국영을 토사구팽 해버리고, 그의 사람이었던 송시열의 후손 송덕상과, 병권을 장악하고 있었던 구선복 등도 차례로 제거한다.

이러한 과정 중에 역시나 세손 시절 대리청정 당시 위급했던 상황을 모면하게 하는데 결정적 역할을 한 소론 출신 서명선이 다시 한 번 결정적 역할을 하는데 그는 홍국영의 사람들을 제거하면서 홍국영 이후의 정국을 주도해간다. 서명선은 주류인 노론이 아닌 소론 출신이지만, 노론을 시파와 벽파로 갈리게 하는 계기가 되는 등, 조정의 핵심 인물이 되어갔다.

이 모두는 정조 명궁 탐랑·천요의 권모술수 혹은 막후정치의 면모가 드러난 게 아닌가 한다. 필요에 따라서 즉위 초엔 홍국영을, 그 후엔 서명선을, 채제공을, 그리고 죽기 몇 년 전부터는 심환지를 중용했고 이용했다.

이런 막후정치 내지는 탐랑의 꾀 없이는 신해대한에 목숨을 부지하지 못했을 수 있다.

신해대한은 무곡·파군 대한이다. 파군은 특히나 여기저기 돌아다니는 말같은 정성이기에 교통 통신을 의미하는 노복궁과 활동 무대인 천이궁 사이의 관계가 매우 중요하다. 노복궁 대한 거문화록은 나쁘지 않은데, 이로 인해 특수이차발생되는 천상이 무파상에 화기와 영성이 있으니 거문화록은 나에게 과유불급이 되어 돌아온다. 무파상 파조하고(조업을 깨고) 파가하는(집안을 깨는) 대한일 수밖에 없다.

믿었던 홍국영은 자신의 동생을 왕비로 만들더니 급기야 동생 사망의 책임을 신망 받던 중전에게까지 지우려하는 등의 전횡을 저지른다. 이에 정조는 그를 쳐내면서 '파조'하여 조정의 중심을 홍국영에서 서명선으로 바꾸게 되고, 대한 말에는 보위를 이어야하는 맏아들과 그의 생모인 회임 중이던 사랑하는 의빈 성씨가 갑자기 사망하여 '파가'의 상황이 발생한다.

홍국영을 쳐낸 것은 기해년의 일로, 대한의 이차발생 궁선이면서 파조파가의 궁으로 록존의 피치 못할 상황이 발생하기 쉬운 해이다. 정조의 입장에서 중전까지 건드리는 홍국영을 안 쳐낼 수 없었을 것이다.

유년 무곡화록으로 사해궁을 물고 유년 문곡화기로 역시나 사해궁을 인동시키니 인과기두가 되었다. (『실전자미두수』 참고).

병오년에 문효세자와 의빈 성씨가 사망한다. 유년 앉은 자리는 사도세자가 사망했던 임오년과 같은 자리인 오궁으로 대한에서 인동되지 않았다. 하지만 이 궁선은 진술궁과 첩궁공명되었다. 대한 명궁의 파조파가 중 '파가'의 일이 발생하기 쉬운 자전의 부질선이다.

상관궁의 완성 관점으로 보면, 대한의 암시인 파조파가 중 '파가'에 해당하는 전택궁이 대한 차원에서 인동되지 않았다. 병오년 앉은 자리가 자전부질이고 유년 이차발생이 대한의 자전인 인신궁이니 대한의 암시 여러 개 중, 이 유년은 집안에서의 '파가'하기에 쉬운 해라는 점을 알 수 있다. 병오년 유년 록기는 또한 대한의 록기를 수미동기 시키기까지 한다.

바. 임자대한 (35~44세)

36세 (1787 정미년) 사도세자 묘 이장
39세 (1790 경술년) 차남 순조 탄생
43세 (1794 갑인년) 수원 화성 축조 지시
44세 (1795 을묘년) 수원행차. 장용영 군사훈련 지위

이 시기에 사도세자의 묘도 이장하고 수원 화성도 축조하는 등, 왕권이 강화되었다. 사실 효도는 정치적으로 정조의 화두였다. 정적인 정순왕후는 정조의 이복동생인 은언군을 죽이려 무척이나 애썼다. 정순왕후의 동생인 김귀주가 유배 중 사망했으니, 정조 너도 동생 죽는 아픔을 겪어야 한다는 복수심이 있었다. 대비 정순왕후의 한마디에 일사분란하게 노론이 움직여 상소를 올리는 등, 정조에게 총공세를 퍼부으니 정국의 주도권이 대비에게 있었다.

은언군의 문제는 단순히 동생의 생사가 아니라 정국 주도권의 사안이었다. 단식도 불사하고 007작전을 방불케 하는 은언군의 목숨을 지키고 자주 만나는 등의 정조의 노력이 이 대한 중에 계속되었다.

은언군을 지키는 것이 아버지 사도세자에 대한 효의 연장선 상에 있었던 일이었고, 그러한 선상에서 사도세자의 묘도 현재 경기 화성의 융릉으로 이장을 하고 툭하면 방문 한다.[118] 또한 수원에 화성을 축조하고 그곳에서 왕의 친위 부대인 장용영을 동원해 군사훈련

---

118) 총 13번이나 방문을 한다.

을 하여 노론의 간담을 서늘하게 하기도 했다.

大鉞 天才 恩光 八座 天巫 天刑 天鉞 文曲 **天相** 旺 廟 平		天福 **天梁** 廟 祿 祿	寡宿 天壽 台輔 紅鸞 **七殺 廉貞** 旺 廟
飛廉 劫煞 天德 85~94 【財帛】 46乙 絕巳	喜神 災煞 弔客 95~ 【子女】 【大遷】 35丙 胎午	病符 天煞 病符 【夫妻】 【大疾】 36丁 養未	大耗 指背 太歲 【兄弟】 【大財】 37戊 生申
解神 蜚廉 天使 **巨門** 平 奏書 華蓋 白虎 75~84 【疾厄】 【大官】 45甲 基辰	명례 158. 임자대한 정조 / 陽男 양력 1752년 음력 임신년 9월 22일 축시 【命局】 土五局 【命主】 文曲 【身主】 天梁 【命式】 乙 己 庚 壬 　　　　 丑 卯 戌 申		天廚 破碎 三台 天昌 文昌 廟 伏兵 咸池 晦氣 5~14 【命】 【大子】 38己 浴酉
大大封火**貪紫** 魁耗誥星魁**狼微** 平廟地旺 權 權 將軍 息神 龍德 65~74 【遷移】 【大田】 44癸 死卯			大旬天陰地陀**天** 陀空官哭煞空羅**同** 陷廟平 官府 月煞 喪門 15~24 【父母】 【大夫】 39庚 帶戌
截天天天年鳳天右**太天** 空月傷虛解閣馬弼**陰機** 旺廟閑旺 大大 科 昌馬 小耗 歲驛 歲破 55~64 【奴僕】 【大福】 43壬 病寅	金興 月德 天貴 天喜 **天府** 廟 青龍 攀鞍 小耗 45~54 【官祿】 【大父】 42癸 衰丑	大大紅龍地擎左**太** 曲羊艷池劫羊輔**陽** 陷陷旺陷 科 力士 將星 官符 35~44 【田宅】 【大命】 41壬 旺子	大流孤祿鈴**破武** 祿霞辰存星**軍曲** 廟廟平平 忌 忌 博士 亡神 貫索 25~34 【身福德】 【大兄】 40辛 冠亥

'효'는 정조의 정국 장악을 위한 주요 수단이었다. 효도를 하기 위함이라는데 누가 뭐라고 할 것인가. 이는 이를 막는 자들의 명분을 초라하게 만들뿐이었다.

이 모두가 임자대한의 일로 선천 전택궁의 함지태양 운이다. 당연히 남성육친불리의 상이 있는데 선천 화기가 대한 형제궁에 있으니 이는 목숨이 경각에 달렸던 은언군이었다. 하지만 동생이 죽지 않았으니 역시나 탐랑명의 권모술수 혹은 꾀의 결과였다.

피해궁인 대한 형제궁의 록존이 깨지고 나서야 대한 명궁 경양의 위권출중함이 발현되는데 물론 피해궁을 같이 협하는 공겁 때문에 완전하지 않고 파동이 큰 위권출중이다.

은언군의 목숨을 각고의 노력으로 겨우 건진 다음에 수원에 화성을 축조하고 수원행궁에서 장용영의 군사훈련을 지위하여 정순왕후와 노론 대신들에게 왕권의 위력을 보여주게 되었다.

사. 계축대한 (45~54세)

> 45세 (1796 을묘년) ~ 49세 (1800 경신년)까지 정적인 노론 영수 심환지와 비밀서찰을 주고 받아 막후정치를 함.
> 49세 (1800 경신년) 음력 6월 사망

정조 독살의 의혹이 있는 문제의 계축대한이다.

양타와 공겁협기인 해궁 무곡·파군의 身·복덕궁! 기유대한에선 아버지 죽음의 트라우마와 부채의식, 경술대한에선 국왕이었던 할아버지가 죽고 왕위를 이어 받은 전후의 위험했던 일신의 변화로, 신해대한에선 파조와 파가의 일로, 임자대한에선 동생 은언군의 목숨 문제로 화두가 되었다. 이러한 身·복덕궁이 계축대한에선 과연 독살 당하는 암시로 발현될 것인가.

선천 身·복덕궁의 영성은 대한 복덕에서 화성을 만난다. 화기는 화권을 만나 과강필절이 된다.119) 파군은 대모를 만나 몸과 마음의 소모의 의미가 가강된다.

선천 身·재복선의 음적인 별들이 대한 재복선에선 각종 양적인 별들을 만난다. 영성이 화성을 만나고, 문곡이 문창을 만나며, 천월은 천괴를 만난다. 죽기 직전 정조는 자신의 화가 치밀어 오르지만 가라앉지 않는 증상이 있다고 했다. 평생 쌓여있던 화가 계속 발산되는 상이 보인다. 하지만 그 뿐일까.

선천 복덕궁과 이의 현실투영궁인 선천 재백궁의 각종 음적인 별

---

119) 만약 화권이 화기를 만난다면 체가 화권이니 견뎠을 것이다.

들을 보면 막후정치에 능했던 정조의 모습이 보인다. 하지만 이 대한에서 만큼은 그러지 못했을 것이다. 자신의 생각이 드러난다. 복덕궁이 身궁이기도 하기에 화가 오르는 증상이 나타났듯 말이다.

大天恩八天天天文天 鉞才光座巫刑鉞曲相 旺廟平 飛劫天　85~94　　46乙 廉煞德【財帛】　絶巳 【大官】	天天 福梁 廟祿 喜災弔　95~　　　47丙 神煞客【子女】　胎午 【大奴】	寡天台紅七廉 宿壽輔鸞殺貞 旺廟 病天病　　　　　48丁 符煞符【夫妻】　養未 【大遷】	大指太　　　　　49戊 耗背歲【兄弟】　生申 【大疾】
解蜚天巨 神廉使門 平 權 奏華白　75~84　　45甲 書蓋虎【疾厄】　墓辰 【大田】	명례 158. 계축대한 정조 / 陽男 양력 1752년 음력 임신년 9월 22일 축시		天破天三天文 廚碎空台姚昌 廟 伏咸晦　5~14　　50己 兵池氣【　命　】　浴酉 【大財】
大大大封火貪紫 昌魁耗詰星魁狼微 平廟地旺 忌 將息龍　65~74　　56癸 軍神德【遷移】　死卯 【大福】	【命局】土五局 【命主】文曲 【身主】天梁 【命式】乙 己 庚 壬 　　　　丑 卯 戌 申		旬天陰地陀天 空官哭煞空羅同 陷廟平 官月喪　15~24　　51庚 府煞門【父母】　帶戌 【大子】
截天天天年鳳天右太 空月傷虛解閣馬弼陰機 旺廟閑旺 科 小歲歲　55~64　　55壬 耗驛破【奴僕】　病寅 【大父】	大金月天天天 羊輿德貴喜府 廟 靑攀小　45~54　　54癸 龍鞍耗【官祿】　衰丑 【大命】	大紅龍地擎左太 祿艷池劫羊輔陽 陷陷旺陷 科 力將官　35~44　　53壬 士星符【田宅】　旺子 【大兄】	大大大流孤祿鈴破武 馬曲陀霞辰存星軍曲 廟廟平平 忌 祿 博亡貫　25~34　　52辛 士神索【身福德】冠亥 【大夫】

이 시기 정조의 막후정치는 노론 영수 심환지와 주고받은 비밀편지에서 잘 드러난다. 겉으로는 정적이었지만, 심환지는 정조의 비밀어찰에서 명한 시나리오에 따라 상소와 간언 등을 한다. 거의 꼭두

각시 수준이다.

　이 명반의 첫 대한엔 화성이, 두 번째 대한엔 화령협이, 세 번째 대한은 영성이 자리 잡고 있다. 명궁에 있는 자미와 탐랑 중 탐랑의 권모와 술수의 성질을 이용해야 하는 기간이었다.
　반면 4, 5, 6번째 대한은 좌보, 보필협, 우필이 있는 대한으로 탐랑의 성향을 죽이고 자미의 성향이 더 드러내야 하는 대한이다. 4번째 대한에 은언군의 처리 문제는 탐랑의 성향을 십분 이용했지만, 수원에서 장용영의 군사훈련을 하는 등의 자미화권스러운 성향도 잘 드러냈다. 하지만 인생 후반으로 갈수록 탐랑의 성향을 더욱 없애는 행보를 해야하지 않았을까 한다.

　계축대한 심환지와 주고받은 비밀서찰로 대표되는 막후정치는 탐랑스러운 일이다. 하지만 마침 음적인 성질이 많은 선천 복덕궁이, 드러나는 성질을 지닌 대한 복덕궁운으로 왔기도 했기에 더욱 탐랑스러움이 통하지 않게 되었다.
　다른 대신들과는 달리 심환지는 정조에게서 받은 편지를 정조의 명에 따라 읽은 즉시 없애지 않고 심지어 받은 날짜까지 기록하여 고이고이 보관해 두었다.[120] 그러한 심환지는 정조와의 이러한 막후정치에 관한 이야기를 둘 만의 비밀로 간직하고 있었을까. 다시 말해 이 대한에서 정조의 탐랑스러운 계략이 잘 통했을까 말이다.
　계축대한 대한 파군화록으로 선천 身·복덕궁을 직접적으로 문다. 대한 탐랑화기는 유궁으로 차성되어 선천 무곡화기와 더불어 술궁

---

120) 덕분에 그 후손에 의해 비밀서찰이 공개되었다.

을 인동시키는데, 록기전도로 인해 술궁은 일차발생이 된다. 이곳은 대한 자녀의 선천 부모궁으로 화령협 복선궁의 현현이 되는 궁이다. 자녀궁은 그 미래를 내가 걱정해주는 신하를 부모궁은 문서를 의미하니, 심환지는 분명 타라와 음살처럼 은밀하게 정조와의 밀월관계를 누군가에게 고변하게 된다. 아마도 대비인 정순왕후가 아닌가 하다.

소설을 써 보자면, 심환지는 평소 정조와 협력하여 이러이러한 막후정치를 하고 있다는 이야기를 정순왕후에게 얘기하고, 아마도 정순왕후는 심환지를 소위 이중스파이로 활용하여 정조의 의중을 정확하게 파악하고 있지 않았을까 한다. 덕분에 죽기 직전, 화기가 올라오는 것이나 종기의 진행 상황 등을 잘 알고 있었을 것이다. 이 대한의 정조의 복덕궁은 다 드러남을 상기하라.

정조는 증세 초기에 내의원의 치료를 받지 않고 외부에서 데려온 의원의 처방을 받거나, 의학지식이 많기에 스스로가 처방했을 정도로 반대파가 장악한 궁궐 내 인사들을 믿지 않았다. 하지만 심환지와는 격의 없이 '의리'를 앞세워 모든 이야기를 했다.

대한 록기로 형노선을 제외한 사망의 상관궁성이 동했다. 승하한 해인 경신년은 선천 형노선 자리로 유년 태양화록으로 대한 형노선인 자오궁선이 인동된다. 특히나 이 자오궁선은 경신년에 거울공명이 되었다.

정조 승하 직후, 궁궐 내 가장 큰 어른인 정순왕후는 궁내의 모든 절차를 무시하고 심환지를 영의정으로 임명한다.

못다한 얘기 : 외국에서 태어난 명반 그리고 마무리

　자미두수는 태음력을 기준으로 명반을 작성하는데, 지역에 따라 같은 양력 날짜인데도 음력이 다를 수 있다. 그 이유는 삭망이 되는 시간의 날이 음력 1일인데 (새벽 2시에 삭망이 되건 밤 10시에 삭망이 이루어지건, 그 날이 음력 1일이다), 그 삭망이 되는 시간이 지역에 따라 다르기 때문이다. 예를 들어 우리나라 새벽 12시면 베이징에선 전날 밤 11시가 되어, 음력 1일이 하루 차가 날 수 있다. 이는 우리나라와 지리적으로 더 먼 지역에서 발생하기 쉽다.

　물론 예를 들어 양력 2020년 9월 17일 20시에 서울에서 삭망이 이루어지는데, 같은 날짜 호놀룰루에선 새벽 1시에 삭망이 이루어지고, 이 경우는 어쨌거나 같은 날 삭망이 이루어지니 음력 1일이 양력으로 같은 날짜에 (9월 17일) 온다.

　외국에서 태어난 어느 학생의 명반을 보고 대입에서 여러 군데 합격하는 길상이라 얘기한 적이 있다. 결과적으로는 원하는 대학에 들어가기는 했지만 여러 군데 합격하지는 않았다.

　나중에 외국 출생 명은 음력 계산을 잘해야 함을 알게 되어 다시 수정된 명반으로 보니, 역시나 길상이기는 한데 보필이 걸려 여러 군데 붙는 형상이 아니었고, 평소 그 학생이 어디 잘 걸려 넘어지는 이유를 예전 명반으로는 해석이 잘 안 되었는데, 수정된 명반으로 보니 천이궁 화령협을 보고 알게 된 적이 있다.

　독자들께 죄송하게도 『사회적 지위』에 나온 외국인 명반에선 이를 감안하지 못했다. 너무나 죄송스럽다.

하지만 전작에 나온 총 12개의 외국인 명반 중, 8개는 음력날짜가 우리나라 음력 날짜와 동일해서 상관이 없다.

다만 루즈벨트, 테드번디, 무솔리니, 스티브 잡스, 총 4개의 명반이 음력으로 하루 차이가 난다.

루즈벨트의 명반에선, 여비서와의 스캔들 메카니즘이나 유약한 천이궁 등의 상황이 매우 비슷하여 틀린 명반임을 감지하지 못했고, 테드 번디의 명반에선 외모특출격과 염정화기의 흉상이 비슷하여 틀린 명반임을 몰랐으며, 무솔리니 명반도 같은 특수격이라서, 스티브 잡스도 같은 오살특수격이고 명궁과 부모궁이 암합 되면서 나란히 있는 화령이 같아서 틀린 명반이지만 해당 인물이 맞다고 착각을 했다.

그래서 그 4개의 명반이 실상 하루 차이가 나지만 이에 대한 해당 명반에 대한 설명은 완전히 틀렸다고 볼 수는 없으니 참고하기 바란다.

[명례] 159. 음력 보정한 루즈벨트 명반

截天年鳳七紫 空福解閣**殺微** 平旺 將指太　　　14癸 軍背歲【福德】病巳	解天天天 神廚空魁 　　　廟 小咸晦 93~　14甲 耗池氣【田宅】衰午	輩 廉 青月喪 83~92 14乙 龍煞門【官祿】旺未	孤天天天鈴陀 辰傷才刑星羅 　　　　旺陷 力亡貫 73~82 14丙 士神索【奴僕】冠申
寡天台陰天**天** 宿壽輔煞喜**梁機** 　　　　　旺廟 奏天病　　　14壬 書煞符【父母】死辰	명례 159. 루즈벨트 (보정) / 陰男 양력 1882년 1월 30일 술시 음력 신사년 12월 12일 술시 【命局】木三局 【命主】文曲 【身主】天機 【命式】丙 庚 辛 辛 　　　　戌 午 丑 巳		紅旬天破龍祿地**破廉** 艷空官碎池存劫**軍貞** 　　　　　　　旺平陷平 博將官 63~72 14丁 士星符【遷移】帶酉
流左天 霞輔**相** 　陷陷 飛災弔 3~12 14辛 廉煞客【 命 】基卯			月天大恩紅擎 德使耗光鸞羊 　　　　　廟 官攀小 53~62 15戊 府鞍耗【疾厄】浴戌
天三天文**巨太** 月台鉞曲**門陽** 　　　　旺平廟旺 　　　　科祿權 喜劫天 13~22 14庚 神煞德【兄弟】絕寅	天地火**貪武** 哭空星**狼曲** 　　陷旺廟廟 病華白 23~32 14辛 符蓋虎【夫妻】胎丑	封八天文**太天** 詰貴座姚昌**陰同** 　　　　　旺廟旺 　　　　　　　忌 大息龍 33~42 14庚 耗神德【子女】養子	金天天天右**天** 輿虛巫弼**府** 　　　　　平閑旺 伏歲歲 43~52 15己 兵驛破【**身**財帛】生亥

　형제궁의 각종 길성들이 명궁을 재음협인하고 있다. 형제궁이 명궁에 끼치는 영향은 매우 긍정적이다. 문제는 노복궁인데, 천형과 음적인 살들인 영성·타라 등이 있으면서, 천이궁이 양타협살이 되었다. 이런 경우 유행성 질병에 걸리기 쉽다. 노복궁의 음적인 별들이 유약한 천이궁에까지 영향을 끼치기 때문이다.

　현대인이라면 사스나 코로나 등을 조심해야하는데, 루즈벨트는 수영장에서 소아마비에 걸리는 등, 출행에 있어 항상 문제가 있었다.

명례 160. 음력 보정한 테드 번디 명반

天官廟 大耗 台輔 紅鸞 祿存廟 **天府**平	旬空 解神 天傷 陰煞 擎羊陷 **太陰**陷 **天同**祿	金輿 流霞 寡宿 天刑 **貪狼**廟 **武曲**廟	天使 天哭 天馬旺 **巨門**廟 **太陽**閑
博士 亡神 龍德 45~54 【官祿】 80癸 絕巳	力士 將星 白虎 55~64 【奴僕】 81甲 胎午	青龍 攀鞍 天德 65~74 【遷移】 82乙 養未	小耗 歲驛 弔客 75~84 【疾厄】 83丙 生申
截空 天虛 陀羅廟			天壽 天鉞 **天相**陷廟
官府 月煞 歲破 35~44 【田宅】 79壬 墓辰		명례 160. 테드 번디 (보정) / 陽男 양력 1946년 11월 24일 해시 음력 병술년 11월 2일 해시 【命局】土五局 【命主】巨門 【身主】文昌 【命式】癸 癸 己 丙 　　　　亥 卯 亥 戌	將軍 息神 病符 85~94 【財帛】 84丁 浴酉
月德 天貴 三台 文曲閑 **破軍**旺 **廉貞**旺忌			天月 地劫 **天梁**旺廟 **天機**廟權
伏兵 咸池 小耗 25~34 【福德】 78辛 死卯			奏書 華蓋 太歲 95~ 【子女】 85戊 帶戌
紅艷 龍池 天巫 天鈴 左輔廟 **右**廟	破碎 封誥	蜚廉 天廚 天福 年解 鳳閣 地空 火星平 **右弼**平旺	天才 恩光 八座 天喜 天姚 天魁 文昌旺 **七殺**旺平 **紫微**旺科
大耗 指背 官符 15~24 【父母】 77庚 病寅	病符 天煞 貫索 5~14 【**命**】 76辛 衰丑	喜神 災煞 喪門 【兄弟】 75庚 旺子	飛廉 劫煞 晦氣 【**身**夫妻】 86己 冠亥

명궁협으로 보필이, 삼방에선 록존과 천월이 비추고, 그러한 명궁으로 차성되는 미궁의 무곡·탐랑은 삼방에서 은광·천귀, 삼태·팔좌와 각기 동궁하는 창곡을 그리고 천괴까지 보니 매우 멀쩡해보인다.

身궁에 화과가 있으니 외모특출격이기도 하다.

하지만 명궁은 화령협, 관록궁은 양타협, 신·부처궁은 공겁협, 복덕궁은 영타협으로 전형적인 피해의식격이고, 또한 身·부처궁 삼방에서 재여수구가 비춘다. 특히나 염정화기는 그 성질이 매우 고약한데, 영타협 절족마협이 되어 감정적 복덕의 왜곡이 매우 심하다.

[명례] 161. 음력 보정한 무솔리니 명반

天天天鈴天右 福傷馬星鉞弼 　平旺旺平	天天地天 官姚劫機 　　　廟廟	天天破紫 使才軍微 　　廟廟 　　　祿	紅孤天天紅 艷辰空巫鸞
喜歲弔　74~83　14丁 神驛客　[奴僕]　生巳	飛息病　64~73　14戊 廉神符　[遷移]　養午	奏華太　54~63　14己 書蓋歲　[疾厄]　胎未	將劫晦　44~53　14庚 軍煞氣　[財帛]　絶申
寡恩陰地火太 宿光煞空星陽 　　　陷閒旺	명례 161. 무솔리니 (보정) / 陰男 양력 1883년 7월 29일 미시 음력 계미년 6월 27일 미시		旬天封左天 空壽詰輔府 　　　陷陷
病攀天　84~93　14丙 符鞍德　[官祿]　浴辰			小災喪　34~43　14辛 耗煞門　[子女]　基酉
蜚天年鳳八天文七武 廉月解閤座魁昌殺曲 　　　　　　廟平陷陷	【命局】金四局 【命主】貪狼 【身主】天相 【命式】癸 乙 己 癸 　　　　未 亥 未 未		太 陰 旺 科
大將白　94~　14乙 耗星虎　[田宅]　帶卯			青天貫　24~33　14壬 龍煞索　[夫妻]　死戌
金流天天天 輿霞喜刑梁同 　　　　廟閒	截破天台擎天 空碎虛輔羊相 　　　　廟廟	月解大天祿巨 德神耗貴存門 　　　　旺旺 　　　　　權	天天龍三陀文貪廉 廚哭池台羅曲狼貞 　　　　陷旺平陷 　　　　　　　忌
伏亡龍　　　14甲 兵神德　[身福德]　冠寅	官月歲　　　　13乙 府煞破　[父母]　旺丑	博咸小　4~13　13甲 士池耗　【命】　衰子	力指官　14~23　14癸 士背符　[兄弟]　病亥

전형적인 삼살특수격인데, 관록궁협으로 정승발탁격이 형성되어 있다. 삼태·팔좌와 용지·봉각까지 협을 하니 눈이 부실 정도이다.

이 모든 것은 명궁 석중은옥이 형제궁의 별들에게 어떻게 잘 대해주냐에 달려있다. 형제궁 별들이 노복궁으로 차성되어 전택궁의 별들과 더불어 관록궁을 협으로 길하게 해주는데, 문제는 염탐화기와 무곡으로 잘못하면 관록궁에 재여수구협을 할 수도 있다는 점이다.

하지만 명궁과 부처궁으로 그러한 형제궁의 화기를 삼기가회협으로 주변인들 관리를 잘하지 않았을까 한다.

[명례] 162. 음력 보정한 스티브 잡스 명반

오살특수격이다.

> 명궁·부모궁 화령 → 형제궁 화양격발협 → 부처궁 록마협 → 자녀궁 양타협 → 재백궁 쌍록협 → 질액궁·신·천이궁 허모

뭐든 사안이 크게 발생한다는 도미노 6격이다.

명·천선과 부질선이 암합이 되면서 화령, 허모로 묘하게 연결되어 있다. 천이궁이 身궁이라서 질액궁과 암합까지 되었다.

기축대한 신묘년 몇 년간 앓고 있던 췌장암으로 사망했다.

金旬天天左巨 輿空月馬輔門 平平平 伏歲弔　13~22　71辛 兵驛客【兄弟】病巳	天火天廉 廚星相貞 廟旺平 　　　　　　權 大息病　3~12　72壬 耗神符【命】衰午	截天八三鈴天 空壽座台星梁 　　　　　旺旺 　　　　　　權 病華太　　　73癸 符蓋歲【父母】旺未	紅解天孤天天紅地天七 艶神福辰空巫鸞劫鉞殺 　　　　　　　　廟廟廟 喜劫晦　　　74甲 神煞氣【福德】冠申
天寡擎貪 官宿羊狼 廟廟 官攀天　23~32　70庚 府鞍德【夫妻】死辰	명례 162. 스티브잡스 (보정) / 陰男 양력 1955년 2월 24일 자시 음력 을미년 2월 3일 유시 【命局】木三局 【命主】破軍 【身主】天相 【命式】己 丁 己 乙 　　　　　酉 巳 卯 未		右天同 弼 陷平 飛災喪　93~　75乙 廉煞門【田宅】帶酉
輩年台鳳祿太 廉解輔閣存陰 　　　　旺陷 　　　　　　忌 博將白　33~42　69己 士星虎【子女】墓卯			流天武 霞刑曲 　　廟 奏天貫　83~92　76丙 書煞索【官祿】浴戌
天恩天天地陀天紫 貴光喜姚空羅府微 　　　　陷陷廟廟 　　　　　　　　科 力亡龍　43~52　68戊 士神德【財帛】絕寅	破天天天文文天 碎使才虛昌曲機 　　　　廟廟陷 　　　　　　　祿 青月歲　53~62　67己 龍煞破【疾厄】胎丑	月大陰天破 德耗煞魁軍 　　　　旺廟 小咸小　63~72　66戊 耗池耗【身遷移】養子	天天封龍太 傷哭詰池陽 　　　　陷 將指官　73~82　77丁 軍背符【奴僕】生亥

　　국가별 연도별 써머타임 상황과, 지역별 양력 몇 일에 삭망이 이루어져 음력 1일이 되는지는 여러 웹싸이트를 참고하면 된다. 개인적으로 www.timeanddate.com 을 자주 이용하는데, 익숙하지 않으면 보기 힘들다.

　　이두정통자미두수카페 '별난왕자'님이 이를 다 계산해서 온라인에서 명반을 작성하게끔 프로그램으로 만들어 놓은 게 있으니 편하게 이용할 수 있다.

http://jamidusu4u.pythonanywhere.com

 이제, 이 책의 마지막 부분이다. 전작『사회적 지위』를 쓸 때의 필자의 화두는 명반을 통해 어떻게 그 사람의 지위 고저를 파악 하느냐였다. 본서『인생의 굴곡』편을 쓰면서는 운을 보는 요령에 중점을 두었다. 하지만 운추론은 선천을 체로 잡아서 하기에 전제로 알아야 할 내용이 너무 많아 어려운 것 아닌가하는 걱정이 앞선다.
 최근 총 688개의 명반이 있는『고금명성도』평주 작업을 시작했다. 2~3년은 족히 걸릴 듯하다. 그 책 역시 어려울 수 있다. 하지만『자미심전 시리즈』가 어려운 것이 아니라는 것을 보여주기 위해서라도 입문용으로 쉽고 친절한 접근을 하는 가이드가 있으면 좋겠다는 생각을 했다. 이에 유튜브에서『인문학 자미두수』라는 이름으로 자미두수 용어를 거의 쓰지 않으면서 역사적 인물들의 인생을 조망해 보는 채널을 시작하려고 한다. 많은 성원 부탁드린다.

 이두 선생님의 각고의 노력으로 최근 발견한 대한과 유년을 보는 여러 이론들의 공개를 허락하시고 심지어 선생님의 책『실전자미두수』에 나온 명반에 관한 록기를 돌리기 전의 선천과 대한 상황 해설을 자유롭게 쓰라고 얘기해 주셔서 이 책이 탄생할 수 있었다. 제대로 공개를 하고 해설을 단 것인지 조심스럽다. 인생을 보는 창, 자미두수를 소개해주신 선생님께 감사드린다.

찾아보기

숫자
10억 탕진	328
1억 날림	397
20대 요절	79

ㄱ
간경화	232
간암	259,384
감옥감	307
갑상선 수술	350
거상연동	107
거울공명	74,217,315,345
결혼	166,257,289,387
결혼과 이혼	155,281
경종	413
고독한 명	33
고신·과수	32
공학박사	23
광해군	21
교통사고	109,227,230, 236,305,316,369
급격한 건강악화	314
기년생 특수격	66
김사목	58
김창수 선생	26

ㄴ
나만갑 선생	30
남편 사망	232,263,297 299,300,335,337,376 380
남편 사업 투자	340
남편 친구에게 피습	388
남편과 사별	247
남편의 사업 부도	276
네이밍 전문가	37
뇌종양 사망	311
누전 화재	357

ㄷ
대기업 회장	145
대인관계 문제 학생	208
대입	75,76
덕혜옹주	221
도미노격	39,63,65,113, 116,128,151.164.248 308,313,328,335,337 343,351,412,464,492
도박 일억 손재	318
도의원 선거 낙선	133
도화	215
돈 꿔주고. 못 받음	291
돈 문제로 이혼	274
등반 추락사	222
땅 잘못 사서 고생	239

ㄹ
로또 1등	139,141
루즈벨트	487
마이클 조던	114
명문대 영문과 졸업	67
무솔리니	489
물놀이 사고	190
미술하는 아이	455

ㅂ
바람피워 이혼	330
박엽 선생	102
발재	321
복선궁의 현현	104
봉무간염	260
부도	293
부동산 관련 사업	143
부동산 부자	147,150
부인 사망	225,302
북파식 사화	410

ㅅ
사기꾼에게 당함	111
사기당함	364
사도세자	442
사망	171
사법고시 합격	287
사별	246
사살특수격	57
사업 실패	266
사업가	126
삼살특수격	57
삼태·팔좌	20,88
상가투자 손재	393
상관궁의 완성	82,363
상사와 갈등	238
생지	303
성공적 직장 독립	87
소매치기	295
수상스키 익사	192
스티브잡스	490
승진	308,310
시어머니 사망	108,242
시의원 당선	135
신장수술	251

심의면	64	인터넷 관련	286	친구에게 피습	389	
심환지	462	임신 및 출산	322,324			
		임용고시 합격	124	**ㅌ**		
ㅇ				탐랑화기는 '탈'	273	
아들 교통사고	255	**ㅈ**		태보·봉고	28	
아버지 사망	261	자녀 교통사고	346,348	테드번디	488	
	283,382	자녀납치	343	퇴계 이황	90	
악사위천리	80	자살기도	195	투자사기	398	
어머니 사망	366	자식 길상	218	투자착오	106,362	
연애 좌절	35	자식 사망	277	특수격	57	
영업장 화재	360	자신이 바람 피움	163			
영조	405	전실	224,426	**ㅍ**		**ㅎ**
영창대군	197,294,364	절공·순공협	159	파재	268	
오살특수격	60	정식 이혼	372	펀드매니저	20	
외도	155,272	정조	461	피해궁	104,111	
용지·봉각	23	조선시대 태실	403	한 대한 두 번 당선	137	
유권자	88	조익 선생	202	한음 이덕형	61	
유방암	234,244	좌천	86	한찬남 선생	203	
유전병	354	주식 2억 손실	332	형제 불상사	392	
육살특수격	63	주식 5억 이득	374	혜성공명	217	
윤달	438,458	지방직 공무원 합격	130	혼인 불미	156,159,161	
융건릉	406	지휘자 카라얀	172	화령협이 탐랑운으로	100	
융릉	447	직장 관두고 이혼	241	화재	53,353,357,360	
은광·천귀	25	직장 자주 바뀜	128	화재로 사망	353	
이건희 회장	446	질병과 사고	171			
이대 무용과 합격	131	짝성이 다른 짝성	99	**도서**		
이수근	41			『고금명성도』	459	
이시백 선생	200	**ㅊ**		『사도세자의 고백』	435	
이완용	49,51	천곡·천허	35	『사회적 지위』	47,64,78,	
이춘원 선생	28	천량이 재성	374		91,93,95,96,146,151	
이혼 + 손재	285	천수	37		188,340,368,408,418	
이혼	249,270,272	천형	68		423	
	279,326,330,395	첩궁공명	214	『자미두수전서』	65	
이혼 및 사업 망함	228	최명길 선생	174	「조선시대 태실의 역사고		
이혼, 퇴사	253	치아 치료 중 사망	73	고학적 연구」	403	

저자 **심곡 박상준**

● 약력
- 현 이두정통자미두수카페 운영자(닉네임 : 심곡)
- 이두 김선호 선생님 1기(병술년), 3기 제자
- 현 박정어학원 TOEFL, GRE writing 강사
- 전 2014 인텔국제과학경시대회(Intel~ISEF)한국대표단 영문 논문 지도 교수
- 전 KBS 월간 굿모닝팝스 컬럼니스트
- 전 삼성전자 반도체사업부 System LSI 대만 수출 담당
- 미 버몬트 주 Saint Michael's College TESL/TEFL 석사

● 대표 저서
- 영작문무작정따라하기(길벗이지톡)
- 시나공 토플 writing(길벗이지톡)
- 1100 words you need to know 번역서(월북)

● 해외 출간
- iBT TOEFL 新托福写作高分指南~(合光盘)(중국 南京大学出版社)
- まるわかり TOEFL iBT(R)テスト ライティング(일본 jリサーチ出版)
- 英文写作看这本就够了:用美国人的方法去写作(중국 吉林出版集团有限责任公司)
- やさしい英単語で表現力を伸ばす(일본 open knowledge 출판사)

● 일러두기
- 유튜브 채널 '인문학 자미두수'
- 자미심전 블로그 주소   http://blog.naver.com/jamisimjeon
- 이두정통자미두수카페 주소   http://cafe.daum.net/reedoo
- 저자 이메일   simgok@gmail.com
- 명반의 정확한 생년월일시에 관한 출처 등은 자미심전 블로그에 올려 놓았습니다. 명례의 사주 명식은 한국천문연구원 천문우주지식정보 사이트를 참고하였습니다. (http://astro.kasi.re.kr)
- 본서에 관한 질문사항은 위의 블로그나 카페로 하시면 됩니다.

대유학당의 자미두수 도서		
▶ 별자리로 운명 읽기 ❶ ❷ · 16×23cm 양장 본문2도 / ❶ 336쪽 20,000원 / ❷ 대운편 392쪽, 25,000원 / 이연실	자미두수를 혼자서도 공부하고 싶다면, 차근차근 설명해 주는 이 책이 답! 프로그램 다운과 설치, 명반 보는 법과 기본 14정성과 보좌길흉성을 간단하게 요약 정리한 책.	완전초급
▶ 자미두수 입문 · 16×23cm 양장 본문2도 / 427쪽 20,000원 / 김선호 / 16년 12월 2판 4쇄	자미두수를 처음 접하는 분들을 위하여 만든 책. 자미두수 명반작성과 명반 보는 법을 기초로 14정성과 잡성을 명쾌하게 풀이하여 명반추론의 순서를 밝혀 놓았다.	초급
▶ 자미두수 전서 ❶ ❻ · 19×26cm 양장 숯2권 1,700쪽 100,000원 / 김선호 譯 / 16년 4월 3쇄	13년 동안의 풍부한 임상경험을 바탕으로 한, 대만과 홍콩의 어떤 해설도 따라오지 못하는 치밀한 해설과 역자주! 이 책은 자미두수를 연구하려는 모든 사람들에게 가장 확실한 스승이 될 것이다.	중급
▶ 중급자미두수 ❶ ❷ ❸ · 16×23cm 양장 본문2도 / ❶격국편 ❷궁합편 ❸두수선미 각권 400쪽 20,000원 / 김선호	『실전자미두수』와 『자미두수입문』의 간극을 메워줄 중급자를 위한 안내서! 특히 ❸권은 자미두수의 준고전인 『두수선미』를 번역, 30페이지에 걸친 실전예제 수록.	중급
▶ 자미심전 - ❶ 사회적 지위 ❷ 인생의 굴곡 · 16×23cm 양장 / ❶ 456쪽 25,000원 ❷ 496쪽 30,000원 / 박상준 / 18~20년 초판	2018년 신간 십사정성과 십이사항궁의 새로운 해석, 외모특출격, 인감노출격 등 어느 책에서도 볼 수 없는 창의적인 격국들에 대한 심도 있는 해석이 실려 있다. 또한 운추론 순서를 밝히고 재벌가인 삼성 삼대의 운추론을 80여쪽에 걸쳐 해설.	중급
▶ 실전 자미두수 ❶ ❷ · 16×23cm 양장 본문2도 / ❶이두식록기법 ❷징험편 각권 448쪽 25,000원 / 김선호 / 17년 11월 2판 1쇄	2017년 개정판 사람의 명반을 놓고 "이때 왜 이 사건이 벌어졌는가?"에 대해 일일이 별들과의 관계를 추론해 나간 책. 이 두 권만 다 소화한다면 누구나 자미두수를 자유자재로 활용할 수 있음.	상급
▶ 심곡비결 · 19×26cm 양장 / 700쪽 50,000원 / 김선호 譯 / 13년 1월 2쇄	인조반정의 성공을 예측하여 수명을 3년 늘린 심곡 선생의 비결서! 그 3년 동안에 세상으로부터 사라질 심곡비결을 숨겨놓고 후인을 기다린 지 어언 380년! 한국적 자미두수의 결정판, 정확한 예측력을 담은 내용을 정확하게 번역 주석!	누구나
▶ 전문가용 자미두수 CD · 가격 500,000원 / 2020년 개정 / 총괄 : 김재윤 · 구성 : CD 1매, usb락, 프로그램 메뉴얼.	2018년 개정판 번들용과 다른 다양한 기능. 별에 대한 자세한 설명을 pdf로 볼 수 있으며, 삭망일 균시차 인명저장 별의 강약 사화를 조정할 수 있는 옵션. 기문과 육효 명리의 기본포국 제공. 윈도우 8, 10버전 사용	중급

자미심전 2

명례 찾아보기

1장 /잡성
1. 펀드매니저 20
2. 광해군 21
3. 공학박사 23
4. 좋은 집안 25
5. 김창수 선생 26
6. 이춘원 선생 28
7. 나만갑 선생 30
8. 고독한 명 33
9. 연애 좌절 35
10. 네이밍 전문가 37
11. 예능인 이수근 41

2장 /특수격
12. 미시로 본 이완용 49
13. 오시로 본 이완용 51
14. 좌의정 김사목 58
15. 한음 이덕형 61
16. 형조판서 심의면 64

3장 /대한추론
17. 명문대 영문과 졸업 67
18. 치아 치료 중 사망 73
19. 대입 성공 75
20. 대입 실패 76
21. 20대 요절 79

22. 전택궁 대한 83
23. 좌천 86
24. 성공적 직장 독립 87
25. 퇴계 이황 90
26. 짝성이 다른 짝성 99
27. 화령협이 탐랑운으로 100
28. 박엽 선생 102
29. 투자착오 106
30. 시어머니 사망 108

31. 큰 교통사고 109
32. 사기꾼에게 당함 111
33. 마이클 조던 114

4장 /사안별추론
34. 임용고시 합격 124
35. 이공계 출신 사업가 126
36. 직장 자주 바뀜 128
37. 지방직 공무원 합격 130
38. 이대 무용과 합격 131
39. 도의원 선거 낙선 133
40. 시의원 당선 135

41. 한 대한 두 번 당선 137
42. 무자년 로또 1등 139
43. 갑신년 로또 1등 141
44. 부동산 관련 사업 143
45. 대기업 회장 145
46. 태음 부동산 부자 147
47. 부동산 부자 집안 150
48. 혼인 불미 1 156
49. 혼인 불미 2 159

50. 혼인 불미 3 161
51. 자신이 바람 피움 163
52. 결혼 결렬 166
53. 집안 좋은 교수 168
54. 지휘자 카라얀 172
55. 지천 최명길 선생 174
56. 잦은 물놀이 사고 190
57. 수상스키 익사 192
58. 빚 쌓여 자살기도 195
59. 영창타무 자살 197
60. 이시백 선생 200

61. 조익 선생 202
62. 한찬남 선생 203
63. 대인관계 문제 학생 208

5장 /실전자미두수
64. 계미년 도화 215
65. 계묘대한 자식 길성 218
66. 덕혜옹주 221
67. 등반 추락사 222
68. 부인 암으로 사망 225
69. 교통사고 사망 227
70. 이혼 및 사업 망함 228

71. 교통사고 사망 230
72. 남편 간경화 사망 232
73. 유방암 수술 234
74. 교통사고 사망 236
75. 계미년 상사와 갈등 238
76. 땅 잘못 사서 고생 239
77. 직장 관두고 이혼 241